团队建设与团队管理

TUANDUI JIANSHE YU TUANDUI GUANLI

（第五版）

主　编◎姚裕群　赵修文　刘　军
副主编◎周小舟　刘显红　夏咏冰

首都经济贸易大学出版社
Capital University of Economics and Business Press
·北　京·

图书在版编目(CIP)数据

团队建设与团队管理/姚裕群,赵修文,刘军主编. -- 5版. --北京:首都经济贸易大学出版社, 2020. 8
ISBN 978-7-5638-3112-8

Ⅰ. ①团… Ⅱ. ①姚… ②赵… ③刘… Ⅲ. ①企业管理—组织管理学 Ⅳ. ①F272.9

中国版本图书馆CIP数据核字(2020)第140949号

团队建设与团队管理(第五版)
主　编　姚裕群　赵修文　刘　军
副主编　周小舟　刘显红　夏咏冰

责任编辑　晓　地
封面设计　砚祥志远·激光照排 TEL: 010-65976003
出版发行　首都经济贸易大学出版社
地　　址　北京市朝阳区红庙(邮编100026)
电　　话　(010)65976483　65065761　65071505(传真)
网　　址　http://www.sjmcb.com
E-mail　publish@cueb.edu.cn
经　　销　全国新华书店
照　　排　北京砚祥志远激光照排技术有限公司
印　　刷　北京市泰锐印刷有限责任公司
成品尺寸　170毫米×240毫米　1/16
字　　数　369千字
印　　张　21
版　　次　2006年4月第1版　2009年7月第2版
2013年2月第3版　2015年9月第4版
2020年8月第5版　2024年6月总第21次印刷
书　　号　ISBN 978-7-5638-3112-8
定　　价　39.00元

序　言

团队是通过组织中的正式关系而使各成员联合起来形成的，其成员在行为上有彼此影响的交互作用，在心理上能充分意识到其他成员的存在，且具有协作精神和归属感的集体。引入或建立团队已成为变革企业组织结构的一种有效手段。自20世纪90年代以来，组织发展呈现出诸多趋势：一方面，在经济全球化背景下产生的跨国公司大量增加，组织的规模扩大；另一方面，信息技术的飞速发展对企业组织结构模式产生了深远的影响，使人们更加关注组织的管理和创新。许多企业着手对其组织结构进行改革，引入团队。越来越多的以个人独立完成任务为基础的组织正逐渐被以团队为基础的组织所取代。管理学家认为，在严酷的商战中，企业最重要的武器是应变能力、适应能力和创新能力。团队组织形式正是以其强调组织内部的平等协调，适应全球化发展及动态运行的经济体系，尤其是以它创新、高效的竞争作用与灵活多样的抗风险能力而受到国内外诸多企业的青睐。

从改革开放之初到跨入21世纪，我国历经了从计划经济到市场经济的转型，企业管理的模式也处在不断认识和实践的过程之中，正在从传统的管理模式过渡到现代企业制度和模式。应当说，不论在哪一种管理模式下，人的因素始终是管理的核心要素。

中国作为一个亚洲国家，在管理上有着天然的集体主义倾向。在实现工业化的过程中，中国的企业在管理上，特别是在团队的理念上也曾创造过自己的管理经验，《鞍钢宪法》就是一个最好的表述，“两参一改三结合”的方针和模式曾经对我们的发展做出重大的贡献，特别是在重大项目的攻关方面取得了显著的效益。

在转型经济、知识经济、网络经济、经济全球化交互并存的历史条件下，我们的一个重要任务是全面建立健全现代企业制度，探索和完善市场运行体制机制，因此，我国的管理实践更应该关注和强化团队这一“企业人群体”的概念。不仅如此，更重要的是，要更多地关注团队的价值与伦理问题。尤其是在这个激烈变革、各种思想不断产生碰撞的转折时期，这更是一个绝对不容忽视的问题；在全球遭遇金融危机的“21世纪管理挑战”与机遇并存的时期，团队建设更是具有强大功效的管理工具。

从近年我国进行团队建设与团队管理的实践看，许多企业没有取得预期的效果。导致这一结果的原因有很多，最关键的是，我们并没有深刻理解团队建设与管理的重要价值，并没有准确认识团队建设与管理的运行规律。我国正处在完善社会主义市场经济体制的改革过程中，如何在组织中建设高效团队，如何对团队运作进行有效管理，是在理论和实践中不能回避、必须尽快加以解决的重大问题。因此，研究团队建设与团队管理问题，进行相应的理论建设和教材编写工作，是一件很重要的事，有利于现代管理科学理论学说的传播，有利于搞好团队建设与团队管理的教育培训，具有很大的现实意义和长期的社会经济效益。

《团队建设与团队管理》一书是一本有特色的管理学教材，该教材具有以下特点：一是体系比较完整，内容比较全面。该教材全面论述了团队建设与团队管理两大内容，提出了我国的团队建设与管理体系的建设构想，是对该类教材的丰富和提高。二是内容深入浅出，做到了取材新颖、讲述生动、语言流畅、材料丰富、切实有用，摒弃了许多教材枯燥乏味的弊端，使读者能够感受到该书的实用性，并能使读者从概念到技能、从理论到实践都有所收获，有所飞跃。三是表现形式生动活泼。在保持教材内容全面、表述严谨和理论扎实的前提下，该教材大量使用案例，并穿插“资料连载”“资料库”“想一想”“心理测试”“管理寓言”等版块，反映了编写者对“体验式教学”教育思想的关注。各章还安排了相关的团队训练游戏活动，有利于促进学生参与学习，以强化教学效果，加深学生对课程内容的理解。

总体来看，该书较好地同时驾驭了团队“建设”与“管理”这两大主题，是一本比较成功的著作。这本书的出版，一方面能够促进我国高等院校团队建设与管理的教学工作，另一方面也有利于团队建设与团队管理的实践活动，是一件很有价值的事。

汕头大学商学院院长
中国人民大学商学院教授
徐二明

目 录

前　言

团队建设与团队管理是现代管理学中的重要领域，也是现代管理实践中的重要措施和管理工具。我国改革开放以来，大量引进西方发达国家的管理经验，对我国经济管理的现代化起到了积极的推进作用。团队建设与团队管理是其中人们十分关注的一个范畴，但就总体情况而言，对该领域理论、经验的引进和学习还很不够，尤其是缺乏系统的和讲求培训效果的教材。就此，我们努力学习国外的团队建设学说，结合我国的管理实践，针对国内高校的管理学教学需要以及广大企业的培训需要，完成了这本《团队建设与团队管理》教材的编写工作。

本教材包括团队总论、团队文化、团队精神、团队绩效、团队创新等十一章的内容。本教材首先进行了绪论式的基本范畴分析，教材从团队产生和发展的原因分析入手，阐述了团队构成要素、团队内部的角色、团队类型等基本范畴；阐述了影响高效团队建设的关键因素和有效管理团队的基本环节。进而，本教材对“团队建设”和“团队管理”两大主题分别进行了阐述。在“团队建设”方面的内容是：(1)团队的类型和结构，使团队具有实现高效的可能；(2)互信合作的团队精神，使团队具有实现高效的动力；(3)与组织文化相适应的团队文化，推动团队与组织的变革与发展；(4)创新型团队与跨文化团队解析，适应科技进步管理升级的形势。“团队管理”方面的内容是：(1)针对不同类型团队及其成员的激励方法的选择；(2)沟通通道的选择和团队沟通方法的运用；(3)团队冲突的处理技巧；(4)团队绩效测评体系和团队薪酬激励计划；(5)培养领导力和团队的领导艺术。上述内容的把握比较清晰地反映了团队建设与管理的知识框架。本教材的内容具有很强的实践价值，除供管理学教育培训需要外，也可供组织管理者参考使用。

本书的作者有姚裕群（第一章、第四章）、夏咏冰（第一章、第二章、第四章）、丁宁（第一章）、杨敏（第一章、第四章）、刘军（第二章）、姚清（第三章）、刘显红（第五章、第九章）、赵修文（第五章）、李琛（第七章 ）、鄢圣文（第八章）、周小舟（第六章、第十章）、朱振晓（第十一章）。本书主编是西华大学客座教授、中国人民大学教授姚裕群，西华大学国际经济管理研究院教授赵修文，山东财经学院工商管理学院教授刘军；副主编为周小舟、刘显红、夏咏冰。

首都经济贸易大学出版社安排编写团队领域的教材,是很有眼光的。我们对大力支持本教材编写的地平线策划工作室的薛捷编辑表示衷心的感谢,我们对参加过本书原稿写作和提供支持的各位老师表示衷心的感谢,特别是对为本书热心支持与作序的我国著名的管理学领军专家徐二明教授表示衷心的感谢。

鉴于团队建设与管理发展迅速,而作者的水平有限和写作时间有限,本教材中还有很多不足和疏漏之处,希望得到广大读者的批评指正。

第一章　团队总论
——和谐互信共发展

学习目标

- 初识“团队”，理解这一事物的广泛用途
- 了解团队发展历史，理解其产生和发展的必然性
- 掌握团队的特点、要素等基本范畴
- 理解团队的各种角色
- 了解团队的两种类型和具体内容
- 掌握团队的各项功用
- 理解为什么要搞团队建设与管理

引导案例

团队协作——生存之本

美国加利福尼亚大学的学者做了这样一项实验:把6只猴子分别关在3间空房子里,每间两只,房子里分别放着一定数量的食物,但放的位置高度不一样。第一间房子的食物就放在地上,第二间房子的食物分别从易到难悬挂在不同高度的适当位置上,第三间房子的食物悬挂在房顶。数日后,他们发现第一间房子的猴子一死一伤,伤的那只也缺了耳朵、断了腿,奄奄一息。第三间房子的两猴子也死了。只有第二间房子的两只猴子活得好好的。

究其原因,第一间房子的两只猴子一进房间就看到了地上的食物,于是,为了争夺唾手可得的食物而大打出手,结果死的死,伤的伤。第三间房子的两只猴子虽做了努力,但因食物太高,难度过大,够不着,被活活饿死了。只有第二间房

子的两只猴子先是各自凭着自己的本能蹦跳取食，最后，随着悬挂食物高度的增加，难度增大，两只猴子只有相互协作才能取得食物，于是，一只猴子托起另一只猴子跳起取食。这样，两只猴子便每天都能取得足够的食物，成功地活了下来。

分析上述案例，我们可以看到，第二间房子的猴子之所以能够活下来，关键的一点就是两只猴子能够相互协作，齐心合力，共同去取食。如果它们各自凭自己的力量，没有合作，那么它们之中的哪一只都不可能取到食物，结果也就可想而知了。在此过程中，团队协作的精神就显得尤为重要。

第一节　团队的产生

一、团队的起源

在历史长河中，地球上的生物逐渐演化出了人类。人，是一种群体动物。人类文明一出现，便以异常迅猛的态势发展开来，其中，生产方式的产生和变革起到了决定性的作用，并贯穿人类社会发展的整个过程。

本教材所讲述的团队，便产生于人类社会生产实践活动之中，伴随着生产方式的变革和发展，以及不断演进的群体性劳动组织。劳动，是从自然界获取生活资料的行为，在一定的经济组织中，怎么更好地组织劳动、怎么让劳动者处于更好的劳动氛围之中、怎么充分调动劳动者的积极性与能力、怎么使劳动获得更大的产出，这就是本书所讲述的内容。

（一）分工合作——人类社会的生产实践

1. 早期人类社会的三次大分工。早期人类社会经历了三次社会大分工，极大地提高了人类的专业化生产水平，促进了社会生产效率的提高。人类虽然开始了有组织的专业化生产，但社会活动在绝大部分时间内仍处于适应环境求生存的被动状态①。

（1）第一次社会大分工是游牧部落从其余的野蛮人群中分离出来，畜牧业成为独立的生产部门，生产力发展，生产效率提高，人类积累了越来越多的财富。第二次社会大分工是手工业从农业中分离出来，生产力进一步发展，制陶、冶金、铸造等手工业种类增多，出现了以交换为目的的生产活动。

（2）第三次社会大分工出现了商人，产生了专门从事商品交换的部门——商业。

分工的最明显表现是在一个大的生产或劳动中“我一个人干一件事”，别人

① 贺建林，张勇．人类社会活动对自然环境的影响与对策初探[J]．云南地理环境研究，2001(1)：28-33.

干别的事，但是“我”和别人有上下游等方面的连带关系。这对思考团队合作的必要性是有帮助的。

小案例

西游记的取经团队

在《西游记》中，唐僧带领的“西天取经团”是一个运作得很成功的团队。这个团队的人员组成，也有着人力资源的优化配置。

首先看团队领导唐僧。唐僧是一个儒雅之人，文弱之士，看起来行动迟缓，做事磨蹭，其实他是一位大智若愚的高明领导。他知道，西天取经是一场超长的马拉松，也知道此去前路艰险，甚至可能身家性命不保，但他敢接下这活儿，而且只带着几名从者，足以证明唐僧性格上的坚韧。

正所谓钝剑无锋，大巧不工，唐僧是个似乎愚、实则智的团队负责人，他使命在身，目标明确、坚守愿景，历经磨难，百折不挠，而且不断带动、说服和感化着团队，最后终于完成了取经的大事。唐僧不仅本人是佛教信徒中的高僧，而且是取经团队的成功领导。

唐僧的大徒弟、第一助手孙悟空，武艺高强，机智灵活，是个全才型的副手。那些探路找食、伏妖降魔之类的活儿，根本不用唐僧去操心。而且，孙悟空的人脉极广，上至天庭的玉帝，下到庙里的小神，都有他的朋友，这样做起事来就顺畅得多。人们最爱的孙悟空，是团队中冲锋陷阵、排除困难的好手，是担任主要责任的大功臣，是业务极精的专业英才，但孙悟空没有远大的目标和长远规划，不能成为团队领导。

猪八戒，漫长“长征”途中的喜剧性人物。他是个贪财好色，偶尔犯些小错误的角色，但其作用也是不可或缺的。在这个团队里，他是降妖服怪的有力助手，也是干一些分工活的能手，还是漫长途中的润滑剂，他的那些幽默滑稽的言行，常令人捧腹。有了他，大家会感到苦中有乐。

沙僧，是那种只顾埋头苦干，不计个人得失的员工，踏实认真，默默无语，各种脏活儿、累活儿他全都包了，而且任劳任怨，兢兢业业。这样的员工，是任何企业、任何团队、任何工作中都需要的，是必不可少的。没有这样的员工，团队的工作往往会有一些漏子、出一些错误，甚至不能完成。

正是这样性格迥异，但有效互补的四个人，组成了“西天取经团”，在唐僧的带领下，最终圆满地完成了取经任务。

2. 自然经济——天然的状态。自然经济时期，家庭作坊式手工生产方式出现，社会生产的分工合作向精细化方向发展。

自然经济的概念来自古希腊。所谓自然，按照亚里士多德的解释，是指合乎人类和事物的本性。而分工是由于人的天性不同（男与女），所以家庭管理（即经济）肯定需要分工（这是指自然分工）[①]。

在自然经济中，人们不会在一起进行劳动活动，直接的生产单位往往是个体，这时是无所谓团队的。

3. 工业革命——分工的革命。自 18 世纪 60 年代开始的工业革命，开启了大规模工厂化生产取代工场手工生产的一场生产与科技革命。工业革命，在一定意义上也正是分工的革命、工作的革命、协作的革命、工作组织或劳动组织的革命，是一场巨大的经济革命。那个时候的经济组织——工场和工厂，可以看作一个很大的、聚集在一起的、从事产品制造的经济团队。

名家格言

亚当·斯密的分工合作观

亚当·斯密最早系统地讨论了合理的生产组织问题，对后来的社会生产实践产生了巨大影响。亚当·斯密在《国富论》（1776 年）一书中，深入分析了社会分工引起生产率提高以及社会财富增加的原因，认为“劳动生产力最为重大的进步……所展现的大部分技巧、熟练程度与判断力，似乎都是分工的结果”[②]，“分工的程度必然受制于市场的广狭”[③]，“每个人几乎随时随地都需要同胞的协助，他若想完全依赖别人的恩惠，那终究只是痴心妄想”[④]。

此后，人们便开始了探索生产管理与组织变革的漫长历程。在经济规模不断扩大、产品种类不断丰富的过程中，生产一种产品、完成一道工序、从事一种职能（如产品推销、后勤服务、新品研制、财会管理）的工作群体不断分化、不断细化、不断强化、不断新生、不断专业化，且日益得到重视，进而拉开了产业组织发展和生产组织方式革命的序幕。

演化经济学家受熊彼特创新理论的影响，更青睐于用“技术浪潮”的概念来分析生产组织方式的历史发展。随着科学技术的发展，激进创新的扩散需要与

---

① 亚里士多德．政治论[M]．北京：商务印书馆，1965：15.

② 亚当·斯密．国富论[M]．谢宗林，李华夏，译，北京：中央编译出版社，2011：3.

③ 亚当·斯密．国富论[M]．谢宗林，李华夏，译，北京：中央编译出版社，2011：13.

④ 亚当·斯密．国富论[M]．谢宗林，李华夏，译，北京：中央编译出版社，2011：10.

核心投入、基础设施和生产组织协同演化，促进先导产业部门的成长，经济组织企业内部的管理与组织形式也逐渐由传统的工作群体向工作团队演进。

专家智慧

团队中有几种人物

英国学者贝尔滨(R. M. Belbin)根据团队角色理论提出，一个结构合理的团队应该拥有八个团队角色，即公司工人、董事长、塑造者、楔子、资源调研员、监听评价者、团队工人和完成者。看了这八个名称后，或许你会感到如坠五里雾中，或许你能够把张三、李四、王五、赵六与某一个角色联系起来。但无论如何，你要知道，这八个组织角色在一个团队中各有重要作用，又能够互为补充。

这八种团队角色，可以从较大的公司体制和企业职能职责分工的角度划分，也可以从较小而直接的生产、运营基层组织的角度划分。对小而直接的生产、运营基层组织的分析和应用是大量的、经常的，对这个“小”的生产运营直接层次的、小群体角度的更深入分析，后来进一步发展形成了“执行者”“外交家”“协调者”等九种团队角色的学说。

（二）早期“团队生产”理论的提出

西方最早形成的系统的产业组织理论，是20世纪30年代至50年代美国形成的哈佛学派的产业组织理论，被称作正统产业组织理论。在产业组织理论研究发展的过程中，1972年，阿尔钦和德姆塞茨提出了企业的团队生产理论，但这并不是现代意义上的工作团队。

所谓团队生产，是指合作性的生产活动，企业使用不同类型的生产要素进行生产，且生产要素属于不同的所有者，由于每种要素都会影响其他要素的边际生产力(边际产量)，因而总产出不是单个要素产出的简单加总。

在团队生产中，各生产要素之间存在较强的依赖性，难以具体测度每种要素对产出的贡献，在此情况下，自利的团队成员便有了偷懒的动机。为了提高团队的生产效率，有必要设立专门的监督者，通过加强团队生产过程中的监督和指导，可以减少偷懒行为，提高总产出。阿尔钦和德姆塞茨认为，企业并不拥有生产过程中所有的投入品，没有发号施令的权力，仅仅是一种特殊的契约安排，本质上是生产的团队性质，即企业组织之所以存在，是因为通过内部组织形成的团队生产比通过市场进行的合作生产具有更高的效率。

因此，团队生产虽然涉及企业内部的组织问题，但也仅是形成了具有一定生产性的工作群体，与现代企业中的团队建设有着极大的区别。

（三）工作团队理论的演进

现代企业为了获取市场竞争优势，满足市场日益增长的在灵活性、效率性和创新性方面的需求，在“工作群体”的基础上进一步提出了“工作团队”的概念。经过近半个世纪的实践和探索，工作团队越来越多地被现代企业所接受并被当作基本的组织结构形式。工作团队演进的研究探索大致分为三个阶段或递进模式。

1. IPO（input-process-outcome）模式。在经济全球化发展的背景下，企业组织形式日益呈现出多样化和复杂化的趋势，企业内部按职能分工形成的工作群体的结合方式难以满足日益多样化的市场需求，一种在组织不增加或少增加投入的情况下，可以提高组织产出、提高创新绩效的工作团队模式逐渐被企业接受并得到广泛应用。

最初，学者们在研究工作团队时，倾向于探究“有哪些因素影响了团队效果”，企业进行工作团队建设应该注重哪些方面的投入。后来，企业家们发现即使投入了相同的要素，团队的产出也存在很大的差异。因此，麦格拉斯（McGrath，1964）在研究工作团队的有效性时，提出了输入—过程—输出（即IPO）模式[①]，这一模式的提出极大地扩宽了提高工作团队效率的研究空间。

看一看

IPO的三个步骤

输入（input）是指团队运作阶段的前提条件和状况，包括团队成员的个体特征（如能力、个性），团队层次因素（如任务结构、团队领导），以及组织和情景因素（如组织设计特征、环境复杂性）等方面。

过程（process）是该模型中至关重要的环节，团队过程直接影响团队的输入因素如何发生协同作用，如何有效地转化为团队产出。

输出（outcome）是指团队活动的直接产出或间接成果，包括团队绩效（如产品的质量、数量）、团队成员的情感反应（如满意度、忠诚度、承诺及发展能力）。

2. IMO（input-mediator-output）模式。由于团队是一个复杂的、适应的、动态的系统，在企业内外部环境影响下，存在很大的不确定性。IPO模式的不足和缺陷，随着研究实践的不断发展逐渐显现出来，表现为团队过程主要是指团队机制

① Mathieu J, Maynard M T, Rapp T, et al. Team effectiveness 1997－2007：A review of recent advancements and a glimpse into the future[J].Journal of Management，2008，34（3）：410-476.

及成员完成团队任务的行为方式，忽略了团队运行过程中的互动因素。为真实反映团队运行过程中的传导机制，团队有效性研究由传统的IPO模式转向了IMO模式。

IMO模式将工作团队研究的重点放在团队中介机制上，并通过团队中介传导机制的分析，解决了传统IPO模式产生的问题。IMO模式认为，团队输入对输出的影响受诸多中介变量的制约，这些中介变量不仅包含团队成员在工作过程中的行动，还包括团队成员对认知、动机或情感状态的感知，即团队表现状态。

学者对团队中介变量(mediator)作用的机制分析结果表明，团队的绩效除了受到传统IPO模式中"团队过程"的影响，还受到"团队表现状态"以及"团队过程与团队表现状态混合作用"的影响。

3. IMOI(input-mediator-output-input)模式。随着工作团队研究的推进，人们发现团队运作不是单任务型的，而是不断地承接新的任务，团队的运作也体现为由不同阶段任务组成的循环反馈性的发展过程。这里的循环反馈性是指每一阶段的团队结果或中介变量都会对后续的团队成员结构、构成要素、运作方式等其他输入因素产生影响(即使这种影响短期内可能没有表现出来)。

伊尔根等(Ilgen et al.)将团队的时序作用引入到团队运作后，提出了IMOI模式，把团队的时序作用归纳为两种方式，即发展过程和阶段循环①。

发展过程指的是随着时间的推移，团队整体如何发生质的变化并趋于成熟。工作团队在执行任务时，不仅团队成员的业务能力得到提高，团队内部的合作机制也会不断成熟，进而产生积极的协同作用。

阶段循环指的是团队在不同时段内的运转过程会有所不同，执行何种运转过程将取决于不同阶段循环中的具体任务需求。每一阶段任务的完成，团队的整体协同水平都会提高，通过循环反馈作用，团队将在接受新的工作任务前对团队输入要素进行最优化调整。

二、团队的出现与普及

(一)日本经济奇迹的启迪

20世纪60年代至70年代中期，日本经济迅速崛起，成为世界经济大国，日本企业国际竞争力跃居世界前列。

日本经济的迅速发展和"经济奇迹"，使以美国为首的发达国家对日本企业展开了多方面的、深入的研究，以探求日本经济奇迹的秘密。

---

① Ilgen D R, Hollenbeck J R, Johnson M, et al. Teams in organizations: From input-process-output models to IMOI models[J]. Annual Review of Psychology, 2005(56): 517-543.

比一比

有趣的不同:个人英雄还是团队

有项研究把日本最优秀的员工与欧美国家中最优秀的员工放在一起进行比较,结果是:如果是个体之间的一对一的对抗赛,日本的员工多半不能取胜;但是,如果是以班组和部门为单位进行比赛,日本的员工总是能够取胜。

这是因为,在欧美国家,其社会文化奉行个人主义和鼓励个人奋斗,在企业内也是由少数人来主导,由上级对下级发布命令,难以形成团体协作力,反倒可能产生内耗。

在日本的企业中,有着一种"家庭"式的文化(日本的这种家族主义被看作是其经济奇迹的三大神器之一),由于员工对企业有着强烈的归属感,因而不仅个人在工作时勤奋认真,而且还能够发挥出集体智慧和力量,大家精诚合作,结成了力量巨大的团队,从而产生了 1+1>2 的效应,由此也就有了强大的竞争力。进一步来说,日本经济优势也正是源于此,即日本企业中团结奋斗的团队精神是日本实现经济倍增的最重要的因素之一。那么,日本的家庭式文化,能否复制到一般的市场经济关系中,能否复制到欧美个人奋斗、个人主义的文化中呢?

团队!紧密协作,共同奋斗。团队!带来经济的大发展。思维的演绎结果,在管理学中提出和形成了人们广泛关注的重要范畴——团队。

(二)团队在世界范围内普及

"团队"(team)在 20 世纪 80 年代被一些西方企业引入到管理过程中,当沃尔沃、通用电气等企业将团队引入生产过程的时候,其强大的工作效率,曾经轰动一时,迅速成为新闻热点,因为当时几乎没有几家企业这样做。

"团队"这一工作方式发展至今,已经非常盛行了,"团队"的工作方式也得到了越来越多的企业认可,世界 500 强企业普遍采用团队的方式,不采用团队方式的企业反而会成为新闻了。随便翻开国外的一本商务期刊,你会发现在许多闻名于世的跨国大型企业中,团队方式都是它们的主要运作形式。在国内的许多著名企业(如海尔、华为等)中,团队方式也是必不可少的。

美国以特殊的团队精神著称的软件大王——微软公司,在研发 Windows2000 时,参与的工程师和测试人员总共超过 3 000 人,有近 5 000 行的代码。没有高度统一的团队精神和参与者默契地分工合作,这项工作是根本无法完成的。

不仅是企业,政府组织也非常重视团队建设。美国总统克林顿就职后所做的第一件事情,就是要求他的主要行政人员参加团队建设训练,因为这些政府成员应当具有密切合作的团队精神,来完成他们面临的大量工作。

团队建设实例

“不差钱儿”与“知识型”

90 后、00 后的新生代员工大批步入职场，对这批“不差钱儿”的员工，管理面临着新的挑战。因为管理的抓手更少了，这就要求做出相应调整：其一，去威权化、增亲情化，团队大幅缩短了工作者之间的心理距离；其二，更强调工作本身的意义和营造“好玩”的组织氛围，让员工觉得有意义和有意思；其三，树立小团体的荣誉感，把组织建成平台，大家一起“唱戏”，以系统优势留人。团队，是当代工作者们所接受甚至是期待的工作环境。

对知识型员工的管理要“放权、让利、给名、施爱”，知识型员工渴望通过个人可控的工作业绩证明自己。海尔的灵魂人物张瑞敏提出“企业平台化、员工创客化、用户个性化”，年末继续强调，让中层干部们也去创业，将一个大企业拆成2 000个小微企业，也可以说是2 000个团队。张瑞敏认为，“人人都是 CEO”，能够在多变而残酷的市场中“跟上用户点击鼠标的速度”。

三、团队的概念

(一)什么是团队

“团队”一词，在《现代汉语词典》中的释义是具有某种性质的集体，“团队精神”指的是集体合作、共同奋斗的精神。在英语中，“团队”一词为 team，它往往被人直译为“小组”，实际上，该词经常是指工作团队，即 Work Team，其含义是在一个大型组织中通过成员共同努力能够产生积极协同作用的、处于基本层次或最低层次的组织或群体。

用通俗的话说，团队就是指在一起团结、奋斗、协作、互助，齐心努力工作的一小批人。

从管理科学和管理实践的角度，人们有着比较一致的看法，即“团队”一词指的是：一个组织在特定的可操作范围内，为实现特定目标而建立的相互合作、一致努力的，由若干成员组成的共同体①。此概念中，“可操作范围”即是一个基本单位、基层组织；作为一个“共同体”，强调其中的成员“合作”和“一致努力”；进一步说，还有其成员们的努力能够使该组织较好地达到其“特定目标”，而且可能使绩效水平远大于个体成员绩效的总和。对此，不同人的观点也有一些差异，有

① 劳伦斯·霍普．管理团队[M]．北京：企业管理出版社，2001：5.

的学者强调成员们在合作后所获得的巨大绩效，有的学者强调对每一个成员知识技能的更好利用，有的学者强调团队成员的行为之间相互依存与合作和追求集体的成功①。由此可见，大家应当多方位地理解“团队”的范畴。

（二）群体与团队的区别

“团队”一词，可以说是脱胎于工作群体，又高于工作群体的。所谓群体，是指为了实现某个特定目标，有两个或两个以上相互作用、相互依赖的个体的组合。在优秀的工作群体中，成员之间有着一种相互作用的机制，他们共享信息，做出决策，帮助群体中的其他成员更好地承担责任、完成任务。这其实已经蕴含着一些“团队”精神了。

但是工作群体中的成员如果不能积极地协同工作，那么这个群体的总体绩效水平是不会大于个人绩效之和的。

比一比

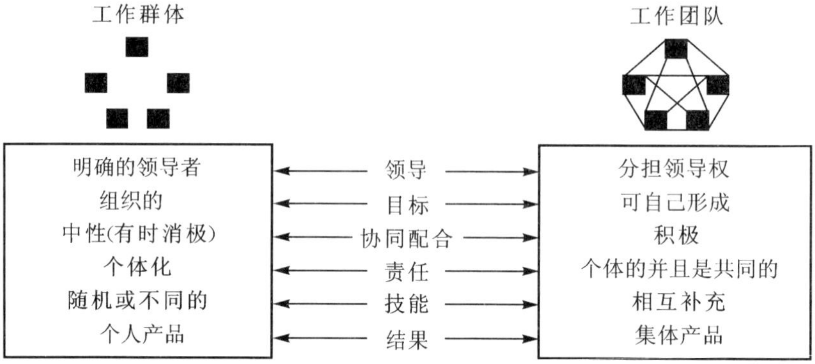

图 1-1　工作群体与工作团队的比较

资料来源：斯蒂芬·P 罗宾斯．组织行为学[M]．北京：中国人民大学出版社，2016.

上述定义和图 1-1 的“比较”有助于说明：团队为组织创造了一种潜力，能够使组织在不增加投入的情况下提高产出水平。

① 贾砚林，颜寒松．团队精神[M]．上海：上海财经大学出版社，1999：4.

比一比

工作群体与工作团队的九个区别

1. 合作目标不同

工作群体中个体目标优先于集体目标；工作团队中集体目标优先于个体目标。

2. 身份认同不同

工作群体内的成员认为自己仅是一名普通的成员；工作团队中的成员有强烈的组织归属感。

3. 技能组合不同

工作群体成员所具备的技能是随机的并处于相对静止状态；工作团队成员的技能是多元的且相互补充。

4. 领导权力不同

工作群体中权力集中在领导手中；工作团队中领导往往下放权力。

5. 成员关系不同

工作群体成员间缺乏交流，不够了解和信任；工作团队成员彼此信任度高，且鼓励发表不同意见。

6. 工作主动性不同

工作群体中的成员只能被动地接受以被安排的任务；工作团队成员能够主动承担工作任务，并勇于实践创新。

7. 行动方式不同

工作群体中没有或者很少能够产生协作效应；工作团队成员间能够发挥合作精神，体现互相支持的集体能力。

8. 决策地位不同

工作群体中的成员极少有参与决策的机会；工作团队中的成员能够参与影响团队发展的相关决策。

9. 工作绩效不同

工作群体的绩效等于或小于成员个体绩效的总和；工作团队的绩效则大于全体成员绩效相加的总和。

需要注意的是，组建团队并不“包治百病”，仅仅把“工作群体”换个称呼，改称“工作团队”，并不能保证在组织中一定会产生协同作用，提高组织绩效。

第二节 团队的范畴

一、团队的特点

这一节将对团队的特点进行阐述，这些特点正是团队优于一般群体的原因所在。

（一）职责明确

一个团队在进行工作时，对其中的每个成员工作的职责范围会划分得很明确，也就是“各司其职”。并且，在团队工作中，规定了信息的出口和入口，有着严格的工作流程。一般群体则是部门职能很清楚，而每个成员的具体工作往往由部门经理随意安排。

如亚当·斯密所说，分工、职责明确，会大大提高生产力。他指出，如果一个人独立制针，从把钢丝拉直、剪断、磨尖、打孔，那么可能一天也做不出一枚针；而如果十个人通过分工，则可以在一天制作出 48 000 枚针，平均每人每天制针 4 800枚。可见，通过分工，生产率可以出现数十倍，甚至成百上千倍的增长。

（二）没有等级区别

在团队之中，没有科层制即等级制，也没有领导者或管理他人的人，只有“团队协调人”。团队协调人既可以由组织任命，也可以由团队成员选举产生。群体则有部门经理，且部门经理一般很难更换。团队协调人没有命令团队其他成员工作的等级制权力，只是在团队内部发生冲突和团队对外交往等时候起到调解人的作用。并且，团队协调人也有在团队中自己要完成的本职工作。此外，团队协调人与团队的其他成员关系平等，他/她并不一定是团队中待遇最高的成员，而且与其他成员相比，他/她也没有任何额外津贴。

（三）成员都具有决策权

团队中的成员要对自己的岗位负责，因而都拥有一定的决策权，也可以直接向上一级，甚至向组织的决策层反映意见。而在一般群体中，成员则往往会听从本部门管理者对其进行的工作安排，成员有意见时往往只能反映到部门经理那里，很难到达高层，更难到达决策层。成员具有决策权、做主人，有利于提高团队成员工作的积极性和主动性。

（四）信息沟通充分

在团队之中，信息沟通的方向是平行的。而一般群体的信息沟通是依据组织的层级结构，按先“自下而上”，再“自上而下”的垂直方向进行的。这种团队层面的平行方向信息沟通，有利于从事工作、完成任务的沟通，而且，每个团队成员都是主动工作的和为干好工作而沟通的，可以说信息沟通是充分的。

（五）有利于取得效益

这一点是建立在上面这些特点的基础上的。当一个组织的团队之中没有内耗时，成员就会“马不扬鞭自奋蹄”，组织的高层领导人需要直接处理的事情很少，因而能够把精力集中在本组织重要问题的处理和重大决策上。可以说，团队的这种格局与现代组织的扁平化趋势是一致的，非常有利于从团队到整个组织都取得效益。

团队管理实例

微软的团队成员

微软公司无论是在美国还是在全世界，都是计算机软件行业的领头羊。

微软聘用了许多编写和开发软件的编程人员。无论多大的项目，即使是像“视窗”（Windows）操作系统这样复杂的项目，公司也要把它分解成一个个很小的部分，以便能由各个约12人组成的团队来编写。每个团队还要把承担的部分进一步细分，每个团队成员负责其中的一小部分。虽然每个成员都在团队项目中承担一部分工作，但都希望团队成员间能够彼此合作，相互帮助。在微软，从来没有看到过两个团队成员在一台计算机屏幕前扎堆的情况。团队成员彼此之间相互支持，对工作出色的成员给予赞扬，但如果团队某个成员的业绩没有达到要求，别的成员则会对他提出严厉的批评。

编程人员在工作时有很大的自主权，比如，在工作时间上，编程人员有自行安排其工作时间的自由。如果一个编程人员半夜突然有了灵感，他可以一直工作到清晨；如果一个编程人员的孩子生病，他可以在家里待一两天，另找时间完成工作。然而，除了这种“弹性”工作时间之外，几乎所有的编程人员都遵守另外一些非正式规则。一旦工作需要，比如，遇到编程中的难题，他们就会不分昼夜地投入工作。在这种非正式规则的基础上，团队成员会彼此监督，而管理者也会召回几天都不在办公室的人员。

二、团队的构成要素

团队的构成有几个重要的因素，管理学家把它们总结为“五个P”。

（一）目标（purpose）

每个团队都应该有一个既定的目标，这可以为团队成员导航，使其知道向何处去。没有目标的团队是没有存在意义的。

（二）人员（people）

个人是构成团队的细胞，一般来说，三个人以上就能构成一个团队。团队目标是通过其成员来实现的，因此，人员的选择是团队建设与管理中非常重要的一个部分。

（三）团队定位（place）

团队的定位包含两层意思：一是团队整体的定位，包括团队在组织中处于什么位置，由谁选择和决定团队的成员，团队最终应该对谁负责，团队采取什么方式激励下属等；二是团队中个体的定位，包括各个成员在团队中扮演什么角色，如是指导成员制订计划，还是具体实施某项工作任务等。

（四）职权（power）

团队的职权取决于两个方面：一是整个团队在组织中拥有什么样的决定权；二是组织的基本特征，如组织的规模有多大、业务是什么等。

（五）计划（plan）

从团队的角度看，计划包括两层含义：一是由于目标的最终实现需要一系列具体的行动方案，因此，可以把计划理解成目标的具体工作程序；二是按计划进行可以保证团队工作的顺利完成，只有在计划的规范下，团队才会一步步地贴近目标，从而最终实现目标。

三、团队中的角色

（一）罗宾斯的团队角色论

从一般意义上讲，团队中存在九种成员角色①。

1. 革新者。革新者富于想象力，喜欢创新和变革，独立性较强，愿意按照自己的工作方式和节奏行事。

2. 倡导者。倡导者乐意接受并支持新观念。在革新者提出新创意后，他们善于利用并找到资源支持新创意。倡导者的弱点是，他们不一定总是有耐心和控制力使别人追随新创意。

3. 开发者。开发者有很高的分析技能，尤其是在决策前，他们擅长评估、分析几种不同方案的优劣。

4. 组织者。组织者喜欢制定操作程序，以使新创意逐步成为现实。他们会设定目标，制订计划，组织人、财、物、信息等资源，创建种种制度，以保证按时完成任务。

5. 生产者。生产者与组织者相似，他们也关心活动的成果，但他们的主要着眼点在于：必须按时完成任务，保证所有承诺都能兑现。他们注重产品的品质，

---

① 斯蒂芬·P 罗宾斯，蒂莫西·贾奇．组织行为学［M］．孙健敏，王震，李宗，译．北京：中国人民大学出版社，2016.

使产品合乎标准。

6. 核查者。核查者最关心的事情是规章制度的建立和贯彻执行。他们善于核查细节,并保证避免出现任何差错。他们希望核查所有的事实和数据,在产品质量的检验上精益求精。

7. 维护者。维护者对做事的方式有强烈的信念。他们在支持团队内部成员的同时,会积极地保护团队不受外来者的侵害。他们对团队而言非常重要,因为他们能够增强团队的稳定性。

8. 建议者。建议者是很好的听众,他们愿意在做出决策之前得到更多的信息,而不愿把自己的观点强加于人。因此,他们在鼓励团队做决策之前充分搜集信息而不是匆忙做决策方面,起着非常重要的作用。

9. 联络者。联络者倾向于了解所有人的看法,他们是协调者,是调查研究者。他们不喜欢行为方式走极端,而是尽力在所有团队成员之间建立合作关系。他们认识到,团队成员可以为提高团队绩效做出各种不同的贡献,尽管可能存在差异,他们会努力把“人”和“活动”整合在一起。这种角色与其他角色可以重叠,或者说上述八种角色中的任何一种都可以扮演这种角色。

(二)贝尔宾的团队角色论

贝尔宾认为,团队中的角色风格特点对企业的表现能够起决定性作用。贝尔宾从发挥作用的角度、在团队中起领导作用的角度、和个人相关的品质和行为特征角度,将团队成员的角色分为九类①。

1. 执行者。执行者的英文缩写是IMP(implementer),实际上是执行组织和团队使命的领导者,他会带领大家做事,把组织的创意和理念付诸行动。执行者很有纪律性,喜欢通过有组织的方式,迅速处理工作。他们不惧困难,讲求实际,值得信赖,而且宽以待人。他们相对保守,对现有的条件和看待事物的方式都持尊重的态度。在结构完备的大型企业里,执行者往往是被提拔的对象,在现实中,符合理想执行者条件的人比我们想象的要少得多。在一个团队中,执行者无疑是一笔财富,但由众多执行者组成的团队就不一定优秀了,主要原因是:虽然他们很有组织性,也很努力,但团队缺乏真正的创意。

2. 外交家。外交家即RI(resource investigator),团队的每个成员都可能面对各自的顾客群体,承担着“外交家”的角色,这一角色应具备挖掘、利用各种资源的能力。作为一个组织的“外交家”,其原创能力并不出众,他们更善于从其他人那里吸收支离破碎的建议,并加以发展,尤其擅长在团队之外寻找资源。外联的工作为他们提供了机会,让他们可以把从外界带回来的新思路,发展提升为团队的计划。外交家能与人保持紧密的交往,擅长利用各种资源,能更快地融入团队管理。做个风趣的比喻:外交家会把遇到的问题翻个底朝天,利用优秀的沟通技

① Meredith Belbin R. Management teams: Why they succeed or fail[M]. 北京:机械工业出版社,2017.

巧,在意想不到的地方找到宝藏。

3. 协调者。协调者即 CO(coordinator),该类型适合平衡团队成员的角色与力量,由于他们自身的团队角色特性,在各个层面上都可以处理多维度的复杂问题。协调者擅长发挥团队的潜力,善于挖掘通常隐藏在团队成员身上的创造力,只要成员的才能可以帮助团队达成自己的目标,他们便能敏锐地发现并且鼓励发展团队成员各方面的才能。

4. 智多星。贝尔宾把团队中最具创造力潜质的核心成员称为智多星,英文即 PL(plant)。在同事眼里,他们具有创造力,是特别具有独创性的角色,但也会被认为是一个性格古怪、特立独行的人,而不是以领导的特征对团队发挥影响作用。智多星通常会躲在角落里,独自把事情想透,有时能为团队带来制胜的机会。但职场中,真正的智多星总是遭人排挤,其理想的上司是团队的协调者。

5. 鞭策者。鞭策者即 SH(shaper),是充满干劲的、精力充沛的、渴望成就的人。通常,他们非常有进取心,性格外向,拥有强大驱动力。他们喜欢领导并激励他人采取行动。在行动中如果遇到困难,他们会积极找出解决办法。他们顽强又自信,有容易激动的外向型性格,非常注重自身的成就感,喜欢挑战,并且关心最终是否能够取得胜利,喜欢争辩,且动不动便持不同意见,总是根据自己的意愿来驱动团队的方向。

如果一个团队容易自满或者有惰性,鞭策者可以帮助它恢复平衡,其业绩会提升;如果团队本身就很平衡,鞭策者通常会扮演颠覆性的角色。

6. 审议者。审议者即 ME(monitor evaluator),他们是天生的优秀裁判。审议者是态度严肃的、谨慎理智的人,他们有着与生俱来的对过分热情的免疫力。他们倾向于三思而后行,做决定较慢。他们通常具有批判性思维,善于在考虑周全之后做出明智的决定。具有审议者特征的人所做出的决定,基本上是不会错的。总之,审议者具备让人赞叹的智力水平和决策能力。

7. 凝聚者。凝聚者即 TW(teamworker),是团队的润滑剂。凝聚者类型的人信任他人,性格敏感,是在团队中给予他人最大支持的成员。他们性格温和,擅长人际交往并关心他人。他们灵活性强,适应不同环境和人的能力。凝聚者观察力强,善于交际。作为最佳倾听者的他们通常在团队中倍受欢迎。凝聚者往往身居高层,其圆滑的沟通技巧恰似一块瑰宝,能够促进团队利益的增长。

8. 完成者。完成者即 CF(completer finisher),其思维是完美主义,做事坚持不懈、注重细节,适宜做把关人。完成者擅于检查工作任务中的纰漏,确保在工作成果被送出去或得到批准前,做到尽善尽美。他们完成工作的方式是对工作加以润色和修饰,而不是把工作从头到尾看一遍后迅速解决。完成者会确保所有必要的检测和保障措施都已经完成,真正让产品做好走向市场的准备。

9. 专家。专家即 SP(specialist),是指在某些专业和知识领域中经验丰富的人,他们喜欢别人向他们进行咨询,愿意和别人分享知识,但事实上很多专家并不喜欢团队合作。专家尽管个性不同,但具备两个突出特征:一是他们往往在某一方面智力超群、技能优异;二是专家的知识技能涵盖的范围相对较窄,即“术业有专攻”。

小故事

角色可调整

某家大公司有一位具备专家特质的董事长。他技术风范十足,思维单调而执着,很难打交道,除了身边的人,他很少跟其他人在一起。一位创意十足的访客想与这位董事长做生意,他发现,这位董事长的办公室里总是摆着一种“科技新宠”产品。

从团队角色关系上说,这两个人是不可能一拍即合的。但在我们这个案例中,访客决定问一问董事长能不能演示一下他的“科技研究”。这位“专家董事长”很高兴地对这个要求做出了回应。两人的面谈持续的时间比计划的要长,结果是,双方这次会面是成功的——访客的生意做成了,董事长的“技术特长”得到了展示。生意一旦成交,双方就没有必要再见面了,因此,这种关系的长期优势无法得到验证,但检不检验已无关紧要了。

总的原则是,我们可以把团队角色行为设计成适合某人的已知角色,让其以娴熟的方式把已知角色发挥出来。但这样做也有不利的一面,那些认为调整角色一方的行为不正常的人,往往会把这样的行为理解为不诚实。如果这种行为持续很长一段时间,几乎肯定会产生角色压力。角色压力越明显,此种行为突然中断的危险就越大,而且后果很可能会难以预料。

因此,需注意,为适应特定环境而设计角色的做法是有一定风险的。

第三节 团队的类型

企业在引入工作团队的管理模式后,组织绩效能够得到有效提升,使越来越多的企业纷纷效仿。管理学者在对大量的实例进行分析后发现,在纷繁复杂的商业竞争中,不同团队类型在企业组织中发挥的作用有很大差异,管理者需要思考的重要问题是如何构建适合企业自身发展的团队类型。发达国家的学者对团队的研究多数具体在特定的团队类型上,下面简要介绍几种常见的团队类型。

一、科恩和贝利的划分

在团队类型的研究中，科恩和贝尔（Cohen & Bailey，1997）的观点较具代表性并被主流文献广泛引用，他们将团队类型划分为四种：工作团队（work team）、并行团队（parallel team）、项目团队（project team）和管理团队（management team）。①

（一）工作团队

工作团队是指为完成生产任务和提供服务，由较为稳定的成员组成的长期的组织单元，团队成员通常全职并且经过挑选。

工作团队一般会接受组织中的上级领导，但近年来也出现了一些更加灵活的形式，例如，自我管理团队、自主或者半自主、自我指导或授权型团队。

（二）并行型团队

团队成员是从不同的部门和岗位上抽调来的，目的是完成常规组织之外的任务，这种方式组建的团队与常规的组织结构并存，称为并行型团队，或者说是一种非实体的团队。

并行团队的主要任务是解决特定的问题，或为实现一个具有针对性的目标，有的并行团队的存在有一定的时间性，如质量提高团队、员工参与团队等。

（三）项目团队

项目团队具有临时性，其任务是一次性的，团队成员一般应掌握一定的专业技术或具备特殊的专业能力。团队成员需从不同部门选取，完成任务后再返回各自的岗位。

（四）管理团队

管理团队对各自所属层级的总体绩效负责，有权对其所属子部门进行工作协调或业务指导，权威来自成员的行政等级差别，如高层管理团队一般会考虑公司的整体战略和绩效，运用整体的智慧帮助公司赢得竞争优势。

二、斯蒂芬·罗宾斯的划分

美国管理学专家斯蒂芬·罗宾斯根据团队的成员来源、团队拥有自主权的大小以及团队存在目的的不同，将团队分为问题解决型团队（problem-solving team）、自我管理型团队（self-managed team）、跨功能型团队（cross-functional team）三种类型。

（一）问题解决型团队

在“团队”出现的早期，大多数属于问题解决型团队，即由同一个部门的若干

① Suan Cohen G, Diane Bailey E. What makes team work: Group effectiveness research from the shop floor to the executive suite[J]. Journal of Management, 1997, 23(3): 239-290.

名员工临时聚集在一起而组成的咨商性团队。问题解决型团队的特点是“临时”，也就是说它不是一个常设的、正式的组织，是为“解决问题”进行专题讨论和提出建议的咨商性、临时性组织，它可能大于出现问题之所在的直接工作团队的人员范围，即可能是跨部门的。如一个研究“降低生产成本”任务的问题解决型团队，参加者除了生产车间的工程师、统计员，还有公司的技术专家、财务专家。问题解决型团队会讨论如何解决问题，但它不一定拥有解决问题的组织权利。对问题解决型团队应用最广的类型，是“质量圈”（QC）或“全面质量管理小组”（TQC）。

小方法

问题解决型团队的运行

团队成员会定期或者不定期地开会，一起讨论如何提高产品质量、增加生产效率、改善工作环境、改进工作程序和工作方法，互相交换看法或提供建议。这种类型的团队缺点很明显，即没有对自己形成的意见或建议单方面采取行动的决策权。

（二）自我管理型团队

问题解决型团队在员工参与决策方面权利缺乏，功能不足。弥补这种欠缺的方法，是建立独立自主地解决问题、对工作的结果承担全部责任的团队，即自我管理型团队。自我管理型团队是真正独立自主的团队，不仅探讨问题解决的方法，还要拟订执行解决问题的方案，并对工作承担全部责任。

自我管理型团队的人数通常有 10~15 人，他们会承担一些原本由上级承担的责任。一般来说，他们的责任范围包括控制工作的节奏、决定工作任务的分配等。这种自我管理型团队甚至可以自由组合，并让成员相互进行绩效评估，而使主管人员的重要性相应下降，甚至可能被取消。需要注意的是，自我管理型团队并不一定能够带来积极的效果。例如，其缺勤率和流动率偏高。这说明，对自我管理型团队这一形式的采用有一定的范围，需要具备一定的条件。

（三）多功能团队

这里用更明晰的“多功能团队”一词，来阐述罗宾斯说的“跨功能型团队”类型。多功能团队是团队形式的进一步发展，是一种运用非常广泛的团队。这一团队形式在 20 世纪 80 年代末覆盖了当时主要的汽车制造公司，包括丰田、尼桑、本田、宝马、通用汽车、福特、克莱斯勒等，它们都通过“多功能”来协调、完成复杂的项目。多功能团队是一种有效的形式，它能使组织内部，甚至组织之间不同领域员工之间交换信息、激发出新的观点、协调复杂的项目、解决面临的问题。

多功能型团队通常由来自同一等级、不同工作领域、跨越横向部门界线的员工组成,他们聚集在一起的目的就是完成一项特定的任务。盛行于今的“项目管理”,与多功能团队有着内在的联系。但是,多功能型团队并不是“野餐聚会”式地聚一起工作、处理问题即可,而是有着硬性任务的。背景不同、经历和观点不同的成员之间要建立起相互信任的关系,形成团队,这样一来,他们就可以一起处理复杂甚至多样的工作任务了。

第四节　团队的功用

从20世纪80年代开始,团队开始被引入一些公司的管理过程,这成为当时轰动一时的新闻。现在,“团队”一词已经非常盛行,在许多著名的、出色的企业中,团队都是其重要的组织结构和管理方式。团队在当今企业界如此盛行,其原因在于,它在组织的经营管理活动中具有以下基本作用。

一、促进组织资源的充分利用

(一)对团队外部资源的充分挖掘

通过借助团队的社会资本可有效利用团队的外部资源。资本本质上是功能性的,例如,马克思认为,资本是期望在市场获得报酬的投资。柯江林等将团队的社会资本定义为:嵌入在团队成员内部社会关系网络中的一种资源交换能力①。充分挖掘团队的社会资本,有助于充分利用外部资源进而提高团队绩效。

1.结构性社会资本是团队利用外部资源的机会。结构性社会资本主要反映的是主体间通过社会互动获得交换资源的机会,既包括团队成员在社会网络咨询、友谊、沟通方面的范围密度,也包括彼此间的互动强度。

2.关系性社会资本是团队利用外部资源的意愿。关系型社会资本主要反映关系网络中的主体向他人转移资源或进行合作的意愿。在关系型社会资本中,信任不仅是核心要素,更是社会资本的本质,没有网络主体间的信任,结构性与认知性社会资本就只是空中楼阁。

3.认知性社会资本是团队利用外部资源的能力。认知性社会资本既包括不同领域的专家对相关知识整体性认知和局部性认知,也包括其对目标及使命的认同,即共同愿景。

---

① 柯江林,石金涛,孙健敏. 团队社会资本的维度开发及结构检验研究[J]. 科学学研究,2007(5):935-940.

(二) 对团队内部资源的主动和充分利用

1.更好地运用本组织的人力资源。从团队内部人力资源角度看,当某种工作任务需要多种技能、渠道和经验时,显然,由若干成员组成的各有特色并集思广益的团队来做,通常会比个人干得更好,因为团队有助于组织更好地利用雇员的才能。

2.现有资源的进一步挖掘利用。从团队内部的财、物等资源分配角度看,任何组织现存的各种资源往往都存在着不平衡,其部分冗余不可避免。实行团队制,可以在组织原有的工作不受影响的情况下开拓许多新的工作领域、完成更多的工作任务。

3. 团队工作模式长于应变。在复杂多变的经营环境中,团队工作的模式比传统的部门结构更灵活、反应更迅速,它可以快速地组合、重组、解散,这也可以大大提高组织资源的利用率。由此,以完成专门任务为目的的“团队”也就得以盛行于世。

二、增强组织的工作效能

团队对于组织效能的增强作用,主要体现在以下几个方面。

(一) 完善组织的结构

团队组织有利于改善组织的沟通状况,使团队成员之间加强交流,这有利于弥补组织的一些缺陷。而且,团队及其成员有对组织整体的共同承诺,鼓励个体把个人目标升华为团队和组织的目标,共同为组织的目标而努力,强化整体组织的结构和战斗力。而且,团队能够增强组织的灵活性,有利于组织在操作层次上的应变。

(二) 改善工作氛围

当组织员工只关心个人的工作目标时,他们往往会与其他同事工作目标的实现发生摩擦,团队模式则能够满足人的归属需要和成员之间的友情,他们会为了整个团队的共同目标而奋斗,也会为了实现团队的目标而主动地谋求合作,不仅会减少冲突,而且会在局部以至组织总体创造良好的氛围。

(三) 增强组织灵活性

市场环境的新变化是组织普遍采用团队形式的主要原因,任何组织要想在激烈的竞争环境下生存、发展,都必须改变过去等级分明、决策缓慢、机构臃肿、人浮于事、对外界变化的应变能力差的管理模式。团队工作以灵捷和柔性为特征和优势,给予成员必要的团队工作技能训练,团队的共同价值观使组织能更好地应对外部环境的变化和适应组织内部的改革、重组。

(四) 提高组织的决策效能

团队工作模式伴随着现代信息技术,成员之间的协调和联系可以通过总线上的共享信息实现;通过互联网实现信息的共享和集成,通过扁平化来消除组织结构(如宝塔式的科层结构)中由于多层传递造成的信息失误,得以提高组织信息传递的质量和速度。

小寓言

三只老鼠谁的错

三只老鼠经过千辛万苦，终于找到了一个油瓶。因为油瓶比较高，三只老鼠决定轮流到油瓶顶部喝油。三只老鼠打算通过叠罗汉的方式喝，当最后一只老鼠爬到中间那只老鼠的肩膀上时，油瓶突然倒了。油瓶倒了惊动了屋子里的人，三只老鼠听到了脚步声，不得不落荒而逃。

老鼠们回到自己的窝里，一起讨论这次偷油不成功的原因。

最上面的老鼠说道："因为中间的老鼠肩膀抖了，我才会推倒油瓶，全怪它！"

中间的老鼠说道："我承认我是抖了，那是因为我下面的老鼠抽动了一下，我肩膀才会抖的！

最下面的那只老鼠说："我是因为听到猫叫才抽动的，这不怪我！"

经过一个多小时的讨论，三只老鼠一致认为是猫的缘故。

三只老鼠吸取了这个教训，又去上次的屋子偷油。它们仍旧采取叠罗汉的方式，当它们叠好罗汉正要拧开瓶盖的时候，这家的主人用灭鼠喷雾剂喷向这三只老鼠，只见三只老鼠接二连三地死掉了。其实，这家人根本没有养猫，只是上次看到油瓶倒了，发现了老鼠的踪迹，这次就决定灭掉它们。

小故事

拍卖出高价靠的是什么

在美国的一次艺术品拍卖现场,拍卖师拿出一把小提琴当众宣布:"这把小提琴的拍卖起价是1美元。"还没等他正式起拍,一位老人就走上台来,只见他二话不说,抄起小提琴就竟自演奏起来。小提琴那优美的音色和他高超的演奏技巧令全场的人听得入了迷。

演奏完,这位老人把小提琴放回琴盒中,还是一言不发地走下台。这时拍卖师马上宣布这把小提琴的起拍价改为1 000美元。等正式拍卖开始后,这把小提琴的价格不断上涨,2 000美元、3 000美元、8 000美元、9 000美元,最后,这把小提琴竟以10 000美元的价格成交了。

同样的一把小提琴何以会有如此大的价格差异？很明显，是协作的力量提升了这把小提琴的价值。

三、促进团队成员的个人发展

团队建设在增强组织效能的同时，也有效地促进了团队成员个人的发展，主要体现在以下几个方面。

（一）激发内在动力

团队这一体制能增加成员的自主决策权，能够达到促进组织成员对工作高度参与和自主决策的激励功效，这就使团队成员能够产生巨大的工作动力。团队中的民主气氛和成员对团队，以至对整个组织的归属感，使团队成员能够提高工作参与度，通过工作参与满足自身的成就感等心理需求。

（二）培养合作意识

一方面，工作团队由传统的科层组织中的被动接受命令转变为拥有独立的决策权，使团队成员拥有一个更大的活动平台，享有宽松、自主的环境，使成员主动合作的意识增强。另一方面，团队的气氛会给那些企图“免费搭便车”而产生偷懒意图的参加者施加压力，迫使他们为团队的绩效、荣誉而努力工作。

（三）体现人本管理

团队鼓励其成员一专多能，并对团队成员进行了工作扩大化训练，要求团队成员积极参与组织决策。由于团队这一工作形式培养了团队成员的技术能力、决策和人际处理能力，使团队成员从机器的附属中解放出来，所以，团队充分体现了以人为本的管理思想。

（四）实现人力资本价值

人力资本价值是以一个量化的标准，被用来衡量企业内部不同员工的单位生产力，即公司收入中真正由“人”所创造的那部分价值。成员在团队中完成各自任务，通过灵活、高效的团队监督、考评、分配等机制，实现个人的人力资本价值。

四、从多方面促进组织的效益

（一）提高经济效益

团队这种工作形式可产生正向协同的作用，可以大大提高局部组织的生产效率和整体的经济效益，从而达到促进组织绩效提高和组织发展的目的。

（二）提升管理效率

当工作任务和日常决策权交给团队后，团队可以自动运转起来，管理层就能够摆脱日常事务管理而去思考和处理更重要的问题。同时，将决策权下放给团队后，团队就能够根据环境的变化灵活处理问题，有利于组织的目标和决策较好地实现。

(三)创造社会效益

由于团队社会网络的存在,通过团队社会资本的传递作用,可使团队所在的组织乃至组织所在的行业产生协同效应,团队的创新性成果、团队的文化理念等都会在其社会网络中产生积极的影响,这不仅有利于增加组织的无形资产,提升其在业界的口碑,还能帮助其创造社会效益。

总之,从全球的角度看,团队建设和管理的潮流都在不断地发展、推进,这说明团队体制是成功的。但是,这种成功又是有条件的。有研究发现,在利润、生产率、产品质量都处于劣势的组织中,即使采用团队体制也很难对绩效产生影响,团队在这里无“回天之力”;而在一些已经有了高绩效的公司中,引入团队体制反而有可能使绩效水平降低。因此,对团队不能一味迷信,而应当科学地加以研究和运用。

团队建设实操

中国企业的团队应当怎么做

中国企业的团队管理应该遵从中国的文化传统及特征,一方面要发扬中国人的文化及人性优点以提高团队的管理水平,另一方面要尽量避免和排除中国传统文化及人性缺点以提高团队管理水平。

从团队管理的角度看,中国企业主要应当解决以下几个方面的问题。

1. 忌生搬硬套他国模式

团队组织是企业新型的组织模式,我国不少企业忽视中国的文化传统及基本国情,而生搬硬套别国的团队管理模式。西方文化强调个人自由,强调个人的独立性,而中国文化则强调家庭本位,一向重视伦理关系与群体关系,对个人自由比较忽视,这些国情决定了我们在组织团队建设中应选择适合自己的方法和途径。

2. 提升团队成员的素质基础

团队成员的素质状况是影响团队力量的关键因素,中国的许多企业特别是中小型民营企业不重视企业员工素质的培养,在教育方法上普遍停留于空洞说教的落后状态。这在客观上造成企业一方面渴望以高素质人才队伍组建团队,提高企业效率;另一方面又缺乏可选人才,使建立团队的想法难于实现。

3. 恰当地选择和运用团队

从西方发达国家的总体情况来看,对团队作业方式的成功运用的确有利于成本的节约、质量和服务的改善,以及效率的提高。但是,这不等于所有的企业

都适合进行团队建设，也并不是每一项工作或项目都可以搞团队管理。此外，团队内容广泛，具有多种类型，如自由型团队、精英型团队、依附型团队、虚拟型团队等，因此各企业应根据各自不同的需要选用合适类型的团队。

4. 树立新的经营管理理念

为了适应团队管理模式的需要，采用团队体制的企业必须树立一种与团队相呼应的新的工作观念，对工作动机、工作结构及工作责任等几个重要领域的内涵进行适当调整，以便更好地为团队管理的实践奠定扎实的基础。

5. 提升人力资源管理的实践水平

一般情况下，一个企业的人力资源管理实践必须与该企业组织结构和工作任务要求保持一致，因而，采用团队作业方式的企业必须适当调整原有的人力资源管理方面的诸多工作内容，提升自己的人力资源管理水平与灵活性，以利于企业推行团队管理。

案例

是不是真的齐心合力？

某家公司在搞团队建设。该公司请来的蔡咨询师让大家讨论，工作中存在哪些不符合团队精神的案例。所有的人都蜻蜓点水，因为怕伤害了同事关系。

最后，人力资源部的林经理站起来说："我们公司比较强调团队精神，总的来说是比较好的，但各部门在执行公司任务时，还是存在一定的推诿现象，害怕承担责任，也不能很好地配合其他部门的工作。"会场上有的人低下头，若有所思，也有人无奈地笑了笑。

在讲了相关的团队建设的知识和案例后，蔡咨询师热情邀请所有到场的人一起做一个团队建设游戏，共同感悟团队精神的精要所在。有人表现出热情，有人不置可否，更有人投来了怀疑的目光。

蔡咨询师请所有的人起来，站到场地中间，并将他们分成两组，每组大概有10人，再分成两排，面对面站好。蔡咨询师开始宣布规则："请所有的人都伸出你的食指，并放在你胸前的位置。"

蔡咨询师请助理人员拿出一根铝制的杆子，所有人都面面相觑，不知道咨询师要做什么。

蔡咨询师把杆子轻轻放在所有人的食指上，说道："所有人的食指都必须轻轻托着杆子，不许用手勾，每个人的食指都不能离开杆子，然后把这根杆子放到膝盖的位置，如果有人手指离开杆子，就算违规，必须重新开始。规则介绍完毕，现在你们这两个小组假设是两家企业，你们在竞争，谁最快完成这项目标谁就是优胜者。”语毕，会场一下子热闹起来，大家议论纷纷。

这根单杠很轻，十个人的食指如果都要托着它，还要放下来，反倒有了不小的难度。拿破仑说过：“困难只是在检验一个人的伟大程度！”试想一下，在目前竞争日益激烈的市场上，在员工们的工作中，企业销售目标、财务目标、管理目标等，哪一个没有难度啊？

反正又没有什么不良后果，还是试试吧。这样一想，所有的人都跃跃欲试起来，但他们很快发现：如果所有人的食指都不能离开杆子，那这根“瘦弱”的杆子很容易就被抬起来，要把它放下来还真的非常困难。看似简单的游戏，却让这些企业的管理者们一时间束手无策了。经历了几次尝试后，两个小组都以失败告终。大家开始热烈地讨论起来。有人很聪明，问咨询师：“可以只用两个人做吗，这样很容易？”蔡咨询师回答：“不行，是所有人必须都参加！”

所有的人都议论纷纷，好像都有想法，但谁都没有站出来，一时间场面有些混乱。

其中的一个小组突然有人站出来，大声说：“大家保持安静，听我说，咱们要保持一致，听我口令，我喊1—2—3，所有人开始慢慢往下放，好吗？”听到此言，大家精神为之一振，都说：“行！快点吧。”

团队开始出现了领导，领导者勇于承担责任，领导力强的团队才能有更高的工作效率啊。

可是，这根难以驯服的杆子并没有放下来，虽然所有的人都全神贯注，但杆子总是一头高、一头低，这边的人已经放下了，而另一边的人还在原地，杆子倾斜得厉害。于是有的人食指离开了杆子。

“停！有人食指离开杆子了，重新开始！”蔡咨询师毫不客气地命令，一次次把杆子重新归位。

这时，有的人开始怀疑，抱怨道：“这个游戏的任务是不可能完成的，杆子太轻了！”有的人开始指责别人：“都是××的错，我每次都发现他那里下不去，你以后要注意点！”那位学员也毫不客气地回敬了几句。所有的人都把焦点集中在别人身上，好像都是别人犯的错。

于是他们又尝试了一次。这一次，蔡咨询师依然毫不客气地把犯规的学员给找了出来，令大家诧异的是，这次最先犯错的竟然是刚才那位指责别人声音最大的仁兄，大家都笑了，蔡咨询师宣布游戏重新开始。

争论不休，怨气四起，场面有些失控。蔡咨询师这时站出来，大声说：“安静！安静！首先告诉大家，这个游戏是一定能够完成的，但是你必须想办法，时间还剩下15分钟。”场面马上安静了不少，大家开始冷静下来。

其中一组有人说：“问题的关键是我们都不要看别人怎么样，要注意自己的手指动作，而不要总去指责别人！”有人赞同，也有人对此表示怀疑，这时有人出来说：“好吧，大家试验一下，大家都先不要急着往下放，而是先轻轻托着这个杠子，找准每个人的感觉，看着自己的手指，只要我们能托着它，就一定能把它放下。”

案例讨论题

1. 为什么企业里的很多会议越开越长，却总也解决不了问题？主要原因往往是成员之间缺乏理解和信任，不能开诚布公，会议要么成为“辩论会”，要么成为“一言堂”，根本无法集思广益，发挥团队的力量。请对这一现象和避免这一现象出现的方法进行讨论，发表看法。

2. 团队运作是一种有效的管理方法。如同本案例中的“轻轻放下，屡次受挫”状况，在一个组织工作不顺利时，诸如市场打不开、成本居高不下、回款不利、产品质量下降等，领导者是否认真思考此前通常使用的解决办法的有效性？

3. 案例中，大家为出现大的困难并无法解决而争论、归因、指责别人。当你所在的企业及团队出了问题，销售状况不好、人员外流、考核流于形式等，你是否感觉都是别人的错？你自己有错吗？从团队精神和团队建设的角度看，应当如何做？

4. 当企业遇到困难，谣言四起，人心惶惶时，企业领导是否应及时出来澄清真相，坚定团队成员的信心？应当如何坚定团队成员的信心？

本章小结和应用意义

本章介绍了团队的产生和起源，分析了团队的概念、范畴、类型，并阐述了团队建设对于管理的重要作用。

第二次世界大战后，日本经济迅速腾飞，创造出令世界各国关注的经济奇迹。管理学研究发现了一个重大的秘密：日本企业强大竞争力之根源正在于其强大的“团队合力”。这种团队型的先进的管理模式不仅使日本在激烈的竞争和危机中安然无恙，而且也使其跃居世界经济强国之列，并对美国的经济霸主地位提出有力挑战。

正是在这样的背景下，受到冲击最大的美国于20世纪70年代末以及80年代初两度派出专家和企业家前往日本研究和学习，人们认识到，在20世纪80年代以前，西方的企业强调突出个人业绩，其同事间容易产生冲突，影响了生产效率，增加了员工流动率。“团队文化”理论也正是在日本经济的崛起和美国人的反思中兴起的。至今，团队文化已在深刻改变着全世界企业的面貌，也正在成为信息时代的企业所需要的一种基本文化。

从一定意义上讲,团队建设与管理也成为管理学的一个新的分支,这方面内容有着广阔的发展前景。学习团队建设与管理知识,对于变革企业的工作方式以至经营模式,适应快速变化的经营环境,有着重要的实践意义。中国改革开放的不断深化和与国际的全面接轨,也为搞好团队建设与管理创造了巨大的需求空间和机遇。

思考讨论题

1. 什么是团队?为什么要搞团队建设与管理?
2. 工作团队演进的研究探索大致分为哪几个阶段或递进模式?
3. 工作群体与工作团队有哪些不同?
4. 团队的基本类型有哪几种?
5. 团队的特点是什么?它的优越之处在哪里?
6. 团队中有哪些角色?将班里的同学按每5~15人分成一个团队,让同学各自寻找自己的角色。
7. 团队模式对企业管理有哪些功用?
8. 理解和掌握团队的功用。谈一谈,如何运用团队的某项功能。

团队训练游戏

团队游戏一:破冰热身,相互熟识

目的

破冰训练,使培训的人员相互熟识,创造轻松友好的气氛。

所需的材料

空白的可粘贴姓名的标签。

步骤

1. 给每人发一个空白姓名标签,请他们把自己的姓名、网名、绰号或者本团队的成员名写在上面。然后请他们简短地列举出三个与自己的情况有关的、可以当话题的单词或短语。比如:

如果是陌生人，可以问来自何地、兴趣爱好、子女情况等。（见下例：李伟（1）家住在甘肃兰州。（2）喜欢健身。（3）网名是猎豹，寓意是追求灵敏。）

如果是同学、同事等熟识的人，可以问家庭情况、工作学习、关注热点等。见下例：刘亦明（团队成员 C：一飞冲天）（1）有两个叔叔一个姨，五个堂表兄妹。（2）希望明年考上 XX 大学的 MBA。（3）网名是星河灿烂，寓意是……

2. 然后请他们随意组合成两人或至多不超过三人的小组，互相认识、交流。每过 3~5 分钟，请他们"交换伙伴"，以此来鼓励每个人都去结识尽可能多的新伙伴。

3. 活动一段时间后，全班集中讨论，由老师或培训师主持讨论。

讨论题

1. 这一练习是否有助于你结识其他人、了解其他人？

2. 什么情况会给你留下深刻的印象？

3. 现在你认为你对这一群体的参与程度如何？

应用

1. 提高学员在沟通方面的能力。

2. 增强学员的主动性和团队意识。

团队游戏二：三只小猪，盖好房子

这是完成团队任务的游戏。大家听过三只小猪盖房子的故事吧，在故事中三只小猪相互合作建成了一个漂亮坚固的房子，并最终抵挡住了大灰狼的袭击。在本游戏中，我们将扮演一次小猪，看看自己用绳子是否能建出满意的房子。

时间：20 分钟　场地：空地

规则和程序

1. 培训者将学员分成 3 组，每组 5 人左右。

2. 发给第 1 小组一条 20 米的绳子，第 2 小组一条 18 米的绳子，第 3 小组一条 12 米的绳子。

3. 规则：用眼罩把所有人的眼睛蒙上，然后规定第一组圈出一个正方形，第二组围成一个三角形，第三组圈成一个圆形。

4. 然后让大家联合起来用绳子搭建一个绳房子，房子的形状要由上述三个图形组成，并且一定要看上去比较漂亮。

相关讨论

1. 对第一个任务和第二个任务分别进行比较，哪一个任务较易完成，为什么？

2. 在完成第二个任务时，大家会遇到什么困难？你们是如何解决的？

总结

1. 每一组完成自己的任务相对比较容易，但是当需要大家配合，建成一间房子的时候,事情就变得复杂起来了。三角形和正方形如何配合,圆形应该放在什么部位都是问题,所以越是在这种时候越需要大家相互之间的配合,需要大家的团体合作精神。

2. 要做好这个游戏,首先要选定一个基准点和一个核心人员,要使大家都参照这一个坐标系行动,这样才便于指挥,也可以防止场面的混乱。

3. 兄弟同心,其利断金,讲的就是大家一致对外,团结合作,达成目标的道理。小猪盖房子需要这样一种精神,在我们日常的工作和学习中亦要如此。

应用

1.帮助学员体会在团队工作中沟通的重要性。

2.加强学员对于团队合作精神的理解。

3.训练学员对于结构变动的适应能力。

第二章　创新型团队
——奏响时代音符的乐章

学习目标

- ➤ 了解产业组织和科学研究组织范式的变化对团队的影响
- ➤ 掌握团队面对新挑战的内容
- ➤ 理解创新带给团队的压力和机遇
- ➤ 掌握跨部门团队和虚拟团队的内容
- ➤ 了解团队变化的特点，掌握团队发展新动向

引导案例

要喝水，想办法

“一个和尚挑水吃，两个和尚抬水吃，三个和尚没水吃”的观点已经过时了，如今的情况是，三个和尚面对喝水的问题，积极创新思路，变革合作方式，形成了“一个和尚没水吃，三个和尚水多得吃不完”的局面。现在，有三个庙，距离河边都比较远，让我们看看和尚们是怎么解决喝水问题的。

在第一个庙中，和尚一天挑了一缸水就累了，于是三个和尚商量，咱们来个接力赛吧，每人挑一段路。于是，第一个和尚将水从河边挑到半路停下来休息，第二个和尚继续挑，又转给第三个和尚，挑到缸里灌进去，然后再用空桶接着挑，大家都不累，水也很快就挑满了。这叫作“机制创新”。

在第二个庙中，老和尚把三个徒弟叫过来，告诉他们现在有新的庙规，要引进竞争机制：三个和尚都去挑水，谁挑得多，晚上吃饭加一道菜；谁挑得少，吃白饭，没菜。三个和尚拼命去挑水，一会儿水就挑满了。这叫作“管理创新”。

在第三个庙中，三个小和尚商量，天天挑水太累，咱们想想办法，山上有竹子，把竹子砍下来连在一起，竹子中心是空的，然后买了一个轱辘，第一个和尚把一桶水摇上去，第二个和尚专管倒水，第三个和尚在地上休息。三人轮流换班，一会儿水就灌满了。这叫作“技术创新”。

由“和尚没水吃”，到三个和尚通过不同办法达到共同的目的，关键在于不局限于固有的思维模式，发扬了团结协作，良性竞争，开拓创新的精神。

第一节　团队面临创新压力

20 世纪是一个经济、社会、科技、文化迅速变化的时代，创新起了非常重要的作用。进入 21 世纪，经济、社会、科技、文化方面的变化更加迅速，人工智能在今天的迅速发展，一方面意味着更快的发展、更多的利益和更大的空间；另一方面也对人类社会提出了非常严峻的挑战。人类，可能面临着一个难以估量的格局。

上述变化，都对团队本身以及团队建设与管理有着巨大影响。

一、无法回避的问题

生产和科研是人类的两个重要的活动，其活动的状态与规律也对组织、对团队产生了重大的影响。

近百年来，产业组织范式和科学研究组织范式均发生了巨大变化，对组织、对工作团队的组建和运转都有着很大影响，甚至有着巨大的压力。

（一）产业组织范式发展对团队建设的影响

1.“市场结构—市场行为—市场绩效”范式。1930—1970 年，以哈佛大学经济学家贝恩教授为代表，形成了“市场结构—市场行为—市场绩效”范式（简称 SCP 范式）①。这三个要素间存在密切的单因果关系，行业集中度高的企业行为倾向谋取垄断利润，乃至阻碍技术进步，其他企业要想获得理想的市场绩效，需要通过公共政策来调整和改善不合理的市场结构，限制垄断，保持市场适度竞争。受利润取向、任务目标及等级严格的科层制等因素的影响，该时期企业内的合作形式，更多地以工作群体的形式出现，成员之间虽然也有相互作用的机制，但功利性的任务产出占据了主要位置，往往忽略了组织中人的因素。

2. 团队生产范式。20 世纪 70 年代后，芝加哥学派提出了反对政府干预的意见，强调三因素间的互动关系，支持市场行为自由，提出了产业生命周期理论，深入研究了厂商最佳规模和“进入壁垒”问题，并用它来解释市场组织问题。与

① 牛丽贤，张寿庭．产业组织理论研究综述［J］．技术经济与管理研究，2010(6)：136-139.

此同期，以研究企业市场行为为重点的新产业组织理论兴起，运用数学方法和博弈方法，构建理论模型，探索企业行为的合理性，这实际上是对传统的 SCP 模式的修订和补充。这一时期，阿尔钦和德姆塞茨提出了企业的团队生产理论，但这并不是现代意义上的工作团队，该部分在前文已有论述。

3. 人本管理范式。近年来，以科斯、威廉姆斯和阿尔钦等人为代表的新制度经济学派崛起，研究的重点深入到产业组织内部，从企业"黑箱"内部的产权结构、组织结构和变化来分析企业行为。新制度经济学认为，组织中人的行为动机是双重的，受利他主义、意识形态、自愿负担等因素影响，人们不仅追求财富最大化，还会追求非财富最大化，在团队合作时往往需要在这两点间进行权衡。此外，组织中的人还具有随机应变、投机取巧、为自己谋求更大利益的行为取向。

小故事

士兵应当站在哪里

一位年轻的炮兵军官上任后，到下属部队视察操练情况，发现有几个部队在操练时都有一个共同的现象：在操练中，总有一个士兵自始至终站在大炮的炮筒下，纹丝不动。奇怪，这是什么情况？炮兵军官有了疑问。

经过询问，得到的答案是：操练条例就是这样规定的。原来，条例依据的是当年用马拉大炮时代的规则，当时站在炮筒下的士兵的任务是拉住马的缰绳，防止大炮发射后因后坐力产生的距离偏差，减少再次瞄准的时间。

现在的大炮不再需要这一角色了。但条例没及时调整，就出现了"不拉马的士兵"。这位军官的发现使他受到了国防部的表彰。

分析：

管理的首要工作就是科学分工。只有每个员工都明确自己的岗位职责，才不会产生推诿、扯皮等不良现象。如果公司像一个庞大的机器，那么其员工就是一个个零件，只有他们爱岗敬业，公司这台机器才能良性运转。

公司是不断发展的，管理者应当根据实际动态情况对人员数量和分工及时做出相应调整。否则，队伍中就会出现"不拉马、不动窝的士兵"。

如果队伍中有人滥竽充数，给企业带来的不仅仅是工资的损失，而且会导致其他员工的心理不平衡，进而导致公司工作效率整体下降。

（二）科学研究组织范式发展对团队建设的影响

科学研究组织是进行科学研究的基本单元，多以团队的形式存在，自 19 世纪初以来，经历了一系列发展演变的过程。掌握不同时期科学研究组织范式的特点，有助于制定科学的科技政策，组建合理的科研团队①。

1. 封闭协作范式。19 世纪初，各种科研机构数量激增，以德国柏林大学改革为代表的大学改革运动确立了科研在大学职能中的重要地位。第一次世界大战后，在国家、企业、基金会等非学术组织的支持和控制下，少数精英集中起来从事某一领域的科学研究，知识的生产与应用开始联系起来②。科学研究受到大学外的非学术组织干预和引导，逐渐从大学的工作体系中解放出来，但这种协作仅在有限的领域中运行，团队合作往往在相对封闭的环境下进行。

2. 多元合作范式。第二次世界大战催生了很多合作的大型科学研究组织，受国家利益影响，包括政府在内的大量大学外的机构，越来越多地通过各种渠道直接干预科学研究。在多元需求和经费资助等因素刺激下，大量的跨学科研究组织相继成立。企业越来越重视科技成果的创新和应用，企业内部出现了以研发为核心业务的跨学科研究组织形式，开放合作的趋势日益明显。

汇集人类知识的精华，特别容易催生出创新性的成果。而这种多元合作的范式，不仅有利于人类知识财富的大量生成，也是组织模式的创新。

资料库

罗马俱乐部

罗马俱乐部（Club of Rome）是关于未来学研究的国际性民间学术团体，也是一个研讨全球问题的全球智囊组织。其主要创始人是意大利的著名实业家、学者 A. 佩切伊和英国科学家 A. 金。俱乐部的宗旨是研究未来的科学技术革命对人类发展的影响，阐明人类面临的主要困难以引起政策制定者和舆论的注意。目前主要从事有关全球性问题的宣传、预测和研究活动。罗马俱乐部成立于 1968 年 4 月，总部设在意大利罗马。其宗旨是通过对人口、粮食、工业化、污染、资源、贫困、教育等全球性问题的系统研究，提高公众的全球意识，敦促国际组织和各国有关部门改革社会和政治制度，并采取必要的社会和政治行动，以改善全球管理，使人类摆脱其所面临的困境。由于它的观点和主张带有浓厚的消极和悲观色彩，因而被称为“未来学悲观派”的代表。

---

① 曲建升，卜玉敏，刘红煦. 科学研究组织范式的演进发展与趋向[J]. 图书与情报，2017(3)：56-60.

② 理查德·惠特利. 科学的智力组织和社会组织（第 2 版）[M]. 赵万里，陈玉林，薛晓斌，译. 北京：北京大学出版社，2011：240，285-287.

1968 年 4 月，在阿涅尔利基金会的资助下，他们从欧洲 10 个国家中挑选了大约 30 名科学家、社会学家、经济学家和计划专家，在罗马林奇科学院召开会议，探讨什么是全球性问题和如何开展全球性问题研究。会后，这些专家组建了一个"持续委员会"，以便与观点相同的人保持联系，并以"罗马俱乐部"作为委员会及其联络网的名称。

罗马俱乐部于 1972 年发表了第一份研究报告《增长的极限》，它预言经济增长不可能无限持续下去，因为石油等自然资源的供给是有限的，做了世界性灾难即将来临的预测，设计了"零增长"的对策性方案，在全世界挑起了一场持续至今的大辩论。《增长的极限》是有关环境问题最畅销的出版物，引起了公众的极大关注，卖出了三千万本，被翻译成三十多种语言。1973 年的石油危机加强了公众对这个问题的关注。而后，罗马俱乐部对气候变暖等问题也做了大量的研究。

3. 开放集成范式。高等教育的普及和信息技术的发展，为社会公民参与科研提供了契机。21 世纪以来，网络信息技术的发展为公民参与科研提供了技术支持，这在知识、信息的交流和共享方面体现得更为明显。科技创新的迅猛发展、灵活多变的市场需求、庞大而复杂的组织结构、日益增加的高素质参与主体，对传统的团队管理模式和运行方式造成了极大的压力，同时也为创新性团队的发展提供了更大的空间。

二、团队面对新的挑战

随着产业组织范式和科学研究组织范式的演变及发展，团队建设和管理面临着越来越多的挑战，同时为创新性团队的产生提供了动力。美国学者罗伯特·巴纳和夏洛特·巴纳把经常遇到的挑战总结为九个方面①。

（一）明确未来发展方向的挑战

如果团队在没有明确的长期目标状态下运作，其前景会变得朦胧和不确定，主要表现为：成员不理解自己的付出与组织目标的联系；组织内存在很多不确定因素；组织目标和业绩指标频繁变化等。

（二）培养团队创新能力的挑战

对处在不同职能领域的团队来说，创新性思维是取得好成绩的重要因素。缺乏创新性会导致团队成员固守现状，变得自满，处理突发问题或探索新机会的能力变差，主要表现为：成员缺乏应对新挑战的自信；忽略前沿的技术和工作方式；习惯于普通的解决方法并错失创新机会；缺乏创新性的工作环境等。

---

① 罗伯特·W 巴纳，夏洛特·P 巴纳. 构建高效团队的 70 种工具和方法[M]. 方海萍，魏清江，译. 北京：电子工业出版社，2015.

（三）建立相互信任和合作关系的挑战

相互信任和良好的合作关系是团队成功的关键。如果团队领导和成员将过多的注意力放在工作任务上，而忽略团队内部的关系建设，往往会出现内部冲突，甚至无法自拔，主要表现为：由于缺乏沟通和协作，错失团队发展机会；团队内部存在自我孤立和沟通断裂情况；存在各种小团体；工作任务繁重，成员沟通机会少；无法就目标和优先顺序达成一致；对职责和责任认识模糊等。

（四）管理者应对变化能力的挑战

对团队及其管理者来说，变化管理是一种重要的超级技能，培养创新性地适应变化的能力，对提高团队效率和组织声誉具有重要作用，主要表现为：对不确定的未来产生焦虑；缺乏预见和拒绝变化；信息渠道不畅通；应对变化的反应速度慢或能力差；思想守旧、抵制新信息、静态规划；不了解变化的运作方式及连锁效果；以受害者心态面对变化。

（五）做出承诺遭遇的挑战

团队成员之间或成员对客户做出并坚守承诺的能力会极大地影响团队绩效，特别是在面对绩效提升压力及应对艰巨挑战和管理环境发生破坏性变化时影响更大，主要表现为：团队内部注重行动本身而不是结果；不断远离目标和低落的工作情绪；面对不满意的客户；成员角色责任含糊不清；超出成员心理安全界限以及其他可能出现的意外事件等。

（六）可能导致边界问题的变革

团队虽然是一个工作单位，但往往与外界有着千丝万缕的联系。一方面，许多原属本部门内部的工作任务，现在需要由跨职能部门的团队来承担；另一方面，团队面对的客户及利益相关者的边界也不再清晰固定，主要表现在：工作组织之间局限性或对抗性的沟通模式；团队之间不断升级的冲突；工作任务存在相互冲突的目标；无效的工作流程以及组织边界划分的模糊性等。

（七）虚拟工作遭遇的挑战

全球化市场的崛起、跨职能团队合作方式的存在、现代通信技术的发展，迫使众多团队采用虚拟化的工作模式。为提高团队的反应敏捷性和工作效率，虚拟团队对组织未来发展的作用日益突出，同时，其面临的挑战也是前所未有的，主要表现为：新组建虚拟团队的工作设计；团队缺乏核心认同；受工作日程、距离远近、通信工具等因素影响的沟通中的特有问题；成员不平等的待遇；组织活动的透明度等。

（八）应对挫折遭遇的挑战

越是极力追求成功的团队，越容易遭遇挫折。面对困境，积极的团队领导者会迅速地重估局势并再次出击，消极的领导者则会降低绩效预期进而自怨自艾，主要表现为：习惯性地躲避风险；相互指责而非寻找办法；满足于过去的成功；不能用发展的眼光规划未来等。

（九）管理跨文化团队的挑战

现代企业的业务范围日益扩大，生存环境瞬息万变，如何提高管理的应变速度和灵活性成为组织成功的关键。在不断变化的环境中奋力工作的团队同样面临着跨文化环境的挑战，主要表现为：企业全球团队构架过程中面临的问题；缺乏跨文化管理的经验；团队内部存在分裂的文化阵营；由于文化不同产生的“过错线（成员间的一种推罪情形）”会放大文化纠纷等。

资料库

学习型组织

“90年代最成功的企业将会是‘学习型组织’，因为未来唯一持久的优势，是有能力比你的竞争对手学习得更快”①。

美国麻省理工学院彼得·圣吉教授于1990年出版的《第五项修炼——学习型组织的艺术与实务》一书，融合了团队管理、组织学习、创造原理、认识科学、群体深度讨论与模拟演练游戏等，提出一种人类梦寐以求的组织蓝图——学习型组织，使人们能够在工作中建立共同的愿景，从而活出生命的意义。时至今日，这本书仍在中国畅销，且在圣吉理念的引导下，许多企业都提出了建立学习型团队的目标。

彼得·圣吉认为，传统组织以个人为基础、各自为战。而在新型环境下，大家必须从整体上考虑问题，共同合作，以团队的形式参与竞争。传统组织下的人们，必须改变自己对周边世界的看法（改变心智模式），祛除个人主义思想，代之以系统思考问题的方法，围绕大家共同的愿景目标，共同学习，共同努力。

为培养这种学习型组织，彼得·圣吉提出了五项修炼内容：自我超越、心智模式、共同愿景、团体学习、系统思考。其中，系统思考是五项修炼的核心。通过五项修炼，培养团队的学习气氛，进而形成一种符合人性的、有机的、扁平化的团队——学习型团队。

第二节　团队创新的探索

随着经济社会的发展，团队在社会经济组织中得到大量的、普遍的应用，团

① 彼得·圣吉．第五项修炼［M］．张成林，译．北京：中信出版社，2010：1.

队管理在现代管理实践中的作用日益突出，也逐渐探索出一些新的团队管理模式。

一、跨部门团队

（一）跨部门团队的兴起

跨部门团队的“跨”，有两种含义。第一种是指在一个大的组织内部消除了部门分割、实现了企业内部业务流程再造重组、效率提高的组织变革结果，可称之为“内跨”。第二种是对传统组织界限的打破或者超越，是与企业外部流程或者市场的整合或重组，可称之为“外跨”。人们更关心超越组织边界、与其他组织相关联的外跨类型（见图 2-1）。

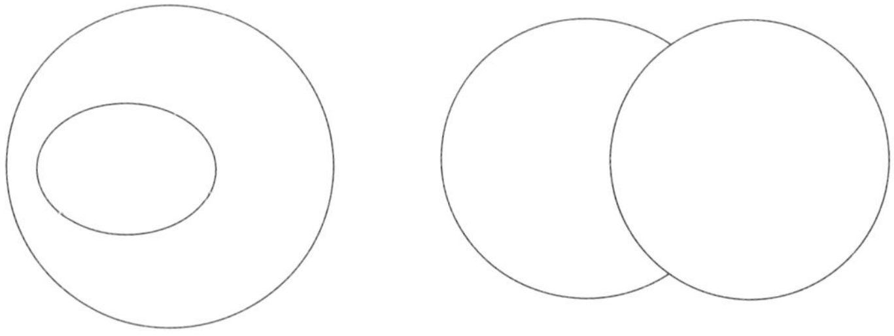

图 2-1　跨组织团队的不同类型

外跨组织的团队，不仅是不同组织之间以团结合作、合力创造价值的方法开展合作，而且组织本身也产生了变化，即由 A 组织、B 组织单独存在、没有操作上的关联状态（当然可能二者之间有业务联系），生成出 A+B（当然只是 A 和 B 两大组织的各自一部分）的新组织 C。跨组织团队这种新的关系被称为伙伴关系。跨组织团队基于合作而形成的伙伴关系，是对传统交易关系的提升与超越。

跨组织团队的合作形式主要有以下几种。

1. 生产经营组织与供应商的合作。这种合作形式是指将各自公司内的流程，甚至公司内部的功能加以整合。

2. 生产经营组织与客户的合作。这种合作形式是指通过二者之间的信息沟通实现“消费—生产”的一体化，从而使自身获得市场。

3. 生产经营组织与其他组织的合作。这种合作形式主要是指双方共同致力于某些项目（技术、市场等）的开发，以类似战略联盟的形式实现互惠互利。在这种合作方式下，一个组织的合作者就是更广泛的其他组织，甚至有时还会与竞争者合作。

跨部门(组织)团队是和现代企业管理的企业再造理论联系在一起的。随着现代企业内部组织形式逐渐向团队形式过渡,随着各种团队的结构和功能的不断调整,随着团队不断向开放性、灵活性和虚拟性发展,团队已经不再仅限于具有某种单独的功能,这时,跨部门(组织)团队就成为团队发展的主流。

看一看

跨职能与项目制

在财富500强的公司中有着各种不同类型的团队,其比率特别大,以至达到100%,而且这些公司几乎都运用了项目团队制,项目团队一般通过跨职能的人员结合在一起来完成一个项目,是一种典型的跨部门团队。

(二)跨部门团队的特点

跨部门团队除具备一般团队的特点外,还具有以下特点。

1. 各项职能齐全,强大有力。传统的工作部门小组是按职能划分的,它是工序在功能上的放大。在工作部门小组内工作的一群人,实现的功能比较单一,所构成的群体是一个同质的群体;工作部门小组不仅在横向方面分工严密,而且在纵向上存在等级关系。这样,在传统组织中,一个流程往往要横跨几个部门,流程的运行效率低,运转周期长。而在跨部门(组织)团队中的工作小组是一个异质结构,其功能比较强,它能实现一个流程的功能,至少能完成一个流程中较为完整和复杂的任务。

2. 体现"通才"特征,善于变化。现代企业的工作非常复杂,涉及的知识面非常广,因此,现代企业的工作流程更多的时候是不可能由个人式的通才来完成的,只能以工作团队通才的形式来完成。由此可见,现代企业流程再造的组织基础是跨部门(组织)团队,这种类型的团队从整体上体现了通才的特点。这能够应对市场和多方面形势的变化。

二、虚拟团队

(一)虚拟团队的兴起

随着经济全球化进程的加快和网络信息技术的普遍应用,经济技术合作迅速增多,特别是新技术如雨后春笋般涌现,各种经济、科技组织对人才的需求大大提升,一种新型的团队模式——虚拟团队应运而生。实际上,虚拟团队运作的基础,是我们已知的跨部门团队和跨组织团队。

所谓虚拟团队,是一种以非实体形式出现的新型工作组织模式,或者由某组织整合与灵活运用组织中的人力资源,而不必进行组织机构的调整所建立的团队;或者是若干人由于具有共同理想、共同目标,结合在一起做事情所组成的团队。虚拟团队的出现,彻底打破了地域和组织机构的限制,只要通过网络、电话、视频等渠道来沟通、协作,就可以在不同地点进行一项事先拟定好的工作,在不同空间完成一项工作任务。

这大大有利于许多有难度、要"条件"的工作顺利进行。

(二)虚拟团队的特点

虚拟团队作为一种新型的团队形态,具有不少优于传统的实体性团队的特征。

1. 组织资源的充分利用。虚拟团队大多是跨企业间或企业的子公司,甚至是跨地区、跨国家界限的组织形式。虚拟团队以信息技术为支撑,进行跨地区的实时交流,完成特定任务,因而团队的边界非常宽泛。虚拟团队在整合团队的资源时,可选择的余地和优化程度非常高。

虚拟团队还能实现"在家办公",这有利于帮助成员调整工作和闲暇的时间安排,满足员工追求高品质工作和生活的双重需要,从而达到提高生产率和提高员工满意度的双重功效。

2. 突出功能强项或专长。虚拟组织只保留自己的核心专长及相应的功能,比如专于设计的,就只保留设计功能;专于制造的,就只保留制造功能,而将其他非专长的能力及相应的功能去掉。"专长化"是对一个组织"多元化和全面化"的否定,有其重要的存在价值。

3. 实现低成本高效率。虚拟团队的大部分信息交流活动都是借助于互联网完成的,从而减少了差旅费、办公与会议场地的租用费等一系列费用。IBM 公司采用虚拟团队模式,减少了世界各地的办公室数量,既能够大幅度节省费用开销,又能够大幅度提高生产率。惠普公司的统计数据表明,以虚拟团队方式工作的销售人员,其利润水平是传统销售人员的 2 倍。

4. 运作合理高效。虚拟团队的项目必须与其他企业合作来完成运作。在虚拟团队运作过程中,通过合作关系形成一个合作网络,在这个合作网络上,每个团队成员都不具有驻留性,即在合作网络上不时有网络中的企业离去和网络外的企业进入——进进出出均依据项目需要而定。

在空间上,虚拟团队分散在世界不同的地方,彼此之间通过高效的信息网络连接在一起,高效的信息传递超越了时空障碍。

5 多元文化的优化整合。虚拟团队往往是由不同国籍、不同文化背景,承担着不同工作职能的人构成的,而且往往是跨国界的团队。虚拟团队的这种多元文化特征,有利于团队成员具有全球化的视野和意识,提高团队成员国际知识水平和跨文化交流的能力、多元文化意识,避免公开和潜在的文化冲突与障碍。

第三节 团队现象的新发展

一、团队新变化的特点

团队是一个事物、一种现象，随着经济管理实践和科学技术的发展，自身在不断变化发展，而且在团队之间与团队内部的合作方式更加灵活，呈现出一些新的特点。

（一）成员的多团队身份

1. 普遍性。随着企业全球化、员工多样化、通信现代化的发展，现代组织中逐渐出现了多团队成员身份现象，尤其是在高竞争性行业，这一现象尤为普遍，知识员工更是多团队成员身份模式的主要适用对象。玛雅（Maynard）等研究发现①，很多员工都会将自己的工作时间同时分配给多个团队，而莫滕森（Mortensen）等的研究进一步表明②，尽管员工同时加入多个团队，但大部分人还是有一个核心团队并会将自己的近半时间投入到该团队中。

2. 复杂性。在个体层面，员工可以在不同的团队获得多样化的职业体验与发展机会，甚至更高的组织地位和更强的心理安全感；同时又会面临身份冲突或角色过载带来的心理压力、时间失序、能力提升缓慢等问题。

在团队层面，目标团队通过多团队成员身份模式增加了获取外部资源的机会，这有利于团队学习及提高团队绩效；然而，员工身份复杂性也会导致团队内部认知混乱、心理边界模糊及协调困难等问题。

在组织层面，员工身份复杂性可以消除员工冗余时间、提高工作效率、降低成本，还可提高组织柔性管理；同时也会导致员工关系、群体关系复杂化，增加企业管理成本。

（二）团队的跨界活动

传统封闭的团队管理模式会导致企业陷入“能力陷阱”（competency traps），如何更多地获取外部资源、更好地参与市场竞争已成为团队管理面临的重大挑战。团队恰当地采取跨界活动无疑是解决封闭式发展的一项创新性措施，主要包括三个维度。

1. 目标达成视角的垂直维度。这个垂直维度的代表性行为，体现在团队与

---

① Maynard M T, Mathieu J E, Rapp T L, et al. Something(s) old and something(s) new: Modeling drivers of global virtual team effectiveness [J]. Journal of Organizational Behavior, 2012, 33(3): 342-365.

② Mortensen M, Woolley A W, O'leary M. Conditions enabling effective multiple team membership[M]. New York: Springer, 2007: 215-228.

外部高阶单位的互动，边界人员积极促进外部利益相关者对团队的理解，获得有益于团队发展的更多的支持和承诺。

2. 任务协调视角的水平维度。任务协调是指团队与完成任务有关的关联单位进行合作、协调、协商和反馈等行为，是实现团队目标的具体的途径，也是促进团队开发客户、业务提升乃至重新定位的具体途径。

3. 社会网络视角的竞争维度。任何群体都会嵌入在一个由多种关系交织而成的社会网络之中，执行跨界任务的边界人员通过获取外部关键信息，不仅能增加开发市场的机会，还能及时发现团队现实问题和潜在威胁，进而改进团队管理，提升整体竞争力。

(三)团队的弹性管理

团队在创新发展过程中，不可避免地会遇到各种不确定因素和内外环境的危机和压力，团队在面对负面情形所表现出来的抵御、恢复、再组织和更新的能力，被称为团队弹性①。

1. 团队弹性的内涵。团队弹性包括四个方面：一是抵御能力，指团队具备的维系自身结构和功能，并能够抵御外界干扰的能力；二是恢复能力，指团队经过危机后能够自我进行调整，使内部结构和功能恢复到原有水平的能力；三是再组织能力，指团队在应对危机过程中体现出的积极适应、主动重组转型的能力；四是更新能力，指团队在学习、竞争和创新的驱动下，完全改变或部分更新原有内部结构和功能的能力。

2. 团队弹性的作用空间。团队弹性介于个人弹性和组织弹性之间，起到承上启下的作用，团队弹性依赖于成员个人弹性的能力及协同，同时受到组织战略目标调控。在个人层面上，团队成员应具备自信、专注、灵活、组织、主动的特质。在团队层面上，团队应具备通过个体相互作用形成应对危机的能力；在应对危机时，使系统和危机在相互作用时共同演化，主动寻求新的平衡；团队弹性不会随危机的结束而消失。在组织层面上，企业面对快速变化的商业环境，需要各项目团队具有适应性、创新性，以及变革性。

(四)团队中存在断裂带

1. 怎么看待断裂带——是问题还是动力。团队多样性对于提升组织效能究竟是有利还是有害，长期以来一直是学者研究关注的焦点。持社会分类视角的学者认为，性别、年龄、种族等人口统计特征的多样性(表层多样性)有可能导致团队绩效下降。持信息加工视角的学者则认为，拥有完成团队任务所需的知识、技能和资源的多样性(深层多样性)，有利于团队绩效的提升。

---

① 肖余春，李姗丹. 国外弹性理论新进展：团队弹性理论研究综述[J]. 科技进步与对策，2014(14)：155-160.

看一看

正视团队断裂带问题

组织管理学界引入团队断裂带概念,试图扭转团队构成多样性研究结论不一的局面。

为了更形象地说明问题,刘等(Lau & Murnighan)举了一个例子:假设一个团队有如下两种组成状况:一是有两个20岁的白人男性以及一个40岁的西班牙裔女人;二是有一个20岁的白人女性、一个20岁的西班牙裔男人和一个40岁的白人男性。尽管这两种组成状况在人口统计特征(种族、年龄和性别)方面的多样性测量结果是相同的,但是前一种构成很容易形成“2对1”的断裂带,而后一种构成却很难形成这种团队互动格局,最终这两种不同的团队构成很可能产生两种不同的团队过程和效能①。

2. 正确把握与弥合团队断裂带。现实中,团队内耗冲突和难以形成合力等现象广泛存在,团队断裂带问题不可避免。断裂带处理不当很可能会加大团队冲突和内耗,而恰当的处理方式则能促进团队内子群体间的学习交流,提高解决问题的合力。

在团队工作模式日益盛行的今天,应对团队断裂带问题进行更加广泛、深入地研究,探索弥合这种断裂带的方法,从而有效解决低效运行和内耗严重的团队问题。

二、团队发展的新动向

(一)注重知识的传导

1. 团队知识存量与增量。随着科学技术的飞速发展,现代化团队日益成为各种知识的集合体。

团队内部的知识存量是其获取竞争优势的源泉,直接决定了团队资源配置、研发创新等活动的能力,使现有的知识从一个组织转移到另一个组织而存量不变。团队知识存量的调节和水平是由知识传导实现的。

知识传导是指知识在组织之间传动,并为组织所吸收、整合、应用、创新和溢出,包括“传”和“导”两个动态过程,最终实现知识增量。知识传导是团队存续和发展的关键。

2. 搭建知识传导平台。搭建平台的目的,是以知识传导个体行为及其互动

---

① Lau D C, Murnighan J K. Demographic diversity and faultlines:The compositional dynamics of organizational groups[J]. Academy of Management Review, 1998,23(2):325-340.

为出发点，通过建立并完善知识传导中的服务治理机制，影响知识传导个体行为进而影响组织和团队的整体绩效。

知识包括显性知识和隐性知识。显性知识是指能够用语言表达并可与他人共享的知识，是有物质载体的确切可知的知识；隐性知识往往是个体或组织长期积累而拥有的潜意识的知识，不易用言语表达且传播较困难。显性知识可以通过学习或培训等方式直接被团队利用；而个体专有、系统嵌入、背景依赖等的隐性知识，若要被团队所利用，需要在开放式网络内部搭建各类知识传导平台。

资料库

关于知识传导的研究

单子丹等（2016）在划分开放式知识传导平台等级的基础上，构建了高技术知识传导平台体系[①]，即通过将知识网络中的人力、技术、信息、制度以及人文等资源进行排列、组合和优化，针对各类知识的有效治理搭建管控枢纽，驱动知识传导个体转移活动，最终通过集聚知识的扩散带动整个高技术知识网络平稳和高效的运行。按照知识资源配置主体不同，单子丹等将开放式知识传导平台划分为四类：虚拟技术级、虚拟科学园、虚拟技术园和虚拟孵化器。在这四个等级中，政府、科研院所、中小企业等在虚拟组织中的地位角色和资源配比形态均有不同，知识传导平台服务供给及知识转化方式也存在差异。在高技术知识传导平台体系内部，创新知识依据不同类型团队发展的不同需求实现有序而高效的传导，进而实现区域联合、产学研合作、跨区域公共治理、高新技术演化。

（二）注重职业生涯发展

1. 团队与个人共同发展。团队建设和管理不仅追求整体绩效的提升，还要考虑团队成员职业生涯的发展。团队发展离不开团队中具有异质性人力资本的各类专业人才的共同努力，为团队成员规划良好的职业生涯发展路径，是团队保持稳定和可持续发展的重要保障，二者是相辅相成的关系。

2. 绩效导向不能忽略人的发展。现代企业越来越倾向于利用团队的形式完成工作任务，企业员工的职业生涯经常处在团队中或团队之间。尽管职业生涯管理在人力资源管理中早已被提出并被普遍应用，但在现有的团队管理实践和

---

① 单子丹，高长元，陈晓利．开放式环境下高技术知识传导平台的构建体系与服务模式［J］．软科学，2016(5)：5-10.

团队研究中,对团队成员职业生涯发展的关注较少,其中一个重要原因是人们往往将团队看作为完成某项工作任务而临时组建的组织,而忽视了或者说低估了团队对成员职业生涯发展的作用。

3. 关注团队成员职业生涯规划。团队更应该注重成员的职业生涯发展(即使个人职业生涯规划超出了团队的范畴)。职业生涯规划不仅能使团队成员准确评价个人特点和强项,定位职业方向,增强职业竞争力,还可以充分发挥团队成员的潜能,使成员重新认识自身的价值并使其增值。因此,团队在人员使用和管理过程中,要将工作的任务和使命与组织职业生涯规划和个人职业生涯发展结合起来,真正做到以人为本。

(三)注重团队生态的发展

1. 团队是一个生命体。基于个体生态学理论研究,我们假设团队是由多个“团队成员”细胞组成的生命体。具有鲜明个性特征的成员细胞,通过信息共享、内部冲突、协同合作等运行机制,共同作用于团队并决定团队生命体的运行。

2. 团队生命体的结构。

(1)团队微观生态系统。每一个团队成员均可被视为团队生命体的细胞,具有性别、年龄、教育水平、专业背景、职业经验等内在特征,并以此决定了成员的外在行为表现。团队成员与外界环境不断地进行信息、能量交换,保持微观生态系统平衡。

(2)团队中观生态系统。团队是一个生命体,作为细胞的成员是生命体的主要构成部分。成员细胞彼此间的组合状态、合作方式等因素,决定了团队生命体的外在功能表现。团队成员间通过共享信息、协同合作以及进入退出,实现团队协同演化,维持中观生态系统的平衡。

(3)团队宏观生态系统。团队生命体在运作过程中逐渐形成了有利于自身生存、发展的开放的生态网络系统,主要包括:组织内部与团队生命体有业务关联的相关部门和相关制度措施;组织外部与团队生命体有关的供应商、顾客群、合作者、竞争者、利益相关者以及宏观的经济社会环境。团队生命体只有充分认识并利用好网络系统内各因素的关联及作用机制,才能提高决策效能,实现宏观生态系统的协同发展。

3. 团队生态系统的协同发展。

(1)团队成员方面。团队通过提供进修、学习机会,提升成员素质;通过合理的人员流动机制实现异质性人才组合,提升创新潜力;通过建立健全激励措施,稳定成员组织地位,增强组织凝聚力,提升创新动力。

(2)团队生态位方面。生态位是指一个种群在生态系统中,在时间和空间上所占据的位置及其与相关种群之间的功能关系与作用,是该物种适应性的总和。团队生态位是成员细胞生态位的整合,面对激烈的竞争环境,团队应注重与各利益相关者构建紧密的资源网络,扩展生态空间。一方面要迅速占有生态位;另一方面要提高自身生态位的适应性，构建特色生态位。

(3)制度保障方面。团队生态网络是一个庞大而复杂的系统，要有完善的规章制度做保障。一是充分利用政策法规和行业规则，与其他团队生命体形成稳定、健康的合作关系，实现多主体协同发展；二是争取组织内部政策支持和资源供给，与相关业务部门密切合作，实现利益最大化；三是完善内部管理机制，挖掘内部整体效能，提升团队绩效。

(四)关注人才成长的环境平台建设

1. 高校是人才培养的主阵地。团队发展需要人才，人才培养的主阵地在高校。2018年度国家科学技术奖励授奖项目共224项，113所高校作为主要完成单位获奖185项，占授奖总数的82.6%。高校在全国授奖项目中连年保持高比例，充分体现了高校在基础研究和重大原始性创新研究中的重要地位[①]。

2. 人才离不开其成长的知识土壤。21世纪的人才，必然处于各种错综复杂的社会网络之中，其知识技能是在其知识汲取、价值观塑造及学术创作的特定环境下培育和成长起来的。高校人才群体的学历、职称、素质较高，普遍具有较强的自主意识、较高的成就动机、强烈的精神需求、高职业忠诚度及迫切的归属感[②]。他们熟知自身的成长属性、眷恋自己的学术土壤，致力于培育有利于自身发展的微环境，十分重视以团队的形式进行集体协作、学科交叉合作及教学科研贯通，因此科研创新团队日益成为一种常态的组织建制，高校也把人才团队建设视为高层次人才的孵化器和资源保障平台。

3. 营造人才可持续成长的微环境[③]。以专业知识传导为基础，以成员职业发展为动力，以团队生态发展为导向，以产业技术创新为目标，构建战略性人才团队，营造新时代人才成长微观环境。

微观"战略单元"子团队是指与人才成长发展、工作交流、科研创新等方面直接相关的最小的合作团队(如：师徒团队、师生团队等)，由于组织战略目标往往是以这些最小合作团队为基础、若干团队联合贡献来实现的，因此我们称之为微观"战略单元"子团队。

综上所述，人才可持续成长的微环境是指与人才职业生涯发展直接相关的各类创新团队、技术平台、知识网络等的团队环境。

---

① http://www.moe.gov.cn/s5142/s6074/201901/t20190109_366481.html

② 刘长平．浅析高校引进人才心理特征及其心理契约构建[J]．人力资源管理，2012(12)：146-148.

③ 刘军，夏咏冰．打造新型战略创新团队　发挥区域人才集聚效应[M]．安徽：中国科学技术大学出版社，2019.

案例

战略性人才团队体系[①]

1. 纵向科研创新团队

科研创新团队以基础研究为主，以应用研究和开发研究为辅，注重科研水平的提升，依据团队成员知识水平、专业技能、创造能力及参与研究的人员范围，可分为三个层次：

（1）导师—学生团队。成员具有相仿的知识和专业背景，以导师为核心，主要任务是培养研究人员，可完成一定程度的科研任务。

（2）学科—学缘团队。导师—学生团队具有周期性流动的特征，学生毕业后，会在相同或相近学术领域中发展，基于浓厚的传统师生情感纽带，导师依旧会为毕业学生提供必要的学术指导，毕业生也会将新的学术理念及资源注入原团队中，或由此所产生的“次生团队”之中，具有一定的“近缘性”。

（3）联合—攻关团队。当组织目标设定为完成重大科研创新使命时，应建立由业务骨干、学术领域精英组成的联合—攻关团队，鼓励影响科技进步和经济社会发展的新的理论、思想、技术、方法的发现和发明。

2. 横向应用服务团队

应用服务团队是在专业定位、建设目标及发展规划的指导下，由科研创新团队延伸组建的以应用研究和开发研究为主的人才团队，注重科研成果的转化。依据科研成果的应用对象、服务领域，应用服务团队又分为内部服务团队与外部服务团队。内部服务团队以基础性研究及学术性教学为支撑，通过知识传导，实现人才队伍整体水平的提升。一方面，以科研团队形式培养优秀青年创新人才；另一方面，围绕科研创新成果着力打造教学指导团队，以科研成果体系化、课程化为职责，指导组织内部合作团队或业务部门准确地应用创新成果。外部服务团队围绕研究成果组建跨部门甚至跨国合作团队，明确合作的现实基础和可能条件，自觉摒弃不成熟、不规范的合作项目，借助专业管理人员的协调、辅助及合理规划，完成合作项目，起到传播知识、捍卫知识的重要作用，实现声誉及经济价值的共赢。

3. 专业化服务团队

构建辅助性的专业化服务团队，对战略性人才团队建设具有重要的意义。

---

① 刘军，夏咏冰．打造新型战略创新团队　发挥区域人才集聚效应［M］．安徽：中国科学技术大学出版社，2019.

当团队执行任务时,成员往往是从若干微观“战略单元”子团队中依据任务要求和个人能力挑选出来的专业人才,他们主要从事技术性的专业工作。企业组织应为团队配备具有丰富经验的专业化服务人员,这些人的主要职责为:提供学科前沿信息、行业发展动向、劳动人事法律、经费管理纪律等的咨询和指导;协助团队负责人提升战略领导力、协调成员异质性冲突、起草审议各类合作契约、争取科研项目及对外合作谈判等。

案例讨论题

1. 创新需要什么样的社会文化与组织氛围?

2. 结合本案例的材料,谈谈从事科研工作的创新性团队的工作特点,其团队成员应当有什么样的素质结构。

3. 结合本案例材料,谈谈怎样搞好从事高新技术研发的创新性团队建设。

4. 从事实体经济的创新性团队的工作特点和团队成员的素质结构是什么?

本章小结和应用意义

团队模式极大地推动了人类社会生产的发展,同时也不断面临着新的挑战,团队模式也需要不断地创新。尤其是进入 21 世纪后,人类可能面临着一个难以估量的格局。

本章首先分析了对团队活动影响巨大的产业组织范式和科学研究组织范式新的发展变化,提出了团队建设面临的诸如明确未来发展方向、培养团队创新能力、建立相互信任和合作关系、管理者应对变化能力、做出承诺、可能导致边界问题、虚拟工作、应对挫折以及管理跨文化团队等九大挑战。然后,进一步对当前出现和大量存在的跨部门(组织)团队、虚拟团队进行了介绍和说明,总结出多团队成员身份、团队跨界活动、团队弹性管理、团队断裂带等团队发展所呈现出的新特点。最后,介绍了注重知识的传导、注重职业生涯发展、注重团队的生态发展、关注人才成长的环境平台建设等团队发展的新动向。

经济全球化已经是不争的事实,而当前的世界经济格局也正在发生深刻的变化,企业的生存和发展受到了严峻的挑战。要想适应日益激烈的国际市场竞争环境,充分发挥团队的协同作用,必须依靠创新,只有构建创新型的团队,才能变挑战为机遇。

思考讨论题

1. 产业组织范式和科学研究组织范式的发展对团队建设有哪些影响？
2. 当前团队建设和运行主要面临哪些方面的挑战？
3. 什么是虚拟团队？它优于传统的实体性团队的特征有哪些？
4. 团队发展的新变化有哪些特点？
5. 团队发展的新动向有哪些？

团队训练游戏

团队游戏一：传递信件

这是一个要求学员学会创新的游戏。

游戏人数：每组 10~20 人，2~8 组　游戏时间：45~60 分钟

游戏道具：水笔、写好数字的纸条、白纸　游戏场地：室内

步骤

1. 管理者让学员按每组一列纵队站好，给每一列的第一位学员发一张白纸和一支笔。

2. 比赛共分三轮，由每一列的最后一位学员传递数字信息至第一位，然后让第一位学员说出数字信息。

活动规则

1.在第一轮比赛开始前，给学员 6 分钟的讨论时间，设定自己团队的密码沟通方式。第一轮是三个自然数组成的百位数，由游戏组织者担任裁判，监督学员是否有违规现象。获胜的条件是看每列第一个人说出的数字是否与最后一个人所写的数字相同。游戏结束后，给学员 3 分钟的讨论时间，讨论新的策略，不局限于原来的方式。

2.第二轮是一个带有小数点的四位数，规则同上。

3.第三轮是五位数，规则同上。

要求

1.不能用嘴发出声音。

2.不得回头看。

3.不能使用微信等聊天工具传递信息。

4.不能离开自己的位置。

思考

1.员工是否按照规则完成游戏。

2.员工有哪些创新的方式进行游戏。

总结

思维要有前瞻性,所谓凡事预则立。这个游戏可能会出现的状况包括:员工应该怎么书写?采取什么样的沟通方案?写了一次对方不明白怎么办?这就要求员工在遵守规则的前提下,打破定式,采取创新的方式传递信息。

应用

1. 推动学员进行多方面的创新尝试。

2. 引导学员思考团队对创新活动的作用。

团队游戏二:愿望圈

这是一个管理者和员工共同互动、发散思维、开拓创新的游戏。

游戏人数:12 人　游戏时间:50 分钟

游戏道具:粉笔　游戏场地:室内外空白场地

步骤

1. 管理者用粉笔在地上画三个大圆圈,在第一个圆圈内用粉笔写上“梦想家”,在第二个圆圈内用粉笔写上“批评家”,在第三个圆圈内用粉笔写上“实践家”。

2. 管理者从学员中找出一名志愿者。

3. 让志愿者进入“梦想家”圈子内,此时志愿者要做出“梦想家”的样子,通过思考,激发各种想法,尽量引发不同的观点。

4. 让志愿者进入“批评家”圈子内,感觉一下以上的种种新观点,用“批评家”的角色分析每个观点的优势和劣势。志愿者可以毫无顾忌地加以批评或赞赏,也可以将自己想象成客户、老板等其他角色,发表自己的感受。

5. 让志愿者走进“实践家”圈子内,让其以实际的角度依照上述分析,规划可行的方案。

6. 志愿者可以不停地进入每一个圈子,投入地扮演每一个角色。每到一个圈子即转换角色和思维方法,直到自己认为已经想到了一个创新、可行及经得起考验的计划为止。

7. 若是团队集体构想,也可以采用这种方法共同进入这三个圈子,或是分成三组,每组各站一圈,互相扮演该圆圈中指定的角色。经过一段时间后各组轮换位置,保证每一位成员都能分别扮演不同的角色。

思考

1. 管理者是否可以跟员工一起进入圈中。

2. 梦想、批评和实践各代表企业发展中的什么内容。

总结

这个游戏就是一个让管理者和员工互动，不断地发散思维，从设想到质疑再到实践的过程，从而制定出一个完美的实施方案。这个游戏所模拟的正是一个企业愿景从产生到实践的过程。

应用

1. 促进学员积极思考，形成创新意识。

2. 促进学员换位思考的意识。

3. 促进学员们在创新活动中的互动。

第三章　团队文化

——组织也有无形的手

学习目标

- 了解文化的内涵与五因素
- 理解组织文化的内涵
- 了解团队文化的内容
- 理解组织文化的内容和类型
- 理解团队文化的基本内容
- 了解团队文化的培养方法

引导案例

一个周五的下午，离下班时间只有10分钟了。大家已经准备回家，心里正在琢磨周末的安排。就在这时小组成员突然接到了组长的号令："1号反应釜在生产ML-3038要封端，且需兑KL-911，共3吨，必须马上完成。""这怎么完成得了啊，又要加班了。"小王嘀咕了起来。这时操作工刘华新站起来说："反正是要做的，与其把时间浪费在抱怨上，我们还不如按照生产进程做好，抓紧时间。"他边说边往1号反应釜走去并开罐投料。与此同时，工友马向东也急忙戴上口罩、撩起袖口，冲过去帮忙了，小李、大王和其他几个台上的工人也过去帮忙了，班组成员纷纷走到投料台前。

人多力量大。原本需要30分钟才能投好的料，今天奇迹般地只用了10分钟。这时一组七八个人都站在同一个反应釜前，虽然大汗淋漓，却面带微笑惊讶于自己的表现。这10分钟的意义远超等待下班的10分钟。这就是团队文化的力量，有积极向上的团队文化，就能够提高团队的凝聚力和工作效率，同时提升员工的工作积极性。

第一节 文化与组织

一、文化的含义与作用

(一)"文化"一词的由来

"文化"一词源远流长,它起源于拉丁文的 cultura,其含义是"耕种""收获""练习"等。在古希腊,文化是参加社会政治活动的能力。在启蒙运动时期,文化与"蒙昧""野蛮"等相对立。《辞源》对文化的解释是:文治和教化。《易经》中则有:"文明以止,人文也。观乎天文,以察时变;观乎人文,以化成天下。"

(二)文化的含义

18 世纪后期以来,工业革命和资本主义的发展,促进了人文科学的进步,社会学、人类学的研究使"文化"这一概念逐步清晰。卢梭在《社会契约论》中指出:文化是风俗、习惯,特别是舆论。《新韦氏学院字典》对"文化"的定义是:包括思想、言论、行动以及现象在内的综合模式,并有赖于人的学习知识和把知识传递给后代的能力。人类学之父爱德华·泰勒在《原始文化》一书中将文化定义为:一个复杂的总体,包括知识、信仰、艺术、法律、道德、风俗以及人类所获得的才能和习惯。

对文化的界定有广义和狭义之分。狭义的文化主要是将文化限定在精神领域,如规范、价值观念和行为准则等。广义的文化相对全面地概括了文化的整体性,强调文化在物质、制度、精神和行为的组织特质。《现代汉语词典》对文化的定义则更为宽泛:人类在社会历史发展过程中所创造的物质财富和精神财富的总和,更特指精神财富,如文学、艺术和教育科学等。美国组织行为学家薛恩(Edgar Schein)从文化的形成与教化过程的角度对文化下了一个冗长的定义:文化就是某一特定的人群,在学会如何对付适应外界和整合内部中遇到的问题时所发明、发现或开发出的一套基本性假设的模式,这套模式一直运作良好而被视为有效,因而被当作感知、思考和感觉那些问题的正确途径而传授给该人群的新成员。

尽管文化的定义繁多,但是所阐述的范畴基本相似,一些差别主要产生在不同学科的学者中,他们从各自学科出发认识和定义文化的角度有所不同。组织文化角度的"文化"定义是,人在实践过程中认识、掌握和改造客观世界的一切活动,及其创造、保存的物质产品、精神产品和社会制度的总和①。

---

① 石伟. 组织文化[M]. 上海:复旦大学出版社,2010.

从狭义文化的角度看,组织文化是组织精神的一部分;从广义文化的角度看,组织文化则是影响组织精神的氛围与基础,是组织精神塑造应当达到的目标。鉴于团队文化在研究团队问题中的重要性,也鉴于组织文化、团队文化的丰富内容与实用性,这里以专门章节进行阐述。

(三)文化的作用

1.文化是社会关系的调控器。社会是人的社会,而每个人所处的环境、自身素质和基础、精神物质需求不尽相同,所以常态中的社会仍然存在人与自然、人与人、人与社会等矛盾,而且还会存在人自身的情感欲望和理智的矛盾。要想解决这些矛盾,需要采取多种手段,而依靠文化的力量去化解这些矛盾就是其中不可或缺的内容,甚至是非常重要的一个方面。因为,法律、理想、道德、礼俗和情操等文化因子,内含着社会主体可以“做什么”和“哪些不可以做”,应该“怎样做”和“不应该那样做”的意蕴。因此,化解人与人、人与组织、人与社会等矛盾,需要依靠文化的规范、熏陶、教化、纠正和激励等不同的作用,进而将一个组织的优秀文化因子潜移默化地植入成员的心中。

2.文化是凝聚社会的黏合剂。文化虽然说属于精神范畴,但它可以依附于语言和其他文化载体,形成一种社会文化环境,对生活于其中的人产生同化作用,为他们的价值观、审美观、是非观和善恶观涂上基本相同的“底色”,也为他们认识、分析、处理问题提供大致相同的基本点,进而化作维系社会和民族生生不息的巨大力量。

3.文化是经济发展的助推器。从宏观上看,文化对经济的支撑作用主要表现在文化的导向赋予经济发展以价值意义,经济制度的选择、经济战略的提出,经济政策的制定,无不受到社会文化背景的影响以及决策者文化水平的制约,并在一定程度上规定了经济发展的方向和方式。从微观层面看,文化赋予经济发展以极高的组织效能。人作为文化的单元,不仅受文化熏陶,而且也依一定的原理相互认同,从而形成社会整体。文化的这种渗透力是人的社会性的体现,它能够促进各独立主体之间的相互沟通,保证经济生活与社会生活在一定的组织内有序开展。

企业文化实例

塑造“狼性”与“做实”文化的华为

华为公司创立于1987年,是全球领先的ICT(信息与通信)基础设施和智能终端提供商,致力于把数字世界带入每个人、每个家庭、每个组织,构建万物互联的智能世界。华为是一个巨大的集体，目前员工18万余人，业务遍及170多个国家和地区，服务30多亿人口。30多年来，华为的业绩相当骄人，振奋中华、震动世界！这在世界的企业史上也是极其罕见的。在美国特朗普政府的严厉制裁和打击下，华为不仅没有退缩没有倒下，而且业绩依然有所提升，甚至提前推出了5G，进而还提出把世界最先进的5G全套技术卖给全球企业！牛！华为，振兴中华之为、振奋中华之为！

华为的员工素质很高，85%以上都是名牌大学的本科以上毕业生。华为需要依赖一种精神把这样的一个巨大而高素质的团队团结起来，使企业充满活力。华为具备的就是"狼性"这样一种团队精神。

狼，在这里，不是孤零零的单一的狼、不是一只一只离群的狼，而是具有团队精神的狼群，华为团队精神的核心就是互助。华为非常崇尚"狼"，因为狼有三种特性：其一，有良好的嗅觉；其二，反应敏捷；其三，在发现猎物时集体攻击。华为认为，狼是企业学习的榜样，要向狼学习"狼性"，狼性永远不会过时。

华为的"狼性"不是天生的。现代社会把员工的团队合作精神的问题留给了企业，企业只有解决好了这个问题才能获得生存、发展的机会。华为对狼性的执着是外人难以理解的。

华为的管理是矩阵式模式，矩阵式管理要求企业内部的各个职能部门相互配合，通过互助网络，企业对任何问题都能做出迅速的反应。不然就会暴露出矩阵式管理最大的弱点：多头管理，职责不清。而华为销售人员在相互配合方面效率之高让客户惊叹，让对手心寒——华为从签合同到实际供货只要四天的时间。

狼性是华为营销团队的团队精神，这种精神是很抽象的，而且也是很容易扭曲的，这就需要有一种保障机制，使狼性可以正本清源地得到保留，这种保障机制就是华为的企业文化。

在中国，企业文化被各家企业说烂了，但是真正理解企业文化和实施企业文化战略的企业并不多，而华为就是其中之一。企业文化是华为之所以为华为的一个不可缺少的东西。华为的企业文化可以用这样的几个词语来概括：团结、奉献、学习、创新、获益与公平。华为的企业文化还有一个特点就是：做实。企业文化在华为不单单是口号，而且是实际的行动。

"狼性"与"做实"的企业文化是华为之所以为华为的根本。

（四）霍夫斯坦德的文化差异因素论

著名的文化研究专家、荷兰学者霍夫斯坦德（Hofstede）对世界许多国家的上万份问卷进行了分析调查研究，把各国的文化差异因素提炼为以下五个方面：权力距离、确定性与不确定性、个人主义与集体主义、男性化与女性化、长期导向与短期导向。

1.权力距离。权力距离指存在分离开管理者与雇员的强大而又合法的决策权力的信念,即承认有权力、有服从上级的行为习惯。从调查统计数据看,亚洲和南美国家的答案明显符合这种特点。俄罗斯的权力距离最高。相较而言,美国和大部分欧洲国家的雇员赞成较低权力距离的信念,不认为其管理者肯定正确,因此,美国和欧洲国家的许多雇员并不会盲目服从其管理者的意愿。

具体来说,当各国的企业管理者被询问"认为部属提出的有关工作的大多数问题是否重要"的问题时,不同国家有很大的区别。例如,约有 3/4 的印度尼西亚和日本管理者认为"非常重要",这表明他们的高度权力距离。反之,仅有大约 1/4 的英国、丹麦和美国的管理者认为"非常重要",这表明他们的权力距离低。

2.确定性与不确定性。所谓不确定性,指的是一个社会感受到的不确定性和模糊情景的威胁程度,它反映的是对风险的态度,也可以说,寻求确定性就是躲避风险,接受不确定就是勇于冒险。霍夫斯坦德分析了"不确定性规避",它试图以提供较大的安全性、建立更正式的规则、不容忍错误的观点和行为、相信科学知识和专家等手段避免不确定的状况。其状况的强弱是通过不确定性规避指数表示的,通常可以从对规则的诉求愿望、对具体指令的依赖、对计划的执行程度反映出来。在一些国家或组织的文化中,雇员推崇明确的指令,并非常乐意接到其主管的具体指令。这些雇员具有高度的不确定性规避,并偏好于回避工作中的模棱两可;另外国家或组织的雇员则有相反的特征,因为模棱两可并没有威胁到他们对稳定和安全的需要(马斯洛的第二层次需求),这些雇员甚至可能在不确定性的工作中如鱼得水。

3.个人主义与集体主义。个人主义与集体主义是指社会中个人与群体的关系。个人主义指的是一种松散的社会结构,而集体主义则是一种紧密的社会结构。重视个人主义的文化倾向于强调个人权利与自由,非常松散地结成社会关系网,并极大关注自尊;对本人的职业和个人酬劳尤为重视。集体主义者灰色团队推崇成员之间的和谐,要求个人感情服从团队整体利益,并且雇员们更可能会问:"什么对组织最为有利?""保全面子"在集体主义文化中至关重要,因为当一个人能够成功地保全面子时,其在团队中的地位也就得以维系。美国具有个人主义文化,其文化可以用"牛仔精神"来反映;日本推崇集体主义,其文化可以用"枪打出头鸟"来概括。

4.男性化与女性化。可以说,男性化是阳刚性,女性化是阴柔性。文化的"男性化"倾向,是指社会中两性的社会性别角色差别清楚,男人应表现得自信、坚强,具有竞争精神和自我色彩,注重物质成就和事业成功;女人应表现得谦逊、温柔,体现和气与关怀精神,关注生活质量。文化的"女性化"倾向则是指社会中两性的社会性别角色互相重叠,男人与女人都表现得谦逊、温顺和关注生活质量。

一个国家、一个组织的文化究竟是男性化的还是女性化的,一般可以从对性别角色定位的传统和保守程度、对以坚决行为获取财富的推崇程度、对人际关系和家庭生活的重视程度几个方面去考虑。据霍夫斯坦德及其他专家的研究,我们可以认为,欧美文化的男性化倾向更突出,亚洲文化则相对更女性化些。进一步看,职业也可以分为男性化和女性化的,如警察、司机、经理是男性化特点强的职业,护士、保姆、秘书是女性化特点突出的职业。

5.长期取向与短期取向。长期取向的文化关注未来,重视节俭和毅力。长期取向的文化注重储蓄,执着地坚持以达到目标,并认为节俭是很重要的,对社会关系和等级关系敏感,愿意为将来投资,重传统和准则以适应现代关系,接受缓慢的结果。长期取向的文化考虑人们的行为将会如何影响后代。例如,在日本,人们以长远的目光进行投资,每年的利润并不重要,重要的是逐年进步以达到一个长期的目标。在短期取向的文化里,价值观是倾向过去和现在的。人们虽然尊重传统和关注社会责任的履行,但"此时此地"才是最重要的。比如美国,公司更关注季度和年度的利润成果,管理者在每年或每个季度对员工进行的绩效评估中十分关注利润。

二、组织文化的含义

对组织文化的研究开始于管理理论和相关学科的发展。20 世纪 70 年代,随着美国管理学家对日本迅速崛起的研究,人们发现文化对管理的重要作用,并进一步认识到社会文化与组织管理有机结合的产物——组织文化在促进企业的成长和推动企业长期发展中的作用。

(一)组织文化的界定

1.组织文化的边界。薛恩于 1985 年出版、1992 年再版的《组织文化与领导》一书被众多学者誉为组织文化研究的奠基之作。薛恩认为,许多学者对组织文化的界定是不全面、不实际和不可操作的。在管理的实践中,众多管理者将文化视为"灵丹妙药",一旦发现文化的运作不如想象的那样简单、容易和速效时,便将其看作一种流行或管理的时尚。薛恩的研究源于实践,他选取的案例都来自与他共同工作 10 年以上的企业。原联合国秘书长安南在出席庆祝斯隆管理学院成立 50 周年大会上致辞时提到,他最初在联合国任职时被派到非洲工作,当时遇到了许多很难解决的文化冲突、文化融合的问题,他请薛恩当顾问,使许多问题得以解决。薛恩认为,组织文化由以下三个相互作用的层次组成。

(1)物质层次:可以观察到的组织结构和组织过程等。

(2)支持性价值观层次:包括战略、目标、质量意识和指导哲学等。

(3)基本的潜意识假定层次:潜意识的、默认的一些信仰、知觉、思想和感觉等。

目前的文化研究大多停留在物质层次和支持性价值观层次上,对于更加深层的事物挖掘不够,尤其对于企业来说,物质上的奖励对很多员工已经习以为常,而真正深层次、有意识进行的企业文化构建、宣传还是很不够的,经常会导致企业员工人心涣散或者凝聚力较差。

2.组织文化的定义。所谓组织文化,是指对一个组织中个人、群体及团体相互作用的方式,以及协同实现组织目标构成影响的一系列价值观、规范、制度、行为标准和共同的期望,也可以说,组织文化是组织在形成和发展变化的过程中,通过对外界的适应与对内部整合而学习和获取的知识和经验,最终体现为一整套模式化的、内容相互交织的基本思想和行为特征,它包括组织对人性、人际关系、时间、空间、现实和真理的判断,也包括业已形成的精神、观念、习惯、行为和制度。组织文化通过创始人的价值观、群体化过程、组织典礼和仪式以及故事和语言,传递给各层级的员工,再在员工的日常活动中体现出来,进而对其自身不断强化和间或对局部适时调整。

一般来说,组织文化是根本。文化是一种规范和塑造组织成员态度与行为的控制系统,它为组织成员提供了一种组织认知,并使他们对高于个人的信念和价值观产生认同。组织文化不是一个从外部施加限制(如直接监督、规则和程序的控制)的系统,相反,员工首先要接受并认同组织的价值观和规范,然后由这些价值观和规范内化成为指导他们的决策和行为的信条。正如整个社会中人们通常都是按照可以为社会所接受的价值观和规范(例如,人们过马路必须走人行横道)行事一样,一个组织内的所有成员会时刻意识到组织价值观并感觉到规范的影响力。

团队建设案例

双星集团的对联

青岛双星集团是我国制鞋业的旗舰企业,也是当今世界上生产规模最大的制鞋企业。在青岛双星集团总部、十大生产基地和遍布全国的2 000多家双星连锁店的大门口,你会看到两座雕塑。这两座雕塑不是汉白玉的狮子,而是两尊黑白大猫:一尊是正在抓老鼠的黑猫,一尊是特别漂亮但却不抓老鼠的白猫,人们把这两只猫叫作"双星猫"。在两尊黑白猫雕塑的底座上面,镌刻着一副对联,上联是:"不管黑猫白猫,抓住老鼠就是好猫。"下联是:"不管说三道四,双星发展是硬道理。"对"双星人"来说,这副对联就是他们的经营理念和座右铭。它表明的具体内涵是:"市场是企业的最高领导",企业的"生产跟着市场走,围着市场转,随着市场变,将市场作为检查一切工作的标准";"等待别人给饭吃,不如自己找饭吃”;“岗位是市场,竞争在机台”等。在这样一系列理念指导下,双星集团20多年来敢为人先。1983年年底,他们在青岛市第一个摆脱商业部门的束缚,背着鞋箱到市场找饭吃。按照双星总裁汪海的话说:“双星猫”往门口一站,就把“双星人”的经营理念给站出来了,使“双星人”压力倍增,自己该怎么做和不该怎么做一下子就清楚了。这其实就是企业文化的目的。

3.组织文化的内容。薛恩综合前人对文化比较的研究成果,把处于组织根基层面的文化划分成五方面的内容。

(1)自然和人的关系。人和自然的关系指组织的中心人物如何看待组织和环境之间的关系,包括认为是可支配的关系还是从属关系,或者是协调关系等。组织持有什么样的假定会影响到组织的战略方向,而且组织的健全性要求组织对于当初的组织、环境假定的适当与否具有能够随着环境的变化进行检查的能力。

(2)真实和现实的本质。真实与现实的本质是指真实和现实,以及真实是否可以被发现等一系列假定。同时包括行动上的规律、时间和空间上的基本概念。薛恩指出,在现实层面上包括客观的现实、社会的现实和个人的现实。在判断真实时可以采用道德主义或现实主义的尺度。

(3)人性的本质。人性的本质包含哪些行为是人性的,哪些行为是非人性,关于人的本质假定和个人与组织之间的关系应该是怎样的等假定。

(4)人类活动的本质。人类活动的本质包含哪些人类行为是正确的,人的行为是主动的还是被动的,人是由自由意志所支配的,还是被命运所支配的,什么是工作,什么是娱乐等一系列假定。

(5)人际关系的本质。人际关系的本质包含什么是权威的基础,权力的正确分配方法是什么,人与人之间关系的应有态势(例如,是竞争的还是互助的)等假定。

薛恩认为,组织文化决定了组织价值观以及在此价值观之下的组织行为,而且是深刻地隐含在组织深层的东西,要了解它是非常困难的。通过对组织构造、信息系统、管理系统、组织发布的目标和典章,以及组织中的传说等物质层面的分析,能够推论得到的文化信息是有限的。在论证中,他举出两个组织结构完全相同的企业,它们的文化可能是完全不同的。为了更好地解释一个组织的文化,薛恩建议要利用群体面谈和群体讨论的方法,并对以上所列举的五个文化维度分别列举了一些应该讨论的内容。

(二)组织文化的形式

国内学者王凤彬从管理学角度,依据对组织文化形式分类的两个维度——一是经营环境对组织灵活性或稳定性要求的程度;二是战略焦点是集中在组织的内部还是外部,区分出四种形式的组织文化(见图3-1)。

战略焦点		灵活性（环境要求）	稳定性（环境要求）
战略焦点	外部	适应与创新型文化	使命型文化
战略焦点	内部	团体型文化	行政机构型文化

图 3-1　环境、战略与组织文化的关系

1.适应与创新型文化。适应与创新型文化是以战略焦点集中在外部环境为特征，属于这一文化类型的组织常通过提高灵活性和进行变革来满足顾客的需要。这种文化倡导支持组织提高探察和解释环境的能力，并将环境中的信号转化成所要求的反应行动的一种行为规范和信念。不过，这种文化形式下的组织试图积极地创造变化，而不是对环境变化做出快速的反应。因此，它看重和奖励的是革新、创造和冒险精神。

2. 使命型文化。对那些关注满足外部环境中特定顾客的需要但无须做出快速反应和调适的组织来说，使命型文化更为合适。其特征是，强调对组织的宗旨和目的要有清晰地认识，并注重通过销售增长、赢利能力或市场份额目标的达成来促进组织宗旨和目的的实现。组织希望每个员工都对一个特定领域的绩效负责，同时也允诺对取得预期成果的员工给予一定的奖赏。管理者通过设定和沟通组织预期的未来状态引导员工的行为。因为其所面临的环境是稳定的，管理水平可以将组织的目的转化成可衡量的目标，并根据这些目标实现的情况评价员工的绩效水平。一般地说，这种文化代表了强势竞争和利润导向的行为。

3.团体型文化。这一文化形式下的组织注重组织成员的介入和参与，以及对外部环境迅速变化的要求做出反应。与其他形式的文化相比较，它更强调满足员工的需要是组织取得高绩效的关键。介入和参与会使人产生责任感和主人翁意识，因而会使员工对组织做出更大的承诺和贡献。

可以说，这种组织最重要的价值观就是关心员工，确保员工所需要的一切，以此使他们获得满足感并产生高的生产率。组织通过处处关心员工，并激发员工的创造性，得以在高度竞争与多变的经营环境中获得适应和发展的能力。这正是我们高度提倡的。

4.行政机构型文化。这种组织更多地关注组织内部，它依据外部环境相对稳定的特性而注重强调组织内行为的一致性。这类组织文化的基本特点是，更注重业务经营的方式方法。它使用仪式、象征物、英雄人物事迹等促进员工合作，发扬组织传统，促使人们遵守既定的政策、惯例，以此作为实现目标的手段。在这种组织中，成员个人的参与程度比较低，相对而言更强调组织成员行

为的一致性、循规蹈矩和合作等。这种组织依靠高度的整合能力和效率而取得成功。

（三）组织文化的传递——外化与内化

组织文化分为两大层面，在社会层面，组织要向外传递组织的形象，即外化层；内化层则是组织文化向内传递价值观和精神理念的过程。

1.组织文化的外化。组织文化的外化主要表现在一个组织的外部形象上，即社会公众（当前客户和未来客户）对组织行为（包括商品、服务、员工行为、经营作风、标志、信条和广告等）的综合性总体评价。这种评价是社会公众通过亲身体验和人际交流、宣传媒体等的传播，耳濡目染以及自己理性思考而形成的认识。组织的总体形象是由以下三个方面的要素构成的，即理念形象、行为形象和视觉形象，其中，理念形象是其本质和起主导作用的因素。

理念形象的要素有：①德信，即组织经营理念是否正确先进，是否符合社会道德，是否遵守合同、守信用、讲信誉；②质量，即产品的质量是否过硬，这是组织形象的物质基础和基本要素；③服务，即是否对内部和外部顾客服务周到，是否重视售后服务等；④技术，即生产技术是否先进优良，研究开发能力是否满足竞争的需要；⑤销售，即组织是否有相当完善发达的销售网，市场占有率的高低等。

行为形象的要素有：①员工行为，即组织成员在组织内部和外部所表现的精神风貌和道德水准；②经营者行为，即组织中领导者所树立的自身形象是否优秀、令人敬佩；③社会责任，即组织是否承担了应有的社会责任，它对社会公益事业持何种态度。

视觉形象的要素有：组织称谓、组织标志，包括徽章、服装、口号和歌曲等。

以上三个方面基本涵盖了组织形象的各个要素，组织文化的外化就是运用各种有效的方法把上述三个方面的要素统一起来，完整地传达给关系者，使他们对组织产生认同和好感。一个组织具有良好的组织形象，其作用是显而易见的。它是一个组织在生存和发展过程中不可缺少的宝贵财富。

2.组织文化的内化。组织文化的内划分为三个层面，即组织层面、群体层面和个人层面。

（1）组织层面。组织是由互动的个人或团队为实现一定的目标而组成的社会单元。每一个组织都必然拥有一种文化。现在越来越多的组织将其成功归功于该组织固有的、有悠久传统的文化。组织通过文化影响组织内部不同层面的行为，影响组织的目标与策略，继而对组织绩效有着至关重要的影响。而组织经营绩效的好坏，又直接或间接地影响着组织文化建设的强度和力度，两者之间是相辅相成，相互促进的关系。

（2）群体层面。每一个组织都有自己独特的文化，因其特有的文化而凝聚员工。同样，在群体层面上作为组织重要组成部分的内部群体——工作部门也有自己与众不同的文化，也会因为群体文化的特殊性而区别于其他群体，因部门文化而营造和谐的人际关系，凝聚员工的战斗力，共同创造卓越绩效。

(3)个人层面。在以人为本的管理思想下，把人作为生产经营中的“第一要素”已是管理者与经营者的共识。人才是组织的核心和支柱。重视人的价值，努力创造条件促成人的价值实现，通过人的价值实现达到组织目标的实现是现代组织管理的核心，也是组织文化的中心任务。组织文化的实质就是以人为中心，以文化引导为根本手段，潜移默化地影响员工的价值观、意识和行为，从而达到以激发员工的自觉性和主动性为目的的文化现象和管理思想。

三、组织文化的十大内容

组织文化是在组织发展的过程中形成的，可以认为是企业的开创者、管理者从创业到企业成长、壮大过程中所形成的价值理念、人性假设等的整合，并成为企业个性化的管理风格和模式，推动企业的长期发展。学者们从不同的研究领域界定组织文化，具有代表性的有以下10个方面。

(一)互动行为的准则

互动行为的准则即组织成员在互动时能够被观察到的行为准则，包括：在互动时使用的语言、为表达某种意愿和态度时的规范做法等。行为准则可以是书面形式的规则和规章制度；也可能是组织在长期发展中，组织成员形成的默契做法。

(二)群体规范

群体规范是组织中每个成员必须遵守的已经确立的思想、评价和行为准则。如霍桑实验中所揭示的面对环境压力的群体规范。

(三)主导性价值观

主导性价值观包括产品质量、顾客、服务和市场等组织领导者所信奉的核心价值观，在长期组织文化的熏陶中，组织成员一般都会接受主导性价值观。

(四)哲学与伦理

哲学与伦理包括处理组织与其利益相关者关系时的意识形态，以及指导组织各种政策的哲学或伦理，组织中的成员会随着组织文化的规范，在对待各类人员的态度、为人处世的道理方面趋于一致。

(五)“游戏”规则

为了在组织中生存而学习的“游戏”规则，例如，一个新成员必须学会这种规则才能被接受，比如优胜劣汰的规则，或者人际关系为上的规则，在组织中观察一段时间以后，心细的新成员会对组织的一定“游戏”规则了然于胸。

（六）组织气氛

组织气氛即组织成员在与外部人员进行接触的过程中所传达的组织内部的风气和感情。

（七）传统技巧

传统技巧包括组织成员在完成任务时的特殊能力，不凭借文字和其他工具就能代代相传的处理主要问题的能力等。

（八）思维习惯、心智模式和语言模式

思维习惯、心智模式和语言模式包括组织成员共享的思维框架，是在组织发展过程中成员之间存在的长期思维方式逐渐趋向一致的习惯和模式。

（九）共享的理解

共享的理解指组织成员在长期互动过程中所创造和形成的一种自然而然的理解。

（十）一致性符号

一致性符号包括创意、感觉和想象等组织发展的特性，这些可能不会被完全认同，但是它们会体现在组织的建筑物、文件以及组织其他的物质层面上，比如，一个公司的标志体系，一个学校的 LOGO 等。

美国麻省理工学院教授薛恩指出，文化是一个特定组织在处理外部适应和内部融和问题中所学习到的，由组织自身所发明和创造并且发展起来的一些基本的假定类型，这些基本假定类型能够发挥很好的作用，并被认为是有效的，由此被新的成员所接受。以上所列举的文化不过是更加深层的文化表象，真正的文化则是隐含在组织成员中的潜意识，而且文化和领导者是同一硬币的两面，一个领导者在创造一个组织或群体的同时也创造了文化。

小寓言

鹰是鸟类中最强壮的种族，根据动物学家的研究，这可能与鹰的喂食习惯有关，鹰一次会生下四五只小鹰，但每次鹰妈妈捕猎回来时一次只能喂一只小鹰，而鹰的喂食方式并不是按照平等原则进行的，而是哪一只小鹰抢得凶就给哪一只吃，在这样的情况下，瘦弱的小鹰因为吃不到食物，过几天就死了，活下来的都是最为凶猛的小鹰，代代相传，鹰就越来越强壮了。

这个弱肉强食的寓言告诉我们，公平不一定是组织中公认的文化或者原则，组织如果没有适当的淘汰制度，很可能会因一时心软耽误了进化，组织在大环境中则会遭到淘汰，所以优胜劣汰而非绝对平等是很多企业应该思考的组织文化方式。

四、组织文化的类型

根据组织文化的特点可将其划分为四种不同的类型:功能型文化、流程型文化、时效型文化和网络型文化。

(一)功能型文化

功能型文化就是以制度为核心,注重组织中上下级关系、组织管理者的权威性和员工的专业技能的工作文化。功能型文化模式在传统的运营业、服务业和制造业较为常见。其主要特征为:

(1)组织结构脉络清晰,等级层次清楚,责任分工明确;指挥命令和报告关系与规则体系完整明确;强调授权与控制,决策权一般会下放到最低层级。

(2)大多采用委员会型团队,同时部门职责分工明确清晰。

(3)强调职业化和专业化,关键行为侧重于认知和专业知识。

(4)所有贡献以目标为导向,实行目标管理,员工考评常常以多等级进行,各个等级有一定强制比例分布,如等级为优秀的占5%,良好的占40%,正常的占50%,有待改进或不合格的占5%。

(5)注重根据预算及经营计划得出财务结果。

(二)流程型文化

流程型文化是以面向客户为核心,以客户为中心制定组织的各项业务流程,并以流程为基础开展业务,它所强调的是客户的满意度和稳定的回报。流程型文化常常存在于诸如采购、生产制造等流程化程度很高的工作之中。它具有以下主要特征:

(1)以客户满意度为核心或导向确定价值链。

(2)非常强调质量和持续改进。

(3)通常以团队为基础运作,强调团队责任和相互配合,常常从质量和数量两个方面考核工作结果。

(4)通常以价值链及工作流程确定组织架构和配备人员,管理人员从流程的角度而不是从部门的角度进行管理工作。

(三)时效型文化

时效型文化即"基于时间型"的工作文化。它以市场需求为核心,关注市场需求的变化,快速满足市场需求以追求市场领先和最大的投资回报率。时效型文化主要特征为:

(1)以市场需求为导向,注重对市场的反应速度,以市场开拓为重点,通常以开拓高成长和新市场为经营重点。

(2)权利体现大多集中在对资源优先级和时间的控制上。

(3)组织成为"人才库",是为项目角色进行分配的"存储器"。

(4)工作以项目为中心,项目组成员由高技能的专业人员组成跨部门团队,

工作考核以项目管理和项目完成结果为标准。

(5)以项目周期作为绩效评估的周期。

(四)网络型文化

网络型文化的核心是敢于创新,敢冒风险,强调对机会的把握,它所关注的是市场的开拓与渗透。它的主要特征如下:

(1)权利分配基于平等的伙伴关系,主要创始人或合伙人之间相互平等,可以轮流主持项目。

(2)组织成员主要关注组织整体目标的完成,如公司的市场价值,而不注重区分个人贡献的大小。组织成员基于"合同"加入组织而非职位待遇[1]。

组织文化实例

九阳豆浆机是我国的知名品牌,在一些大城市里大部分家庭都拥有或曾经拥有过一台九阳豆浆机。作为我国本土小家电生产企业能取得如此大的知名度和市场占有率是非常不容易的,这与九阳集团的组织文化构建和发展过程分不开。那么,济南九阳集团的组织文化是如何建立和形成的呢?

九阳集团的企业文化可以概括为八个字,即"人本、团队、责任、健康"。"人本"代表要尊重员工、发挥其潜能;"团队"是鼓励员工融入团队,树立团队精神和提高团队凝聚力;"责任"是指对员工、消费者、合作者和社会的责任;"健康"是让员工拥有健康的身心和健康的生活方式,保证和促进产品消费者的健康。短短八个字,像一个学校的校训一样,简洁好记,但凝聚着企业对员工、对消费者、对社会的责任感。九阳集团把物质层、制度层和精神层的价值观、组织观念和道德情感等方面的因素融入这八字文化中,帮助员工更好地融入企业,也帮助企业透过企业文化的建设凝聚员工力量、得到社会的信任。

第二节　组织文化的结构

一、组织文化的物质层

(一)组织的面貌——广告与形象文化

1.广告。广告是借助一定的物质手段,向公众传播某件事情或者劝告大家遵

[1] 王今舜. 组织文化[M]. 长沙:湖南师范大学出版社,2007.

守某一规定的一种手段。广告作为一种无形资产的增值系统，本身是凭借组织的价值理念作指导，是受组织价值理念支配的，它是组织文化的外显形态，也是组织文化的载体。

广告作为文化的载体，主要通过图像和语言实现。从图像的角度看，广告可以通过运动的和静止的图像展现组织形象；从语言的角度看，广告可以通过书面的和口头的语言展示组织形象，因此，广告的表现形式多种多样，如自办的报纸、刊物、有线广播、电视广告、网络广告、海报、宣传栏、广告牌和招贴画等。

2.组织形象。组织形象是组织内外对组织的整体感觉、印象和认知，是组织发展状况的综合反映。它是文化的外显形态，也是组织文化的载体。组织形象通过各种形式展现，如组织名称和 LOGO 标志、组织外貌、组织纪念品、组织造型、纪念性建筑、文化生活设施、旗帜、歌曲和服装等。

组织标志实例

中国人民大学的 LOGO

中国人民大学试行新标志

非正规发布的学校标志一律停用

记者在著名高校中国人民大学的校园里看到，新的中国人民大学视觉形象识别系统开始试行。该系统是为改变中国人民大学视觉形象系统模糊不清、使用混乱的状况,更好树立学校形象,提高学校国际性,而从2002年10月1日起开始试行的。

新的视觉形象识别系统以标志、标准色、标准字及其标准组合为核心构成。标志以三个并列的篆书“人”字图形为基础,结合人大中英文校名全称及建校时间,经专业艺术设计而成。其中三个“人”字分别寓意“人民、人本、人文”,即“人民的大学”“以人为本的精神”“以人文为主的特色”,揭示了人大的特色、优势和传统;三个“人”字排列,则隐含“三人行,必有我师焉”“三人成众”“携手劳作”“同向并行”等意。标准色确定使用专门配制的、体现理性、大气和包容性的“人大红”。标准字确定为吴玉章老校长手迹的“中国人民大学”行书字体。据了解,自新系统试行之日起,除人大原有的“圆形宝塔红星图案”标志在一定范围内继续使用外,其他非正规发布的学校标志一律停止使用。新系统试行期一年,将根据试行状况逐步进行修订完善,随后作为永久性视觉形象识别系统正式使用。

资料来源:《京华时报》,2002年10月6日第03版。

(二)组织的产物——产品和服务文化

产品是公众了解组织的主要渠道,它不仅是我们肉眼所能看到的或者手能触摸到的实体,还应该包括与该产品售卖有关系的附加部分,即服务。产品和服务不仅能给消费者带来某些功能,还能带来价值的满意度。

产品按照其功能可以划分为实质产品、形式产品和附加产品(即服务)。实质产品指产品的基本功能,形式产品指产品在市场上的存在形式,附加产品指售前售后的服务以及赠品等。不管是哪种形式的产品和服务,最终都要通过其质量、功能、特性、价格和包装等体现组织文化。

二、组织文化的制度层

(一)制度是一种文化

制度是一种行为规范,是任何一个社会和组织团体运转所必不可少的因素之一,它是为了达到某种目的,维护某种秩序而人为制定的程序化、标准化的行为模式和运行方式。制度文化是组织文化的重要组成部分。

制度文化的特征有以下三点。

1. 中介性。制度文化是人与物、人与企业运营制度的结合,它既是人的意识与观念形态的反映,又是由一定的物质形式所构成的;制度文化既是适应物质文化的固定形式,又是塑造精神文化的主要机制和载体。正是由于制度文化中介的固定、传递功能才对组织文化的建设具有重要作用。

2. 规范性。组织为实现自身目标对员工的行为给予一定限制的文化,具有共性和强有力的行为规范的要求。组织制度文化的规范性是来自员工自身以外的、带有强制性的约束,它规范着组织的每个人,组织工艺操作规程、厂规厂纪、经济责任制和考核奖惩制度都是组织制度文化的内容。组织制度文化也是组织行为文化得以贯彻的保证。同组织员工生产、学习、娱乐和生活等方面直接发生联系的行为文化建设得如何,组织经营作风是否具有活力、是否严谨,精神风貌是否高昂、人际关系是否和谐、员工文明程度是否得到提高等,无不与制度文化的规范作用有关。

3. 可变化性。现代化的生产设备要求形成一套现代化的管理制度,现代生产设备和技术的日益更新,促使制度文化随着物质文化的变化而变化。因此,制度文化是物质文化建设的保证,没有严格的岗位责任制和科学的操作规程等一系列制度的约束,任何组织都不可能生产出优质的产品。

组织文化案例

联想公司的定战略和建班子

"定战略,建班子,带队伍",可谓从一定的高度概括了管理的精髓。对于一个企业来讲,其顺序一般应该是"建班子,定战略,带队伍"。没有一个好的班子,仅靠一把手定战略往往会受到其思维定式的影响,一般人对自己的产品和业务是百般推崇的,认为谁的产品和服务都没有我的好,他不能全面而客观地分析自己的业务,所以要根据自己的知识面、经历和能力,建立一个良好的工作班子。而有的公司,自以为自己有班子,而实际上是一群对老板唯命是从,唯唯诺诺,提不出自己一点见地的附庸,而老板多会非常喜欢这样的组合,这样,公司就可以完全按照自己的意图行事了。对一个公司来讲,树立老板的权威很重要,但能够畅所欲言,交流思想,从不同的角度分析问题和解决问题对于一个公司非常重要,所以说,虽说都是工作班子,其质量却是差之千里。这取决于老板的胸怀、度量和慧眼识人的本领。

有了工作班子以后,就要对自己的业务进行清理,哪些是有潜质需要投入的,哪些正在创造价值,而哪些业务正在吞噬利润,公司的利润点又在哪里,核心的竞争力在哪里?五年或十年后,社会经济环境会发生什么变化,公司的业务应该做何调整,其实这就是公司的战略,战略清楚了,才能把资源用得恰到好处,把力量向一个方向使,才不会分散精力和财力去干不适合公司战略的事。

资料来源:http://blog.sina.com.cn/wanghongzhong,2008-10-28.

（二）管理制度体系

组织的制度是一个由多方面制度构成的体系，主要包括工作制度、责任制度以及特殊制度。下面对每种制度分别进行介绍。

1.工作制度。工作制度是指组织对各项工作开展程序的管理规定，是组织有序运行的保证。工作制度具体包括计划制度、薪酬制度、人事制度、生产管理制度、服务管理制度、技术工作及技术管理制度、设备管理制度、物资供应制度、产品销售管理制度、财务管理制度、生活福利工作制度以及奖惩激励制度等。

2.责任制度。责任制度是指组织内部各层级、各类工作人员的权利和责任的规定，一般包括领导干部责任制、各职能机构和人员的责任制以及员工的岗位责任制等。责任制度的目的是使每个员工、每个部门都有明确的分工和职责，使每个部门能够分工协作，高效运转。

3.特殊制度。特殊制度是组织文化发展到一定程度的反映，是组织文化个性化特色的体现。与工作制度和责任制度相比，特殊制度更能体现组织文化建设和发展的水平。特殊制度主要指组织里非程序化制度，如员工民主评议干部制度、管理者与员工对话制度、日考核制度、干部五必访制度（员工生日、结婚、生病、退休和死亡时，干部要访问员工家庭）、总结表彰制度、培训制度以及各项比赛制度等。

三、组织文化的精神层

（一）组织价值观

价值观是人们关于什么是有意义和无意义、什么是有价值和无价值、价值多大的根本看法，是关于人类所特有的价值取向的根本见解。组织价值观是组织经营的目的、宗旨，即组织为什么存在、组织对其价值的评判标准。学术界普遍认为，组织价值观是组织文化的核心，是组织生存的基础，也是组织追求成功的动力。

组织价值观包含五个要素。

（1）组织主体的定位。组织的主体是谁？他们在社会结构中的位置关系如何？

（2）组织规范。组织倡导什么样的层级结构、运作方式？组织成员对这一规范是否认同？

（3）组织秩序和信念。组织的政治、经济和伦理道德。

（4）实践方式。组织的价值行为模式，它由两个方面组成：一是组织目标的选择，二是达到目标的方式或者手段的选择。

（5）价值本位。组织所崇尚的东西，如“权”“官”“自我实现”等。

(二)组织哲学

组织哲学是组织领导者为实现组织目标而在整个生产经营活动中的基本信念,是组织领导者对组织长远发展目标、生产经营方针、发展战略和策略的哲学思考,也可以说是组织领导者关于组织看法的系统化和理论化,它要回答的基本问题是“组织如何赢得竞争优势”“组织的基本思维方式”等。

在组织生产经营过程中,组织哲学是发生的一切问题的基本指导思想和依据,只有以正确的组织哲学为先导,组织的资金、人员、设备和信息等资源才能真正发挥效力。组织哲学作为对组织经营管理基本规律的高度总结和概括,必然对组织的每一个具体方面都有很大的指导意义。当组织哲学被组织管理者和成员认识和掌握以后,即转化为他们的思维方式和行动指南。

组织哲学案例

IBM 的 7C 模式

IBM 公司创始人托马斯·沃森说:“一个组织的基本哲学思想对组织的作用比技术资源、经济资源、组织机构、创新和抓住时机的作用更大。”沃森父子的组织哲学可简化为“7C 管理模式”,包括 7 个方面。

(1)职责承担:企业员工必须忠于职守,个人利益服从企业利益。

(2)合作:形成良好的人际关系和集体协作精神。

(3)磋商:采用协商的形式,让员工参与管理。

(4)竞争:有竞争才有创新,才有机会获胜。

(5)交流:相互交流情况,减少差错。

(6)信心:信心十足地工作,提高效率。

(7)团队精神:全体员工同心协力,使企业得到发展。

(三)组织精神

组织精神是一个组织中全体员工共同一致、彼此共鸣的内心态度、意志状态、思想境界和理想追求,是现代意识与组织特点相结合的一种群体意识,它以简洁而富有哲理的语言形式加以表达,是组织文化的精髓。组织精神是在长期生产经营实践中形成的,体现了组织所有成员的意志和利益,反映组织理念、宗旨、目标和价值观的总体精神,是组织成员健康人格、向上心态的外化,是员工对组织的信任感、自豪感和荣誉感的集中表现。

一般来说,组织精神的内容主要包括主人翁精神(参与意识)、敬业精神(奉献意识)、团队精神(协作意识)、竞争精神(文明竞争意识)、创新精神(永不满足意识)、服务精神(让顾客满意意识)等。

小资料

七个与组织行为相关的行为习惯

1.追求效率

效率是现代组织和传统组织的主要区别之一,是组织文化变革的主要动力,也是组织生命力的表现。组织管理的低效率带来的是生产、经营和服务的低效率,会形成低效率的行为习惯。通过追求高效率的制度和规范,并不断强化这些制度和规范,就会在组织成员中逐步养成追求高效率的习惯。

2.主动回复

主动回复的习惯伴随着现代经济和科技发展而变得越来越重要。现代组织中的交流方式和工具越来越发达,组织的领导和管理体制也呈多元化的趋势,信息上传和下达的频率变得越来越高,为了保证组织内部,组织与组织之间信息的有效传递,主动回复的行为有必要被员工接受并成为一种习惯。

等待回复与主动回复是传统组织与现代组织的显著区别之一。在传统组织中,自己做好工作,要等着主管来询问;相反,在跨国公司,主管交代给你一项工作后,如果你能够主动回话,就会给你加分。

3.侧重书面化

领导往往比较重视书面报告,因为方便随时查阅,这样,你的建议他永远不会忘记,反之则不然。因为,你去找他汇报或提建议的时候,可能他正好在思考别的问题;口头汇报容易遗漏信息,因为主管无法保证可以将你的建议都存储在他的脑子里。

4.工作跟踪

做某件工作、提某个建议或者遇到什么困难时,人们往往喜欢跟领导汇报,汇报完了,就认为没有自己的事了。其实,这种观念是错误的,原因在于:

(1)领导工作头绪多,比较忙,耽误领导半个小时就意味着要延误许多工作。

(2)领导很忙的时候,需要主动提醒,需要跟踪完成。

因此,领导的工作完成状况也需要跟踪。

5.主动性

组织文化的核心是激发员工的正向情感,消除员工的低沉情绪,通过员工对企业文化的认知、认同来实现有效的管理,它是从内心深处来激发每个员工的内在潜力、主动性和创造欲,使他们能真正做到心情舒畅,并为企业开拓新的优良业绩。当员工的主动性被激发出来并成为一种习惯时,他从精神上和行动上对组织的贡献将是无法衡量的。

6.官本位和事本位

在一些团队里常常出现这样的情况:"你的职位又不比我高,为什么我要听你的。"这只能说组织中存在着严重的"官本位"思想。

事本位强调工作就是你的尚方宝剑。只要一件工作需要你负责完成,你就有相应的权利或者权力。职位高没有用,只要这件事情有需要你做的部分,就得配合。

整个工作的效率和客户的满意度才是组织生存的前提,也是唯一的前提和基础,也是权利(权力)最牢靠的基础。

7.全局观念

现代组织对发扬团队精神的认识已达到非常高的层次,而全局观念是团队精神的最高境界。如果组织中的每个成员,每个部门,都把自己或自己的那部分看成是整体的一个部分,无论谁或哪个部门做出成绩都能看作自己的荣耀,出现了问题都能看成是自己的失误和耻辱,那么组织的向前发展将成为必然。全局观念薄弱的组织,其成员在全局工作发生冲突时,总是过分地强调自己那部分工作如何重要,甚至有的宁可牺牲全局利益以换取局部工作利益,这是妨碍组织发展的重大阻力。

第三节　团队文化分析

一、团队文化的作用

20世纪80年代以前,西方国家的企业强调经济契约,重视个人的作用、责任和业绩,尤其重视单打独斗、个人英雄主义的"牛仔"精神。由于"你强我也强","你有主意我也有主意"的观点直接影响到同事之间的关系,员工的满意度因而降低,影响了生产效率。所以,从90年代开始,西方国家的企业开始转向对团队建设的重视,企业致力于增进员工彼此的了解,使团队配合达到默契、能够取长补短、协同作战,产生更大的生产力,防止组织中的内耗。在企业强调团队文化的氛围下,如果员工的业绩出色,得到奖赏的是一个团队,而不单是某一个人。于是,90年代以后,团队文化风靡全球。

所谓团队文化,即团队层面的组织文化。作为组织文化的一个重要组成部分,它是团队在建设、发展过程中形成的,为团队成员所共有的工作态度、价值观念和行为规范,它是一种具有团队个性的信念和行为方式。一个团队的文化状

况，对其效能有着重大的影响。

团队文化作用的大小与团队文化氛围是否浓郁、团队共同愿望是否明确、团队成员是否具有进取心和合作精神相关。在一个具有鲜明的集体意识、明确的共同愿景而团结向上的团队中，其成员不会分裂，不会形成敌对性小派系。这样的团队具有适应外部环境变化及处理内部冲突和竞争的能力；团队成员可以明确理解团队的目标；团队成员认可和接受团队的共同价值观，并在实践中维护和发展团队的价值观。

从发展脉络的角度看，第二次世界大战后，首先在日本形成了团队文化，其核心特征是以儒家文化为根源的团队文化，主要包括对企业的归属感、义务的无限定性、父子式的亲情关系、协作文化和参与意愿等。在知识经济和经济全球化的形势下，在企业竞争越来越严峻、人才越来越宝贵的形势下，实行团队文化对于吸引人才、留住人才、发挥人才的作用、激发人的工作动力和提高人才的主人翁意识，从而提升组织的竞争实力，创造更多的业绩，以至找到巨大的发展契机，都具有十分重要的现实意义。

一家著名的企业把团队文化列为企业文化重要的组成部分，在企业员工手册的扉页上写着下面几句话：

(1)现代企业的发展不再信奉个人英雄主义，而要倡导集体英雄主义。

(2)不应将个人的发展孤立于企业发展之外，更不应将个人的利益凌驾于企业的利益之上。

(3)市场成功来自团队。

(4)只有风雨同舟，和衷共济，才能使企业立于不败之地。

二、团队文化的内容

(一)平等和民主

团队的目的是齐心协力提高效率，团队的实践可以改变人与人之间的关系。团队是一个交流学习和发挥创造力的空间，同时也是一个减少竞争带来的紧张气氛的缓冲空间，它使人们相互理解、支持，使工作充满乐趣且更有效率。

团队形成的前提条件是团队成员之间的平等和民主，团队中没有官僚等级制，大家共同参与决策，在重大问题上有同等的发言权。沃伦·本尼斯说过：通常把团队与领导截然划分开来的做法已不再准确。最激动人心的团队，那些震撼世界的团队——是有能力的领导者与非凡人群相互尊重的结合。只有当团队的每一个人——领导和成员——能够自由地将潜能发挥到极致的时候，团队才能变得伟大。

(二)互信和协作

成员之间的互相信任、互相支持是团队形成与维系的基本条件。他们在工作中要进行协作，这是团队的基本特征。

协作作为团队的基本文化，要落实到工作流程、操作分工、管理制度等多方面，也要反映在对于团队整体和团队成员的绩效考核上面，而且要在组织和团队领导的资源配置和日常工作中给予关注和支持。进一步来说，团队内部的协调人更应当在解决好团队成员的协作方面做好工作。

（三）挑战和创新

团队的组织形式经常用于高新技术行业和挑战性的工作。人都有好胜心，在团队中成员们会互相支持，互相激励，这有利于从事和完成挑战性工作。

在企业竞争激励、技术和产品变化迅速的社会中，创新是必须的。团队的组织结构，有利于关注外界的变化，随机应变和进行创新性的滚动操作。可以说，创新是诸多团队的共性内容之一。这种创新文化是要让每一位团队成员都深刻理解，在激烈的市场竞争中要以“人无我有，人有我优，人优我转”的理念，做出创造性的工作，只有这样，才能在竞争中得以生存，在市场中找到位置、得以发展。不断奋进、不断创新是保持团队发展的动力。

（四）沟通与高效

当代社会科学技术迅猛发展、快速更新，这使各个企业之间的竞争越来越激烈，新产品的研发和更新换代的周期越来越短，顾客不但需要产品具有良好的性价比，还期望得到“零交货期”或瞬时服务。团队这种形式本身就非常有利于沟通，能够以较快的速度进行反应、适应市场，完成从搜集信息到设计研发，从采购生产到产品营销的各流程，完成预计的工作，取得高绩效的成果。戴尔公司的电脑产品零库存和8小时送货到门的运营模式，就是对市场高“速度”反应、处理和取得效益的极好范例，值得各组织效仿。

（五）融合与多赢

团队由不同素质与不同文化背景的人组成，因此，团队文化表现为多元文化、共享文化，团队要实现资源的互补，发挥团队成员个体的优势，并尽量使成员互相接受，努力达到成员的“双赢”和“多赢”。

在当代，企业要以顾客为中心，要满足世界各地市场的需要和进行跨国经营，因此，要求建立具有多元文化的团队，促进员工不同文化的融合，这已成为团队文化的发展趋势和特征。

心理小测试

你适合团队合作吗

在一个聚会上，如果和你一起去的朋友比你还受欢迎，你会？

A. 心里很不是滋味:那些人没有品位,无法看到我的魅力。

B. 我还是更习惯于当别人的陪衬 。

C. 不在意,和想聊天的对象聊聊天就好。

答案:

A. 你是一个自我意识很强烈的人,你很有主见,对自己的能力也很有信心。你的自信可能是你成功的条件和本钱,但也很可能是你人际关系的致命伤。因为这样的你很难站在别人的立场上想问题,无法与人共事。而团队的发展是要集合大家共同的力量,所以还是要多听听别人的意见。

B. 你很适合团体工作,但可能是怕和别人形成一种对立状态,所以你选择退缩让步的做法。虽然不张扬从某种意义上说是好事,但也不要委曲求全。如此一来,你的主见和个性就会荡然无存,埋没在一个团体之中,既不起眼,也不受尊重。

C. 你是一个很有头脑,而且很有度量的人。你的人际关系一路顺畅。因为你淡化个人主观意识,让人觉得你不是一个很自大、很专制的人,这种做法不仅有利于团体作业,也会相对地提升你的公信度,这样也就不会有人针对你个人作批判了。

第四节　团队文化培养

加强团队文化的建设对企业的发展有着一定程度的积极意义。团队建设已经成为企业文化深植过程中一个至关重要的课题。

团队文化的建设和培养可以从以下几个方面入手。

一、选好优秀的团队领导

团队的领导有两类:先锋型领导和赤字型领导。前者往往会身体力行,试图通过榜样的力量灌输给团队成员同样的品质。后者强调的是领导要善于根据薄弱环节进行补差,团队缺乏活力,他就提供活力;团队缺少控制,他就提供控制。前者强调对现有资源进行激发,后者强调为团队成员提供发挥才智的空间;前者突出领导对团队要求些什么,后者突出团队对领导要求些什么。

优秀的团队领导会使团队保持高度一致。团队领导的行为直接影响到团队精神的建立。首先,团队领导必须懂得如何管人、育人和用人。任何团队都会有管人的问题。团队必须建章立制,这是保持团队完整的基本条件,“没有规矩,不成方圆”,用标准来管理人、约束人并持之以恒地实行,这是团队领导工作的重要内容。团队领导还必须善于育人,人才是团队最重要的资源,人才来源,一是靠引进,一是靠培育,引进人才后要加以培养。同时,团队领导在团队分工的时候还必须做好用人的事情，把人才安排到最适合其发挥才能的工作岗位上，真正做到人尽其才。其次，团队领导必须加强自身素质和能力的修炼。团队领导要善于学习，勤于学习，懂得运筹帷幄，懂得把握方向和大局，研究事业发展战略；同时，还要加强自身的德行修养，懂得以德服人，讲信誉、宽胸襟，敢于否定自己、检讨自己，善于集中团队成员的智慧、采纳团队成员的意见，发扬民主管理的作风。

二、塑造成员的团队角色

每个团队形成之初，都必然有不同的分工，有人需要担任组织者，有人需要担任执行者，甚至有人会成为牺牲者或者默默付出者。正如在一个篮球队中，有人是组织后卫，有人是前锋，如果组织后卫希望自己成名，自己疯狂投篮得分，而不是完成自己组织进攻的本职任务，那么，他本人的成绩可能会非常突出，却没有办法帮助球队获胜。2011 年 CBA 冠军队北京金隅队球星马布里说，篮球不是一个人的运动，球队获胜才是真正的获胜。在很多场次中，马布里都是默默无闻的，但是他一次次帮助球队获胜，帮助其他年轻球员成长，最终帮助球队获得 CBA 联赛的总冠军。

因此，塑造好团队角色是至关重要的，这需要团队的领导者首先要根据个人的性格、能力等各方面特点进行考虑，结合团队工作的需求，为不同的人提供不同的位置，帮助他们寻找最适合自己的岗位，并帮助他们塑造适合的团队角色。

小寓言

一个畅游南美洲的游客，见过一个奇特的现象，让人叹为观止。游客们为了取暖，点燃了大草原中的一片干草，正好把一群黑蚂蚁围困其中。火借风势，蔓延迅速。蚂蚁们一开始非常混乱，逐渐开始有序，迅速扭成一团，像雪球一样向外滚动。随着向外突围，外层的蚂蚁被烧得“噼里啪啦”，死伤无数，但蚁群仍勇敢地向外滚动，终于突出火圈，最终内圈的蚂蚁获得重生。这就是团队精神。团队意识是每个成员都需要深刻理解的，而团队中不同的角色也同样需要塑造和分工。

三、灌输团队意识

灌输团队意识，是一件“知易行难”的事，既然建立团队，那么团队精神和团队意识必须根植在每个团队成员的心里。如何才能真正把团队意识灌输到每个人的心里，让员工以团队为重，凡事以团队的荣辱成败为先呢？灌输团队意识的方式有很多，可以通过多种途径宣传团队文化，可以潜移默化地灌输组织的规

则,也可以通过优胜劣汰的事实教育成员,从物质上,也可以把团队完成任务作为业绩考核的一个重要指标,让员工对团队业绩更加关注而不是仅关注自身的业绩完成情况。

四、科学确立团队的目标

团队目标并不是可有可无的,它是团队精神的灵魂和核心,是团队文化建设的出发点和基础,是团队成败得失的关键。在确定团队目标过程中至少必须遵循以下四个原则。

第一,经营理念应该具有时代性,合乎社会规范,并与团队成员的价值取向相统一,这样才能引起团队成员的心理共鸣。

第二,目标必须真实。切忌好大喜功,盲目冒进,也应避免保守畏缩。确立团队目标应根据团队现有内外环境资源及市场机会理性分析,综合评判。目标不能定得太高,也不应太低。

第三,目标必须对团队成员具有激励作用。团队目标应该是团队成员利益的集中体现,只有这样目标才能得到团队成员的认同,才能对团队成员的行为起到规范作用。

第四,目标必须不断更新。当团队的主客观条件、社会环境发生变化以后,团队目标也必须获得更新,否则,就会丧失其导向功能和动力作用。

五、加大团队管理方面的授权

团队工作的宗旨就是委托与放权。一个普通的团队领导者必须经常在权力下放与权力控制、指令式风格与协商式风格之间做出分析、判断、比较和抉择。以团队为基础的管理结构并不是指简单地摆脱权威体系的束缚,领导者更主要的任务是学会改变组织内权力的运用方式,改变对员工的评估标准体系。

六、促进团队内部的分工协作

协同工作是良好团队文化的体现。团队内部必须树立起“人人为我,我为人人”的共同价值观。团队是每个成员的舞台,个体的物质和精神回报离不开团队这一集体,每个成员要想获得自己的荣誉,实现事业之抱负,都离不开其他成员在信息、知识、能力和爱心上的帮助和支持。因此,要在团队内部经常性地开展沟通工作,倡导感恩和关爱他人的良好团队氛围。尊重团队成员的自我价值是形成共同价值观的前提。一般来说,团队成员在团队中是以个人的经济收入和各种潜能的发挥作为价值目标,并体现在对团队的贡献上;而团队则应在追求团队价值的同时,充分考虑到每个成员都能平等地在整体环境中获得追求和实现自我价值的机会。只要这两个方面能够有机地统一起来,团队的凝聚力就会形成,团队的共同价值也就能通过个体的活动得以实现。

七、培养团队的创新精神

一个具有创新精神的团队应具备这样的特点:在团队风气上,能够容忍不同的观点,支持在可接受范围内进行不同的试验;在成员的忠诚度上,人们愿意留在团队中,团队成员拥有共同的价值观,并愿意为共同的目标付出努力;在成员合作方式上,团队成员之间能够坦诚交流,互通信息。这样的团队要有一个长期的培养过程才能形成。领导必须在组织上为团队建设提供如下支持:一是明确团队的目标,二是给予一定的资源,三是提供可靠的信息,四是不断地培训和教育,五是定期信息反馈,六是技术及方法的指导[①]。

案例

小米的组织架构、团队与员工

1. 扁平化的组织架构

通常情况下,组织的结构都是"金字塔"形的,即实行从上到下层层管理的架构,而小米则打破了这种传统格局,采取扁平化的组织架构。

在互联网时代,传统的"金字塔"架构已经遭遇了有史以来最大的挑战。由于外界环境发展太快,决策过程必须缩短时间,否则就容易被日益激烈的市场竞争所淘汰,这个时候,扁平化组织架构的作用显得尤为重要。

淘宝的很多卖家为了在众多卖家的竞争中增加销量,就是采用了扁平化的组织构架。众所周知的御泥坊,作为销售面膜的知名品牌,拥有近 400 名员工,但是其组织架构仅有两层。第一层是以 CEO 为首的核心管理团队;第二层是将所有的员工分为 30 多个学院,每个学院作为一个基础的作战单元,每个学院就是特种部队的一个小分队。

实际上,所谓的扁平化模式是一种将公司管理层次降到最低,将职能部门和机构压缩到最小,使企业的决策层和操作层之间的中间层减少到最小,使企业管理决策快速落实到生产、营销的最前线,从而最大限度地提高企业效率的管理模式。

小米采取扁平化组织架构是基于相信优秀的人本身就具有很强的驱动力和

① 百度百科:建设企业团队文化的建议。

自我约束、自我管理的能力。

2. 优秀负责的高管团队

小米的优秀团队是小米成功的核心原因。雷军喜欢和聪明人合作，为此他不惜一切代价挖掘聪明的合伙人。他认为，如果有一个合伙人不够优秀，那么他很可能会影响整个团队的工作效率，甚至导致整个团队土崩瓦解。雷军的努力没有白费，来到小米的每个成员都是认真踏实、努力工作的人；他们对工作充满热情，充分发挥自己的聪明才智，创造了一流的小米品牌。

雷军为了组建强大的优秀团队，在半年时间内至少有80%的时间在找合伙人。皇天不负有心人，他找到了7位非常厉害的合伙人，每个人都是技术出身，平均年龄为42岁，都具有相当丰富的经验，都管理过超过百人的团队。在小米的合伙人团队中，有3人是本地人，其他5人都是海归，分别来自金山、摩托罗拉、谷歌和微软。这样的豪华团队，具有非常一致的理念，对小米的创业理念充满了热情。

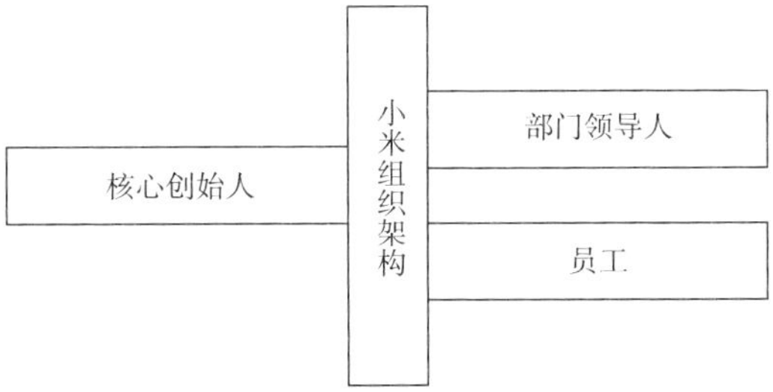

图3-2　小米组织架构

3. 高效运转的工作"小"团队

小米的组织架构是：核心创始人—部门领导人—员工。这样就不会使团队太大，如果团队稍微大了一点，就会将其拆分成小团队。从小米的办公布局不难发现，小米采用的是扁平化组织架构：一层产品、一层营销、一层硬件、一层电商。每一层都会由一位创始人来坐镇，能一杆见底地执行公司的每项管理策略。每个人互不干涉、互不影响，各司其职，把自己的本职工作做好。

在小米，只有创始人有职位。其他人员没有任何职位等级划分，每个人都是工程师，对于晋升来说，涨薪水就是对他们的最好奖励。每个人在工作的时候不带任何杂念和杂事，所有的精力都放在工作上，公司成员之间不会存在任何利益冲突。小米在扁平化组织架构下，通过合伙人分权的方式掌管公司，其最大的优点就是人尽其用，极大地提高了工作效率。

4. 比KPI更重要的是员工责任感

小米公司对于每个员工都是自由开放式的，从来不设KPI(绩效考核)制度，因为小米认为，员工的责任感远远比KPI重要。

信任是小米企业文化的一大特色。小米的客服人员有权为用户发放小礼品,而且不需要向主管部门申请。每个客服人员都有自主判断能力,决定需要向哪些用户提供额外的小礼品。对于这些赠予行为,小米只简单地进行记录,却从来没有主管人员深究礼品去向。因为小米相信客服人员能够正确做出赠予判断。实际上,企业对员工越是信任,越是权限下放,员工工作起来就越谨慎,越有责任感。小米强调的是把别人的事放在首位,强调的就是一份责任感。

比如有的公司要求,一个员工的编程写完之后,一定要让别的工程师检查一下,即便是这位工程师再忙,也要腾出时间来为同事检查编程内容,检查完之后才可以做自己的事情。在一般公司管理制度的驱使下,员工的创新仅仅是为了创新而创新,为了晋升而创新,并不是为了用户的完美体验而创新,因此在检查编程过程中仅仅是为了检查而检查,并没有想着可以在其基础上添加更加具有创新性的东西。而小米则不同,小米不但要求自己的工程师把自己的本职工作做好,更重要的是把用户服务好,把服务用户当作第一位的事来做。雷军认为,用户满意度才是对员工的真实考核。

案例讨论题

1.什么是组织文化？如何利用组织文化进行管理？

2.什么是扁平化？扁平化组织的优点是什么？

3.结合案例谈谈高管团队的文化特点与作用。

4.常见的现代企业的优秀文化有哪些？小米的团队层面有什么样的优秀文化？

本章小结和应用意义

本章从文化入手,分别谈了组织文化和团队文化,并对团队文化的基本内容、作用和如何建设进行了分析阐述,对组织文化、团队文化及其作用和培育方法进行了全面的介绍。

企业文化是一个企业的灵魂,一个人若没有灵魂,那么他就是行尸走肉,一个企业也是一样。企业文化表现在一个企业的价值观或价值体系上,若员工的价值与企业的价值相同,员工就会有强烈的归属感,因此,无论作为一个团队或者一个企业,要首先培育一个适当的、积极向上的企业文化,从而促进企业目标的实现和员工的凝聚力,促进一个企业健康向上发展。

思考讨论题

1.谈谈你对组织文化的理解。

2.你对团队文化在组织之中的作用如何理解?

3.谈谈你对团队文化范畴的理解。

4.分析团队文化的几方面内容在你所在的团队是如何体现的。

5.谈谈建设团队文化的几个重点方面。

6.模拟一个虚拟组织,作为组织管理者,根据模拟的组织背景,设计构建一个组织的组织文化。

7.试分析自己所在的团队(企业、部门、班级和社团等)是如何建设团队文化的,并思考如何进一步发展团队文化。

团队训练游戏

团队游戏一:公司氛围

公司氛围会决定人们之间的沟通与合作状况。舒适健康的氛围有助于公司成员创造性的正常发挥,而压抑、独裁的工作环境则不利于人们发挥创造性和能动性。公司氛围正是公司文化、团队文化的体现。

游戏分数:5 人一组　游戏时间:30 分钟

游戏场地:室内　游戏道具:纸、笔

目的

1. 对于团队合作环境的思考。

2. 团队合作精神的培养。

游戏规则和程序

1.将学员分成 5 人一组。给每个小组一些纸和笔,建议每个小组的人围成一圈坐在桌子旁。

2.让各小组分别列举出10个最不受人欢迎和最受人欢迎的公司氛围,例如,放任、愤世嫉俗、独裁 、轻松、平等等。

3.将每个小组的答案公布于众,然后让他们解释选择这些答案的原因。

4.最后大家讨论什么样的公司氛围才最适合公司的发展。

相关讨论

1.理想的公司氛围反映了你什么样的价值观呢?

2.你与你团队的意见是否相同?当存在不同意见时,你们是如何解决的?彼此应该怎样进行交流?

总结

1.每个人理想的公司氛围一定反映了其价值观和人生观,很难想象一个富有激情和活力的人会希望在一个机构冗杂、等级森严的公司中工作,同样大家对于一个公司的共同设想就反映了这个公司的理念与价值。

2.在小组讨论的过程中,不同的人要扮演不同的角色,有些人更看中公司的文化信息,有些人更看中公司的竞争精神,最后将大家的意见综合起来,就有可能形成一个有关公司氛围的全面建议。

3.作为一个组员来说,要尊重别人的意见,积极贡献自己的点子,讲究沟通与合作,获得整个小组利益的最大化。

应用

1. 促进学员理解“公司”这一团队大环境的重要性。

2. 帮助学员培养团队合作精神。

团队游戏二:夹球跑路看谁快

团队游戏的主持人先设立两个竞赛跑的折返点,并将团队游戏参加者进行分组,每3人为一组,每组发一个气球作为比赛的器材。

首先,由小组成员把气球吹起来,并决定气球的大小;然后,开始折返跑。跑路中,每组3个人背靠背、手挽手,将气球夹在三人中进行折返跑,在这一过程中气球不准落地,不准挤破,也不准吹走,否则都要重新进行。

以3分钟计时,看哪一组折返跑的圈数多即为胜利者。

比赛后,由最成功的小组商议推选一人介绍成功经验,并随机选择三人组成小组进行点评。

比赛要求:每组成员之间可以交流信息和商议对策,但不得影响其他组。

目的

1.理解竞争环境中的团队协作文化。

2.了解团队的快速建立与应变方法。

讨论

1. 在一个小组进行吹气球和夹气球跑时,怎样才能取得最好的效益?

2. 你如何认识团队在竞争性活动中协作的重要性？

3. 谈谈在本次竞赛活动中，可以看出团队文化的哪些内容？

应用

1. 帮助学员认识团队文化的重要性。

2. 促进学员理解协作的积极作用。

第四章　跨文化团队
——人类社会也有“嫁接”

学习目标

- 了解常见的团队文化类型
- 了解我国独特的传统商帮文化
- 了解美日欧团队文化及其差别
- 了解全球化过程中跨文化团队面临的挑战
- 掌握团队跨文化管理的主要措施

引导案例

“6S 大脚印”从青岛搬到了美国

海尔集团在十几年快速发展中，铸造了独具特色的企业文化。作为企业的灵魂，生机勃勃、创新不止的海尔文化，成为海尔人创造奇迹的强大动力。到海外建厂，海尔人同样不会丢掉自己的灵魂。但文化背景不同，当海尔文化移植到美国、移植到欧洲时会不会“水土不服”？事实上，海尔不仅努力去做，并且成功了。

“6S 大脚印”是海尔在加强生产现场治理方面一种独创的方法，即整理、整顿、清扫、清洁、素养、安全 6 项工作的头一个字母。6S 是海尔在本部实行多年的“日事日毕，日清日高”管理办法的主要内容，具体做法是：让工作中出了问题的员工站到大脚印上进行反省，以改进工作为目的，就事论事，制度公开，执行公证，这种当众自我批评的方式，对规范员工行为，起到了显著的作用，在国内执行时受到员工的普遍认同。

但是，国内行之有效的6S大脚印办法在美国的海尔工厂中却遇到了法律和文化上的困难，原因是美国的员工根本不愿意在什么大脚印上充当“反面教材”。海尔美国南卡工厂的员工喜欢一边吸烟、听收音机，一边工作，按照海尔的考核制度要求，应让违反工作纪律的员工站到大脚印上去反思，而美国员工拒绝执行，他们觉得这样做是对个人的一种侮辱。于是，经过考察调研，海尔美洲事业部的管理者决定换一种做法，把评劣的那部分去掉，先从评优开始。从此，这种富有特色的海尔管理方法在漂洋过海后开始了本土化的过程。“负激励”变成了“正激励”，争强好胜的欧美员工们，很乐意站在大脚印上介绍自己的工作经验。慢慢地，站在大脚印上的演讲者越来越多，车间里的烟卷和收音机也逐渐消失了踪影。

第一节　民族文化与差异[1]

一、民族与文化

所谓民族文化，指的是人类社会的某一个民族在其长期共同生产生活实践中产生和创造出来的能够体现本民族特点的物质财富和精神财富的总和。民族文化反映了一个民族的发展水平和历史足迹。

饮食、衣着、住宅、生产工具属于文化的物质内容；语言、文字、文学、科学、艺术、哲学、宗教、风俗、节日和传统等属于文化的精神内容。语言是民族文化特别重要的一个组成部分，同时也是民族文化非常直观的表现形式，民族历史、民族文学（包括口头文学）、民族历法、民族医药等，都可以用一定的民族语言表现，例如，我国中医药的汤头歌诀、国外的荷马史诗与希腊神话。

民族文化作为意识形态的体现，是一个民族在一定时期的经济、社会、政治现象的反映，也经常体现在特定的宗教上，比如，有佛教、伊斯兰教。随着社会的发展和各民族之间越来越多的交融，宗教在民族文化中的影响逐渐减弱。

文化，具有传承性。民族文化传统中蕴涵的优秀精神品质可以在经过鉴别反思后，与现代思想相结合，形成新时代的民族精神。不论是中华民族历史形成的哲学思想、政治学说、道德观念，还是它所创造的音乐、绘画、书法、舞蹈等艺术作品，或者是它在建筑艺术、园林艺术、风俗习惯中所凝结的审美意识等，都可以汇聚成人们自身的素养，逐渐积淀为民族心理、民族品格，使我们的民族获得持续不断的精神力量，而不至于因为精神力量的疲软或坍塌而失去生存与发展的动力。

---

① 王今舜．组织文化［M］．长沙：湖南师范大学出版社，2007.

随着人类社会经济的发展和社会的进步，人们之间的交往与交流越来越多、越来越深刻，各国家、各民族之间的文化融合也越来越多。特别是经济全球化带来各国、各民族非常频繁、极其深入的影响和渗透、融合。

二、中华文化的发展

（一）世界上唯一存留的古老文明

人类历史上有四大古文明：两河流域文明、埃及文明、印度文明、中华文明。其他文明都曾经中断过，唯有中华文明没有中断，这说明中国文化在延续力上有自己的优势。据研究，中华文化的保持、延续与发展，是与数次中华多民族的融合密切相关的，最具代表性的是北魏拓跋氏。从总体上看，中国的传统文化基于农耕生产方式，经济形态是以"男耕女织"为主的农业经济，最后定型在长期的以农耕生产为主的经济形态，并在其中成长。

传统文化延续的优势在农耕文明，但在进入工业化社会以后，传统文化的局限也在农耕文明。在农耕社会，几十个人、更多的人辛苦劳作两三年，使一块黄土从生地变成熟地，人们不愿意再卷起铺盖迁徙到别的地方重新开荒，所以轻迁徙重稳定。同时，农耕生产需要逐渐积累。因此，人们不敢随意挥霍，在生活上尽量克制与节俭，省下东西留给孩子，自己的精神也留给孩子，用精神把现在和未来联系起来。

历经五千年未曾中断的中华文明，主要原因是其全面而系统的文化、丰富多样的传承方式和巨大的包容性。

1. 全面而系统的文化。中华文化是中华民族的祖先在五千年生产、生活中知识和经验的积累和升华。它表现为全面而系统的内涵：从精神境界到物质生产，从江山社稷到家庭邻里，从诗词歌赋到戏剧杂曲，从行为道德到风俗习惯等几乎无所不包。而且所有不同方面的文化都由同一价值观所统辖，基于同一价值观而发展。中国人尊重学问，尊师重教，有利于文化全面而系统地发展和弘扬。这种全面性和系统性是文化延续的保证，同时也是其封闭和局限性的原因。

2. 丰富多样的传承方式。传统文化的传承往往受到传承方式的约束。中华文明是因为有一脉相承的文字，所以能够辨识几千年之前先人在竹简、石刻、建筑、青铜器、书籍、器物等上留下的信息。也正是一脉相承的文字，使传统文化用语言、典籍、诗歌、乐曲、器物以及口头等多种形式一代代的传播和继承下来。

3. 强大的文化包容性。中国传统文化强大的包容性表现在它发展的历史过程中，不但吸收了中国各个民族的文化精髓，而且也借鉴了域外文化的优秀成分。例如，中国的歌舞、戏剧、音乐、乐器是各民族艺术精粹的集合；中国传统文化的来源就包括来自古印度的佛教文化，如"觉悟""功课"等佛学名词已经成为人们在日常生活中使用频率很高的习惯用语了。中国的改革开放之所以能够顺利进行，也有对比较进步的工业文明、商业文明包容并改造自身的包容性因素。

（二）传统中华文化的扬弃

中国的传统文明是一种农业文明，而现代文明是一种工业文明与相应的商业文明。这两种文明具有不同的价值取向。

中华文化的生命力生生不息的原因之一，是传统文化中带有普世性的成分。但是，在各国文化中，包括中华传统文化中也都有时代性的成分，因此肯定有不少适合古代、适合以往而不适合现代、不适合当今的内容。例如，“三纲五常”这类愚忠愚孝、等级森严的制度，重视个人义务忽视个人权利、重视道德规范忽视法律管理的思维，就与现代文明格格不入。

传统文明的消极一面主要在于它的保守性，例如，恐惧社会改革，敌视和抵制新的生产方式和思想观念；不支持个人的独立性和创造性，崇尚被动地接受命运，盲目服从上级，信赖传统权威；目光短浅、心胸狭窄、对不同观点严加防范和压制；凡事以古人、圣人、长官的训导和传统的标准来衡量；关心家族利益而对公共事务漠不关心，与外界隔绝，夜郎自大；封建家长式管理，王权和官僚特权超越法律约束；等等。

不破除传统农业文明中消极保守的一面，现代工业文明就不可能健康地发展。现代工业文明有着与现代化大生产方式相适应的价值观念：乐于接受社会改革和新事物、新观念；强调个人的独立性、创造性、主动性和工作效率；以科学和实践作为判断事物的标准；强调与外界的联系，关心公共事务，淡化家族血缘关系；以法律的权威取代帝王和官吏的特权，突出公民的权利和义务。

在西方文化中，组织与组织之间、人与人之间的关系不重继承，而提倡竞争。在中国，组织之间和人与人之间则讲和睦、合作，讲忠义、各守其分，但并不阻碍通过个人努力，改变自己的命运。同时，农业社会必须构建一个金字塔式的国家机构和统治体系，这样社会才能稳定。这就要讲等级，等级要靠仁、义、礼、智、信来维持。现在中国的现代文明中已开始引进了合理的竞争，有竞争才有生存。

改革开放以来，中国封闭性的经济面向世界开放，外国文化也随之涌入中国。在中外经济日益频繁和密切的交流中，人们经历的不仅是经济上的中外合作，而且还有大量的文化上的中外沟通。发达国家的现代化管理理论、制度、工具和方法，也相继传入中国，并逐渐在中国的组织中开始应用。这种经济—文化的交融过程，在组织文化的变迁上得到了集中的反映。

知识库

文化发展的特点

文化发展有三个特点。第一是线性的特质，即不间断地随着人类的足迹、人类的历史、人类的生产逐步向前发展。第二,在发展过程中不断吐故纳新。文化是生活方式,是人区别于动物的标志。有哲学家曾说,人之所以成为人就是因为其有了文化。在文化发展过程中,随着人类认知水平的提高,不断有新的文化创造,也有旧文化的流失,最后形成浩浩荡荡、永不中断的文化大流。第三,文化发展是由表及里的演变。不同的文化之间接触,最初吸收对方的,最初感觉到冲击的全是表层,如衣食住行方面的习惯。但是表层是渗透着中层和底层的,这些东西久而久之就会影响到中层,影响到底层。

(三)与现代化衔接的优秀文化

在中华传统文化与现代文明的衔接过程中要认识到它的总规律,要认识到我们的优势和不足。优秀的传统文化与时代精神相结合,是中华文化发展的重要途径。

所谓优秀文化,是指具有以下特征的文化:首先,鼓励人们积极向上;其次,追求崇高和高尚的情操;最后,社会化。这也就是多数人接受和认同这种文化的原因。现代文明表现在时代的精神和时代特色上,当今的时代特色是经济全球化、科技现代化、文化多元化和一体化的冲突,区域化与合作的矛盾等,中国的时代精神和时代特色就是中华民族的复兴。人们对于现代文明要保持清醒的头脑,不要认为现代的就是好的。经济全球化对发展中国家仍旧存在不平等贸易;科技发展也是一把双刃剑,西方发达国家依靠先进的科技和军事优势实行霸权主义,发展中国家则处于不平等的国际关系之中。

想一想

如何对待传统文化

传统文明与现代文明顺利的衔接和融合不能采取拒绝或全盘接受的极端态度。

第一,应当开掘和弘扬优秀传统文化。近年来,对传统文化的研究开始兴盛起来,尽管还有争论,还有不同的观点,但文化就是在不同观点的争论中发展的。争论是必然的,发展是永恒的。对中华文化的争论从先秦一直延续到现在,任何人也不可能对中华文化做结论性的断语。但是中华文化的历史和结构是公认的,共识部分还是有的。争论是研究、开掘和弘扬的形式,文化就是在争论中发展、前进的。

第二,保护物质文化和非物质文化遗产。考古学界的名言是:穷国没有考古，穷国没有文化。在漫长的中华历史中，特别是在近代，由于经济落后、封建统治的腐败和西方列强的入侵，致使大量文物流失海外，文化遗址惨遭破坏，非物质文化遗产自生自灭得不到保护。在社会、经济、科技、文化蓬勃发展的今天，保护文化遗产是一项荫及子孙后代的宏图大业。

第三，解放文化生产力。文化事业体制改革正在深入展开，改革就是要解放文化生产力。文化不仅是事业也是产业，例如，影视、会展、出版、旅游等都可以成为生产文化产品的企业。我国的文化底蕴深厚、潜力巨大，造诣高深，人才众多，生产力没完全被开发出来。通过体制改革可以使文化产品在创新中发展，以满足人民文化需求，满足世界的需求。

第四，中华文化要走向世界。现在世界各国对于中华文化需求的呼声越来越强烈。例如，英国教育部下令，全国24 000多所学校，包括小学、中学、大学，必须和中国的一所学校结成姊妹学校，就是要学习中华文化。在许多国家学习中文、了解中国已经成为一种时尚。

（四）中华传统文化中的精华

中国传统文化的精华可以用“刚柔、和谐、方圆、中庸”八个字来概括表述，这八个字对现代组织文化的建设有着一定的启迪作用。

1.刚柔。在中华民族几千年文明传承过程中，一直提倡“以柔克刚”“刚柔并济”，其精髓是为人处世随和谦让，当刚则刚，当让则让，绝不逞匹夫之勇，而是追求一种心胸豁达的思想境界。纵观历史可见，往往太过尖锐的人容易被柔和之人征服利用，或被人所害。性格刚烈之人，其情绪好激动，情绪激动则很容易使人失去理智。而失去理智的人是很难做出合情合理合法的事情的。“刚柔并济”“以柔克刚”是运用智慧来巧妙地为人处世，也是组织管理的有效手段。

2.和谐。现代国际学术界公认，最提倡和谐的古代圣贤是孔子。古代圣贤擅长把不同的事物联系起来进行研究运用，注重人与人之间的和谐，人与群体之间的和谐，群体与群体之间的和谐，乃至人与自然的和谐。所谓和气生财，关键是一个“和”字。双赢才是好的生意，单赢的生意是无法长久、无法壮大的。零和交易中的单赢是短“和”，是假“和”，是表面的“和”，是伪装的“和”，这种类型的“和”，眼前看是赢了，从本质上看是彻底地输了，输在诚信，输在德行。

3.方圆。“取象于钱，外圆内方”。这是中国著名教育家黄炎培送给儿子的座右铭。它的意思是说，为人处世应该像铜钱，外圆而内有方孔。外圆内方，不是虚伪圆滑，是中国几千年优良传统积淀而成的人文精粹，是中国最具有社会良知的人格体现。这就是说，“外圆内方”是在中华文化环境下较为正确的为人处事之道。

“圆”，代表着曲线般的为人处事方式。从视觉上“圆”就具有美感，可以减少阻力，代表着顺畅。同事间在看法上常会意见不一致，如果不懂变通地非要争个你高我低，必然会大伤和气；相反，如果待人和若春风，时常换位思考，用微笑去面对分歧，反而会赢得同事的尊重和信任。

"方"，则是人格的独立，是情操的独守，是自我价值的完善实现，是对美好理想的不懈追求。棱角分明，代表着踏实稳重；坚定执着，应该成为我们的工作精神。

4.中庸。中庸之道是孔子思想的精髓。孔子说："中也者，天下之大也；和也者，天下之达道也。致中和，天地位焉，万物育焉。"孔子所提倡的是不偏不倚与不走极端的处世之道，认为它会使天地之间所有的人各就其位，各得其所；万物生长，一片繁荣景象。

三、中外文化的比较

（一）中外民族文化的差异

1.美国文化的特征。

（1）美国文化是世界移民所带来的多种民族文化兼收并蓄的结果，富于冒险、自我奋斗，崇尚独立、自由、平等、竞争、自主、成功、晋升，掌握权力和理性思维。

（2）具有强烈的自我意识，一切以自我为中心，强烈表现自我，追求个人价值的实现，是一种以自我为中心的个人主义至上的文化。

（3）美国人思想开放，鼓励创新，积极对待事物的发展变化。

（4）美国是一个崇拜法律、法纪严明的国家，公民的法律意识很强。

（5）鼓励和强调每个人拥有同等的权利，等级差异小、权利距离小，人与人之间依附关系弱，上级权威受到一定的约束。

（6）美国人讲究豪华、负债生活，往往会斤斤计较眼前利益而忽视长远考虑，要求立竿见影、快速评价、快速晋升或降职。

2.日本文化的特征。

（1）民族的单一性和社会结构的同质性。

（2）文化的兼容并蓄性，日本通过几次重要的改革既融合了中华民族的传统儒教思想，注重人伦关系，要求忠君孝亲，取信朋友，强调长幼尊卑，礼仪秩序；又吸收了欧美现代先进的资本主义文化，同时融合了本民族的武士道精神形成了日本的民族性格——忠诚、忍耐、刻苦和绝对服从。

（3）明显的集体主义倾向。

（4）日本组织中盛行的终身雇佣制，消除了社会中个人的高焦虑水平。

（5）日本国土狭小，资源贫乏，自然灾害频繁，民众富于忧患意识和危机感较高的不确定性规避。

3. 中国文化的特征。我国五千年的文明历程积淀下很多优秀文化，我国多民族、地域辽阔，文化内部或亚文化也有着很多差异。改革开放以来，随着技术引进和经济交流，西方文化也对我国产生了颇多影响，目前我国可以说传统文化

和西方文化并存，这种文化特征是相当独特的。

(1)我国的传统文化依然占据主流位置，尊老爱幼，勤俭节约，以和为贵等根深蒂固。

(2)较高的权利距离：在极漫长的封建文化的熏陶下，人们普遍崇拜权威。

(3)注重人情：我国人口众多，人际关系复杂，“面子”在我国有特定的意义。

(4)法律意识薄弱：长期的计划经济使人们在工作生活中缺乏法律意识。

(5)中庸思想盛行，创新意识缺乏。

(6)市场经济改革几十年使利益机制与个人主义有很大发展。

(二)中外企业文化的差异

1.美国的企业文化。

(1)以人为中心的价值追求：把“尊重员工、让员工成功”作为公司的理念。

(2)强调客户至上的经营理念：美国企业普遍把面向市场为客户提供最佳的产品和最优的服务作为牢固的创新理念，使创新与市场、与企业的利润结合在一起。

(3)追求利润最大化是企业的终极价值目标。

(4)以自我为中心的个人主义至上的文化：“个人主义”和“能力主义”紧密相连，强调在个人自由和机会均等的基础上进行充分竞争，风险意识和机会意识浓。

(5)理性主义文化。重视法律与契约：组织和员工的关系是在社会法制环境下以合同或契约形式确定下来的利益关系。倾向于硬性管理，重视生产经营目标、组织结构和规章制度。

(6)追求卓越、追求变革的创新文化：这是美国企业文化的核心特征之一，也是美国企业具有强大竞争力和旺盛生命力的保障。

(7)存在过分追求短期利润的急功近利的文化取向。

看一看

苹果公司的企业文化是什么

1. 专注设计

每个员工都必须牢记苹果公司比其他任何一家公司都更加注重产品的设计。

2. 信任乔布斯

苹果公司是一家非常有意思的公司，它的企业文化从员工一直延伸到了消费者。这也就是说，它对员工的期望也是它对消费者的期望。其中，最重要的一点期望就是——相信乔布斯。

3. 从头开始

当员工初到苹果公司时,公司就希望他们立即做一件事:忘掉曾经了解的技术。

4. 坚信苹果公司

不同于行业里的其他任何公司,苹果公司非常自负。其中的部分原因是乔布斯非常自我,他相信苹果公司是世界上最强的公司,有不同于其他公司的做事方式。

5. 聆听批评

由于自负的本性,苹果公司用心聆听人们对自己产品的批评。但在真正的苹果时尚里,该公司会选择更加恶毒的行为来回应这些批评,这一点是行业里其他所有公司都不能企及的。

6. 永不服输

苹果公司最具魅力的一点就是它永不服输。就算产品被批评得体无完肤,该公司似乎也能在危急时刻找到脱离火海的方法。没有哪个领域能比计算机市场把这一点展现得更加淋漓尽致的了。在做出了一些有着不少争议(和风险)的决策后,乔布斯凭借正确的策略扭转了局面,使苹果公司获得了收益。

7. 关注细节

如果说苹果公司懂得哪一条经营之道,那就是关注细节意味着长远回报。

8. 不可替代

如果佩珀马斯特的离职暗示了苹果内部是如何运作的,那么很明显只有乔布斯是不可替代的人物。

9. 保密至高无上

谈到苹果公司的企业文化,就不得不提及该公司对保密工作的态度。不同于行业里的其他许多公司,苹果公司在即将推出新产品时很少会泄密。

10. 主导市场

在涉及技术时,乔布斯脑海中只有一个目标,那就是“主导市场”。他所想的不只是击败市场上的所有公司,而是要彻底摧毁它们。乔布斯想向世界表明,只有他的公司才是最强的。

11. 发扬特色

苹果素以消费市场作为目标,所以乔布斯要使苹果公司成为电脑界的索尼。

12. 开拓销售渠道

让美国领先的技术产品与服务零售商和经销商之一的 CompUSA 成为苹果在美国全国的专卖商,使 Mac 机销量大增。

13. 调整结盟力量

同宿敌微软和解,取得微软对它的 1.5 亿美元投资,并继续为苹果机器开发软件。同时收回了对兼容厂家的技术使用许可,使它们不能再靠苹果的技术赚钱。

2.日本企业的文化特征。

(1)主张经营即教育。松下幸之助提出“经营即教育”的思想。他认为,经营是社会赋予企业的重任,必须通过教育统一企业内部成员的思想和行为,使员工同心协力,共同努力,必须依靠教育在企业中树立“经营的目的是为社会服务,利润只是服务的报酬”的信念。

(2)突出的集体主义价值观。在日本的组织文化中,人情占据中心位置,由人群构成的群体至高无上,集团意识在日本人当中有很深刻的影响。

(3)强调价值观念的力量和民族精神。日本企业在建立组织文化中十分注重继承传统文化、价值观念和道德规范,民族精神可以说是日本组织文化的基石。

(4)富有集体精神和团队精神。日本企业倡导员工和睦相处,合作共事以实现共同目标,以和为贵,注重劳资关系和谐,实行终身雇佣制,反对彼此倾轧和内耗。

(5)重视感情投资和柔性管理。日本的企业管理强调以人为中心,重视感情投资与道德风化,充分发挥人、价值观、作风、技能有机结合的“软管理”作用。

(6)兼容并包的“熔炉文化”。在企业的管理中积极引进西方管理理念和方法,重视推崇中国传统文化,努力发掘和创造日本民族管理思想和方法。

3.中国企业的文化特征。

(1)可以说,中国的组织文化是中国当今社会文化、中国的传统文化和西方文化三种文化的混合。中国在发展进程中引进西方国家的先进技术、管理理论和管理经验,改革开放实行市场经济体制,社会文化环境处在转型期,所以组织文化中三种文化并存。

(2)突出政治和意识形态色彩。长期以来,我国企业中的党组织不仅领导着企业思想政治工作,而且在一定程度上影响着企业的经济活动。

(3)组织文化建设发展不平衡。目前,我国一些外资、合资和高科技企业十分重视组织文化建设,也取得了一定的成果。但是一部分民营企业和国有企业对市场、竞争、品牌等市场经济规律的认识仍显不足,导致这些企业组织文化建设还处于较低的阶段。

(4)企业文化得到关注与研究。许多高校、研究机构、咨询公司和政府的有关部门,都在对中国的国有企业、民营企业的组织文化进行较全面的调查、分析和提炼,力图建立一种符合我国实际的组织文化模式。

第二节 企业中的团队文化

一、企业中的文化

团队文化表现为成员在团队合作过程中，为实现各自的人生价值，并为完成团队共同目标而形成的一种潜意识文化。企业中或组织中的团队文化则是指企业员工为追求某项工作目标而联合起来，在行为上彼此影响、交互作用，在心理上能意识到其他成员的存在，产生彼此归属的感受和工作精神，包括文化理念的形成、塑造和传播等过程。

（一）常见的企业文化

如果按企业文化系统的层次划分，企业文化系统可分为理念文化、制度文化、物质文化及行为文化。对于企业文化的类型，我们将着重从团队成员合作方式及管理者的领导风格等角度进行论述。

学者智慧

有什么样的企业文化

关于企业文化的类型学界仍然是莫衷一是，中外学者及实践家们从不同的角度提出了不同的观点，请见表 4-1。

表 4-1 几种常见的中外企业文化类型

提出者	划分依据	类型
库克与赖佛提（Cooke and Lafferty）	企业文化所营造的氛围	人文关怀、高度归属、抉择互惠、传统保守、因循依赖、规避错误、异议反制、权力取向、竞争、力求至善、成就取向，自我实现的文化
E. 迪尔和 A. 肯尼迪	深入考察世界 500 强企业后分析得出结论	硬汉式/强人型、猛干/猛玩型、攻坚或“赌博”型、过程型或官僚主义型企业文化
罗伯特 · F. 皮尔瑟	从领导与员工关系角度	控制型、合作型、能力型、培育型企业文化

续表

提出者	划分依据	类　型
S. 卡梅隆	以接受风险维度（内向—外向）及行为弹性维度（弹性—控制）划分	官僚型、创新型、支持型、效率型企业文化
E. 奎因	基于竞争价值观，以灵活—稳定性维度、关注内部—外部维度划分	团队型、活力型、市场型、层级型企业文化
威廉·大内	三种类型	J 型（日本）、A 型（美国）、Z 型企业文化
冯·特洛比纳兹	四种类型	家庭型、埃菲尔铁塔型、导弹型、孵化器型企业文化
J. 桑南菲尔德	通过研究组织，提出了标签理论	学院型、俱乐部型、垒球队型、堡垒型、学习型企业文化
魏杰	三种类型	经营型、管理型、体制型企业文化
国内其他学者	按企业文化的价值取向	经济价值、社会价值、伦理价值、人文价值取向型企业文化

资料来源：徐耀强．中外企业文化十大类型解说（上）［J］．中国电力企业管理，2009（28）：70-71；徐耀强．中外企业文化十大类型解说（下）［J］．中国电力企业管理，2009（31）：66-67.

从组织工作与用人的角度，企业文化可以分为以下几种类型。

1. 权力导向型。在权力导向型文化，或称集权式、铁腕型家长文化中，通常由具有领导魅力的企业创始人或其继任者以权威化的方式运作，权力中心只有一个。企业的领导方式较为强势，决断力强，反应速度快。

2. 任务导向型。在任务导向型文化，或称目标导向型文化中，管理者关心的是任务的完成或目标的实现，对部门和人员活动的评估完全依据他们对企业目标的贡献程度。

3. 角色导向型。角色导向型文化，经常出现在规模较大且有一定规范程序的企业中，每个人的角色、工作程序、授权程度，均有清晰的界定。不同的人在企业中扮演着特定的角色，并通过与其他成员角色保持平衡而对结果产生关键影响。

4. 人员导向型。在人员导向型，或称利他导向型文化中，企业重视民主，允许个人参与决策并主导各自工作，强调个人价值的实现和专业特长，较少用权威的方式强制命令他人。这种文化常见于俱乐部、协会、专业团队和小型咨询公司。

（二）团队文化不同于企业文化

1. 企业中的主流文化和支流文化。企业文化可视为企业组织中的主流文化，团队文化可视为支流文化。企业中总有一种支配企业生产经营、决定企业面貌方面的东西在发生主要的作用，产生这种总的整合作用的就是企业的主流文化。但是企业是由众多业务部门、子系统构成的集合体，企业文化不可能是单一的，企业中某一部门、团队甚至员工往往都会持有各自的价值观念和行为模式，它们有些与主流文化中的某方面一致，有些则具有与主流文化不同的特性，但这些特性也是完成工作任务、实现企业目标必不可少的部分，虽不占主导地位，但也在企业“文化合力”中起到重要的作用，这就是企业的支流文化。

2. 企业文化中的团队精神。企业文化是基于对企业成长历史与发展阶段的深刻理解和系统认识、敏锐感知时代与市场环境对企业提出的机会和挑战、企业的可持续性发展而产生的。团队文化更多地表现为群体合作的团队精神，如相互尊重、信任、关心、激励、配合、支持等，是一群拥有互补机能的人为了共同目标而努力并固守相互间责任过程中所体现出的某种价值观和精神。

3. 团队文化不同于企业文化。团队文化是企业文化的一个重要组成部分，是在团队建设、发展过程中逐渐形成的，为团队成员所共有的工作态度、价值观念和行为规范，是一种具有团队个性的信念和行为方式，是对企业主流文化的重要补充。强烈浓郁的正向团队文化，如明确稳健的共同愿景、互尊互信的团队成员、积极主动的合作关系等文化氛围，对团队绩效的实现具有重要的作用，但这是从共性上讲的。具体到企业中的具体团队，如营销、科研、生产、财务等团队运行中会体现出不同的文化。即使是业务职能相同的部门，在不同国家、区域的企业中也具有不同的文化氛围。

二、中国企业文化溯源——商帮

（一）企业文化与“商帮”

谈到企业文化，在中国是不能不提及“商帮”的。“山间铃响马帮来”，这个“铃响”，就是贩运茶叶、山货的商队到来的信号，这个“马帮”就是商人们的长途运输队伍。商人们组织生产，收购、交换、贩卖众多的商品，有着各自的管理方法、管理经验和管理文化。

中国是一个历史悠久的多民族国家，在两千多年的封建社会漫长发展过程中，逐渐形成了独具特色的民族文化，并将这种文化发展到商业领域。至明清时代社会经济出现了一种引人注目的现象，就是地方商帮和大商人资本的兴起，并初步形成了传统的市场体系网络。改革开放后，市场经济快速发展，各地区的商业企业不断涌现，企业在发展过程中深受传统商帮文化影响，在现代企业中多有体现。

（二）中国的十大商帮

中国商帮文化是最古老、最具中国特色的区域企业文化，对我国经济发展产生了深远的影响，对商帮文化的学习，对理解我国现代企业团队文化有重要的意义。现就中国明清就出现的十大商帮予以简要介绍①。

1. 晋商。所在地域为山西,经商理念为学而优则贾,经商以诚信著称、崇信“管鲍遗风”。代表人物为中国“票号”创始人雷履泰。

2. 徽商。所在地域徽州(今安徽黄山地区),经营理念为“贾而好儒”,经商特点为诚信待人、以心接物、以义为利。代表人物为官商(红顶商人)胡雪岩。

3. 陕商(秦商)。所在地域陕西,经营理念为“行道多多”,经商特点为善捕商机,敢作敢为。代表人物为贺达庭家族的当铺世家。

4. 鲁商。所在地域山东,经营理念为孔孟之道,经商特点为豪侠仗义、吃苦耐劳、稳重实干。代表人物为瑞蚨祥掌门人孟洛川。

5. 苏商。所在地域为苏州市西南太湖中洞庭东山和西山,经营理念为善于审时度势,经商特点为善于更新观念、重视依托家乡。代表人物为面粉与棉纱帝国缔造者荣氏兄弟。

6. 龙游。所在地域为浙江中部,经营理念为海纳百川,经商特点为诚实守信、亦贾亦儒。代表人物为财可通神、富可敌国的沈万山。

7. 江右(赣商)。所在地域为江西,经营理念为讲究贾德,经商特点为积极活跃、不避艰险。代表人物为独辟蹊径的盐业大亨李宜民。

8. 浙商。所在地域为宁波,经营理念为勇于超越,经商特点为勇于冒险、以信为本。代表人物为火柴大王刘鸿生。

9. 粤商。所在地域为广东,经营理念为敢为天下先,经商特点为胆大务实、精明灵活、擅长贸易。代表人物为一代酒王张振勋。

10. 闽商。所在地域为福建,经营理念为诚信为先且利义兼得,经商特点为诚信信用、善用关系。代表人物为海上巨富蒲寿庚。

小故事

瑞蚨祥的经商原则

孟洛川经商的原则是:以礼待客,才能以名得利;以德盛金,方能雄踞天下。在孟洛川长达70年掌管企业大权的时间里,其对内部各层人员的管理严格有序、铁面无私。他在同经理、掌柜闲谈时,常告诫大家:“生财有大道,生之者众,食之者寡,为之者急,用之者舒,则财恒足以。”他用“生、食、为、用”作为治店宗旨。他还告诫店员:欲治其国者先齐其家,欲齐其家者先修其身,欲修其身者先正其心。要规规矩矩做人,诚诚恳恳相待。到清末民初,瑞福祥已成为北京最大

① 邓俏丽,章喜为.中国商帮文化特征综述[J].中国集体经济,2009(30):140-142.

的绸布店。瑞蚨祥的经营范围有绸缎、呢绒、棉布、皮货、化纤制品等。瑞福祥百年以来始终坚持“至诚至上、货真价实、言不二价、童叟无欺”的经营宗旨；店员热情待客，全面介绍，服务周到；注重店容卫生和职业着装，讲究语言文明，为顾客创造一个舒适温馨的购物环境。瑞福祥以货真价实、服务周到赢得了广大顾客。北京城流传多年的民谣中提到“头戴马聚源，身穿瑞福祥，脚蹬内联升，腰缠四大恒”，意思是戴马聚源的帽子，穿瑞福祥的绸缎、内联升的鞋，腰缠东四牌楼四大恒字号钱庄出的钱票。这首老北京民谣就是对瑞福祥名满京城的生动写照，也形象地反映了瑞福祥在老百姓心目中的地位。

（三）全球化中的商帮文化反思

我国带有民族特征的商帮文化，与全球化的企业文化还是有一定差异甚至有一些冲突的。曾经统治中国市场，甚至影响世界市场的“十大商帮”的衰落，是传统生产经营方式的衰落、传统商业文化与商业精神的衰落，从根本上说是文化融合的失败。

因而，在商业文化全球化融合的今天，研究和挖掘民族商帮文化中有益的内容，具有十分重要的意义。

中国商帮文化中的有益成分或特征主要有三个方面①。

1. 多元性与开放性。市场经济发展离不开企业文化多元性、开放性发展，企业经营中的技术、工艺、产品等基本要素也是在多元性、开放性的环境下不断完善和发展起来的，而这正是我国商帮文化的基本特征。

多元和开放，与团队文化有很大关联。

小资料

晋商与鲁商

山西素来重商、爱商，在“走天下”的过程中逐步形成“晋商文化”。他们不远万里把生意做到全国、全世界，但其文化根基仍是内陆文化，是多元文化的结合体。不少寺庙里儒、道、释三圣塑像同处一室，便是多元文化思想的体现。

山东商帮是现代较为成功的商帮之一，多元性、开放性是鲁商成功的法宝。包括海尔在内的鲁商，勇于探索，积极实施国际化战略、开发国际化产品、参与国

① 张光忠．中华民族商帮文化的全球意义——基于中国企业的国际化经营战略研究［J］．中南财经政法大学学报，2008(1)：109-113.

际化市场竞争。作为孔子和老子的后人,鲁商既有北方人的务实,也有南方人的精明,一手拿《孙子兵法》参与竞争,一手拿《道德经》协调冲突矛盾。

2. 兼容性与创新性。中国的商帮文化崇尚群体本位的价值观与和合精神,形成了扶贫济困、凝聚和合、兼爱互利、团结互助的优良传统。底蕴深厚、源远流长的中华民族和合文化,是商帮文化保持兼容性、创新性永不枯竭的源泉,其海纳百川、兼容并包的文化精神,被世人称之为“儒商”。

兼容与创新,与团队文化相得益彰。

小资料

亦商亦文的徽商

徽商“处者以学,行者以商,亦商亦文,以商养文”,既发展了商品经济,又繁荣了一方文化。到了近现代,随着商人文化层次的提高,儒商人数大量增加,著名华侨陈嘉庚就有“中国儒商”之称。儒商的高明之处在于,他们认为做生意如同做人,要讲德行,富贵不淫、生活节俭,在商场上重信誉、守信用、以诚待人。

3. 关系性与亲情性。中国是一个讲究亲缘、地缘、神缘、业缘与物缘的国家。这是产生商帮文化的社会经济基础①。在生产力水平低下的自然经济时期,商人通过“亲帮亲”“邻帮邻”来避免风险求生存,扩大竞争优势。在市场经济发展的今天,由于传统的“五缘文化”的存在,在面临获取经济利益与参与市场竞争的境况时,商帮文化还会存在并继续发展下去,甚至表现出强大的生命力。

维系关系与亲情,是进行团队文化建设的要诀。

三、发达国家的团队文化

各国企业管理的实践水平及其文化差异的存在,使得各国团队在实践程度和管理模式上都有所不同②。

(一)日本的团队:附属性

1. 日本团队的兴起。1962 年,日本科学家及工程师协会注册了第一个质量

① 张光忠. 中国商帮研究论纲——贸易发展与营销创新[M]. 北京:中国财政经济出版社,2003:25-28.

② 赵春明. 团队管理——基于团队的组织构造[M]. 上海:上海人民出版社,2002:205-211.

小组，以此为标志，日本被认为是最早在企业中引入团队工作模式的国家。

团队在日本企业中比较普遍，但与别国不同的是，许多学者认为，团队工作模式是日本文化中固有的，只不过作为日本习惯的协作工作方式存在而已。人们说，日本人的文化或者民族性就是“抱团儿”，从一定意义上说，团结的文化正是工作团队首先在日本出现的原因之一。

日本学者松木厚治认为，从形式上说，日本企业的组织形式大多是管理机构式的，但这仅是表面现象，其实际过程与组织形式没有关系。日本企业的组织特征是自下而上的决策过程或共识型的决策，重视和谐，责任和权限的范围不明确，以及以人为中心（欧、美企业以任务为中心）的组织等。在日本企业团队中，人员被安置在岗位上不是为了简单地承担特定任务，而是把其作为企业人，即以企业的成员身份实施行动的人。

2. 附属团队。日本企业团队中的每一个成员，尽管承担责任的范围有限，但其视野广及全企业，像最高经营者那样关心公司的全面情况。这样，通力协作也就成了日本企业团队活动的本质。全面思考与协作是通过日本企业团队的特殊情报交流机制实现的。情报交流支持下的全面思考与协作导致的结果是企业以群体或团队为基础开展组织活动，团队成了日本企业基本的组织和工作模式。

日本企业的团队不同于美国企业的团队。虽然日本企业的团队也有较强的自主性，但团队本身却自愿终身依附于组织，而组织也有将其视为自己保护和照顾对象的强烈倾向。因此，团队和组织之间有类似亲子的关系。所以可称之为附属团队。团队是日本企业的基本组织与工作模式，其并不是作为特殊对象而受到企业的特别保护，而只是受到平等的待遇，这和欧洲的精英团队也有所不同。

（二）美国的团队：自主性

1. 美国团队的兴起。20 世纪 80 年代以来，团队在美国企业组织中大量出现，调查表明，70%以上的组织拥有一个以上的团队，拥有高度自我管理意识的团队组织高达 31%~45%。美国团队的大量涌现主要基于三个方面的原因。

（1）人本管理和关注群体的理论思潮。在有关人性理论的假设上，继麦格雷戈的 X 理论、Y 理论之后，心理学家利克特在 20 世纪 50 年代提出了被后代组织行为学专家称作关于具有内聚力的工作团队的古典解释的论述。利克特认为，只有组织中的每一个人都成为一个或多个能够有效履行职能并且每个人都具有高度集体忠诚感的工作团队中的一员时，管理层才有可能充分利用自己的人力资源潜力。显然，这一理论为工作团队这一弹性组织结构找到了得以生存的动力源泉。20 世纪 80 年代具有重大影响的威廉·大内的《Z 理论》的问世，使对人的行为的研究从个体层次上升到群体和组织的高度，为团队管理模式提供了更加直接的理论基础。大内强调员工要相互平等、多专多能、自我管理，企业要消除单调工作、树立整体观念、开发人的潜能。以上管理思想恰恰迎合了美国企业人力资源的管理趋势,成为团队管理的重要理论依据。

(2)竞争加剧呼唤新的管理模式。随着经济全球化趋势的日益加强,全球经济的竞争也明显加剧,由此对企业所形成的压力也逐步升级。在竞争越来越激烈、产品的生命周期越来越短的全球背景下,企业如果想更为迅捷地开发出新的产品并满足日益复杂的市场需求,其在组织设置上就必须具有较大的弹性和较强的适应性。工作团队正是顺应这些管理趋势的一种较为理想的运作方式,因而成为许多美国企业的运作模式。

此外,随着全球竞争的不断加剧,裁员已经成为许多企业不得不经常采用的一种手段。这种裁员的结果往往是与直线工作相对应的职能工作岗位的减少以及与生产工人相对应的直线管理人员数量的减少,而以员工自我管理和参与决策为特征的工作团队恰恰弥补了这一管理上的真空,因而受到美国企业的青睐。

(3)著名公司的示范作用。在美国,较早采用工作团队的都是一些享誉国内外的知名企业,如通用汽车、通用电气、施乐以及摩托罗拉等,它们的管理措施往往成为美国企业的参照目标。尽管团队管理并非它们成功的唯一因素,但在众多美国企业的观念中,工作团队已经同较高的生产率、较好的质量、较优的服务、较快的速度、较强的适应性和较少的人员流动等优秀品质密切相关,而这些恰恰是许多企业梦寐以求的绩效目标,工作团队因而成为美国企业群起而用之的新型组织管理模式。

2. 自由团队。一般来说,美国组织对团队的控制较弱,多数组织都给了团队充分的自主权,每个团队除了不能改变生产计划、质量标准之外,不受任何监督和控制。除了致力于改进工作流程之外,它们还对自己的培训、假期做出计划,决定团队入围人选,评估团队中的伙伴。

因此,就组织对团队的控制程度较弱、团队的自主权较大一点而言,可以认为美国的团队是"自由团队"。

(三)欧洲的团队:精英性

20 世纪 90 年代欧洲企业开始引入团队工作模式,但与美国、日本比较,拥有团队的企业较少,企业中的团队数量也较少①。因拥有团队而著名的公司是法国的轮胎公司米其林、德国传媒公司贝塔斯曼、西班牙创造和知识传播公司蒙特拉贡和意大利生物医药公司百胜集团。

从有关企业的团队管理的情况可以看出,欧洲的团队管理具有以下特点。

(1)在引入团队模式的同时,仍然保持着极强的自上而下的管理和指导方式,组织控制程度较强。这一点和美国不同,美国团队的自主管理程度较高。

(2)欧洲的团队主要出现在创新工作领域,并且独立于日常活动之外,受到

---

① 赵春明. 团队管理——基于团队的组织构造[M]. 上海:上海人民出版社,2002:206.

高级管理层的保护,组织给予特别的资源支持。与此相反,美国的团队受到组织的保护较少,而受到来自日常营销活动和竞争的压力较大。

(3)欧洲的团队由精英们组成,服从组织最高管理层的命令,受到组织的特别保护,形式上类似军队中为执行某一特殊任务而组成的别动队,因此,可称之为精英团队。

团队建设实例

贝塔斯曼与蒙特拉贡的团队

贝塔斯曼是一家德国公司,始建于1824年,战后逐步发展成为全球性的传媒企业。在1989年时代与华纳两家公司合并前,贝塔斯曼公司是全球最大的传媒公司。贝塔斯曼公司采取高度分权的结构,有300多个经营单位,每个单位都是独立的团队,它们在实现各自的目标方面拥有较大的自由度,但活动范围及文化理念受到组织的强大控制。

西班牙的蒙特拉贡公司是在合作网络的基础上于1989年由多家企业组合而成的。该公司创建了许多与创造和知识传播相关的机构,其中最著名的有工艺研究院、工商管理学院、研究中心伊兰克等。该公司崇尚自主决策和远见卓识的价值观。在欧洲被认为是具有扁平式组织结构、以团队为单位进行管理的公司。

(四)美日欧团队管理的差异

从上述介绍可以看出,美、日、欧的团队管理存在以下差异。

1. 美国的团队管理类型:团队自主性程度高,作为次级组织,面临较多的竞争压力;同时,组织提供的支持也很少,当然,组织的控制度也很低。

2. 日本的团队管理类型:日本的组织即企业对团队的支持和控制处于一般水平,此类型处于美、欧两种管理类型之间。或者说,日本团队也受到竞争压力,但与美国的团队相比较小、与欧洲的团队相比则较大。

3. 欧洲的团队管理类型:组织对团队的支持力度很大,团队受到组织的特别保护。当然,组织的控制也很多,团队和外界不发生什么联系,市场竞争压力小。

学者视角

三国文化差异的状况——霍氏维度法分析

这里再对霍夫斯坦德的文化维度做简要说明，并用美国、日本、中国三国分析数据加以说明。

1. 权力距离

权力距离是作为衡量社会对机构和组织内权力分配不平等这种事实认可的尺度。社会或者说一个社会的人们，对“权力分配不平等”越接受，得分就越高；反之，越反对，得分就越低。

2. 个人主义/集体主义

个人主义/集体主义说的是一个社会是关注个人的利益还是关注集体的利益。个人主义类型反映的是一种人们各行其是、结合松散的社会结构；集体主义则是一种人们紧密结合、凝聚力强的社会结构。

3. 生活放纵/约束

有的文化强调生活质量，这种文化的特征是过分自利和物质主义，是对自身的放纵；还有的文化注重人与人之间的关系，对他人的幸福表现出敏感和关心，是对自身的约束。

4. 不确定性规避

不确定性规避，是指人们对社会中的种种不确定性的躲避倾向。如果人们对可能的风险担忧和反对，就是高不确定性规避的社会，或者说为人谨慎；如果对可能的风险泰然处之，就是低不确定性规避的社会，或者说对事大意。

5. 长期观/短期观

这一维度反映的是社会成员对延迟其物质、情感、社会需求的满足所能接受的程度。

6. 男性化/女性化

这一维度主要看某一社会代表男性的品质如竞争性、独断性、事业心强，即阳刚特征；还是代表女性的品质如谦虚、关爱他人、家庭观念较重，即阴柔特征。

表 4-2 是按霍夫斯坦德维度的研究结果。

表 4-2　霍夫斯坦德的文化维度表

国家	权力距离	个人主义	生活放纵	不确定性规避	长期取向
中国	68	25	57	29	96

续表

国家	权力距离	个人主义	生活放纵	不确定性规避	长期取向
美国	40	91	62	46	29
日本	54	46	95	92	80

资料来源:霍夫斯坦德. 跨越合作的障碍——多元文化与管理[M]. 北京:科学出版社,1996: 332.

第三节　全球化中的跨文化团队

一、跨文化团队的兴起

随着资本全球化和科学技术的发展,经济全球化的趋势迅速扩大,大量企业都存在多种国籍、民族、语言、习俗的现象,跨文化团队日益增多。中国改革开放40余年,由最开始的“引进外资”,并在20世纪80年代国企引进经营管理专家的尝试,到外资企业大量招募中国员工,进而到管理层的本土化,在技术工作组织和经营管理群体中,也出现了各种各样的跨文化团队。中国平安保险公司曾在20世纪90年代后期引进了6名外籍人士担任高管人员,组成了典型的跨文化团队。

企业是亚文化的基本载体,一切民族、国家、社会、区域的文化差异和矛盾,都会通过企业表现出来①。实行跨文化经营的企业,其企业文化从组织宏观角度看是一致的,但具体到不同合作领域的事业部或业务团队来说则是有差异的,而且面临的文化差异更为直接。经济全球化带动了企业国际化的蓬勃发展,团队在企业跨国经营中不可避免地会遇到不同文化的管理和协调问题。跨文化团队内部的文化差异,一方面是挑战,因为可能会导致文化冲突,进而降低团队绩效;另一方面是机遇,因为保持一定范围的文化差异会对团队的发展起到推动作用。

人们常说:“理解万岁。”面对各种不同文化的团队,应当能够充分理解团队成员权变的、不同的工作方式与管理方式。管理跨文化团队是一件非常具有挑战性的工作,其难点在于跨文化团队成员的文化多元性,如何将团队成员工作技能、语言、工作方式、价值观、生活习惯的多重差异进行有效的融合,关键在于高层领导者能否促进团队成员之间的有效沟通和相互理解,使他们团结成为一个协调、有效的工作群体,互相配合,互相信任。

① 黎永泰,黎伟. 推进企业跨文化管理的迫切性及对策[J]. 中外企业文化,2005(3):25-27.

二、文化的差异与碰撞

企业的所在地不同，形成的企业团队文化也不同。中国人受传统思想的影响很深（如鲁商文化是基于儒家思想而产生的），认为人固然有生物属性的本能，需要牟取利益，但也具有社会属性，在商业活动中提倡“以义经商”“以智经商”①。而西方文化中却有着完全不同的精神，如尊重个人，奉行能力主义，敢于冒险，具有创新精神，鼓励员工取得成功，追求利益最大化目标等文化。由于中西方文化体系的截然不同，在经济交往中极易产生文化碰撞和冲突。中西方文化的差异主要体现在五个方面②。

（一）人的本性方面

儒家思想具有人道主义的人文关怀，提倡“君子爱财，取之有道”的经商道德。西方思想则坚持人的理性本性论，尊重在商业活动中的理性化。

（二）个人和群体关系方面

中国的思想偏重于群体中的尊卑秩序，比较忽略个人；西方思想偏重于由个人利益，即便说到群体也会将其理解为由个人组成的群体。

（三）个人与国家关系方面

长期受君主制影响的中国文化有“尊君保民”的思想，而西方则从“社会契约论”的角度强调国家应体现人民的意志。

（四）人的权利和义务方面

中国较为重视权利和义务的统一，西方思想在一定意义上是重权利轻义务。

（五）在人生观和价值观方面

中国强调“以修身为本”，把“善”放在首位，西方则强调“真”的重要性。

看一看

中西方差异的几个侧面

1. 语言方面

中国作为一个文明古国，代表着东方，但中国的语言和西方的语言差异很大。在称呼、问候、表达等方面有明显的差异。

英语里的 Thank you 和 Please 比汉语的“谢谢”和“请……”用得更加广泛。如果求人帮点小忙，比如借支铅笔，问个路，传个话，叫人来接电话等，中国人常

---

① 戢斗勇．儒商精神［M］．北京：经济日报出版社，2001：9.

② 刘军．鲁商文化与现代企业管理［M］．山东：山东人民出版社，2010：221.

常不说这些客气话，特别是对亲属和好朋友，更不用这样客气。许多中国人认为，西方人过于喜欢说 Thank you 和 Please，没有必要，甚至会让人很不耐烦。中国人相信对方知道自己的感激之情，因此不必多言；但在西方人看来，不说这些客气话就有些失礼，对别人不够尊重。

了解西方国家的语言在表达上、与中国的不同之处，才能更好地进行沟通与交流。

2. 教育方面

西方教育的主导思想是：每个人都是特殊人才。不能因为某学生数学不好，就认定其笨，或许该生是生物、体育、音乐、文学等领域的奇才。西式教学，给予所有学生充分发挥个人所长的机会，并锻炼将来在社会上实用的分析解决问题的方法，更适合现代社会的需要。东方教育则重视基础，强调主干知识和系统性，重视考试。

东、西方的教育方式培养出的学生都会有缺陷，应该把"教、学、做"三阶段统一起来，教育全过程才算完整，培养出的人才也比较全面。目前，西方教育界已认识到这一问题，正在加强中小学基础知识教学和考核。中国大陆和中国台湾地区则在向另一方面努力，台湾取消联考，大陆提倡"素质教育"，都旨在补充纯知识教育之外的内容。

3. 绘画方面

西方绘画十分讲究透视法。所谓透视法，简单地说，就是用线条或色彩在平面上表现立体空间的方法。世界是立体的，西方人观察到这一点，然后他们的大脑指挥他们的双手在白纸、画布和墙壁上如实地记录下他们看到的一切。西方写实主义绘画尤其强调对细节的刻画和还原生活的特性。他们严格地按照物体在同一空间中的大小比例进行描绘，也就是说，按照近大远小，近高远矮的基本原理进行创作。所以物体在平面上呈现出具有长、宽、高三维空间感觉的立体效果，给人以生动、逼真、身临其境的感觉。

中国绘画则以"形神兼备"为皈依，重在抒发主体精神，强调对"外师造化，中得心源"，以对客观事物的观察与把握，由表及里，强调其精神特征的理解，将画家的主观精神因素，包括修养、品德、秉性与客观世界相融合，从而创造出具有深刻内涵的美的形象和境界。在长期发展中，中国绘画积累了丰富的区别于西方绘画的种种技法，如毛笔的皴擦、点染，运用线描或色、墨的变化来表达形神，且擅诗、书、画、印结合，富于东方特色。

改革开放以来，中国大量引进外资，国外先进技术、组织模式、管理思想和文化随之大量进入中国，有着相当大的文化融合与冲突。许多外资、合资企业强调高层管理人员本土化，就是要通过这种方法减少组织的人力资源成本、加强在本土的业务拓展和更加容易地用该组织的基本价值观和文化塑造本土的局部性

组织。

据德国学者派尔-舍勒的分析，中国与欧洲文化有着不少差异，归纳起来看：中国人是横向、直觉型思维，完美化原则，求稳，愿中庸和有团队意识；西方人是纵向、理性思维，最优化原则，怕限制，求“最佳”和自我意识①。这些方面总结得很精辟，是我们在看待文化差异与促进跨文化融合时需要加以把握的。

文化背景不同影响着人们的消费方式、满足需求与欲望的顺序以及价值观和努力程度，当企业进行跨文化经营时，不得不面对异域文化及由这种文化差异所决定的经营环境。相当多的企业团队对文化的差异和碰撞体会不深，对跨文化管理中对待文化差异的方法论知之甚少，对文化整合的必要性、整合根据、整合模式等问题思考得不全面，以及企业经营的全球化视野与本土化的策略思索得不够深入。因此，团队跨文化管理应正视文化上的差异，并采取积极的应对措施。

三、文化的差异与协同

文化差异和多元文化对企业跨国经营是一把双刃剑，关键是企业在实践中如何准确识别、积极把握和理性利用。企业中的团队文化以民族文化为根本，体现民族文化的特色，并从民族文化中汲取营养。任何一种文化都有其特定的土壤，文化的健康发展与传播又以开放性为前提。在发展过程中，团队文化不应拒绝其他民族文化的精华，应通过吸收世界各地的民族文化来丰富和发展本民族文化和本企业的团队文化，因此，从长远的发展看，团队文化具有融合的趋向。

团队文化的融合趋向，是一个以科学的扬弃和取长补短为特点的过程，而不是文化的简单融合。团队的“跨文化优势”体现为知识互补、思维互补、观念互补、观点互补，能产生更好的创意、设想，提出更多的解决问题的办法和可行的行动方案，使团队具有更高的效率、竞争力和应变能力。

跨文化问题的复杂性，在组织人力资源管理时影响巨大。在跨文化组织中，高层管理团队的文化协同更为重要，例如，曾经在 IBM 和在微软中国公司做高管、任总裁的吴士宏，在一定意义上就是由于文化冲突而离开高位的；她选择了“求贤者”中工资最低的民族产业 TCL 公司去任职，就是要按照自己的意图做事，就是寻找文化能够融合之组织，真正实现自己的价值。

团队的跨文化优势既有文化的特质又有经济的特点。

（一）表现在对生产资源的配置上

强调各类资源在时间、空间上因地制宜的优化配置，以及知识、信息、教育培训等资源的价值最大化。

---

① 帕特里希亚·派尔-舍勒．跨文化管理[M]．姚燕，译．北京：中国社会科学出版社，1998：5.

(二)表现在文化的刚性及开放性上

每一种文化都有各自的核心理念,具有一定的刚性,能够长期发展并繁荣的文化必然是开放性的文化,是具有传承精华、自我改造和自我完善的文化。

(三)表现在原则性和灵活性的结合上

在团队"硬环境"的约束下,如何充分调动各种力量积极适应市场变化、发挥员工的主观能动性、积极营造协同增效的团队文化,是实现长期可持续发展的关键所在。

四、文化协同面临的挑战

在现实的管理活动中,不少团队的领导者都会面对如何搞好多元文化团队管理的难题和挑战。除了要有兼容不同文化的思想观念外,领导者还必须在组织面对来自不同文化的团队成员时,能够及时发现问题,果断采取行动,在文化的碰撞与协同过程中创造并把握团队发展的机遇。

(一)能否正确理解并正视文化差异

作为跨文化团队的管理者,必须学会尊重客观存在的各种文化差异,这是成功管理跨文化团队的基本前提。然而,理解差异并不等于懂得如何面对和处理差异,还应该帮助每一个团队成员了解和面对多元文化,协助团队成员解决因文化差异造成的工作配合不协调的问题。

(二)能否准确了解成员对团队的认识

一般情况下,团队成员对于团队很难有完全相同的看法,因此,应该通过提出并讨论"什么是团队"和"我们团队的目标是什么"的议题,让团队成员在思考的过程中表达自己真实的观点。进而,领导者对本团队运作方式、领导方式、业绩期望等方面做出详细说明,由此来增强团队成员对跨文化成员组成的团队的认识。这是消除内部隔阂、促进跨文化团队有效运行并强化其效果的重要举措。

(三)能否真正关注团队内部的发展

跨文化团队的融合程度一般比单一文化的团队要慢,因此,与其关注团队每天的工作,不如关心如何稳固这种团队的根基、关系的发展与内部的合作。可以采取这样的方法促进团队成员的共识、促进团队的发展:请代表不同文化的团队成员进行报告,让每一个人都有机会了解其他文化背景的人的想法与做法。

要努力为跨文化团队安排一些社交活动,借以增进所有成员与他人的文化沟通,要鼓励所有的团队成员对其他成员的语言有基本的认识。对于多元文化而言,可以创造一些能够超越文化的词汇,并以较简单的语汇或方法加以解释。

(四)能否协助跨文化团队建立自己的价值观

当整个团队对工作所涉及的所有重要价值有了共识以后,跨文化团队才能真正形成,也才有团结协作的局面。应当指出,只有在不破坏团队成员对自身文化认同感的基础上,才可能建立起超越文化差异的共同价值观,从而建立基于相互信赖的长期工作关系和自觉的而不是勉强以至痛苦的行为标准。

第四节 团队跨文化管理措施

团队是跨文化活动最直接的单元，但是由于团队组成特征和组织定位等客观因素的存在，有效的团队跨文化管理必须得到企业组织的认可和支持，甚至某些跨文化管理的政策措施需要借助企业组织的整体力量才能实现。

一、整合价值观念

许多跨国企业海外经营失败的重要原因之一，就是忽略了不同文化背景下的价值观和行为习惯的差异。即使是国内企业，即使一个企业的员工均来自同一国家，也会存在很大的价值观和行为习惯的差异。这种价值观和行为习惯的差异，可以升华到跨文化伦理能力的不足上。所谓跨文化伦理能力，是指企业对跨文化背景下的社会伦理问题进行甄别和对策反应的能力①。

（一）注重培养价值观整合意识

跨文化生存必须注重培养不同价值观的整合意识，并将之应用到企业的组织、管理的各个系统之中。首先，要正确对待自身传统文化。面对西方市场经济观念影响范围的扩大，应清醒地认识到团队自身的观念文化、物质文化、制度文化、行为文化，都包含了许多能够应用到市场经济中的有价值的内容。其次，每一种价值观念都是在特定的历史、社会、文化背景下形成的，与当时的社会经济条件相适应，即包含合理的可借鉴的内容，也存在局限性和缺陷。我们应该以客观、开放的态度去面对不同的价值观念，通过借鉴、利用和改善，达到自我价值观的提升。最后，我国改革开放四十多年，许多企业家都经历了由计划经济到市场经济、由国内市场到全球市场的转型时期，传统的价值观念受到冲击。从文化的适应性角度看，新时期的价值体系既不能抛弃优秀的传统文化，也不能为西方价值体系所同化，应在不断的跨文化组织学习及长期实践过程中，创建一种新的更适合生存的整合价值体系。

（二）积极塑造特色团队价值观

进入 21 世纪以来，随着市场经济的发展和异域文化的影响，企业的商业活动将会遍及海内外各地区，参与竞争的手段呈现出多样化的特点，如何培育核心竞争力，打造适合跨文化生存与发展的团队文化等问题已被众多团队所重视。现代化企业中的团队应在市场经济的实践中，逐步形成独特的价值观念，积极寻

---

① 戴万稳，赵曙明，蒋建武．跨国公司跨文化伦理能力研究[J]．安徽大学学报：哲学社会科学版，2007(1)：148-152.

求团队存在的意义和更好的存在方式，精炼核心价值观，注重将稳定的价值观念内化为员工价值观念，从而指导员工的活动。

（三）寻求海外商文化契合点

本土企业的价值观要适应现代化的发展，必须要培养跨文化生存的意识，并在保持其精华的基础上对异域文化适当进行扬弃。当前我国跨国企业经营面对的文化差异较多地表现为东西方价值观的差异，因此有必要将东西方价值观体系进行比较，以求在实践过程中找到整合的契合点，具体整合方案应基于企业本土化和全球化战略经营重点来进行调整。

（四）国内市场也需要价值观整合

我国是一个多民族国家，由于历史及地理分布等原因使各地区经济文化存在差异，不同地区的个体存在较大的价值观差异。有学者在对中国不同地区经理人价值观进行考证时部分地证实了一个假设：在中国的不同地区，工业化和现代化水平越高，经理们的价值观就越接近于西方以市场经济为动力的价值观①。即便如此，中国多民族区域文化仍对团队建设管理有着较深的影响，每种团队文化应充分利用自身优势，发展与国内其他商帮及民族地区的商业往来，研究、学习并掌握各地区商业文化传统及经商习惯，因地制宜，求同存异，努力做好国内市场。

二、改善跨文化沟通

从全球竞争的角度看，随着交通、通信及经济的高速发展，团队的各项活动不可避免地会面对由于风俗习惯、行为举止、价值观等方面的差异形成的跨文化沟通，如果不能建立有效的沟通机制，极有可能会遭遇“文化休克”。

（一）跨文化沟通的基本内容

1. 认知层面。团队全部的管理活动都可以归结为人与人之间的相互沟通与信息交流，当有着不同文化背景的管理者和员工进行信息交流时，首先会表现在认知层面，产生定型观念，从而影响人际关系的建立。

2. 价值观层面。价值观是判断好坏、是非的标准，构成文化与社会的基础。在跨文化沟通过程中，人们无法回避隐藏在文化深层中的价值观，沟通双方往往以不同的价值观作为既定前提，并据此对外界的信息刺激做出不同反应。

3. 语言层面。语言是文化的产物，又是文化的表现形式，每种语言都有其特有的文化内涵。语言层面主要包括：语义层面、语用层面及非语言交际层面。

（二）影响跨文化沟通的因素

1. 感知。感知是指个人对外部世界的刺激进行选择、评价和组织的过程。

---

① Kylie Redfern，戴复，马小木．中国各地管理价值观之差异[J]．管理世界，2005(5)：96-103.

人们在沟通过程中遇到的种种障碍，主要是由感知方式的差异造成的。萨姆瓦等学者认为，影响感知的社会文化因素有五种，它们包括：信仰、价值观、心态系统、世界观和社会组织。

2. 成见。在跨文化沟通中，成见表现为先入为主，是在未具体分析某一个体沟通特征时，用其整个群体的共同特征来分析个体的行为特征。成见在人们的意识中往往是僵化的、难以改变的，极易对别人传达的信息产生误解。

3. 其他方面。共感、高语境文化、低语境文化、种族中心主义等因素也会对跨文化沟通造成影响。

（三）改善跨文化沟通的措施

团队要消除文化差异导致的跨文化沟通障碍，应建立有效的跨文化沟通渠道，建立保障信息正确发送与接收的有效机制，排除干扰，减少误解，避免沟通中断及不必要的冲突。改善跨文化沟通的措施主要包括以下几个方面：区分高背景文化和低背景文化；发展共感，消除文化中心主义；发展双向沟通；进行跨文化培训，提高跨文化沟通能力；了解自己；培育开放式沟通；发展文化移情等①。

另外，在跨文化沟通时，除了正式的语言沟通外，由沟通主体自身文化规则决定的非语言沟通行为，也会影响沟通的效果。沟通者必须了解并掌握沟通对象的文化背景，并正确判断沟通对象非语言行为的正确含义。沟通是多种因素综合作用的结果，在跨文化沟通中，恰当地运用语言和非语言沟通，能够实现交流双方更好的合作。跨文化沟通中的非语言沟通包括以下几个方面：语言中潜在的隐藏要求；不同语境对跨文化沟通的影响；语言中的语气、音量、音色的作用；无声语言——沉默的功能；体态语言的使用等②。

跨文化沟通与非语言之间的关系非常密切，通过对非语言沟通行为的分析研究，可以了解沟通对象所持有的文化观点的基础、价值体系的信息、把握沟通信息的实质，还有助于帮助跨文化管理者克服成见，增强共感，实现更好的管理效果。

三、致力跨文化协同

文化协同增效机制的建立，包括协同对象的分析，协同能力的培养、协同模式的选择、协同制度的建立。

---

① 张骏生，徐明．全球竞争中的跨文化沟通管理研究[J]．经济与管理研究，2007(9)：72-76.

② 蔡建生．跨文化生存——在外企的成功之路[M]．广东：南方日报出版社，2004(6)：129.

管理经典回顾

海尔唤醒“休克鱼”

1995 年 7 月,青岛市政府决定把红星电器公司整体划归海尔集团。红星电器本来和海尔一样在青岛市是重点企业,后来由于经营不善,在海尔成为中国家电第一名牌时,红星电器却亏损 1 亿多元,资不抵债。

此时,在张瑞敏面前摆着一个艰巨任务:如何操作? 如何发展? 于是,张瑞敏首先提出一个问题:红星电器失败于何处? 是技术问题,资金问题,还是员工问题? 而他认为:“红星的失败,不是少技术,也不是少资金,更不是员工不好,关键是管理不到位,职工凝聚力差,缺乏将现有生产要素有效组合的灵魂。而海尔员工、干部有共同认可的价值观,形成了海尔文化。因此,我们当前的紧迫工作就是将海尔文化输入到红星。只要思想认识一致了,统一了,一切都好办。文化是企业的灵魂,无形资产可盘活有形资产,红星必然会重生。”

海尔经受住了这个文化兼并成败的考验。在划归第二天,杨绵绵就率领企业文化、资产管理等五大中心的管理人员进驻红星,实施“文化先行”的管理理念。随后,张瑞敏又到红星全体中层以上干部会上推心置腹地讲述自己的管理心得。要求大家从自身做起,目标是 2~3 年争创中国洗衣机第一品牌,最终成为国际名牌。

三个月之后,企业扭亏为盈。而后,海尔洗衣机成为全球洗衣机第一品牌和第一制造商。

1998 年 3 月,“海尔文化激活休克鱼”案例被写入哈佛商学院案例库,张瑞敏应邀去哈佛讲这一课,成为第一位登上哈佛讲坛的中国企业家。

资料来源:花火新闻中心 . https://news. huahuo. com/201612/21743. html.

(一)协同对象的分析

对不同文化的特征和彼此间差异的分析研究,有利于改善协同效果和团队价值创造的能力。

1. 区分不同文化的优劣性。在跨文化合作中能够激发员工创新动力、增强团队凝聚力、提高团队效率的文化就是积极的文化,积极文化对团队的发展具有促进作用,易于被接受并能产生较大的协同效应。

2. 区分不同文化的强弱性。文化的强弱性在某种程度上影响着文化协同的结果——同化别人的文化或是被别人的文化所同化。

3. 分析不同文化的关系。对团队文化的差异性、通约性、互补性等关系进行分析,可以有效地降低文化冲突出现的概率,改善协同效果。

(二)协同能力的培养

1. 培养团队的学习能力。文化协同是动态创新的过程,为全体成员所认同并共享。积极的文化在多大程度上被团队所吸收,在很大程度上取决于团队自身的学习吸收能力。

2. 培养团队的创新能力。在跨文化环境中,拥有不同文化的个体相互合作,设计出一种全新的解决方案,创造一种全新的文化,使这种方案既尊重所有的文化,又超越任何一种文化的行为模式。

3. 培养团队的适应能力。团队跨文化管理难免会遇到不同文化的碰撞,应根据情况做出相应的调整。团队适应性越强,协同的灵活性就越大,协同的潜能就越大。

(三)协同模式的选择

1. 优势协同。优势协同是指当积极的团队文化对合作方的消极文化具有可输入性时,通过对消极文化的渗透和同化能提高整体效率。

2. 并行协同。并行协同是指合作各方在各自文化方面保持相对的独立性,做到“万物并育而不相害,道并行而不相悖”(《中庸》),在“和而不同”的原则下,实现“1+1>2”的协同效应。

3. 创新协同。创新协同是指合作方根据各自的文化特点,共同研究,互动互补,在价值观、经营理念、行为标准、规章制度等方面构建全新体系,实现协同增效。

(四)协同制度的建立

1. 建立适宜的制度文化。建立一套切实可行的、与团队文化相适应的制度,能有效地将先进的价值观和经营理念转化为可操作的管理制度,并将这种制度文化深入到每位员工的意识中。

2. 完善制度执行机制。提高执行力需要建立完善的责任机制,通过科学设定工作任务和责任目标,不断完善考核及监督程序,加强过程控制,合理地将决策机制、执行机制、监督机制、激励机制结合在一起,通过实行严格、科学、系统的目标管理,保障团队文化的各项制度措施能够顺利落实。

四、管理跨文化冲突

冲突管理一直是跨文化管理研究的一项重要内容。现代企业的跨文化冲突,主要是指不同文化及其所影响的经营目标、管理方式、处事作风等因素之间发生的差异、冲击、矛盾和斗争。

(一)跨文化冲突的表现

在对跨文化冲突进行研究时,由于研究的立足点不同,所表现出的冲突类型有较大差别。国际上有关冲突管理的研究主要集中在不同文化集团的成员在处理冲突的过程中是如何采取不同的策略的,关注文化价值与冲突管理之间的复杂关系。

东华大学与美国路易斯安那大学合作对在华跨国公司中的文化冲突进行研究,力图以中西文化的差异根源来解释文化冲突的表现。研究结果显示,跨国公司中的文化冲突主要表现在思想观念、行为方式、管理方法、评价及激励体系、人力管理及组织沟通等方面,且各种冲突出现的频率和具体体现随不同的外资方国家有所不同①。

具体到外籍员工和中国员工的冲突,彭世勇的研究表明,发生冲突可能性的大小与文化价值有直接的关系,表现为五种冲突②:工资、晋升和福利冲突;工作安排冲突;世界观冲突;个性和品位冲突;管理作风冲突。

(二)跨文化冲突的根源

通常组织内的冲突与不同组织的性质和特征有关,而且一种冲突往往与另一种冲突有关联,甚至会相互影响。如果对组织冲突的根源进行探究,可以将其归纳为以下七种类型:程序冲突(procedural conflict);误解型冲突(misunderstanding conflict);资料或资讯冲突(data or information conflict);价值判断冲突(value conflict);利益冲突(interest conflict);关系冲突(relationship conflict);情绪冲突(emotion conflict)③。

(三)管理文化冲突的措施

解决跨文化冲突的根本途径,是要加深对不同文化的理解和认识,建立起文化选择和调节机制,从而实现多元文化的融合,凝练出适合团队发展的特色文化,应适当采取以下措施:准确识别文化差异,增强跨文化认同;实行跨文化人力资源管理;推进跨文化沟通与理解;改进跨文化培训程序和内容;建立有针对性的激励和考核系统;注重公共关系的维护;塑造共同管理的企业文化,促进企业跨文化协同增效。

五、实施跨文化培训

由于文化差异的存在,使企业跨文化经营的道路变得充满机遇和风险。跨国企业必须拥有能掌握跨文化技能的人才,建立并完善跨文化培训体系,才能保证企业经营战略的成功实施。跨文化培训是指为提高外派人员的跨文化技能而实施的培训项目。实际上,许多跨国企业已经在原有的职工培训项目外,适当增

---

① 顾庆良,吴永毅,李荣智,等. 在华跨国公司中的文化冲突[J]. 东华大学学报:社会科学版,2001(1):22-24.

② 彭世勇. 外资企业内工作冲突分布的跨文化意义[J]. 大连理工大学学报:社会科学版,2003(3):44-47.

③ 蔡建生. 跨文化生存——在外企的成功之路[M]. 广东:南方日报出版社,2004:204.

加了跨文化培训。海尔集团在美国建立子公司的成功较好地印证了海外企业跨文化培训的重要性。

（一）明确跨文化培训目的

跨文化培训不仅体现了企业在人力资源方面可持续发展的迫切性，还显示了企业对员工长期发展的诚意。此外，跨文化培训还能够实现以下具体目标：减轻外派经理人员可能遇到的文化冲突，使之迅速适应东道国环境并进行有效的管理；促进当地员工对企业经营理念、价值观、管理风格、经营方式的理解，并能积极主动地融入企业整体文化之中；化解文化冲突、构建和谐团队，维持组织中良好、稳定的人际关系；保障企业内部信息渠道的畅通，确保各项管理决策能够顺利执行，提高管理效率；加强团队协作精神，增强企业凝聚力等。

（二）树立跨文化培训理念

面对风格各异的地区文化，企业应以自身发展战略及发展方向为基础，树立动态性的跨文化培训理念。

1. 文化差异既是障碍，又是机遇。文化本身在短时间内很难改变，能改变的只是对待其他文化的态度及了解某一文化对组织的相对影响力[①]。

2. 要有动态的观察视野。跨文化培训是个交际的过程，要始终保持敏感，了解跨文化行为是在具体情境下进行互动的产物，合理区分企业层面、团队层面、员工层面的文化培训，结合具体文化环境，尽可能将普遍性与特殊性相结合。

3. 认识到跨文化培训是一项长期性工作。文化差异对于组织行为的影响是一个复杂和微妙的过程，文化会潜移默化地形成并影响每一位员工，最终形成既区别于企业本部所在地文化又不同于当地文化的特色文化，这是企业在长期发展中形成的。

4. 求同存异，竞争合作。跨文化培训不可能消除所有冲突，而是减少由于误解造成的冲突，将冲突控制在各方能够接受的范围内，彼此尊重对方文化的存在。在跨文化培训过程中，应注意培养团队合作、和衷共济意识，在竞争中合作，在合作中竞争。

（三）选择跨文化培训方式

跨文化培训方式的选择直接影响跨文化培训的效果。经理人员被派往的国家不同、岗位职能对外派人员跨文化技能要求的差异、外派人员跨文化认知和跨文化敏感性差异等因素，都决定着跨国企业跨文化培训时所需采用的培训方式。

整理当前有关材料，可知企业跨文化培训的方式主要有三种：事实法、分析法、体验法。实践操作时，三种方式在不同的环境条件下应有不同的侧重点，根据具体环境有效结合使用三种培训方式，可以提高外派人员跨文化学习的效率，增强跨文化技能。

---

① 赵曙明．跨国公司在华面临的挑战：文化差异与跨文化管理[J]．管理世界，1997(3)：78.

团队建设实操

跨文化培训体系的建设

跨文化培训是一个社会学习的过程,哈里森(Harrion,1994)基于社会学习理论提出了跨文化培训设计模型,根据学习的三个阶段(注意、记忆和复制阶段)设计了培训内容与培训方式的匹配关系①。这种从认知学习到熟练和掌握技能过程的设计,层层深入,构成企业有序的跨文化培训系统,并为目前众多跨国企业所采用。

1. 总体指导

自我评估培训内容与方式的匹配。自我评估包括外派人员对自己即将面临的变化、自己的压力管理能力和个性进行评估。该阶段可以由专业培训师指导外派人员识别自我个性,增强自我反省意识。

文化意识培训内容与方式的匹配。文化意识是指对自文化与异文化间在价值观及行为方式差异上的认知。文化意识培训包括文化差异培训、母国文化培训和工作地点事件培训。

2. 具体强化

知识习得培训内容与方式的匹配。知识习得培训是为了让外派人员掌握东道国的社会、历史、制度、文化和习俗等方面的知识。包括地域文化学习、语言学习和东道国态度学习。

技能培训内容与方式的匹配。技能培训是为了提高外派人员在工作实践中应用跨文化知识的能力,对其进行的各项跨文化技能方面的培训。培训方式可采用案例研究、情景模拟及行为规范等方式。

(四)确定跨文化培训内容

目前,国内外学者关于跨文化培训内容主要涉及三个方面:跨文化认知、跨文化情感与跨文化技能。

1. 跨文化认知培训。跨文化认知培训是跨文化培训的一项基础内容,是帮助受训者了解"什么才是适当的行为",是行为实践的基础和依据。认知类培训的内容包括:文化的概念与内涵、文化的价值模式、特定文化环境的分析以及文化的影响领域等。霍夫斯坦德在1991年发现,与跨文化工作密切相关的文化差

① 高嘉勇,吴丹. 西方跨文化培训设计研究评介[J]. 外国经济与管理,2007(10):39-46.

异主要包括五个维度，内容涉及东道国的社会、历史、制度、文化和习俗等方面。认知培训的目的首先是向外派人员传授有关文化差异的知识，使其能够逐渐认同并接受文化差异，同时还要加强受训者对自文化的认知，只有这样才能够深刻地理解自文化与异文化的差异。

2. 跨文化情感培训。跨文化情感培训是对受训人员在异域文化工作环境下控制、调节并保持稳定情绪的培训，实际是帮助受训人员树立中立的文化态度，从情感上认识自文化和异文化，容忍差异的存在。培训的内容包括应对变化能力培训、压力管理能力培训、自我反省能力培训。

3. 跨文化技能培训。跨文化技能培训是要解决“跨文化情境下怎么做”的问题，是跨文化认知类培训的实践。一般情况下，交往的程度越深，需要掌握的行为技能就越多，有些技能需要在长期交往中积累，有些则可通过培训初步掌握。培训的内容包括：倾听技能、反馈技能、授权技能、冲突管理技能、谈判技能、语言技能等方面。

案例

上汽集团收购韩国双龙以后

上汽集团收购韩国双龙公司之后，便在管理专家罗兰贝格的参与下，对双龙公司内部管理层和公司人力资源政策进行了调整。首先，上汽集团对双龙公司进行了“百日整合”，通过向双龙公司输入上汽集团精英，加强上汽集团管理层对双龙公司的运转和内部协作能力的掌控。在这个阶段，上汽集团的人力资源战略主要涉及双龙公司的中层领导和少量中高层管理者，而对于原有的双龙高级管理层，上汽集团没有进行撤换。

接着，在认为双龙公司中下层员工已经脱离合并后的心理不稳定和磨合期后，上汽集团决定撤掉双龙公司代表理事、社长苏镇琯，以及其周围的一些韩国高级管理人员。同时，上汽集团准备外聘具有海外企业管理经验的职业经理人，作为双龙公司新的 CEO。

在此次高层重组中，考虑到韩国的特殊文化风俗，也考虑到这些高级管理者与双龙企业工会的密切关系，上汽集团特地将重组决定推迟半年发出。上汽集团在 11 月份宣布了这个决定，该月是韩国公司普遍的业绩考核月。

按照上汽集团和罗兰贝格的说法，上汽集团对于韩国双龙公司的管理层重组，充分借鉴了多元文化下的战略人力资源管理模式，将个体层面的人力资源策略，与组织层面人力资源战略和公司长期发展相结合，体现了一家成熟企业的海外管理模式。

管理层重组完成后，上汽集团宣布对双龙公司进行冗员裁减，公司计划裁员1 000人。按照韩国法律，公司裁员需要首先与企业工会进行接洽，达成谅解。上汽集团与双龙公司工会就裁员进行会谈，公司管理层向双龙公司工会通报了裁员决定。不料，该决定遭到工会方面坚决拒绝。

双龙公司工会设立于企业成立之初，开始并没有什么对抗性。但是，随着整个韩国劳动关系在20世纪70年代由依附合作型急速向冲突对抗型转变，双龙公司工会也发生了质的变化。工会不仅着力加强其在企业内部的影响力，而且与韩国汽车行业工会建立了隶属关系，积极配合行业工会活动，数次参加或发起了企业及全行业的集体行动。

由于公司与工会多次谈判未果，双龙公司工会宣布罢工。持续几周的罢工，使双龙公司数千辆汽车无法按照计划生产，公司损失严重。不过，在本次罢工中，工会也付出了代价。多日罢工导致工人无法按时领取工资，并且使双龙公司在汽车市场竞争中再次处于落后地位。

在接下来的谈判中，双方达成妥协，各自在裁员数量上做出了让步，本次罢工宣告结束。

然而，没过多久，双龙公司工会就在增加工资和技术转移等问题上，与企业领导层发生对立。工会要求双龙公司普遍增加员工工资，同时，指责上汽集团将技术工人和部分汽车生产技术转移到中国，侵害了韩国工人的利益。这次，公司领导层采取强硬态度，表示在企业效益亏损时，根本无法负担额外员工成本增加。同时，双龙公司作为上汽集团的一部分，理应配合集团整体发展战略，且这种技术转移完全符合韩国法律规定。

于是，工会再次发起罢工。在这次罢工中，韩国工会采取了"玉碎"策略，也就是，不达到目的决不罢休，即使公司倒闭和全体失业也在所不惜。"玉碎"策略在很大程度上是韩国特有的工会抗争方式，韩国工会在20世纪70年代就是采取这种方法与政府和企业进行对抗，并在对抗中屡屡获得成功。

著名学者霍夫斯坦德认为，不同文化下的民族，对于风险的评估态度不同。这导致了企业跨国经营中的许多问题。上汽集团在韩国遇到的情况，充分说明了这一点。

2006年8月，新任上汽集团副总裁菲利普·墨斐被任命为韩国双龙公司代表理事。墨斐被认为具有丰富的国际管理经验。他上任伊始，就与中方和韩方高级管理人员一起，进入罢工工人居住区，深入与工人和工会代表交谈。希望双方能够相互理解，化解纠纷。经过艰苦的谈判，双方终于达成一致，工厂重新开工。

截至2006年10月，公司工会组织的罢工使双龙公司汽车生产减产16 000

多辆，经济损失高达 3 700 多亿韩元。虽然公司与工会就相关问题达成了谅解协议，但是前期激烈的劳资对抗，使双龙公司内部管理层与普通员工间互不信任，公司凝聚力下降，未来公司在处理相似情况时的灵活性已经大打折扣。

2007 年 5 月，美国麦肯锡公司发布了一本《中国企业海外扩展手册》。该手册中说，中国企业尚缺乏跨文化管理知识和经验。中资企业不能有效地放权，让来自其他文化中的精英进行管理决策。过于集权的跨国人力资源管理，使战略人力资源管理概念在很多中国企业无法正常运行，从而导致劳动争议的出现。这种分析相当准确和深刻。

案例讨论题

1. 如何看待外国投资方和本地大众之间的文化差异问题？

2. 如何看待不同国籍与文化的人士之间的理解与信任问题？如何处理好外资企业中的外籍经营管理团队与所雇用的本土员工的关系问题？

3. 外资企业使用本土化高管层是一种很常见的现象。它的积极作用是什么？对此种情况，请谈谈你的看法。

4. 外资企业应当如何制定所投资国的规章管理制度，尤其是人力资源管理制度？与企业文化相冲突时，应如何处理好两者之间的关系？

本章小结和应用意义

当前，经济组织等各种组织中均存在成员的国籍、民族、语言、习俗众多，差异巨大的现象。对人员来源不同的跨文化团队，如何实现跨文化管理，是摆在管理者面前的一个重要的现实性课题。

他山之石，可以攻玉。本章首先对企业中的团队文化进行了系统分析和梳理，进而以明清十大商帮为例介绍了我国独特的商帮文化，并对几个主要发达国家的团队现象进行了介绍，以期帮助读者了解丰富多彩的团队文化。随后，分析了跨文化团队的兴起，并就团队中文化差异所导致的文化碰撞和文化协同问题进行了分析。最后，总结了团队跨文化管理的五项措施，包括：整合价值观念、改善跨文化沟通、致力跨文化协同、管理跨文化冲突、实施跨文化培训。

人们常说：“理解万岁。”管理跨文化团队是一件非常具有挑战性的工作，面对各种具有不同文化的团队，应当有充分理解团队成员的权变的管理思想、领导方式和工作技巧。希望读者通过本章学习，能够初步掌握跨文化管理的技能，在实际工作中更好地甄别跨文化团队成员的文化多元性，有效融合跨文化团队中存在的工作技能、语言、工作方式、价值观、生活习惯的多重差异，搞好组织管理的工作。

思考讨论题

1. 为什么要实施跨文化团队管理？
2. 我国独具特色的商帮文化有哪些？各有什么特点？
3. 请简要介绍美日欧团队文化的特点和差异。
4. 中西方文化的差异主要体现在哪几个方面？
5. 什么是跨文化优势？其主要特点是什么？
6. 简要介绍跨文化团队管理的主要措施。
7. 我国的团队建设应当吸取国外的哪些经验？应当形成什么样的模式？

团队训练游戏

团队游戏一：价值观大拍卖

目标

1. 协助学生澄清自己的价值观。
2. 协助学生了解自己的个性对自身行动力的影响。

程序

1. 活动前教师先制作“价值观项目表”（如表4-3），并将这些项目另书写于纸上。

2. 教师发给每位学生一张“价值观项目表”及一张A4复印纸。

（1）教师请学生将A4复印纸做成总金额为一万元的纸钞，面额为5 000元、2 000元、1 000元及500元……（亦可为其他面值，只是单位越小，所花时间越多），张数不限，但总金额须为一万元。

（2）请学生先考虑以下问题：“若一万元代表人一生的所有时间及精力，你会花多少钱来买‘价值观项目表’的那些项目？”教师可给5分钟时间，让学生在“价值观项目表”上进行估算。

3. 由教师担任银行的拍卖师，主持拍卖的工作（亦可让学生轮流担任）。

（1）教师说明拍卖规则（如可不可向银行借款，或可不可以将买到的“物品”转卖等）。

（2）进行拍卖。

4. 心得分享与讨论。

（1）拍卖完毕可让学生分组讨论，或在班级里分享自己在此活动中的心得。

（2）教师说明价值观对个人的发展与人际关系有极大的影响。因此，认清自己的价值观，可增强自己对人、事的辨别与决策能力。而此活动亦可看到自己的个性，是属于敏锐果断、眼明手快型，还是优柔寡断、犹疑不决型。

讨论

1. 你是否买到了自己认为最重要的价值观项目（价值项目表见表 4-3）？

（1）如果是，你买到时的心情如何？

（2）如果不是，那么你是因何故才没有买到的？没有买到的心情如何？

（3）你最想买的项目是什么？其背后隐含的价值观是什么？为什么它对你而言那么重要？

2. 有些人什么都没有买到，为什么？

3. 参与拍卖活动时，你的心态是什么样的？

（1）你所买的项目是否都是自己喜欢的？还是在赌气或不得已的情况下买的？

（2）在拍卖过程中，你的心情是紧张的？兴奋的？还是……

表 4-3　价值观项目表

项　　目	优先级	预估价格	成交价格
1.使世上的人对待他人正如其所希望的方式			
2.有 100 万给世界上需要的人			
3.有机会成为你所希望的那一科最好的学生			
4.有一年的时间可以尽量做个人爱做的事			
5.有一年的时间可以做全世界最聪明的人			
6.有一粒使人说实话的药丸			
7.有机会完全自主			
8.有一屋子的钱			
9.有机会当总统			
10.被班上每个人喜爱			

续表

项　　目	优先级	预估价格	成交价格
11.在世界上最美的地方有座房子			
12.有机会成为世界上最吸引人的人			
13.有机会健康地活到 100 岁			
14 有颗药丸可以解决你担心的问题			
15.有一座藏有你喜爱的书的图书馆			

应用

1. 促进学员理解自己的心态、个性和价值观。

2. 帮助学员增强在团队中的表达沟通能力。

团队游戏二:连为一体踢足球

团队游戏:连为一体踢足球　游戏时间:50 分钟

游戏道具:足球、若干绳子等　游戏场地:足球场

步骤

1.管理者将员工分成两组,每组 10 人。

2.每组员工自行组合,选择自己的搭档,然后用绳子把两个人的每人一只脚绑在一起。

3.每组员工选一对搭档,背靠背站立,并把他俩的腰绑在一起,作为各队的守门员。

4.两组员工开展足球比赛,分为上下半场,每场比赛 20 分钟。半场结束时两队交换场地,比赛时队员们必须一直绑着脚踝,用“三条腿”踢球。

5.下半场比赛还可以加大游戏难度,比如将三个队员的脚捆绑在一起。另外,也可以让自己搭档中的一人戴上眼罩等。

思考

1.管理者可以问问员工,当他和同伴被捆绑在一起,不得不一起工作时,心里是什么感觉。

2.管理者有没有想到下半场游戏,将两队成员各调出一部分成员,进行重新组合呢?

总结

这个游戏的目的就是要让员工了解团队进行协作的重要性。两个人的脚踝被捆上了,变成了“三条腿”,这极大地限制了员工的跑步速度和控球能力。员工如何才能跑得快呢?这就可以借鉴“三人四足”的游戏模式,比如,两名员工喊“1”的时候可以迈两侧的腿,喊“2”的时候可以迈中间的腿,这样的协作配合才能

加快速度，同样的方法也可以用在控球上。

应用

1. 促进学员理解个人行为与团队行为的关系。
2. 推动学员思考与小团队中伙伴的协作。

第五章　团队精神与价值观建设

——让共同理想生根开花

学习目标

- 掌握团队精神和价值观的内涵
- 理解团队领导价值观管理的方法
- 理解团队凝聚力
- 掌握开展团队建设活动的方法

引导案例

阿里日

每年的5月10日是每位阿里人的节日——阿里日。阿里日是一个什么样的节日？故事要从2003年说起。

2003年，SARS来袭，5月10日，阿里一位员工被疑似患有非典。杭州的500多名阿里员工都被强制隔离。这对当时的阿里来说，简直就是晴天霹雳。上不了班可怎么办？阿里人没有丢下工作，齐刷刷地回家办公，把公司电话都接到了自己家里。正是因为阿里人的团结、互助、互爱以及亲友、客户的全力支持，阿里巴巴扛过了那段艰难的时期，并且满血归来。于是，马云决定之后把每年5月10日设定为“阿里日”，以此来铭记非典时期阿里人体现的敬业、互助互爱和永不放弃的阿里精神。他给阿里员工的公开信中写道：

亲爱的阿里人：

2003年的5月10日，每位阿里人都面对了“非典”的挑战，并最终战胜“非典”的挑战;2004 年 5 月 10 日,每位阿里人都迎来了“非典”之后电子商务突飞猛进的发展,并极大加速了电子商务的发展;自 2003 年 5 月 10 日到 2005 年的 5 月 10 日,整整两年的时间,我以及我们每一位阿里人,有足够的时间去思考,并找到阿里人以及他们表现出的阿里精神的真正内涵所在。在阿里巴巴走过的五年多历程中,我们创造了许许多多的商业奇迹,所有阿里人都为之欢呼,为之自豪,但是我们知道在闪亮的业绩背后更值得骄傲的是推动阿里不断前进的阿里精神和价值观。为了让更多的阿里新老同事能更深切地体会和交流阿里巴巴所倡导的企业价值观,我们隆重推出专属阿里人的节日“阿里精神日”。

在每年的 5 月 10 日,我们会推出一系列的活动来激荡和升华每位阿里人心中对阿里精神的领悟,让更多的同事看到、听到、闻到身边的同事是如何在工作中展现阿里价值观、如何在平凡中孕育奇迹。在这一个特殊的日子里,让我们的心在同一个频率跳动,让我们的声音在同一个地方回响,让我们的微笑以同一个方式绽放。请让我们共同期待 5 月 10 日的到来!

马云

2005 年 4 月 20 日

每年的阿里日,阿里巴巴都会非常热闹,全球的阿里巴巴员工可以轻松享受一个温情且彻底属于自己的节日。这一天,有两个传统项目——“亲友日”和“集体婚礼”。在“亲友日”活动中,阿里员工会带上家人,抱上宠物,总之,怎么舒服怎么做,而阿里愿意成为每一个幸福小家庭背后,那个全体阿里员工温暖的大家庭。在“集体婚礼”活动中,众多新人会在亲友和同事的见证下,在当仁不让的证婚人——马云的祝福下,走入人生的下一段旅程。不可否认,“阿里精神日”是一个极佳的阿里价值观传播方式,感染了每一位阿里人。

第一节 团队精神建设

一、团队精神的定义

所谓团队精神,从总体上看,是指一个团队得以维系,能够紧密团结、齐心协作的群体氛围和思想状态。有团队精神,意味着有共同目标,有合作心态,有积极态度,有一股很阳光、很强大的“气场”,每个人都有“大我”,每个人都为“大我”而奋斗,这种群体做事力量强大、势如破竹。团队精神是大局意识、协作精神和服务精神的集中体现,核心是协同合作,反映的是个人和团队利益的统一。团队有了精神,就如同人有了灵魂。

但是,“精神”又是一种无形的东西,成功的团队身上有着别人难以模仿的特质，没有多少人能够清楚、准确、全面地描述一个成功团队的"精神"，可是这个团队的每一个成员自己都能感受到一种精神的存在，能够感到在其中工作生活时令人振奋的力量。应当说，一个团队具有力量，其原因不在于其每个成员个体能力的卓越，而在于其成员所形成的强大的合力，这种合力正是弥漫于其中、无处不在的"团队精神"。

团队精神的形成并不要求团队成员牺牲自我，相反，团队精神在倡导团队成员共同完成任务目标的前提下，鼓励团队成员挥洒个性、表现特长。团队精神是团队文化的一部分，是团队成员为了团队的利益和目标而相互协作、共同奋斗的思想意识。对于一个团队而言，一群人，一件事，一条心，一路同行，对抗风雨，足以抵抗所有困难。

二、团队精神的内容

团队精神的实质，是精诚合作、共同奋斗，但对于一个真正的团队来说，团队精神还有更丰富的内容。它可以包括合作精神、创新精神和学习精神三个方面，或者说拓展和表现出比合作更多的东西。

（一）团队的合作精神

谈到团队精神，合作是其最根本的内容。团队精神的核心与精髓，在于其合作的精神。合作精神是所有成员的动机、需求、驱动力和耐力的结合体，是推动团队前进的强大力量，当所有成员都忠诚于团队，为团队的愿景共同尽力时，合作精神就会产生。

按照系统论的观点，团队就是一个大系统，由若干成员组成，所有成员在系统内部都有固定的位置，这些位置互相衔接，互相渗透，共同构成一个动态的有机整体。假如成员间不能团结合作，团队的力量就很难合成一股劲。因此，要让每位成员都能端正心态，学会包容、欣赏、尊重其他成员。互相欣赏、相互悦纳才能在思想上产生共鸣，在行动上取得一致。

合作，切忌互相指责、抱怨，这样不仅对解决问题没有任何益处，反而会破坏团结。大家在一起共事，既是事业的需要，也是难得的缘分。俗话说，"金无足赤，人无完人"，由于个人的阅历、知识、能力、水平、性格各不相同，朝夕相处，难免有些磕磕碰碰，只要不是原则问题，大家就应从维护团队利益出发，求同存异，坦诚相见，多一些忍让和宽容，多一些尊重和信任，多一些支持和谅解，在合作共事中加深了解，在相互尊重中增进团结。只有互相支持不拆台、互相尊重不发难、互相配合不推诿，才能使整个团队一条心，一股劲，成为一个攻无不克、战无不胜的坚强集体。

想一想

大雁南飞

大家都看过大雁南飞，大雁结队迁徙时往往会排成“人”字形或“一”字形，前面大雁的飞行可以掀起一股向上的气流，从而减少了后面大雁的空气阻力，当领头雁飞累了的时候就会发出信息，队列中的另一只强壮的大雁就会自觉地飞上去替补，正是这样一种善于奉献、团结合作的精神，才保证了整个雁队能够冬去春来，长途迁徙数千里。

只有从这样的角度去看，自己的工作才会有动力、有冲劲，而不会把分配的工作当成是任务和苦差事。

(二)团队的创新精神

完成任务的过程，往往是解决问题和进行创新的过程。团队里“人多势众”，成员们与人为善，态度宽容，集思广益，天然就有着利于创新的氛围。有些人迈不开步子，不敢闯、不敢冒险，关键时候豁不出去，拼不上去，是因为缺乏不怕牺牲个人利益、不怕担责任、不怕落埋怨的精神。这样的人是缺乏创新精神的。

团队的创新精神，就是在团队中敢为人先，大胆实践；就要切实负起责任，敢于面对困难，敢于触及矛盾，只要有利于团队的利益，就不怕越“雷池”，放开手脚创造性地开展工作，在实践中找办法，在创新中找路子。这样，一个团队才有希望，才有出路。在雅典奥运会上，中国男篮最后一场激战塞黑队，教练一直鼓励姚明要打得“猛一些，再猛一些！”中方最终以 67∶66 险胜，就是最好的例证。当然，也应当注意，创新需要闯劲，但闯劲并不等于创新，创新也要一定的科学基础，否则也只是蛮干。

团队建设案例

不需要一团和气

微软是世界顶尖的电脑软件制造商，电脑软件的制作对专业性要求很强，需要知识的积累和不断创新，并要求不能出错。在这种情况下，公司需要的文化并非一团和气的温暖，而是平等又充满争论的团队文化，在思想的交锋中产生创新的火花,在不同视角的争辩中创造最独特而完美的产品,这是合作精神在微软产品项目小组中的体现。

比尔·盖茨从小就是个电脑迷,而且很小就有用电脑知识赚钱的意识。上中学时,他就整天待在电脑前,而且还为学校的一个项目编程赚钱。他对电脑的狂热和痴迷使他只追求知识和真理,而对权威毫无敬畏之心。他在与保罗·艾伦创办微软之后,其敢于向他人的思想挑战的风格被鼓励并发扬光大,他甚至要求向他汇报工作的人以及所有项目小组都遵循"敢提不同意见"的原则。

项目小组有名的"三足鼎立"结构也就这样建立起来:软件设计员、编程员、测试员,三种人互相给彼此挑刺,刺挑得越多,最后的产品就可能越完善。而项目小组的成员都是平等的,组长也没有特别的权利,主要担任沟通协调的角色,解决任务冲突、人员冲突、时间冲突问题,使大家愉快配合,按时将产品完成。

(三)团队的学习精神

任何一项任务,在完成的过程中,总会遇到新的难题,要解决这些难题,需要人们不断学习。团队完成任务的过程,也往往是学习的过程。团队具有学习的精神,才能在日新月异的环境中找到立足之地,才能在你追我赶的竞争中与时俱进,才能不断地克服困难而走向胜利。

怎样激发团队的学习精神呢?首先要营造一个学习的氛围,让成员意识到学习是他们工作必不可少的组成部分,形成互相关心、互相帮助,相互启发、相互促进的人际环境。其次是激发个体学习的热情,鼓励个体主动学习,解决团队遇到的问题,并对成绩显著者予以一定的奖励。通过这些方式不断地为团队注入新的血液,使团队成为一个源头活水,这样,团队的战斗力就大大增强了。

知识库

学习型组织

彼得·圣吉的《第五项修炼》一书引起了学习型组织管理方法在全世界范围内的传播,受到世界企管界的普遍推崇。它通过在组织内开展系统思考、自我超越、心智模式、共同愿景、团体学习五项训练,改善组织内长期制约发展的思维方式和习惯,形成新视野、新思维、新习惯,提升组织文化。

《第五项训练》介绍的是解决组织发展中面对的五项基本问题,我们任何一个组织单位都是一个组织系统,在这个系统中有大小团体,团队的发展要有目标和共同的愿景,目标的实现需要团体中的每个人实现自我超越,创造性地完成工作。自我超越受工作动机的支配，动机受人的心智模式观念的支配。转变人的观念，需要厘清人生观、价值观、世界观，需要有系统思考和系统整体的观念，使人们跳出局限性思维的陷阱，在团队中找到自己的位置，立足本职做好工作，工作中又有全局观念，注重团队的整体配合。学习型组织五项训练方法，通过训练、演练，整体地提升组织文化，使组织进入长期持续发展的轨道。具体操作方法如下：

- 首先要明白你所在的组织是怎样的一个组织；
- 认清建立学习型组织的目的；
- 设立一个指导组织学习的机构；
- 在组织内营造学习和组织学习的氛围；
- 学习和运用五项修炼管理方法，提升组织文化氛围，提高团员的积极性。

学习型团队不存在单一的模型，它是关于团队的概念和雇员作用的一种态度或理念，是用--种新的思维方式对团队的思考。在学习型团队中，每个人都要参与学习和解决问题，使团队不断地尝试，改善和提高它的能力。学习型团队的基本价值在于解决问题及团员本身素质的提高，与之相对的传统团队设计的着眼点是效率。在学习型团队内，雇员会参加到问题的识别过程中，这意味着要懂得顾客的需要。雇员还要解决问题，这意味着要以一种独特的方式将一切综合起来换位思考以满足顾客的需要。团队通过确定顾客新的需求且满足此需求来提高其价值。它常常通过新的观念、信息和良好的态度来实现价值的提高，而不仅仅是物质的产品。

第二节　团队价值观

一、价值观初析

（一）价值观的内涵

价值观是人们对事物属性的根本性判断或认识取向，也可以说是区别一事物好坏，分辨是非及其重要性的评价系统。在现实生活中，人们对该做什么、选择什么、事物是否有意义的评判，都由其价值观支配。波兰学者米尔顿·罗肯奇把价值观定义为持久的信念，并把价值观分为两个部分：手段（means）和目的（ends），手段就是应该如何完成任务，目的就是我们要达到的目标。就如航行在充满变化和不确定性的大海上，船员们既需要有对远处终点的憧憬，也需要知道驾船航行过程中的做事原则。两者缺一不可，否则就可能在大海中迷失方向，而价值观就是指引方向的明灯。

（二）价值观的特征

价值观作为人的主观意识，是一种复杂的心理活动。价值观与需要、欲求、兴趣、态度、理想、信仰等有密切的关系，我们往往很难对它们做出严格的区分，所以把它们都看作价值观的不同表现形式。总的来看，价值观具有以下特征。

1. 个体独特性。每个人的先天条件、人生经历、家庭、社会关系等不同，其价值观也不尽相同。此外，价值观是个人的内部标准和主观观念，诸如是非观、善恶观、得失观、荣辱观、苦乐观、生死观、尊卑观、利害观等，都是以自己内心的需要为尺度而进行的评价，这种评价和选择是自愿自发的，不是被动的、强制的，所以“物的价值因人而异，客体的价值依主体而定”，价值观往往带有较浓厚的主观性和情感化色彩。

2. 相对稳定性。价值观是人们认识的深层基础。它是随着人们认知能力的发展，在环境、教育的影响下，逐步培养而成的。个人的价值观形成之后往往不易改变，具有相当的稳定性。这种稳定性源于人的认识的确定性。当某种需要固定为人的价值观以后，会形成个体该方面需求满足的持续获得感，在条件不变的情况下，个体对事物所持有的看法基本不会发生改变，具有相对稳定性和持久性。

3. 可变化性。价值观具有稳定性和持久性，并不表明价值观是一成不变的，是完全僵化的，恰恰相反，一个人的价值观会随着环境的改变、经验的积累、知识的增长，时代的变迁、社会生活环境的改变而不断变化。

（三）价值观的作用

价值观对于主体的思想动机和行为方式具有非常重要的作用。价值观的作用大致体现在以下两个方面。

1. 价值观反映认知状况。价值观是人们对客观世界的评价和看法，因而它决定人的自我认识，直接影响和决定一个人的理想、信念、生活目标和追求方向。

2. 价值观对行为的导向作用。人们的行为受价值观的支配和制约，价值观对行为有导向作用。具有不同价值观的人，在同样的客观条件下，产生的行为也不相同。价值观是一种内在的动力，使个人朝着人生的目标前进。价值观是衡量应当做什么，不应当做什么以及如何做的基本看法，支配着人们表达自己的情感、态度并左右自己的行为，如我们对学习和工作方式的选择，对事物轻重缓急的评判。如果你的价值观强调独立和主动，不看重一致性和服从，当你认为你的上司说的话不对的时候，你就很可能会站出来与上司唱反调。

（四）工作价值观

工作价值观是人们对待工作的信念、态度以及在工作中表现出来的一种价值倾向，即如何看待自身的工作价值，为什么而工作，工作的目的是什么。工作价值观是个体价值系统的一部分，其含义是从价值观的含义延伸而来的，工作价值观与价值观密不可分，但又不完全一致。比如，个人的生活价值观是以健康、积极、家庭和谐、婚姻幸福等为取向的,而工作价值观是以满足成就感、取得绩效、完成业绩、为顾客服务等为取向的。可以说,工作价值观反映的是人们从“工作”中希望得到的价值需求。

工作价值观对人的影响贯穿于工作行为的始终,可以起到调控工作行为、提高工作满意度、影响工作绩效的作用。

1. 调控工作行为。工作价值观的功能体现在对人们工作行为的指导、调控上。工作价值作为价值观的一部分,时刻在人的内心深处“监控”着人的行为,“纠偏”人的行为,使团队成员的工作行为满足团队的制度规范和预设目标。

2. 提高工作满意度。工作价值观能够激励人的活动,提高工作满意度。布拉德(Blood)以美国空军448位飞行员为研究对象,研究工作价值观与工作满足之间的相关性,研究结果发现,工作价值观的多个维度和工作满意度呈正相关。卡策尔(Katzell)等的研究结果均表明,工作价值观对工作满意度有较强的预测作用。克诺普(Knoop)研究发现,工作价值观和工作满意度也是显著相关的。

3. 影响工作绩效。最后,工作价值观通过影响人的工作行为,从而影响工作绩效。工作价值观首先表现为影响工作态度(工作满意度),进而影响工作行为,最后影响行为的结果即工作绩效。当团队成员与团队的价值观契合时,员工会表现出满意和愉悦的工作态度,其工作行为也更多体现出积极上进,自然会产生良好的工作绩效。

想一想

地狱和天堂

牧师请教上帝:地狱和天堂有什么不同?

上帝带着牧师来到一间房子里。一群人围着一锅肉汤,他们手里都拿着一把长长的汤勺,因为勺柄太长,谁也无法把肉汤送到自己嘴里。每个人的脸上都充满绝望和悲苦。上帝说,这里就是地狱。

上帝又带着牧师来到另一间房子里。这里的摆设与刚才那间没有什么两样,唯一不同的是,这里的人们都用汤勺喂坐在对面的人喝肉汤。他们都吃得很香、很满足。上帝说,这里就是天堂。

同样的待遇和条件,为什么地狱里的人痛苦,而天堂里的人快乐?原因很简单:地狱里的人只想着喂自己,而天堂里的人却想着喂别人。在一个团队里,如果团队成员没有团队意识,各行其是,那么,团队的目标将永远无法实现。只有大家密切配合,团结协作,才能使企业焕发出生机和活力。

二、团队价值观概述

（一）团队价值观的内涵

一般来说，在进入团队后，团队成员对于该做和不该做、重要和次要等问题的思考，都会受到团队价值观的影响，也就是说，团队有什么样的价值观，团队成员就会有什么样的态度，进而就会产生什么样的团队行为。共同的团队价值观能使团队成员凝聚在一起，更好地相互沟通与合作，形成良好的团队绩效产出。团队价值观是团队成员一致的、共有的工作信念，是一个团队区别于其他团队的核心表现。

（二）团队价值观的作用

共同的价值观能让团队成员强烈地感到自己对组织的价值，促使成员对团队更加忠诚，对实现团队目标更乐于额外付出。明确共同的团队价值观可以给成员带来共同的语言，成员间相互信任程度也更高。如果个人与团队价值观保持一致，就能产生巨大的能量。团队成员会热情地献身于这个事业，他们的工作就有了驱动力，他们就有了热衷于工作的理由。如果人们热衷于他们所从事的工作，他们的工作效率就会更高，也就会对工作更满足，他们的压力和紧张感也就更小，他们的团队精神更强，团队自豪感更高，对团队目标的实现更执着。

三、团队领导与价值观

领导者内心深处的价值观，会在组织重大的决策、方针、政策的制定上体现出来，决定着组织的发展是否能把握好正确的方向。所以优秀的团队始于卓越的团队领导者，而要成为一个卓越的团队领导，第一步是要明确自己的价值观；第二步是找到一种表达自己领导价值观的独特方式；第三步是使自己的行动与价值观保持一致，为他人树立榜样；第四步是建立团队共同的价值观；第五步是将价值观落实到绩效考核中。

（一）找到自己的价值观

作为一个领导者，找到自己明确的价值观是领导力的起点。要成为值得信任的领导者，你必须具有坚定的信念，或者价值观、原则、标准、伦理道德和理想。“你是谁？”——这是团队成员想问团队领导者的第一个问题，每位领导者都要找到这个问题的答案。如果团队领导者无法找到自己的声音，念的是秘书写的稿子，模仿的是别人的讲话，你所说的和所做的就不可能一致，你不过是在装装样子，因而也就不能真诚地进行领导。团队领导者必须明确自己真正关心的是什么，是什么让你与他人区别开来，找到自己的声音，树立起自己的信念，只有在用自己真实的声音表达观点的时候，才能够更顺利地表达自己，感染他人。

（二）艺术地表达

团队成员希望他们的领导把价值观和思想清楚地表达出来。领导是一门艺术，像绘画、音乐、表演一样，团队领导需要艺术的表达意见。要想成为一位可信赖的团队领导，就要清楚地知道自己想要说什么，真诚地表达内心的想法，并且用一些独特的表达方式，和团队成员沟通深藏内心的信念。团队领导者不用告诉团队成员应该相信什么，只需要告诉他们自己的信念，并让他们从自己的价值观中找到加入这个团队的理由。作为一个领导者，你有责任采取一种独特的方式表达自己，让你的追随者一眼就认出你。

团队建设案例

价值观和故事

当刘峰被聘为 Labo 公司（美国一家专业生产显微镜的公司）新业务部门总监时，他遭到了公司很多人的不满，因为他们觉得刘峰太年轻，太缺乏经验了，根本不足以管理一个如此多元化的业务部门和产品系列。由于各业务单元之间隔阂较深，大家都怀疑刘峰是否能让大家团结在一起，为共同的目标奋斗。刘峰采取的第一个行动是把他的价值观和团队交流。他给大家发了一封邮件介绍自己，不是以领导者的身份，而是以一个临危受命的普通员工的身份。他没有一开始就告诉每个人他希望他们做什么，而是清楚地陈述了他每天是以什么价值观和行为准则要求自己的。通过告诉人们他的价值观，他希望大家能够更好地理解他的行动和决策背后的理由，这样同事们就能够把结果和某个价值观联系起来。

在那周后的一次全体会议上，刘峰讲述了他自己践行诚实、正直等价值观的几个事例，讨论了一个他如何处理一位顾客特殊问题的例子。他用故事阐述了自己的观点。后来，他每次都运用这种讲故事的方式，讲述在某些特定情况下，问题应该怎么处理。通过这些通俗易懂的讲解（围绕价值观，而且个性化），他帮助大家理解了他的很多想法，并且给他们留下了深刻印象。就像他的一个直接下属说的："刘峰通过很清晰的交流和提供帮助大家理解的背景故事，让大家理解了他的价值观。他完全用他自己的话来表达这些价值观，让我们很清楚地了解了他的价值观，了解价值观是如何给予他面对困难做出坚定选择的勇气的。"

（三）以身作则

领导者要坚定地遵从自己的价值观，以身作则，说到做到。作为一个领导者，你总是站在舞台中央，人们看着你，谈论着你，评价着你。所以，你为大家树立一个正确的榜样是非常重要的。会议、面谈、邮件时间的分配和安排体现出你看重的东西，通过自己的行动告诉团队成员自己宣称的价值观，只有言行一致才能建立起领导的影响和权威，给团队成员做出表率。

（四）培育团队共同的价值观

明确自己的价值观很重要，理解他人的价值观并建立大家共同认可的价值观同样很重要，一致的团队价值观是建立高效的、真诚的工作关系的基础。当讲到团队价值观时，团队领导者不仅仅在说“我相信这些”，而是在代表整个团队做出承诺，等于在说“这是我们团队的信仰”。所以，领导者不仅要清楚自己个人的价值观，还要了解团队成员的价值观，了解员工在哪里长大、最喜欢的食物、爱好是什么、喜欢什么样的工作，不喜欢什么样的工作、在团队中通常扮演什么样的角色等。

此外，领导者还要培育团队成员的共同价值观。让团队每位成员参与到创造共同价值观的过程之中，感受到价值观是属于他们自己的。听取大家的一致和分歧，逐渐磨合，达成统一，而不是被迫接受。在团队中突然发生的关键事件，是建立团队成员一致价值观的好机会，还可以通过反复流传生动、难忘的团队故事和优秀事迹，潜移默化地强化团队成员的共同价值观，使整个团队聚焦到一个点上，向一个共同的目标前进。

团队建设案例

建立团队价值观

李明曾参与一项公司新业务项目，但这项业务一直未取得进展，他说：“首先，我们的领导从来没有自己的声音，因为他从来都没有勇气在我们3个总监未达成一致意见的情况下，就一项决策提出解决方案和建议。很多时候，他表现得就像一个传达上面意见的传声筒……他没有自己的声音，不能为我们指明一条清晰的前进道路。这让整个团队很难集中力量去完成某项特定的任务，进而实现目标。其次，这导致我们没有一个清晰的共同价值观。当然，我们都知道公司的使命，但是他并没有在公司整体的价值观基础上建立起我们这个部门特有的价值观。我们的顾客是不一样的，那我们应该如何用与其他部门不一样的方式来对待他们？我们花了很多钱讨好我们的顾客，那我们该如何处理我们的支出账单？看起来简单的价值观都没有建立，结果就是被一些团队成员利用了。”高层在价值观上缺乏明确性和一致性，导致整个团队不能集中力量、团结协作，最终他们没能创造好的顾客体验。

(五)将价值观落实到绩效考核中

将团队价值观纳入考核体系是推行价值观的有力方式,它考核的是员工在日常工作中所展现的态度、行为与价值观的符合程度;而价值观所期待的态度和行为是团队保证核心竞争力的重中之重。当团队价值观考核开始制度化后,团队价值观就有了更强的生命力。价值观的考核是全方位的,深入到招聘、培训、人员选拔、绩效考评、文化建设活动等团队管理各个领域。

考核价值观的过程是全体员工对价值观的理解达成共识,激发员工对价值观真正的认可和尊重的过程,最终促使全体员工在工作当中始终如一地将团队价值观体现出来。团队管理者对员工进行价值观考核时必须摒弃"这是鼓励的工具"的狭隘观念,深刻理解将价值观纳入考核的大的立意,对员工行为深入细致地观察,客观公正地判断,既不要放任自流,又不可吹毛求疵,从而达到深化团队价值观的真正目的。

团队建设案例

1. 阿里巴巴的野狗

价值观是种很虚的东西,必须落到实处。然而对于"价值观"这种虚化的概念,要在考核中落地具有一定的难度。马云说得非常直接:"价值观不考核没用。"为此,阿里巴巴将价值观管理完全融入绩效考核体系中,以实现价值观的真正落地。

阿里巴巴把价值观和业绩放到同等重要的位置。阿里巴巴内部有一本价值观手册,它非常详细地诠释了符合阿里巴巴价值观的行为方式。在员工的考核标准中"业绩占50%,价值观占50%"。

阿里巴巴将所有员工分成四种类型:有业绩没价值观是"野狗";没业绩但价值观很好的是"小白兔";有业绩也有价值观的则是"猎犬";业绩和价值观都行,但不是特别优秀,是"牛"。按照马云的原则,对于"野狗",无论其业绩多好,都要坚决清除;而业绩不好的"小白兔",如果不能提升,也要逐渐淘汰掉;只有"猎犬"才是阿里巴巴最需要的。

2. 迪士尼的魔力

迪士尼乐园无疑是有史以来最出色的美国企业之一。在夏季,一天中最少也有10多万人光临迪士尼世界,到底是什么使迪士尼乐园的吸引力长盛不衰呢?——乐园的"米老鼠"具有令人不可抗拒的魔力。在迪士尼,人们见到的是一座巨大的舞台，迪士尼公司优于他人之处就是训练其工作人员在这座舞台上进行逼真的表演。

迪士尼公司首先把自己定位为一个表演企业。迪士尼公司中没有人事部门，招聘工作由演员中心负责，保证每位新雇员工的价值观都与公司文化相得益彰，且都必须先在迪士尼大学中接受岗前培训。迪士尼公司精心安排培训的每一个细节，目的是要使其工作人员明了"迪士尼=表演企业"。员工首先需要学习的是，要对游客友好、客气、彬彬有礼，然后才是学习怎样在生动活泼的表演中充当一名演员。当训练人在班上讲述米老鼠、白雪公主等这些奇妙的形象时，是在向新来的人传递迪士尼这座梦幻王国的想象，使这些新员工感到自己是这座乐园的合作者，共同来创造世界上最美妙的地方。培训本身也是一种演出，让每个人明确其在表演中扮演的角色，树立他们只要站在舞台上，就应该竭尽全力为顾客构建一个完美童话故事的观念。

随着时光的流逝，迪士尼盛况不减，人们被这里的魔幻气氛所吸引不断涌来，而一旦步入园内就会忘乎所以，仿佛真的回到了童年时代。

团队建设实操

共同价值观日常提问清单

你可以通过每天有目的地询问下列问题，来明确共同价值观的重要性。

团队合作：在帮助同事方面，你今天做了什么？

相互尊重：在认可同事的工作方面，你今天做了什么？

学习发展：你上星期犯过什么错误？你从中学到了什么？

持续改进：在过去的一周，你做了什么改进，以使本周做得更好？

关注顾客：在上周，你根据顾客的建议做了什么样的改进？

第三节　团队建设活动

一、团队建设活动的概念

团队建设活动是团队为培养团队精神、增加团队凝聚力、增进团队成员感情而组织的非工作内容的一系列集体活动行为。团建活动在现代组织中发挥着举足轻重的作用，根据团队需求和团队建设目的来打造的团队建设活动，是一项非常有效的管理手段,被越来越多的团队所采用。

二、团队建设要解决的问题

团队中的问题有些是个人因素造成的,例如,个人性格、价值观、习惯、修养、态度、能力等;有些是团队本身制度设计造成的,例如,不公平的分配激励机制、缺乏人文关怀和宽容的团队文化、工作流程不合理、团队缺乏愿景与目标、团队领导频繁更换、制度设计明显向某些人倾斜等。其中许多问题可以通过针对其出现的原因,以开展团队建设活动的方式予以解决。这里进行一下盘点。

(一)团队凝聚力缺乏问题

1. 缺乏凝聚力的问题包括:①团队成员之间缺乏互动;②成员之间情感交流较少;③成员只关注个人利益,而不是整体利益;④出了问题时,推脱责任;⑤冲突明显增加并得不到化解;⑥人际关系错综复杂。

2. 导致团队凝聚力缺乏的原因有:①团队缺乏愿景与使命;②团队缺乏一个被大家认可的目标;③团队领导存在明显的能力不足或品行缺陷;④大家的工作经历或背景、价值观等方面差距较大。

(二)团队信任缺乏问题

1. 缺乏信任问题包括:①团队气氛不活跃,行事拘谨;②团队成员之间只能维持简单的工作关系,缺少情感沟通;③团队成员多独来独往,较少互动;④团队成员之间互相猜忌。

2. 导致团队信任缺乏的原因有:①团队刚刚成立或有新成员加入,大家彼此不熟悉;②团队成员能力不足,彼此不能互相借力、互相协助完成工作;③有影响重大的特殊事件发生(例如,被人栽赃污蔑,个人财物、文件遗失等)。

(三)团队效率缺乏问题

1. 缺乏效率问题包括:①重复、无效工作增加;②工作中的问题迟迟得不到解决,问题发生时,找不到责任人,互相扯皮;③相似的问题反复发生;④成员的抱怨和牢骚增多;⑤会议经常无果而终。

2. 导致团队效率缺乏的原因有:①工作流程不合理,出现较多的职能交叉或职能缺失;②团队成员之间上下沟通不充分,信息不对称;③团队成员的角色分工不明确;④团队不成熟,缺乏基本的时间管理、做计划等方面的技能;⑤团队成员的专业技能缺乏;⑥团队冲突。

三、团队建设活动的作用

(一)提升团队精神

团队建设活动有助于提升团队精神。团队建设活动如今已经成为培育团队精神的重要环节,通过明确的分工合作,提高团队共同面对问题时的处理能力,考验着团队的沟通能力,信息的理解能力,系统思考、信息整合、整体规划的能力，团队执行力和凝聚力，锻炼团队为共同的目标而相互配合的默契度和互助互信精神，使员工相互包容、相互信任、相互尊重，让团队成为更加紧密的整体。

（二）提升团队凝聚力

团队建设活动有助于激励团队，提升团队凝聚力。通过团队建设活动，让团队成员感受到为了共同目标努力奋斗的全情投入、群策群力的激励力量。团队建设活动应设置一些有难度的竞赛，这些竞赛往往都是凭一己之力无法完成的，需要团队成员的齐心协力，当团队完成某项个人无法完成的任务时，会提高团队成员间的感情，增强团队凝聚力。对于个体成员来说，团队的激励能让他更好地挑战自我，尝试做自己认为办不到的事，挖掘自身潜能，最后战胜自我。对于整个团队来说，竞赛的过程体现了团结就是力量，让团队成员充分感受到团队激励的重要性，有效地激励团队。

（三）增进团队感情

团队建设活动有助于增进团队成员间的感情。第一，在团队建立初期，团队成员互不熟悉，团队建设活动可以帮助快速消除员工间的陌生感，促使新员工快速融入新集体，在游戏的互动中迅速加深对彼此的了解，增进团队成员间的情感联络，建立良好的人际关系，更快地推动团队合作。第二，同甘共苦的团队建设活动会让团队成员之间感情更加深厚。团队建设活动过程中，一定会有矛盾发生，团队成员通过共同解决问题的过程，可以有效地提高其在工作中共同面对问题时的能力。第三，团队建设活动也给团队成员带来了展现自己另一面的机会，让团队成员可以通过除了工作以外的一种活泼的方式来了解同事。不同的人与事物，从不同的角度来看，就会有不一样的认知。团队成员平日里可能只有工作上的交集，有些甚至还未接触过，未免造成“高冷”的假象，通过团队建设活动，团队成员可以发现彼此更多的闪光点，让他们不仅成为好同事，而且成为好朋友。

（四）树立团队榜样

团队建设活动有助于树立团队优秀榜样。团队建设活动有助于团队成员相互学习、取长补短，会让员工看到优秀同事身上的闪光点，从而督促自己努力进步，在工作上表现更加努力，追求卓越，精益求精。

团队建设实操

团队建设活动的形式

团队建设活动的形式多样，丰富多彩。团队建设和管理中，可以充分利用丰富的活动达到团队建设的目的，比如：

1. 山野体验

山野体验让团队走进大自然,亲近山水,释放心情。团队成员会遇到山间小路、溪水、山巅、草甸,会在农家休息吃饭,或自主做烧烤、火锅,会在简朴的山野酒店休息,或在广阔的天地露营。

2. 休闲旅行

带团队去短途休闲旅行,可在城市周边赏花看水。小长假可以进行长线休闲旅行,一起看看别处的民族风情,甚至组织境外休闲旅行,感受异国人情文化。

3. 专项运动

如果团队不局限于常规运动,想体验更多技术性强、挑战性高的项目,还可以去体验一下曾经只有职业运动员才可以做的项目。让团队成员在专业教练的指导下,攀岩、攀冰、滑雪、漂流、雪山攀登、极限徒步等。

4. 基地拓展

基地拓展类似于军队化的管理,它通过严格的作风、统一的服装、专业的训练项目激发每个人的军人精神。比如,这种团队建设活动有突破自我的"高空挑战"、挖掘潜能的"悬空取水"、增进团结的"翻越高墙"、学会信任的"闭目行走"等项目。

5. 创意游戏

团队建设活动最灵活、简单的方式就是创意游戏,与传统拓展活动相比,它更具有可玩性和挑战性,游戏设计在情境性、互动性、情感性等原则基础之上,通过游戏激发团队的创造力和协作力,创造团队情感流动的脉络,让队员充分认识到团队精神对实现团队目标的重要意义。

四、开展团队建设活动时间

团队建设活动有的是内部组织,有的是交给户外拓展或是团队建设公司去策划,不管采取什么方式,很多团队都顺应时代的潮流,组织员工进行团队建设活动。一般什么时候需要做团队建设活动?通常管理者是按照往年的团队建设时间节点来安排活动的。其实在很多时候,团队管理者可以根据公司的人员情况、业务开展等因素来安排团队建设活动。

那么,什么时候做团队建设活动更好呢?这不能一概而论。以下 4 个时间组织团队建设活动,是比较好的节点,这能使团队有很好的凝聚力和向心力,从而达到事半功倍的效果。

(一)新员工破冰时

一批新员工刚加入团队时,团队的破冰时刻就到了。利用团队建设活动可以让大家彼此熟悉,逐渐消除新员工的紧张感和约束感,使其很快进入状态,创造融洽关系的开端。

（二）团队融合时

团队初组建、部门合并等新团队成立时，需要通过团队建设活动来巩固团队，让团队成员彼此关系更加靠近，增强团队的凝聚力。

（三）团队磨合时

团队从建立开始，就进入了磨合期，磨合期的成功与否决定了团队的凝聚力，磨合期的团队建设活动显得尤为重要，决定着团队是否可以成为一个有力量的集体，发挥团队的效用。

（四）组织有重要需求时

在团队经历重大项目前，团队成员对要经历的挑战进行预估，为了让团队成员达成共识，并建立共同面对挑战的情感，就需要通过一次团队建设活动培养集体感，让组织成员为"大战"做准备。或者，在团队成功完成一次大项目后，用一次愉快的出行，让成员放松休息，同时总结经验，深化团队感情。

五、团队建设活动的准确定位

团队建设作为一项非常有效的管理手段，被越来越多的企业所采用。团队建设也是一场活动，一样需要组织者明确活动目的、清楚可用资源、列明活动预算、做好活动方案、物料准备齐全，需要组织者对活动效果、人员安全负责。应当如何对团队建设活动进行准确定位？如何在本单位进行卓有成效的团队建设，而不是让员工讨论的总是"别人家"的团队建设？这是很多管理者有待解决的难题，需要重点注意以下方面。

（一）明确团队建设目标

活动前与领导或负责人进行充分沟通，商讨此次团队建设活动的目的以及预期达到的效果。团队建设活动是单纯想给大家放松放松？还是想增强团队的执行力和凝聚力？抑或是想解决团队上下的沟通障碍？总之，应当先定目标。另外，和活动的参与者进行沟通，明确大多数人的需求所在；同时充分考虑参加人员的年龄分布、性别、时间、所在地等。

（二）明确团队建设活动人员的组成

团队建设活动的参与者是全体员工还是部门人员？是管理层还是普通员工？团队建设活动人员的属性决定了团队建设活动的方式。比如，旅行式团队建设活动适合全体员工，管理层团队建设活动不太适合以娱乐为主的活动。

（三）明确团队建设活动的时间和经费

此次团队建设活动历时多久？团队建设活动经费多少？团队建设活动组织者对这些要有清晰的计划，形成详细的行程时间表、活动费用预算表，报备团队管理层，获得审核批准。

（四）活动前召开全员大会

在团队建设活动开始之前，明确告知员工活动的时间安排和注意事项以及集合时间、地点，建立相应的活动微信群。在组织活动中，为避免临时请假情况，最好让各部门的负责人监督，规避风险，责任到人。此外，还要关注目的地的天气情况，好的天气会给活动的实施降低难度，团队建设活动如果涉及住宿的，需要提前落实就餐和住宿地点。提醒有条件的成员带上安全箱，如遇突发事件，可进行简单自救。

（五）经验总结

对团队建设活动的实际效果进行评价，比如，活动结束后的复盘会议。项目负责人和成员代表一起回顾整个活动过程，总结出优缺点，讲解各个活动细节的含义，让成员提出意见和建议，整理归档，为以后的团队建设活动做好视察。

团队建设案例

看看中国的女排精神

从中国女排 1981 年首夺世界冠军，到 2018 年世锦赛上在 1∶2 落后的情况下最终以 3∶2 逆转战胜美国队，关于“女排精神”的话题又一次引发了社会各行各业的热议和感慨。对于这种现象，郎平说：“其实各行各业都有非常多的精英，也有非常多的团队，但在努力奋斗实现梦想的道路上遇到困难，永不放弃、互相团结的精神难能可贵，所以大家是被这样一种团队精神所感染的。”

团队搭建：分工明确，优势互补

排球是一个团队项目，主攻、副攻、接应、二传各司其职，分工明确，每个成员各有特点、不可或缺，在场上都充分发挥着自己的特长。里约夺冠后，朱婷成为中国女排的绝对核心。对于心爱的弟子，郎平坦言拥有这样天赋的运动员是幸运的事情，但中国女排不需要人人都是朱婷。“中国女排是一个团体，不需要每个人都是朱婷，每个人的角色和能力是不同的，关键是做好自己，尽自己最大的努力，团队就像是一个拼图，缺少任何一角都是不行的。”

除了赛场和训练场的运动员之外，这个复合型的团队还需要于由助理教练、陪打教练、医生、康复师、体能师和技术统计等人员组成的幕后支援团的支持。每一个环节都是不可或缺的，团队的搭建需要团队里的每一分子都在自己的领域兢兢业业，共同奋斗。

团队精神：顽强拼搏，科学备战

中国女排坚定“为国争光”的信念，刻苦训练，顽强拼搏。她们对发球、拦网

等技术动作几乎每天都要练习成百上千次，对训练比赛造成的肩、腰等伤痛从不叫苦叫累。凭着坚韧的毅力，她们练就了过硬的技术本领。

中国女排能够重新站在世界巅峰，不但需要队员们自强不息的拼搏精神，还需要教练员着眼全局、重视对手、科学备战的部署。随着古巴、俄罗斯等传统女排强队的没落，一大批女排新生力量夺人眼球，站上世界舞台的她们以初生牛犊不怕虎的力量让人们眼前一亮。这对志在夺冠的中国女排来说，却意味着更多艰难与挑战。所以，女排教练员做出了巨大努力，他们通过视频剪辑、彻夜分析，为中国女排安排了针对性的打法，为夺冠铺平了道路。

团队精神：协作配合，无私奉献

主教练郎平放弃了在美国的优厚待遇，只身一人回国执教，一句“国家需要我，我就回来了”让郎平展现出她纯粹的一面，也是她对中国女排团队精神的最好理解。中国女排队员多年来也是持续付出，那种不计回报的团队精神，散发出迷人光芒。

女排比赛的每一次得分都需要多名队员团结协作，没有人可以凭一己之力获得胜利，大家要一起渡过难关，完成比赛、取得最后的胜利。每场比赛开始、结束，每次上场、下场，每一次得分、回球，团队成员都会相互击掌拥抱，为彼此加油鼓劲，团队的齐心协力展现得淋漓尽致。

回顾中国女排团结拼搏史，郎平感叹道：“女排精神就是一种遇到困难永不放弃的团队精神。在20世纪80年代，女排精神教会我们奋发、开拓和攀登；今天，女排精神传递给我们冷静、顽强和坚持。”

案例讨论题

1. 为什么从事一项工作需要一种精神？奋力工作、拼搏事业精神的价值是什么？

2. 什么是团队精神？它包括哪些内容？

3. 排球这种“打配合”的运动，需要哪些团队精神？

4. 如果你是一家从事高科技研发公司的CEO，你要从中国女排身上学习哪些团队精神？

本章小结和应用意义

团队精神是大局意识、协作精神和服务精神的集中体现，其核心是协同合作,团队精神包括合作、创新和学习三个层次。

团队价值观是团队成员一致的、共有的工作信念,是一个团队区别于其他团队的核心表现。团队成员共同的价值观能让成员强烈地感到自己对组织的价值,促使员工对团队更加忠诚,对实现团队目标更乐于额外付出。团队价值观管理的要求包括:团队管理者要明确自己的价值观、找到一种表达自己领导价值观的独特方式、使自己的行动与价值观保持一致、建立团队共同的价值观、将价值观落实到绩效考核中。

为了提升团队精神和凝聚力,增进团队感情,树立团队榜样,团队常组织团队建设活动,团队建设活动的组织要注意选择时间并完善团队建设活动的组织过程。

思考讨论题

1. 你能重新定义团队精神吗?
2. 团队价值观有什么作用?
3. 团队领导者应怎样进行价值观管理?
4. 应当怎样开展团队建设活动?

团队训练游戏

团队游戏一:珠行万里

时间:30 分钟　场地:空地

道具:玻璃珠/乒乓球、球槽/PVC 管

程序

1. 每人拿一根球槽,在保证圆珠不掉落的情况下从教练指定的位置运珠到达终点。

2. 所有参赛队员的手禁止触碰到玻璃珠。

3. 在行进过程中,如果珠子掉地,应将其捡起,同时回到起点线重新放珠。

4. 每组在 10 人以内,所有人排成一列,每个队员手拿一根球槽,将球连续滚动到下一个队员的球槽中,并迅速地排到队伍的末端,继续传送前方队员传来的球,直到球安全地到达指定的目的地为止。

5. 每组在 10 到 30 人,所有人围成一个圆圈,每人手拿球槽,然后让球在球槽中滚动传递,在球不掉落的情况下传递 5 圈则为成功。

6. 每组在 30 人以上,所有人排成一列,让球以最快的速度从第一个人传递到最后一个人,不停地挑战极速。

目的

1. 培养团队协作的精神。

2. 通过体验理解,只有良好的心态和勇于接受挑战的精神才能顺利完成任务。

讨论

1. 如果团队成员有失误,你会抱怨吗?

2. 你为团队的默契协作做了什么? 你的队员为团队协作做了什么?

应用

1. 训练学员的协作、配合精神。

2. 塑造学员集中精力、迅速完成任务的态度。

团队游戏二:风中劲草

程序

1. 教师让每组学员(8 人)围成一个向心圆,直径 2~2.5 米,而教师自己站在中央。

2. 每个人伸出自己的双手,教师则双手抱在胸前,并进行以下对话。

教师:"我叫……(说出自己的名字),我准备好了,你们准备好了没有?"

全体学员:"准备好了!"

教师:"我倒了?"

全体学员:"倒吧!"

3. 这时教师整个身体完全倒在学员的手中,全体学员把教师按顺时针推动两圈。

4. 教师做完示范后,小组中的每位成员轮流做一次。

要求

站在中央的人倒下时身体应保持直立,注意不要打开双手,以免伤及他人。

目的

1. 认识团队合作的重要性。

2. 理解团队成员间的信任是团队成功的保证。

讨论

1. 该游戏最难的地方在哪里? 下次你会怎样改进?

2. 在此活动中,你感觉团队的合作意识怎样？是否对团队成员有信任感？

应用

1. 培养学员对团队成员的信任感。
2. 培养学员在团队工作中的主动精神。

第六章　团队沟通

——从人相近到心相印

学习目标

- 了解沟通的范畴，掌握沟通过程的要素与环节
- 掌握团队沟通的要素
- 了解团队沟通的类型
- 掌握非语言沟通的主要方法
- 了解网络沟通的主要渠道与作用
- 掌握和应用促进团队沟通的措施

引导案例

阿维安卡航班的空难——沟通不良所致的人为事故

几句话就能决定生与死的命运吗？是的，1990年1月25日就发生了这样一件不幸的事件。那一天，由于阿维安卡052航班（Avianca Flight）飞行员与纽约肯尼迪机场空中交通管理员之间的沟通障碍，导致了一场空难，机上人员无一生还。

当日晚7:40，阿维安卡052航班飞行在南新泽西海岸上空11 277.7米的高空。飞机上的油量可维持近两个小时的航程，在正常情况下飞机降落至纽约肯尼迪机场仅需不到半小时的时间，飞机的缓冲保护措施可以说十分安全。然而，此后却发生了一系列的耽搁。首先，晚8点整，肯尼迪机场空中交通管理员通知052航班，由于严重的交通问题，他们必须在机场上空盘旋待命。当晚8:45，052航班的副驾驶员向肯尼迪机场报告他们的"燃料快用完了"。管理员收到了这一

信息,但在晚 9:24 之前,他们并没有批准飞机降落。在此期间,阿维安卡机组成员也再没有向肯尼迪机场传递任何情况十分紧急的信息,但飞机座舱中的机组成员却在自己的成员之间相互紧张地通知他们的燃料出现了危机的情况。

由于飞行高度太低,能见度太差,因而无法保证安全着陆。晚 9:24,052 航班第一次试降失败。当肯尼迪机场通知 052 航班进行第二次试降时,有的机组成员提到他们的燃料将要用尽,但飞行员却告诉机场管理员说新分配的飞行跑道“可行”。晚 9:32,飞机的两个引擎失灵,1 分钟后,另外两个引擎也停止了工作,耗尽燃料的飞机于当晚 9:34 坠毁。

在调查人员仔细分析了黑匣子中的录音,并与当事的管理员交谈之后,发现导致这场事故的原因是沟通的障碍。

首先,飞行员一直说他们“燃料不足”,而空中交通管理员却告诉调查者这是飞行员们经常使用的一句话。当被延误时,空中交通管理员认为每架飞机都存在燃料问题。但是如果飞行员发出“燃料危急”的呼声,空中交通管理员则有义务为该飞机优先导航,并尽可能迅速地允许其着陆。但是,052 航班的飞行员从未说过“情况紧急”,所以肯尼迪机场的空中交通管理员一直未能理解飞行员所面临的真正困境。

其次,052 航班飞行员的语调也未能向管理员传递“燃料紧急”的信息。空中交通管理员接受过专门训练,可以在这种情境下捕捉到飞行员声音中极细微的语调变化。尽管 052 航班机组成员相互之间表现出对燃料问题的极大忧虑,但他们向肯尼迪机场传达紧急信息的语调听起来却是冷静的,这也就使人误认为飞机的状况是正常的。

最后,飞行员的习惯做法以及机场的职权也使 052 航班的飞行员不愿意报告自己所处的情况紧急。因为正式报告紧急情况之后,飞行员需要写出大量的书面汇报。如果发现飞行员在计算飞行过程需要多少油量方面疏忽大意,联邦飞行管理局就会吊销其驾驶执照。这些消极因素极大地阻碍了飞行员发出紧急呼救。在这种情况下,飞行员的专业技能和荣誉感可以变成赌注。

资料来源:(美)斯蒂芬·P 罗宾斯. 组织行为学[M]. 北京:中国人民大学出版社,2012.

阿维安卡 052 航班的悲剧表明,良好的沟通对于任何团队或组织的工作都十分重要,甚至生死攸关。

第一节　沟通概述

一、沟通的范畴

（一）沟通的意义

生物之生命力的一种表现，就是它们在与外部事物联系中的主动行为，例如，花朵展示自己的魅力，可以招蜂引蝶为自己授粉。作为群体动物的人，其活动、其与他人的联系，经常是处在特定的群体之中的，这就需要群体之中有较为有效的沟通机制。就团队管理而言，在团队成员之间如果不相互传递信息，团队就无法共同协作，这样，团队也就难以存在。随着团队成员的多样化，他们之间也会有更多的差异，就更加需要团队成员之间进行有效的沟通。美国未来学家约翰·奈斯比特说过："未来的竞争将是管理的竞争，竞争的焦点在于每个社会组织内部成员之间及其与外部组织的有效沟通上。"由此可见，加强沟通，尤其是搞好团队层面的沟通极其重要。

（二）沟通的概念

所谓沟通，英文为 communication，是不同的行为主体，通过一定渠道和载体实现信息的双向流动，即信息的传递、接收和理解。其目的是一方行为主体使另一方行为主体形成对某种信息的感知，从而达到特定目标的行为过程。这里的行为主体包括个人与个人、个人与人群、人群与个人、人群与人群。沟通中所传递的信息，既包括客观情况和事实，也包括人的思想、意见、态度、感受等，组织行为学上的沟通对后者更为重视。

在《现代汉语词典》中，对"沟通"一词的解释是：使两方能通连。在中国，"沟通"一词本指开沟以使两水相通，后用以泛指使两方相通连，也指疏通彼此的意见。在《大不列颠百科全书》中，"沟通"就是"用任何方法，彼此交换信息，即指一个人与另一个人之间以视觉、符号、电话、电报、收音机、电视或其他工具为媒体，所从事信息交换的方法"。这两种工具书给我们展示的，不仅是有渠道、有信息、能送达，而且隐含着信息受体能够感知，甚至认同。"对牛弹琴"，绝不是沟通，因为声音虽然送达到牛的耳朵中，但是它毫无反应。沟通的意义不只是信息的传递，还在于得到理解，达成共识，只有这样的沟通才是有效的沟通。

（三）团队沟通的概念

团队沟通是指一个团队之中某个个人（及某些个人）与团队的领导、个人与团队其他成员之间分享信息、思想和情感的一种整体性感知，以实现团队间信息及专业知识的有效传递和整合。

在团队沟通中，人与人之间的沟通不仅是单纯的信息交流，还涉及情感、思想和观念等的交流,在管理工作中具有典型意义。在此处,我们主要探讨人与人之间的沟通。

二、沟通的过程

(一)沟通过程的框架

沟通的过程是指信息交流的全过程,即发送者通过一定的渠道把包含一定内容的信息传递给接受者的过程。一个完整的沟通过程框架或者概貌,如图 6-1 所示。

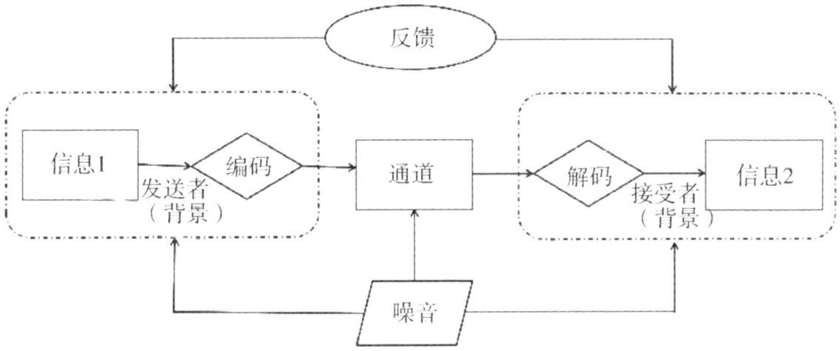

图 6-1　完整的沟通过程及其组成要素

(二)沟通过程的要素

沟通过程包括五个要素,即沟通主体、沟通客体、沟通介体、沟通环境、沟通渠道。

1. 沟通主体。沟通主体是指有目的地对沟通客体施加影响的个人和团体,诸如党、团、行政组织、家庭、社会文化团体及社会成员等。沟通主体可以选择和决定沟通客体、沟通介体、沟通环境和沟通渠道,在沟通过程中处于主导地位。

2. 沟通客体。沟通客体即沟通对象,包括个体沟通对象和团体沟通对象;团体沟通对象还有正式群体和非正式群体的区分。沟通对象是沟通过程的出发点和落脚点,因而在沟通过程中具有积极的能动作用。

3. 沟通介体。沟通介体即沟通主体用以影响、作用于沟通客体的中介,包括沟通内容和沟通方法。沟通介体可以保证主体与客体间的联系和沟通过程的正常开展。

4. 沟通环境。沟通环境既包括与个体间接联系的社会整体环境(政治制度、经济制度、政治观点、道德风尚、群体结构),又包括与个体直接联系的区域环境(学习、工作、单位或家庭等),对个体直接施加影响的社会情境及小型的人际群落。

5. 沟通渠道。沟通渠道即沟通主体传达给沟通客体所使用的途径。沟通渠道不仅能使正确的思想观念尽可能全、准、快地传达给沟通客体，而且还能广泛、及时、准确地收集客体的思想动态和反馈的信息，因而沟通渠道是实施沟通过程，提高沟通功效的重要一环。沟通渠道很多，诸如谈心、座谈等。

（三）沟通过程的环节

信息沟通的传递过程，一般经历七个环节。

1. 准备信息。发送者需要向接受者传递信息或者需要接受者提供信息。这里所说的信息是一个广义的概念，它包括观点、想法、资料等内容。

2. 信息编码。发送者将所要发送的信息编码，或者说是翻译成接受者能够理解的一系列符号。为了有效地进行沟通，这些符号必须适应媒介的需要。例如，如果媒介是书面报告，符号的形式应选择文字、图表或照片；如果媒介是讲座，就应选择文字、投影胶片和板书。

3. 发送。发送的符号传递给接受者。由于选择的符号种类不同，传递的方式也不同。传递的方式可以是书面的，如信、备忘录等；也可以是口头的，如交谈、演讲、电话等；甚至还可以通过身体动作来表述，如手势、面部表情、姿态等。

4. 接收。接收者接收符号。接收者根据发送来的符号的传递方式，选择相应的接收方式。例如，如果发送来的符号是口头传递的，接收者就必须仔细地听，否则，符号就会丢失。

5. 信息解码。接收信息者将所接收到的符号译成具有特定含义的信息。由于发送者翻译和传递能力的差异，以及接收者接收和翻译水平的不同，信息的内容和含义经常被曲解。

6. 理解内容。接收者理解被翻译的信息内容。

7. 确认反馈。沟通过程中的反馈，构成了信息的双向沟通。发送者通过反馈了解其想传递的信息是否被对方准确地接收了。一般来说，由于沟通过程中存在着许多干扰和扭曲信息传递的因素（这些因素通常被称为噪声），这使沟通的效率大为降低。因此，发送者了解信息被理解的程度也是十分必要的。

团队建设案例

摩托罗拉公司的12种沟通方式

为了保持良好的员工关系，摩托罗拉公司设立了多种沟通渠道，一方面让员工能及时了解到公司的各方面信息；另一方面公司也努力解决员工关注的各种问题，听取员工的改善建议，从而实现管理层与员工的直接沟通。

(1)肯定个人尊严：公司设计了一份包含6个问题的问卷，每个季度每个员工填写一次问卷，回答“是”的含义表示员工与公司的关系和谐一致；回答“否”的含义表示员工存在不满意或不理解的成分，对此，管理人员必须安排时间与员工座谈，寻找改进办法。

(2)“我建议”活动：鼓励全体员工通过“我建议”信箱和布告栏，以书面的形式提出自己对公司各方面的改善建议，公司视效果每季度评出先进团队和个人给予表彰。

(3)畅所欲言：公司每一个员工都可以通过“畅所欲言”信箱反映自己的意见，人事部有专人负责并为员工保守秘密。

(4)热线电话：一种及时高效、高度绝密的双向沟通渠道，反映的内容是一些不易被人发现的，对公司的生产、管理、财务等存在的隐患、损失进行举报。经查证后属实且为公司挽回损失的，视情况予以奖励。

(5)总经理座谈会：为员工与管理人员的交流提供一种双向沟通的渠道，公司会定期召开座谈会，当场回答员工关心的问题。

(6)报纸及杂志：包括每周一出版的《大家庭》报纸、每天中午播出的《大家庭》电视节目和《移动之声》杂志等。

(7)每日简报：迅速传达公司重要事件和通知，使全体员工能及时了解公司的信息。

(8)员工大会：由经理直接传达公司的重要信息，有问必答。

(9)教育日：为员工提供了解公司文化、理念及学习有关规定和技能的机会。

(10)墙报：在公司的走廊和餐厅设有定期更换的内容丰富、观赏性强的板报，各种通知及宣传信息可以一目了然。

(11)589信箱：员工的合理建议或意见通过以上渠道沟通后若仍然无法得到及时、公正的反馈，就可以直接投递589信箱。589信箱得到的信息会直接由员工关系经理及中国地区人力资源总监负责，及时解决问题。

(12)员工委员会：员工委员会是员工与管理层沟通的另一个渠道，委员会主席由员工关系部经理兼任。

三、沟通的作用

沟通是任何组织、任何团队进行计划、组织、领导和控制等各项管理职能得以实施和完成的基础。任何一个团队都知道沟通对于团队正常运转的重要性，可以说没有沟通团队就不能运行。

(一)传递和收集信息

沟通过程实际上是一定的组织或者个人信息双向交流的过程。通过团队组织及其领导者与外部直接的沟通，可能获得有关外部环境中各种变化的信息，如市场动态、供需变化、原料供应情况、政治经济政策的改变等。通过组织内部的沟通,尤其是团队之间的沟通,可以了解成员的工作满意度、价值观、工作绩效,了解成员积极性的源泉和需要,了解和把握各部门间的人际关系、管理效率等,以作为组织决策的参考。

(二)改善人际关系

沟通是一种人际交往,它可以解除人们内心的紧张和怨恨,使人们感到心情舒畅,而且在相互沟通中易使双方产生共鸣和同情,增进彼此间的了解,改善相互间的关系,减少人与人之间不必要的冲突。有了沟通,从消极的角度看至少可能避免很多无谓的冲突;从积极的角度看,沟通可以增强团队成员的相互理解和协同力。

(三)改变成员态度和行为

有效的沟通过程,兼顾信息的发送者、沟通过程和接收者,可以最大限度地保证信息传递的真实性,即发出者传递的信息和接收者收到并理解的信息是一致的。这样的沟通往往能够改变沟通对象原有的态度,继而改变沟通对象的行为。

看一看

墨菲的实验

美国心理学家墨菲(Murphy)用实验室研究证明了沟通对态度形成与改变的影响。他让实验组看宣传黑人成就的电影、电视或画报,如放映黑人在世界运动会上取得成绩的电影,放映黑人在科学技术上取得成就的电影等,控制组的人则不参加此类活动。结果发现,实验组对黑人的态度有明显的改变,而控制组对黑人的态度没有变化。以此为基础,墨菲提出了"沟通改变态度"的理论。该理论认为,人容易受到周围环境和一些媒介的影响和鼓动。通过沟通,可以显著地改变对某些事物和人的态度与看法。

(四)带来创意与新路径

在人际沟通中,沟通者相互讨论、启发、共同思考、探索,往往能迸发出创意的火花。有研究证明,一个领导者要想把企业重新凝聚起来,最有效的方法就是促使大家对公司存在的弊病畅所欲言。企业的管理者与员工对组织有着深刻的理解,他们往往能最先发现潜在的问题和症结所在,沟通能够让他们把发现的问题坦率而真诚地反映出来,并通过群体的智慧,提出最适合解决组织自身问题的新路经、新方法。团队成员更是如此。

（五）促进员工参与

在团队中，充分的沟通既可以促进管理者改进管理，又可以激励团队成员的工作热情和参与管理的积极性，使他们提高信心，积极主动地为企业和团队的发展献计献策，增强其主人翁意识和责任感，从而进一步增强团队的凝聚力和工作效率。

名家思想

德鲁克的沟通四法则

现代管理学之父彼得·德鲁克提出了沟通的四法则，指出“沟通是一种感知、沟通是一种期望、沟通产生要求、信息不是沟通”。

法则一：沟通是一种感知

禅宗曾提出过一个问题，“若林中树倒时无人听见，会有声响吗？”答曰：“没有。”树倒了，确实会产生声波，但除非有人感知到了，否则，就是没有声响。沟通只在有接收者时才会发生。

与他人说话时必须依据对方的经验。如果一个经理和一个半文盲员工交谈，他必须用对方熟悉的语言，否则结果可想而知。谈话时试图向对方解释自己常用的专门用语并无益处，因为这些用语已超出了对方的感知能力。接收者的认知取决于他的教育背景、过去的经历以及他的情绪。如果沟通者没有意识到这些问题的话，其沟通就是无效的。另外，晦涩的语句意味着杂乱的思路，所以，需要修正的不是语句，而是语句背后想要表达的看法。有效的沟通取决于接收者如何去理解。例如，经理告诉其助手：“请尽快处理这件事，好吗？”助手会根据老板的语气、表达方式和身体语言来判断，这究竟是命令还是请求。德鲁克说：“人无法只靠一句话来沟通，总是得靠整个人来沟通。”

所以，无论使用什么样的渠道，沟通的第一个问题必须是，“这一信息是否在接收者的接收范围之内？其能否收得到？其如何理解？”

法则二：沟通是一种期望

对管理者来说，在进行沟通之前，了解接收者的期待是什么显得尤为重要。只有这样，我们才可以知道是否能利用其期望来进行沟通，或者是否需要用“孤独感的震撼”与“唤醒”来突破接收者的期望，并迫使其领悟到意料之外的事已经发生。因为我们所察觉到的，都是我们期望察觉到的东西：我们的心智模式会使我们强烈抗拒任何不符合其“期望”的企图，意料之外的事通常是不会被接受的。

一位经理安排一名主管去管理一个生产车间，但是这位主管认为，管理该车间这样混乱的部门是件费力不讨好的事。经理于是开始了解主管的期望，如果这位主管是一位积极进取的年轻人,经理就应该告诉他,管理生产车间更能锻炼和反映他的能力,今后还可能会得到进一步的提升;相反,如果这位主管只是得过且过,经理就应该告诉他,由于公司精减人员,他必须去车间,否则只有离开公司。

法则三:沟通产生要求

一个人一般不会做不必要的沟通。沟通永远都是一种"宣传",都是为了达到某种目的,例如,发号施令、指导、斥责或款待。沟通总是会产生要求,它总是要求接收者要成为某人、完成某事、相信某种理念,它也经常诉诸激励。换言之,如果沟通符合接收者的渴望、价值与目的的话,它就具有说服力,这时沟通会改变一个人的性格、价值、信仰与渴望。当沟通违背了接收者的渴望、价值与动机时,沟通的内容可能一点也不会被接受,甚至会被抗拒。

宣传的危险在于无人相信,这使每次沟通的动机都变得可疑。最后,沟通的信息无法为人所接受。全心宣传的结果,不是造就出狂热者,而是讥讽者,这时沟通就起到了适得其反的效果。

例如,若一家公司员工因为工作压力大,待遇低而产生不满情绪,纷纷怠工或准备另谋高就,而这时,公司管理层反而提出口号"今天工作不努力,明天努力找工作",更加招致员工反感。

法则四:信息不是沟通

公司年度报表中的数字是信息,但在每年一度的股东大会上董事会主席的讲话则是沟通。当然这一沟通是建立在年度报表中的数字之上的。沟通以信息为基础,但和信息不是一回事。

信息与人无涉,不是人际间的关系。它越不涉及诸如情感、价值、期望与认知等人的成分,它就越有效力且越值得依赖。信息可以按逻辑关系排列,技术上也可以储存和复制。信息过多或不相关都会使沟通达不到预期效果。沟通是在人与人之间进行的,信息则是中性的,沟通的背后都隐藏着目的。沟通由于沟通者和接收者认知和意图不同显得多姿多彩。

尽管信息对于沟通来说必不可少,但信息过多也会阻碍沟通。"越战"期间,美国国防部陷入铺天盖地的数据中。信息就像照明灯一样,当灯光过于刺眼时,人眼会瞎。信息过多也会让人无所适从。

四、团队沟通的要素

对沟通和团队沟通有了认识之后,我们一起看一下,在团队沟通过程中主要对团队沟通有影响的三个要素,包括团队成员角色分担、团队的规范、惯例和制度,以及团队领导者的风格。

(一)团队成员角色分担

每个团队都由若干个团队角色构成,团队成员会在团队中扮演不同的角色。根

据团队成员对团队作用进行分类，可以将团队成员角色分为积极角色和消极角色。

1. 积极角色。

(1)领导者——掌控全局，能够带领整个团队有效工作，在整个团队中起核心作用，并激励团队成员完成任务的人。

(2)实干家——性格务实可靠，工作勤奋，但有时会缺乏灵活性的人。

(3)协调员——能协调团队活动、整合团队成员不同思想或建议并能减轻工作压力、解决团队内分歧的人。

(4)凝聚者——擅长人际交往，能够促进团队合作，但有时候会优柔寡断的人。

2. 消极角色。

(1)支配者——试图操纵团队，干扰他人工作以便提高自己地位的人。

(2)绊脚石——固执己见，办事消极的人。

(3)逃避者——总是跟他人保持距离，对工作消极应付的人。

需要注意的是，团队中除了以上角色外还包括"监督者""外交者"等角色，团队中一个成员可能扮演着几个角色，也有可能几个成员扮演同一个角色。另外，各成员所扮演的角色不是一成不变的。团队中如果积极角色占比多于消极角色，团队就是有效率的，如果团队中两者相差不多或消极角色较多，团队就没有效率可言。

(二)团队的规范、惯例和制度

一个运行有序的团队，有一套普遍认可的规范或制度需要成员遵守。这些规范、惯例和制度能够确保团队成员行动的正当性，保证团队成员遵守规范。另一方面，这种准则能够增加成员之间的可预见性，帮助团队成员更好地共事。

(三)团队领导者的风格

团队领导者的风格在很大程度上会对团队沟通产生影响。领导者个人的性格特征、管理风格与团队沟通有密切关系。一个成功的高效的团队，其内部沟通必然是畅达充分的，要确保团队目标的实现，就需要选择一个优秀的领导者。

第二节　团队沟通的类型

学习一般的组织沟通理论知识，对团队沟通有一定的帮助。下面对沟通的几种类型进行介绍。

一、正式网络沟通和非正式网络沟通

从沟通途径与组织结构关系的角度看，沟通可以分为正式网络沟通和非正式网络沟通两种类型。

（一）正式网络沟通

正式网络沟通的网络一般是垂直的，它归属于行政指挥系统，并只进行与工作相关的信息沟通。正式网络沟通一般分为链式、Y 式、轮式、环式和全通道式等多种形式，主要在正式组织之中进行。各种类型的沟通模式见图 6-2。

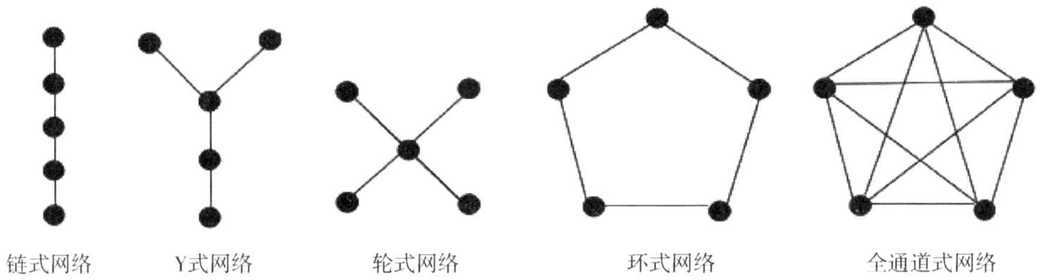

图 6-2　沟通模式示意图

链式网络：沟通信息按照正式的指挥链流动，既可以上行，也可以下行。

Y 式网络：表示在沟通中，两位领导者通过一个人或一个部门进行沟通。

轮式网络：表示一个管理者与四个下级沟通，而四个下级之间没有相互沟通的现象，该领导者成为所有沟通信息通过的中心。

环式网络：表示允许其他成员与相邻成员交流，但是不允许其他交流。

全通道式网络：沟通的信息会在工作团队所有成员间自由地流动。全通道式网络沟通允许团队成员相互之间进行积极、平等的交流，这种方式员工的满意度最高。这种沟通方式传播信息的速度快，没有任何结构上的阻碍。正因为如此，全通道式网络沟通也极易滋生流言。

选择何种沟通网络，取决于沟通的目标。表 6-1 给出了各种沟通方式的比较效果，包括集中性、速度、准确性、领导者能力和成员满意度五个方面。在团队内部，沟通方式更多的是以全通道式网络沟通的形式进行的（见图 6-2）。

表 6-1　五种沟通网络分析表

评价标准	链式	Y 式	轮式	环式	全通道式
集中性	适中	较高	高	低	很低
速度	适中	快	快（简单任务） 慢（复杂任务）	慢	快
准确性	高	较高	高（简单任务） 低（复杂任务）	低	适中
领导者能力	适中	高	高	低	很低
成员满意度	适中	较低	低	高	很高

正式渠道沟通的优点是：严肃、富有权威性；沟通的信息准确性和保密性容易得到保障。其缺点是：比较刻板、缺乏灵活性；信息传播范围受到限制；传播速度比较慢。

我们还应当注意，沟通渠道越长，沟通环节就会越多，产生干扰的可能性和程度就越大。因为这时每个环节的人都有可能在传递信息和执行任务时加入自己的想法、意见，进而对沟通产生干扰。

（二）非正式网络沟通

非正式的信息往往被称为“小道消息”，它的传播可以自由地向任何方向运动，并越过行政控制等级。应当指出，“小道消息”一词并无贬义，而是中性的，其作用则有正反两个方面。

非正式网络沟通的优点是：信息传递速度快；信息量大，覆盖面广；可以满足员工的部分需要。缺点是：随意性强，信息扭曲和失真的可能性大。

非正式沟通主要有以下四种。

1. 单串式，指信息在非正式通道中由成员依次传递。

2. 饶舌式，指信息由一个关键人物传递给其他所有人。

3. 集合式，指在沟通中可能有几个中心人物，消息由他们转告给其他人。

4. 随机式，指信息由一个人随机传递给某些人，这些人再随机地传给其他人。

有研究表明，当人们面对不明确的情况时，传言就会出现，管理者辟谣的最好办法是向他们提供事实。不少人把非正式渠道的信息看作传言或小道消息，甚至看作内部秘密或谣言，有的管理者有时会采取禁止、惩罚，甚至调离某人的办法试图控制和消除传言。应该承认，有些传言的内容是虚假信息，管理者予以注意是应当的，但试图消除这些传言是不可能的，如果了解传言的作用，其准确性是可以改进的。有些传言是真的，而某些管理者搞不正当行为而“捂盖子”，其结果往往是欲盖弥彰。

二、单向沟通和双向沟通

从沟通者的角色角度看，沟通可以分为单向沟通和双向沟通。

（一）单向沟通

单向沟通，即信息的发送者与接收者的地位不改变的沟通方式。在沟通中，不存在信息反馈。

单向沟通的优点有：信息发送者不会受到信息接收者的询问，能保护发送者的尊严，信息沟通通常比较有秩序，速度快。其缺点是：信息接收者不能进行信息反馈，没有理解的信息只能强制性接收，容易降低沟通效果。

单向沟通的适用范围是：问题简单，但时间紧；下属易于接受解决问题的方案；下属之前未获得关于问题的足够信息，在这种情况下，反馈不仅无助于澄清事实,反而容易混淆视听;上级缺乏处理负反馈的能力。

(二)双向沟通

双向沟通即沟通过程中信息的发送者和接收者经常进行换位沟通。

双向沟通的优点有:存在信息反馈,发送者可以及时了解接收者对所传递信息的态度、理解程度,有助于加强协商和讨论,增强了解和对发送者的理解。其缺点是:费时,速度慢,容易受到干扰,信息发送者的心理压力较大。如果时间允许,采用双向沟通更好。

双向沟通的适用范围是:时间比较充裕,但问题比较棘手;下属对解决方案的接受程度至关重要;下属能对解决问题提供有价值的信息和建议。上级习惯于双向沟通。

小案例

教授的裤子

一位教授精心准备了一个重要会议的演讲,会议的规格之高、规模之大是他生平第一次遇到的。全家人都为教授的这一次露脸而激动不已。为此,夫人专门为教授挑选了一身西装。晚饭时,夫人问教授西装是否合身。教授说很好,就是裤子长了两厘米,倒是能穿,影响不大。

教授早早地睡下了。但是教授的母亲却睡不着了,琢磨着儿子这么隆重的演讲,裤子长了怎么能行,反正人老了睡得也少了,就翻身下床,把裤腿剪短了两厘米,缝好熨平,然后安心入睡了。

早上五点半,夫人睡醒了。因为家里有大事,所以她比往常都起得早些,想起昨天丈夫西裤的事情,心想早上还来得及,便拿来西裤又剪短了两厘米,缝好熨平,惬意地做早餐去了。一会儿,女儿也早早起床了,见妈妈的早餐还没做好,就想起了父亲西裤的事情,寻思自己也能为父亲做点事情了,便拿来西裤剪短了两厘米,缝好熨平……

这条裤子还能穿吗?

故事中的主人公因为缺乏沟通,付出了三倍的劳动却废了一条裤子。究其原因就是因为家庭成员之间没有及时有效地沟通,造成了吃力不讨好的局面。这就是典型的“沟而不通,误时误工”。

第三节　非语言沟通

一、一种重要的沟通方式

（一）第三种沟通方式

在人类的沟通方式中，除了最直接、最简便快捷的口头表达和通过语言诉说的视觉符号外，还有一类是通过人们的手势、动作、面部表情等方式来传递信息的沟通，这种沟通不依靠口头语言发声，或者进行的沟通行为，即非语言沟通，也称作“人体语言”或“身体语言”的沟通。

具体来看，非语言沟通这个仍然快捷但不直接的沟通方式，包括人的身体姿势、肢体动作、眼神接触、面部表情、座位安排、空间关系、个人形象，甚至还有语气等。艾伯特·梅瑞宾发现，在一条信息的全部效果中，只有38%是有声的（包括音调、变音、语气、音量或其他声响），7%是语言（词汇）的，而55%的信号是无声的。关于人类用无声语言交际的数量，伯德惠斯特教授进行了类似的统计，结果发现：每人每天只有10~11分钟的时间讲话，平均每句话只占2.5秒钟；人们面对面交谈时，其有声部分低于35%，而65%的交际信号是无声的。因此，本节将对非语言沟通进行阐述，以便更加深刻地理解人体语言在沟通中的重要意义和在团队建设与管理中的实用价值。这种无声的交流方式在我们生活中占据重要部分，因此，认真研究它很有必要。

对于人体语言的研究开始于20世纪60年代。1970年，朱利叶斯·法斯特的《人体语言》一书问世，这本书总结了70年代以前行为科学家对无声语言交际所做的大量工作。美国哈佛大学设有一门世界上其他大学都没有设置的课程——“观人学”。美国著名记者哈金斯连续10年跟踪采访毕业于哈佛大学的成功人士，问及他们成功的秘诀时，他们都会不约而同地回答为——“观人学”。若干年前，国内的“观人术”“读心术”之类书籍流行，其中也有着不少人体语言、非语言沟通的内容。

（二）非语言沟通的特点

1. 非语言沟通是由文化决定的。人们的许多非语言行为是在孩童时期学到的，是由父母和其他相关群体在无意识中传授的。在某个特定社会的成长过程中，人们接纳自己所在文化群体的特性和风格。当人们第一次相遇时，美国人把目光接触看得很重，身体接触局限在有力的握手上。然而波兰男子在第一次遇到一位女子时，他可以吻她的手。太平洋的麦克尼西亚群岛人相遇时，他们既不说话，也无身体接触，相反，他们通过挑起眉毛或点头问候对方。

2. 非语言信息可能与语言信息矛盾。非语言沟通是非常根深蒂固和无意识的，以至于我们能传递一种语言信息，然后传递与它直接矛盾的非语言信息。例如，一个平静温和的人，在遇到了令其生气的事情时，会无意识中表现出“生气”的动作，而其非语言行为传递的是“别烦我”的态度。在混杂信息中，非语言信息通常比语言信息更可信。我们学会了操纵语言，但发现操纵非语言沟通是困难的。你或许没有发觉自己正在发送的非语言信息，然而，信息可能正在明显和清楚地发出去。

3. 非语言信息往往是无意识的。你醒来后觉得可能感冒了，但还没有严重到要待在家里，所以就去上班了。你的一个同事对你说：“你看来感觉不是很好。”你身体不适是通过非语言知道这一点的，对方能通过你的姿势、你的声音或你的脸色感觉出。对方在做一种非语言评价，即你不必说一个字，对方就知道你的感觉。我们通常意识不到自己的非语言行为。例如，我们在与自己不喜欢的人站在一起时保持的距离，比在与自己喜欢的人站在一起时更远。我们的非语言行为很多都是没有意识的。

4. 非语言沟通表明情感和态度。面部表情、手势、形体动作及使用目光的方式，都可以向他人传递我们的情感和情绪，别人能从我们的面部发现情感和情绪，包括快乐、悲哀、惊讶、恐惧、愤怒等。研究表明，绝大多数人能通过说话的声音准确地识别说话者所表现出的情绪。

资料库

私人空间——不要侵犯我的“领土”

女科学家南希·拉森小姐以一个大学图书馆作为实验场地进行了一个关于“侵犯人的心理空间”的实验。图书馆非常适合观察人的反应，这里笼罩着一种特殊肃静的气氛，这种气氛似乎在警告人们不要去干扰别人。我们都知道，兽类、鸟类、鱼类和类人猿都有对各自领域的划分和守卫行为，这是动物出于安全和自我保护的一种本能。同样，人类也是如此。有史以来，国与国之间由于领土之争而武力相向、刀兵相见的事情不胜枚举。大至国家，小至个人，都需要拥有自己的领域或区域。实际上，每个人都有自己的个人区域和空间，这就是身体周围的空间范围圈，每个人都像保护自己的私有财产一样护卫着属于自己的领地。所以，每个人都与别人保持着一定的间隔距离，这种距离与人际关系的亲密程度有关。如果是陌生人，在某些场合无意间侵犯或突破了另一个人的范围圈时，会使对方感到烦躁不安，甚至引起恼怒。所以，我们也称这种伴随个人的空间范围圈为“个人空间”。

（三）非语言沟通的功用

非语言沟通与语言沟通相比，在情感的表达，态度、性格、意向、风度和个人修养的表现方面都有其自身的特性。

在人际交往中，一个人给他人的第一印象十分重要。这个“第一印象”不仅取决于人的说话内容、语气和衣着打扮，还取决于人的姿态、神情和举手投足所反映的“风度”，这些正是人体语言。人体语言往往是人的内在底蕴和气质的外在表现。不同的人体语言表现形式也给人们不一样的感受（如图 6–3、图 6–4）。

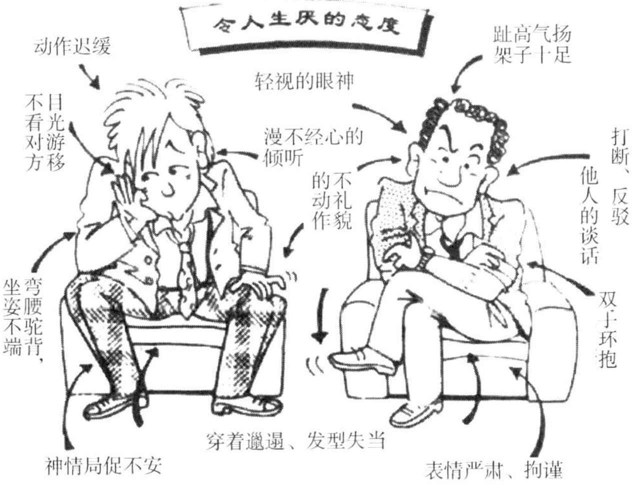

图 6–3

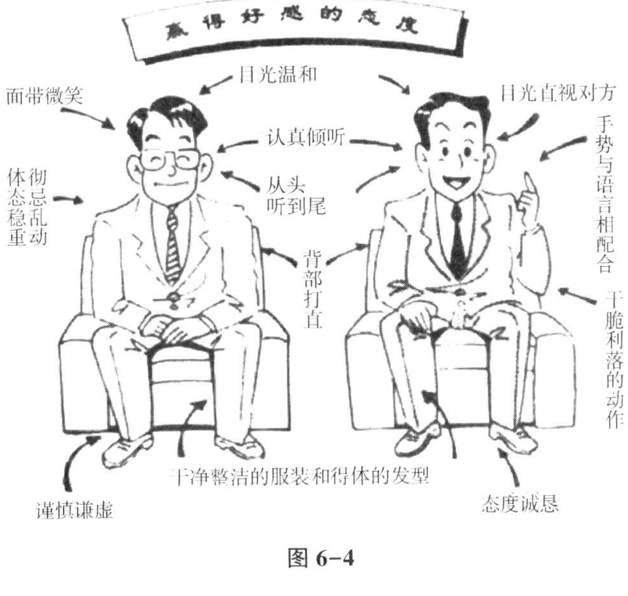

图 6–4

甚至,有的人在举手投足间就带有无穷的魅力。已故美国著名记者根舍在他写的《回忆罗斯福》一书中说道,罗斯福总统“在短短的20分钟之内,他的表情有:稀奇、好奇、伪装的吃惊、真情的关切、担心、同情、坚定、嬉笑、庄严,具有超绝的魅力。但他不曾说过一个‘不’字”。

《三国演义》中的诸葛亮是大家熟知的人物,他的用兵之技包括了无声语言的应用,作用巨大。例如,他明知司马懿的大兵逼近空城之下,却仍泰然自若,不慌不忙,指令一些老弱残兵打开城门清扫大街,而他自己却安如泰山地坐在城楼上饮酒弹唱,神情自若。司马懿观后,不知诸葛亮葫芦里在卖什么药,误认为一定设有陷阱,于是引兵撤退。待他知道自己被诸葛亮的无声语言所骗时,为时已晚。

由此可见,非语言沟通可以在某些时候替代语言沟通,有时候某一方即使没有说话,也可以从其非言语符号上比如面部表情上看出他的意思。同时,非语言沟通所表达的符号作为言语沟通的辅助工具,又作为“伴随语言”,可以使语言表达得更准确、有力、生动、具体。下面专门阐述。

二、常见的人体语言形式

在非语言沟通中,最个人化、最不自觉表现出来的就是我们的身体语言。身体语言是人内心情感的呈现,每一个手势和动作都有可能成为我们摸清他人情感和情绪的线索。

人类的无声语言有时要比有声语言更富有表现力和感染力,同一姿态往往可以发出几种不同的信号。

(一)站姿和坐姿

一般人的基本站姿从正面看头正、肩平、身直;从侧面看含颌、挺胸、收腹、直腿,这样的站姿会给人精气神十足的感觉。这样的站姿还有助于改善呼吸及血液循环,并且可在一定程度上减缓身体的压力,如图6-5所示。

图6-5 人的站姿

男性的基本站姿和坐姿要体现刚健、潇洒、英武、强壮的风采，要力求给人一种“劲”的壮美感（如图 6-6）。女性的基本站姿和坐姿要表现女性轻盈、妩媚、典雅、娴静的韵味，要努力给人以一种“静”的优美感（如图 6-7）。

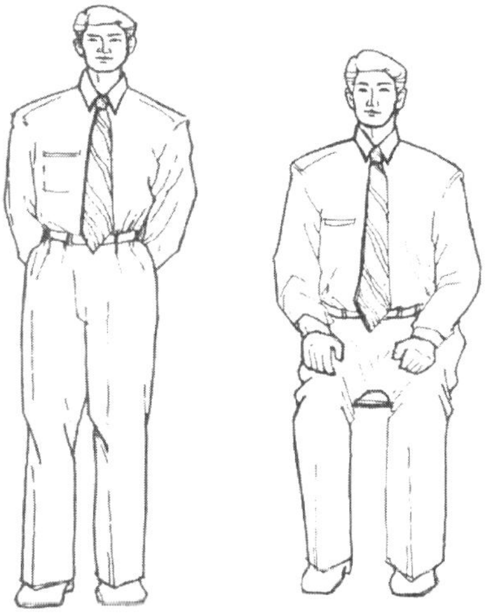

图 6-6　男性站姿与坐姿

图 6-7　女性站姿与坐姿

小贴士

不良姿势

- 身躯歪斜
- 脚位不正
- 弯腰驼背
- 手位不当
- 趴伏倚靠
- 半坐半立
- 双腿大叉
- 浑身乱动

（二）面部表情

面部表情是指通过眼部肌肉、颜面肌肉和口部肌肉的变化来表现各种情绪状态。比如，眼睛不但可以传情还可以交流思想，面部表情是一种十分重要的非语言交流手段。艺术家们往往会通过对人物面部表情的描绘，来表现人物内心的情绪和情感，栩栩如生地展现人物的精神风貌。

鲁迅的魅力不在容貌而在其表情深刻而鲜明，特别是那双爱憎分明、绝不妥协的眼睛。他的表情有明显的“刀”的味道，好像是钢刀造就的（图6-8）。再看看爱因斯坦的表情，最吸引人的也不是他的容貌，而是那副满是皱纹、充满智慧的表情——纯朴、天真，仿佛沉浸于一种回忆和思索之中（图6-9）。

图6-8　鲁迅

图6-9　爱因斯坦

（三）脸色和眉毛

一般情况下，脸泛红晕一般是羞涩或激动的表示；脸色发青、发白是生气、愤怒或受到惊吓异常紧张的表示；皱眉表示不同意、烦恼，甚至是盛怒；扬眉表示兴奋、庄重等多种情感；眉毛闪动表示欢迎或加强语气；眉毛扬起后停留，再降下表示惊讶或悲伤。大家可以讨论一下图6-10和图6-11中的两个人分别是什么心情。

图6-10　面部表情

图6-11　面部表情

（四）眼神

一般情况下，眼睛平视表示庄重、仰视表示思索、斜视表示轻蔑、俯视表示羞涩。最强烈的眼神有两种：一种是仇人相见，分外眼红（图 6-12）；一种是情侣相见，格外激动（图 6-13）。但是，在一般的交谈中，眼神要亲切自然：既不能不看对方，也不能死死盯住对方的眼睛不动；既不能目光东移西转，也不能不吸引对方的注意。

图 6-12　眼神

图 6-13　眼神

（五）嘴巴

一般情况下，嘴唇闭拢表示和谐宁静、端庄自然，嘴唇半开表示疑问、奇怪、有点惊讶（图 6-14），如果全开表示惊骇；嘴角向上表示善意、礼貌、喜悦，嘴角向下表示痛苦悲伤、无可奈何（图 6-15）；嘴唇撅着表示生气、不满意，嘴唇紧绷表示愤怒、对抗或决心已定。

图 6-14　嘴唇半开

图 6-15　嘴巴向下

（六）手势

在一般情况下，手心向上表示坦诚直率、善意礼貌、积极肯定；手心向下表示否定、抑制、贬低、反对、轻视；抬手表示请对方注意，自己要讲话了；招手表示打招呼、欢迎你，或请过来；推手表示对抗、矛盾、抗拒或观点对立；单手挥动表示告别、再会；伸手表示想要什么东西；藏手表示不想交出某种东西；拍手表示欢迎；摆手表示不同意、不欢迎，或快走；两手叠放表示互相配合、互相依赖、团结一致；两手分开表示分离、失散、消极；紧握拳头表示挑战、决心、警告；挑起拇指为称赞、夸耀；伸出小指表示轻视、挖苦；伸出食指表示指明方向、训示或命令；多指并用表示列举事物种类、说明先后次序；双手挥动表示呼吁、召唤、感情激昂、声势宏大。

每一个国家和民族都有自己的语言和文化习俗，人体语言也因民族而异。在某一个国家或地区十分普遍，并且有清楚解释的一种手势，在另一个国家或地区很可能毫无意义，或者意思完全相反。每一种手势在不同的国家或地区会有不同的解释。

对于在组织中经常进行跨文化交流和沟通的团队以及海外旅游者来说，特别要注意尊重当地的文化和风俗传统，最保险的行为准则就是"入乡随俗"，这样可以避免任何可能发生的误会或使自己陷入困境。

（七）情境与手势

除观察手势外，还应考虑到这些手势所发生的情境。例如，在一个寒风凛冽的冬日，一个人坐在汽车站的椅子上，如果他双臂交叉，双腿相搭，头部下垂，很可能是因为他太冷了，而不是防御姿势。然而，当你坐在另一个人的对面，向他讲述你的观点、产品质量或服务项目时，他也使用这种手势群，则说明他对你的讲述抱有消极的态度，或处于防御状态（见图 6-16）。

图 6-16 倾听与不屑

可见，观察一个人的手势或手势群的含义，要联系到他当时所面临的情境。

三、人体语言与自然语言的关系

人体语言和人们发出的自然语言相比，在情感的表达，态度、性格、意向、风度和个人修养的表现方面，都有其自身的特性。在实际沟通过程中，当语言信息与非语言信息不一致的时候，人们往往更相信非语言信息。一般情况下，非语言信息和语言信息之间有四种关系。

（一）人体语言认同和重复自然语言沟通信息

非语言沟通在很多场合伴随着语言信息一起，主要起到认同和重复语言信息的作用，这种行为方式也是对所表达的语言信息的一种强化。例如，当向他人郑重承诺能够完成这件事情的时候，有时候会伴随着握紧拳头，表示心中有信心能够完成。这种重复是在叠加和强化着自然语言。

（二）人体语言补充自然语言表达的信息

非语言沟通通过一系列的动作表情，产生语言信息之外的效果，强化表达的内容。例如，小孩子受到委屈通过言语表达自己心情的时候，伴随着眉头紧皱、眼泪流出，能够强化内心的感情。

（三）人体语言代替自然语言沟通的信息

很多人体语言表达出的信息是自然语言沟通时达不到的，表现出“无声胜有声”的效果。例如，慈祥的奶奶看到许久未见的儿孙眼睛里透出的关爱；生日那天爱人清晨送的玫瑰花。这些非语言信息表达出的信息内容替代了语言信息。

（四）人体语言能够验证自然语言的信息

从生物机制的角度讲，人类的思想和行为应该是一致的，其动作反应、形体姿态和手势变化等受生物准则的支配。动物一般不会撒谎，而人类的大脑比动物的大脑要聪明许多，会用语言掩饰自己的真实思想。但人类也不是聪明至极，他们很少能够意识到自己的有声语言和无声语言会出现矛盾，有声语言在说谎，而非语言沟通呈现的信息，有时候却在告诉人们真实的信息。如今，用慢镜头摄影机进行的研究表明，说谎时表现出的细微信号往往发生在半秒钟之内。但是，再快的速度也难以逃脱那些有经验的职业采访家、推销员和被我们称作“有洞察力的人”的眼睛。

四、空间距离问题

在非语言沟通中，人与人之间的距离也是影响沟通的关键，其中包括亲密距离、人际距离、社会距离和公共距离。

（一）亲密距离

亲密距离适用于我们感觉亲近的人。这种空间始于身体接触，向外延伸约 0.46 米，通常适用于情侣和挚友之间，在商务场合和工作场所，很少使用这个距离。

（二）人际距离相距

0.46～1.22 米是人们在进行非正式的个人交谈时最经常保持的距离。这个距离近到足以看清对方的反应，远到足以不侵犯亲密距离。这一空间通常被说成是看不见的气泡，将每个人团团围住，它的大小可根据交流情形膨胀或缩小。

（三）社会距离

当对别人不太熟悉时，人们最有可能保持 1.22～3.66 米的社会距离。非个人事务、社交性聚会和工作访谈等都是利用社会距离的例子。在一个有许多工作人员的大办公室里，办公桌是按社会距离摆放的，这种距离使每个人都可能把精力集中在自己的工作上。在一些重要人物的办公室里，办公桌也大到足以使来访者与其保持恰当的社会距离。

（四）公共距离

公共距离由 3.66 米延伸至听觉距离，这一距离大多用于公众演讲中，因此，它不适合两个人之间的沟通。在公共距离下，人们说话声音更大，手势更夸张，同时人们相互影响的机会也更少。

第四节　网络沟通

随着信息化时代的到来，网络沟通行为逐步成为团队成员建立信任、提供互惠、构建社会关系网络的重要途径。网络作为传播媒介和人类沟通行为的结合形成了网络沟通。网络沟通借助计算机网络来实现相互间的沟通，主要手段有建立网站、电子邮件传递、设立论坛讨论区和视频会议等。网络沟通突破了时间和空间的界限，使人与人之间的沟通不再受时空的限制，人们步入了一种新型的沟通环境中。伴随着微信、微博、QQ 等微媒介技术广泛运用，网络沟通交际已成为人们构建社会关系网络最重要的模式之一。

网络沟通的特点是信息可实现几乎同步的传输，利用网络沟通的两个个体可几乎同时共享文字、声音、图像等资料，信息量的传递和获得相关信息的能力比任何一种沟通方式都更具优势，几乎涵盖了传统沟通行为的所有方面，改变了传统沟通行为一对一的方式，实现了多对多的信息传递。与传统的沟通方式相比，网络沟通具有鲜明的特点。

一、网络沟通的特点

（一）网络沟通的虚拟性

网络沟通改变了人们的沟通方式，这种方式摆脱了地理空间限制，依托网络空间，人与人之间的沟通、互动便可以形成虚拟性的社会关系网络。这种虚拟性使人们在沟通时可以演绎不同的角色、体会不同的情景，可以设计身份，进行自

我构建。

（二）网络沟通的开放性

网络沟通运用互联网技术，通过快捷的软件和共享的技术，进入不同群体的外部网络中，使不同群体之间能够保持更紧密的联系和更开放的沟通。同时，网络上的信息资源具有开放性、共享性的特点。人们沟通的内容、形式更加自由和开放，人们的沟通不再受时空的限制。

（三）网络沟通的时效性

网络沟通的时效性表现在及时捕捉在线信息，更新数据、传递数据。这些信息和数据能够为团队的决策和运作带来快捷、准确的参考数据。由于网络沟通具有时效性，团队成员可以随时参与交流、发表看法、积极回应。

（四）网络沟通的多样性和多元性

网络不仅可以传输文字、静态的画面、动态的图像，还可以传输实时的声音，可以说是集广播、电视和报纸的功能于一身。传播具有多对多性、交互性与个性化，在互联网上，信息可以实现双向传播，伴随着微博、微信公众号、QQ 空间等网络社区的出现，任何一个在网上浏览新闻的人都可以成为新闻制造者。人们不再仅仅作为被动者接收信息，通过网络人们可以以极低的成本向全世界发表自己的意见。

想一想

1. 什么是信息社会？信息社会人们对沟通有哪些要求？
2. 什么是网络沟通？网络沟通有哪些特征？
3. 试讨论如何有效利用网络增进沟通的效果。

二、网络沟通的主要形式

（一）电子邮件

电子邮件指用户通过计算机发送电子信件进行沟通、交流的通信方式。它既可以实现一对一的通信需要，也可以实现一对多、多对多的通信需要。利用电子邮件，企业管理者可以向某个个体传递信息，也可以向某个群体发送会议通知、备忘录等。

（二）网络电话

网络电话就是通过互联网进行实时通话，与传统的长途或越洋电话相比，网络电话突出的优势是价廉，通信成本大大降低。

（三）网络新闻发布

网络新闻发布是基于内部网络的新闻发布，可以满足内部员工对公司经营信息的需求;基于外部网络的新闻发布,可以满足企业合作伙伴以及主要顾客对企业经营信息的需求;基于因特网的新闻发布,可以满足所有一般意义上的外部顾客对企业经营信息的需求。这好比企业的窗口,可以向公众传达企业的经营理念,树立企业形象。

(四)即时通信

即时通信(IM)是指能够即时发送和接收互联网消息等的业务。即时通信的功能日益丰富,逐渐集电子邮件、博客、音乐、电视、游戏和搜索等多种功能于一身。即时通信不再是一个单纯的聊天工具,它已经发展成集交流、资讯、娱乐、搜索、电子商务、办公协作和企业客户服务等为一体的综合化信息平台。

(五)即时聊天

利用QQ、微博、微信、论坛、电子邮件、钉钉等网络媒介,实现团队成员之间的互相沟通。在国外一般用户则使用MSN,Facebook,Twitter进行沟通。

三、网络沟通的影响

(一)正面影响

根据网络沟通的特点,可以发现网络沟通具有以下正面影响。

1. 丰富了沟通方式。网络沟通作为一种新的沟通方式,有利于团队成员打造多角度、多方位的沟通方式。

2. 降低了沟通成本。在传统的沟通方式中,主要以邮政服务和电话进行沟通,网络沟通基于数据和流量,为人们创造了沟通的途径。如电子邮件服务比传统的邮政服务更便捷、更经济。

3. 使语音沟通立体直观化。网络沟通以文字、图像、图形、声音、视频等不同的形式表现,更加立体地表现交流者之间的想法。

4. 极大地缩小了信息存储的空间。通过网络技术支持,人们可以建立自己的网站和发声平台,结合网上图书馆、数据库、杂志、博物馆以及其他基于互联网的公共信息库,将自己的创新成果公布在网上,从而增加了学习者在知识建构上的主动性和发言权。

5. 使工作便利化。网络沟通为跨文化沟通提供了便利,帮助不同语言和文化之间的交流者有效进行沟通。

(二)负面影响

1. 沟通信息过载。信息通过网络在个人和个人、个人和组织、组织与组织间流转,信息加速流动的结果导致个体在网络中接收到的信息数量增多,远远超过其能吸收和处理的能力。例如,“信息爆炸”就是因为互联网技术的发展,信息增长速度加快,人际间中出现了大量的信息。

2. 口头沟通受到极大的限制。口头沟通是传统团队沟通中的主要形式。网络沟通的出现使原来的口头沟通和电话沟通交流变少,传统的各方感情交流和

意思的表达受到极大的限制，很多家长在与晚辈交流的过程中，对“酱紫”“神马”“蓝瘦香菇”等网络词语了解较少，出现代沟。

3. 纵向沟通弱化，横向沟通扩张。网络沟通必然会使沟通方式从传统的纵向沟通转变为横向沟通，这也可能导致团队自由化程度增加，形成成员发牢骚、传播小道消息的一条途径，造成涣散团体士气的消极影响。

4. 信任程度难以掌握，增加人与人的距离感。传统沟通方式是“人—人”之间的交流，网络沟通借助互联网技术转变沟通方式为“人—机—人”，增加了人与人之间的距离感，信息的真实性难以掌握，信任感的建立较为困难。

第五节　促进团队沟通的措施

一、强化团队沟通的意识

沟通是组织管理中大量存在的行为，必须积极运用好。尽管一般的组织是有矩可循的，尽管许多团队运行得不错，然而，如果能做到比较充分的沟通，就能够进一步完成好团队的工作，就能够使团队成员的关系更加和谐，就能够使一般团队向高绩效团队迈进。

因此，要高度重视团队沟通方面的问题，并基于团队的规模、任务、人员、结构等进行分析，找到团队之中沟通的不足之处，予以弥补。

小资料

沟通十戒

美国管理协会提出的“沟通十戒”，是进行沟通应当掌握的基本原则，其具体内容为：

(1)沟通之前应把要传递的思想搞清楚。沟通者应预先把沟通内容予以充分的考虑，在沟通之前，做到“胸有成竹”。

(2)要认真考虑每次沟通的真正目的。沟通和聊天的本质区别就在于沟通是有目的的，只有明确沟通的目的才能对沟通内容进行规划。

(3)沟通时要考虑环境。沟通的环境会影响沟通行为和沟通效果。沟通环境包括噪声等物理环境，也包括沟通双方的社会地位、情绪和态度等社会因素。

(4)沟通前应尽量虚心听取别人的意见。进行沟通时，多与别人商议，这样做既能获得别人的建议,又能得到别人的支持。

(5)传递信息既注意信息内容又注意语调。信息的接收者对信息的理解不仅受到信息内容的影响,也受到信息解读方式的影响。语调的轻重缓急、抑扬顿挫都会对接收者产生影响。

(6)尽可能传递有效信息。接收者更易接受有效信息。传递的无效信息过多,会降低接收者的注意力,影响信息的有效接收,导致沟通的结果不理想。

(7)通过反馈检查沟通效果。信息发出后,必须设法取得反馈,以弄清楚信息的接收者是否已经了解沟通的内容和目的,是否执行并采取了适当的行动。

(8)沟通要着眼现在、前瞻未来。这可以使沟通有效地解决问题,且符合长远利益和目标的要求。

(9)管理者要言行一致。如果管理者口头传递的信息和实际做出的行动不一致,就会导致员工的不信任,从而影响管理工作的执行和效果。

(10)要善于倾听。善于倾听能够维护对方的自尊,激发对方表达的意愿,营造良好的沟通氛围,同时更有助于捕捉细节信息,了解掌握沟通对象的真实意图。

二、创造和谐的、充满信任感的团队氛围

一个人不仅要获得团队成员的信任,而且还要得到同事、上级和下级的信任。必须明白,信任不是人为的或从天上掉下来的,而是以其诚心诚意和做事效果争取来的。

在等级制的组织管理过程中,管理者要注重管理的公平性;要以良好的状态倾听下属的声音。在沟通的过程中,管理者必须转变观念,弱化自己的权利,把对方看成合作伙伴,平等地与被管理者进行沟通。在面对面的沟通中,管理者更应注意自己的非语言信息与语言信息的一致,真诚表达沟通的意愿和对沟通对象的尊重,只有这样才能建立起信任的团队氛围,使团队内的个人能够自由表达与良好沟通。

三、讲求正确与合理的表达方式

一个人处于组织中,不仅应当有好的思想和见解,而且还应将其在别人面前很好地表达出来;不仅要以实际行动向他人示范,还要用自己的言语去感染、说服别人。有研究表明,管理者有30%的沟通时间花在说上,9%的沟通时间花在写上。因此,说和写的能力对管理者进行有效的沟通非常重要。要克服沟通障碍,提高沟通的有效性,就必须努力提高“说和写”表达思想的能力。

要提高“会说”的能力,需要注意以下四点:

(1)要实在,不要花言巧语。说话和办事一样,都讲究实在,不要一味追求使用华丽的辞藻来装饰,更不要哗众取宠。

(2)要通俗,不要故作姿态。说话要避免深奥,尽量使用大众化的语言,俗语、歇后语和幽默笑话等有助于沟通对象的理解。

(3)要简明,不要模糊不清。说话要简明扼要、条理清楚,不要长篇大论、言之无物,这样只会导致接收者对接收信息的不理解或错误理解。

(4)要谦虚,不要"摆架子"。语调是我们传递给别人的附带信息,谦虚的态度使沟通对象乐于倾听,自以为是的骄傲态度只会使倾听的人十分反感。这样一来,不但达不到沟通的目的,还会影响信息接收者的情绪。

团队沟通技巧

积极倾听的技能

别人"会说",你也应当"会听"。以下是积极倾听的八种有关行为与技能。

1. 与对方进行目光交流。说话者在说话的同时也在观察你的眼睛,判断你是否在倾听。如果我们尊重对方,真正用心在听,就要看着对方。沟通是在接收者内心深处进行的。

2. 恰当的反应。积极的倾听者会对所听到的信息表现出兴趣。赞许性地点头、恰当的面部表情与积极的目光接触相配合,向说话人表明你在认真倾听。

3. 避免分心的手势和姿态。在倾听时不要有下列举动:看表,搂后脑勺,心不在焉地翻阅文件,拿着笔乱写乱画或身体背对着对方等,这会使说话者感觉到你很厌烦或不感兴趣。更重要的是,这也表明你并未集中精力,因而很可能会遗漏一些说话者想传递的信息。

4. 适当地提问。批判性的倾听者会分析自己所听到的内容,并提出问题。这一行为保证了理解的准确性。

5. 复述。积极的倾听者常常使用这样的语句:"我听你说的是……"或"你是否是这个意思?"复述是检查你是否在认真倾听的最佳手段。同时,复述也在检验自己理解的准确性。

6. 请勿打断说话者。在你做出反应之前先让说话者讲完自己的想法,不要急于表达自己的观点。否则,你可能会遗漏重要的信息。

7. 耐心倾听。大多数人乐于畅谈自己的想法而不是聆听他人所说的话。很多人之所以倾听,仅仅因为这是能让别人听自己说话的必要付出。一个好听众应该是一个耐心的倾听者。好的倾听者能够听到对方未说出口的话。

8. 使听者与说者的角色顺利转换。对于在课堂上听讲的学生来讲,可能比较容易形成一个有效的倾听模式。因为此时的沟通完全是单向的,教师在说而学生在听。但这种“教师—学生”的固定角色并不典型。在大多数团队活动中,听者与说者的角色在不断地转换。积极的倾听者能够使从说者到听者以及从听者再回到说者的角色转换变得十分流畅。从倾听的角度而言,这意味着全神贯注于说者所要表达的内容,即使有机会也不去想自己接下来要说的话。

四、消除组织沟通中的障碍

团队中信息传递的障碍表现在三个方面。

(一)信息传递手段的障碍

在现代沟通中,信息传递手段的使用越来越多,从而提高了沟通效率。但是,一旦这些手段发生故障也会影响沟通的顺畅进行。如开大会时扩音器导致噪声过大,就会影响报告的效果。因此,在信息沟通中,应尽可能地选择高质量的、保证高效率沟通的途径和工具。

(二)传递媒介的障碍

信息沟通是在一定的信息传递媒介中进行的,如果信息渠道不畅,必然会影响沟通的效果。一般而言,信息渠道的故障主要表现在以下两个方面。

1. 传递环节过多。信息在传递过程中,同其他物体运动一样,会发生损耗。一个信息从发送者到接收者的环节越多,损耗会越严重,使信息失真、歪曲和丢失的可能性越大。据研究,信息量从最高层逐渐传达到基层后只有原信息的1/5。所以,在沟通过程中,沟通的层次应尽可能减少,以防止信息过多地丢失。

2. 缺乏及时反馈。信息的沟通应该是双向的,在某些企业中,从上到下的下行沟通渠道往往是顺畅的,但是从下到上的上行沟通却形同虚设,高层管理者往往得不到来自基层的信息反馈,由此使沟通效率降低。

(三)信息过量的障碍

当接收者收到过多的信息时,就可能使一部分信息被忽略,这应引起信息发送者和接收者双方的重视。在信息化的社会里,一个人所接收到的信息量非常大,信息接收者不可能掌握所有信息,必然是有选择性地接收信息。在一个组织之中,信息往往也是巨量的,需要鉴别和筛选。

五、运用好沟通反馈的手段

当一个人问其他人:“你明白我的意思吗?”时,其就是希望能够得到反馈,所期望的就是回答“明白”,具体说就是同意其意见或接收其任务等。从严格意义上讲,没有反馈就没有现代管理。很多沟通不能顺利进行的原因,就是由于缺乏反馈、产生不必要的误解造成的。反馈是沟通的重要保证,没有反馈,组织的管理者无法知道信息是否被传递到接收者那里,以及其接收了多少。

团队沟通实例

虚假共识——阿比勒尼悖论①

30 年前，美国人哈维根据自己生活中的一次经历描述了项目需求的一个陷阱“阿比勒尼悖论”。他和太太以及岳父岳母在 40℃的高温下，坐在位于得克萨斯州科勒曼城家中的门廊里。科勒曼距离得州的另一个城市阿比勒尼大约 53 英里②。4 个成年人在酷暑中尽可能地少活动，喝柠檬水，看着风扇懒洋洋地转，偶尔玩玩多米诺牌。过了一会儿，岳父建议开车去阿比勒尼，到那儿的一家餐厅吃饭。哈维作为女婿觉得这个主意很疯狂，但看不出有任何反对的必要，因此他附和了该提议，太太和岳母也附和了。

4 个人上了没有空调的别克轿车，冒着酷暑驱车去阿比勒尼。他们在餐厅吃了一顿乏味的午餐，然后回到了科勒曼，筋疲力尽，并且燥热难当。大家对这次经历普遍不满意。直到他们到家后，他们才发现原来没有一个人真的想去阿比勒尼，他们只是附和，因为他们认为其他人盼着去。同时他们也担心如果自己提出反对意见会被认为是“很难相处”的人——枪打出头鸟！

哈维将此命名为“阿比勒尼悖论”，并认为组织中也会出现类似的荒唐现象，即组织采取的行动往往与其真正的意图相悖，不能达到理想的结果。因为大家不愿意自己被贴上“很难相处”的标签！所以项目中真实的需求经常难以传递出来。

六、运用沟通助力团队决策

正如上面案例所讲的，如何通过有效的团队沟通，做出有利于团队发展的决策十分重要。例如，“工程队”“项目组”“委员会”等团队的组建，都是为了解决团队成员一起工作过程中出现的问题。团队沟通与决策有时候是需要团队中每一位成员都参与的，因此，我们讨论团队决策和沟通也是必须的。

（一）团队的决策类型

团队的决策类型主要包括六种。

1. 沉默型。沉默型表示这个团队一般不进行讨论和交流，这种团队一般内部没有沟通，也不能完成团队目标。

2. 权威性。一般在团队沟通过程中，团队成员有可能分享信息，交流观点，

---

① http://www.mypm.net/articles/show_article_content.asp? articleID=26408

② 1 英里等于 1.61 千米。——编者注

但最后还是领导说了算。这种情况较为专制，一般会影响团队成员的积极性，不容易产生创造性思想。

3. 少数人联合型。这种方式就是在团队中，一少部分成员结成联盟，提出自己的观点，影响团队的决策。这种方式，一方面会形成团队之间的小团体分化，影响团结；另一方面，可能由于缺乏沟通，导致错误决定的诞生。

4. 少数服从多数型。这种方法在团队沟通中较为常见。一个问题经过讨论，形成几个意见或决策，最后由大家举手或投票表决，确定最后的决策。

5. 一致型。这个较容易理解，就是某个意见大家一致同意，当然，其中可能会有某些人保留意见，但作为一个团队，还是接受了这个决策。这种一致型的团队决策一般是经过团队公开讨论、交流后形成的。

6. 完全一致型。在团队决策过程中，团队成员一致认同某种观点，完全支持这种决策。

大家一致的决定是每一个团队所追求的结果，这需要花费时间进行充分的沟通。团队在沟通过程中也要尊重不同意见者，因为这些意见可能是好的建议。

（二）团队决策的方法

为了促进符合团队发展的团队决策，一般会用以下几种方法。

1. 头脑风暴法。头脑风暴法需要所有的人无拘无束地提出尽可能多的意见，通过头脑风暴产生点子，把它公布出来，供大家参考，让大家受启发，鼓励结合他人的想法提出新的构想。与会者不分职位高低，都是团队成员，平等议事，过程中不允许在点子汇集阶段评价某个点子的好坏，也不许反驳别人的意见。

2. 德尔菲法。德尔菲法又称专家决策法。其主要步骤包括：第一步，由工作小组确定问题的内容，并设计一系列征询解决问题的调查表。第二步，将调查表寄给专家，请他们提供解决问题的意见和思路，专家间不沟通，相互保密。第三步，专家开始填写自己的意见和想法，并把它寄回给工作小组。第四步，处理这一轮征询的意见，找出共同点和各种意见的统计分析情况；将统计结果再次返还给专家，专家结合他人意见和想法，修改自己的意见并说明原因。第五步，将修改过的意见进行综合处理再寄给专家，这样反复几次，直到获得满意答案。

3. 思路转换法。在团队沟通过程中，通过有意识地变换常规的思维方法，从不同的角度，甚至相反方向探索一个新的方案。通常人们总是觉得例行的做法是唯一合理的方式，其实，当你换一个新角度去审视问题时，往往会有很多意想不到的发明和发现。

4. 异地思考法。改变团队沟通的环境，例如，将沟通场合从领导的办公室改到户外的花园，让大家思想活跃、畅所欲言。

案例

无恶意的小谎言

当我们还是孩子的时候，父母常常告诉我们“说谎是不对的”。然而，我们中的每一个人都偶尔说过谎话。如果大多数人都认为说谎是不对的，为什么还要这样做呢？我们常常会把“真正的谎言”与“无恶意的小谎言”区分开来，并认为后者在社会交往中是可以被接收的，有时甚至是必要的。由于说谎与人际沟通有着极为密切的联系，所以在这里我们具体来看看团队管理者通常要面临的道德困境：是否为了一个有利的结果就可以有意使信息失实呢？

例如，你刚刚看到你的团队上个月的销售报告，销售量大幅度降低了。你的老板远在1 000公里以外的另一个城市工作，他不太可能知道上个月的这一销售额。你认为这个月和下个月的销售额会很乐观，这样整个季度的销售额还将会是比较令人满意的。你又知道老板是那种讨厌听到坏消息的人。今天当你与老板通电话时，他恰巧询问了一下上个月的销售状况。你会告诉他实情吗？

再如，有传言说你的团队及全体成员将要从北京迁至河北邯郸，一名员工前来打听这消息是否属实。你知道这是真的，但你不希望把这个消息过早地泄露出去，害怕这将打击团队的士气，导致一些员工离职。你会如何回答这个下属呢？

案例讨论题

1. 这两个事件表明，管理者常常面临是否需要逃避实情、歪曲事实或欺骗他人的道德困境。为了有利的结果而有意歪曲信息是不道德的吗？

2. 是否信息失实尚可接受，而欺骗则不行？

3. “无恶意的小谎言”真的不会伤害任何人吗？谈谈你的看法。

本章小结和应用意义

不同的行为主体，通过一定渠道和载体实现信息的双向流动，即信息的传递、接收和理解。沟通所传递的信息既包括客观情况和事实，也包括人的思想、意见、态度、感受等。沟通要具备信息的传递和信息的理解两个基本条件。沟通可以分为七个环节：发送者准备要发送出去的信息，按一定程序进行编码，使信息通过沟通通道进行发送,接收者接收信息,对信息进行解码处理,接收者理解所接收的内容;接收者再将收到的信息反馈给发送者。沟通通道是人们在沟通时所采用的渠道和媒介,沟通通道包括口头沟通通道、文字沟通通道、非语言沟通通道、电子媒介通道。沟通的作用主要有传递和收集信息、改善人际关系、改变成员态度和行为、带来创意与新路径和促进员工参与。

团队沟通的类型,包括正式网络沟通和非正式网络沟通、正式沟通渠道和非正式沟通渠道、单向沟通和双向沟通。

本章用了较大的篇幅介绍了非语言沟通,这属于人体语言范畴,对于团队成员之间、管理者与成员之间、成员与顾客之间的沟通,乃至社会交往都是一个特别重要的领域。学会“察言观色”是取得良好沟通效果的重要技能。

本章对网络沟通的定义、特点、主要形式及主要影响进行了介绍,有助于我们深刻了解团队沟通中出现的新的沟通方式,丰富沟通渠道,团结团队成员。

本章最后对促进团队沟通的多项措施进行了阐述,以达到了解有效沟通的成效。本章还阐述了运用沟通助力团队决策问题。

思考讨论题

1. 沟通在组织或团队内的功能有哪些,请分别举例说明。
2. 什么是人体语言学?举例说明它在团队沟通中的重要意义。
3. 如何克服沟通中的障碍?为什么大多数人并不是好听众?
4. 你认为在网络沟通中可能出现哪些问题?
5. 你在团队决策过程中有没有过像“阿比勒尼悖论”那样的经历?

团队训练游戏

团队游戏一:旋回沟通

场地:安静舒适的空间

人数:本活动如人数过多,可分成几组进行,每组人数以6~10人为宜

目的

活跃气氛;学习人际沟通交流术;练习倾听。

程序

1. 概念说明:这是一种面对面的强迫谈话活动,借着特殊的座位安排,以及事先安排的有趣话题,使每位成员都有表达意见的机会。

2. 培训师按照如下指导语进行:“本活动的特色是新奇、有趣而富有变化,现在我们要进行一种很有趣的活动。首先,请各位按一、二,一、二接连着报数,现在我们要围成两个圆圈,报一的在外圈,报二的在内圈,内圈的面朝外;外圈的面朝内,两人面对面地站着,请将这里的几个题目在两人之间进行讨论,内圈的先讲,外圈的听;两分钟后,换外圈的讲,内圈的听;再两分钟后,我们更换题目,内圈的顺时针转动一个位置,然后按上面同样的方式进行‘讲与听’,明白了吗?好,让我们现在开始。”

3. 排列座位(约5分钟)。报数:全班成员接连报一、二,一、二;报数“一”的在外圈,报数“二”的在内圈(都坐在椅子上)。

4. 对谈(约50分钟)。培训师念出第一个题目(题目事先设计好),然后开始对谈(内圈的先讲),两分钟后,外圈的再表示意见,再两分钟后,换题目,内圈的同时顺时针移动一个位子;培训师念出第二个题目,接着按上面的方式进行;直至全部题目讨论完毕。

5. 游戏分享(约20分钟)。全体成员围成一个圈,然后将刚才讨论时成员所认为对方最突出的或很受感触的意见提出来,与其他成员共享。

注意事项

题目设计宜新奇有趣,其内容及题目数,视需要及时间长短而定,举例如下:①假如医生告诉你,只剩下半年的生命,你将如何安排这半年的生活?②假如你有一百万元,将如何使用?③假如你是教育部部长,你第一件事想做什么?④假如你有机会环游世界一周,你会如何计划你的旅程?每个人都要表达意见,培训师应把握时间。

应用

1. 训练学员的表达和沟通能力。

2. 促进学员的思维与创新能力。

团队游戏二:传递信息

程序

1. 事先从近期报纸杂志中摘录一则2~3个自然段长的文章,但不是最热门的新闻。

2. 将学员分成每5人一组,将各组成员按1~5号分好次序。

3. 请1号留在教室内,其他人先出去。

4. 教师把故事念给 1 号听,但不允许他提问或做记录。

5. 2 号从教室外进来,每组的 1 号将故事复述给 2 号,2 号再将故事传递给 3 号,依次类推。

6. 教师抽查几组 5 号学员,请他们复述一下其听到的故事。并公布原文。

目的

1. 倾听技巧训练。
2. 说明信息在通过各种“渠道”传递时往往会失真。

讨论

1. 每位传递者是否遗忘了一些内容?是哪些内容?
2. 故事在传递过程中出现了哪些错误或篡改?
3. 我们应如何加强记忆和理解能力?

应用

1. 帮助学员理解正确传递信息的作用。
2. 促进学员的沟通与协作能力。

第七章　团队中的冲突

——矛盾并非“窝里斗”

学习目标

- 了解团队冲突的不同理念
- 了解冲突的过程
- 学会解决冲突问题的各种策略
- 理解团队悖论的概念及四种分类
- 学习激发建设性冲突的技术

引导案例

哈克曼的五种“绊索”

哈克曼指出，组织在团队的建设与管理中常犯的五种错误，也就是所说的“绊索”如下：

第一，管理人员追求时髦，将一个工作单位称为“团队”，但对它的管理却和传统的管理一个群体的方式毫无二致。

第二，对团队成员强加过多的控制，或对其放任自流。

第三，所实行的团队体制具有破坏组织结构的倾向。

第四，领导者对团队建设不付出成本，不提供组织支持。

第五，领导者认为员工热切地希望在团队中开展工作，并且认为他们都擅长在团队中开展工作。

哈克曼所说的“绊索”的含义如下。

1.“假团队”。哈克曼“绊索”之一，是指虽然管理人员将工作群体称为“团队”,但没有给予其充分的自主管理权[①]。这样的团队只有“形似”而无“神似”。

2.控制不当。“从权力平衡木上跌下来”是对第二个“绊索”很好的比喻,是指采用团队工作方式的组织必须在对团队过分控制和给予团队过多的自治权这两者之间保持一种平衡。过分地对团队加以控制意味着团队无法自己做出有效的工作决策,这会导致团队的无效率。相反,对团队根本不加以指导意味着对团队失去兴趣,并且变得冷漠,或者使团队陷入无政府状态。

3.激进化。哈克曼认为第三种“绊索”是指有一些组织在已经决定采取以团队为中心的工作方式以后,就倾向于尽可能破坏现有的组织结构。

4.坐冷板凳。组织中对团队工作干扰的第四种“绊索”,是指组织不愿向团队提供支持。当团队无法在组织那里得到支持时,组织就不可能期望团队能够积极工作,创造效益。

5.过高期望。哈克曼所说的第五个“绊索”,是指组织在相信团队成员能力的同时,应提供相应的培训,使团队成员有更好的机会学习团队运作的知识和方法。

第一节　团队冲突概述

本节在对冲突的定义及表现进行基本分析的基础上,将阐述冲突的观念问题,进而分析各种类型的冲突所具有的独特的管理层面的含义。

一、冲突的定义及表现

(一)冲突的定义

对于“冲突”一词,人们有着诸多不同的定义。芬克认为,冲突是“在任何一个社会环境或过程中两个以上的统一体被至少一种形式的敌对心理关系或敌对互动所连接的现象”。托马斯强调,冲突是“一方感到另一方损害了或打算损害自己利益时所开始的一个过程”。而托纳认为“冲突是两方之间公开与直接的互动,冲突中每一方的行动都旨在不让对方达到目标”。

上述定义的共同点是:冲突必须是双方感知到的,且双方的意见是对立的或者是不统一的。

从总体上看,冲突是指个人或团队对于同一事物持有不同的态度与处理方法而产生的矛盾。冲突常表现为由于观点不一致而引起的激烈争斗。美国学者刘易斯·科赛在《社会冲突的职能》中指出:没有任何团体是能够完全和谐的,否则它就会无过程与结构。在团体中,个人之间的冲突在一定程度上总是存在的,

① 袁和平.团队管理[M].深圳:海天出版社,2002:193-195.

因为人与人之间存在各种差异:价值观、信仰、态度以及行为上的差异。差异必然会导致分歧,分歧发展到一定程度就会导致冲突。因此,冲突是客观存在的,是无法逃避的,是不以人的意志为转移的。应该说,冲突是团队生活中无法避免的特色之一。

(二)冲突的表现

就团队而言,冲突的表现有以下几种:①个人、团队、组织及其组成部分之间很少交流;②团队间不是在相互合作与相互尊重的基础上建立关系,而是基于对他人地位的羡慕、嫉妒和愤怒而产生恶劣的关系;③团队成员之间的关系恶化,个性抵触增多;④规章制度尤其是牵涉生产当中细微领域的规章制度增多;⑤各种秘密和传闻不胫而走,小事成了大事,小问题成了大危机,很小的异议成了严重的争议;⑥组织、部门、团队和团队成员的成绩下降[①]。

二、冲突的理念发展

通过了解各种不同的冲突,可以加强对“冲突”的认识。

(一)传统的冲突观念

传统的冲突观念认为,冲突是不良的、消极的和有害的,出现冲突一定会导致团队成员相互间的抵触,引起团队的分裂甚至瓦解[②],影响团队实现目标。因此,这种观念主张避免一切冲突。人们甚至把冲突同混乱、破坏联系起来,认为冲突会对社会造成危害。中国的传统文化强调“以和为贵”,主张“中庸之道”,因此,中国人比较容易接受传统的冲突观。

近年的研究表明,冲突水平在一定程度上与工作绩效成正比,完全没有冲突是难以激发组织成员的工作激情的。因此,现代管理思想在承认冲突对团队可能存在有害性的同时,指出在某些情况下,冲突对团队是有益的。因此,传统的冲突观念并不完全正确。

(二)人际关系观念

人际关系观念在20世纪40年代至70年代占主导地位,它认为对任何组织、团队和个人而言,冲突都是不可避免的。

人际关系观念在一定程度上合理化了冲突的存在,而且还承认冲突有着对团队工作产生积极影响的潜在可能性。所以,应接纳冲突,并适当地控制和利用冲突。

(三)相互作用观念

相互作用观念风行于20世纪80年代以后,是当代冲突理论的主流学派。

---

① 胡丽芳,张焕强. 团队管理实务[M]. 深圳:海天出版社,2004:186.

② 理查德·L达夫特,雷蒙德·A诺伊. 组织行为学[M]. 杨宇,等,译. 北京:机械工业出版社,2003.

相互作用观念不但承认冲突的存在,而且还鼓励冲突在组织内发生。该观念认为,融洽、和平及合作的组织容易对变革表现得静止、冷漠和迟钝。相反,某些冲突则可以作为组织内的积极动力,提高工作绩效。美国学者罗宾斯教授还对冲突与绩效之间的关系进行了形象的描述,如图 7-1 所示。

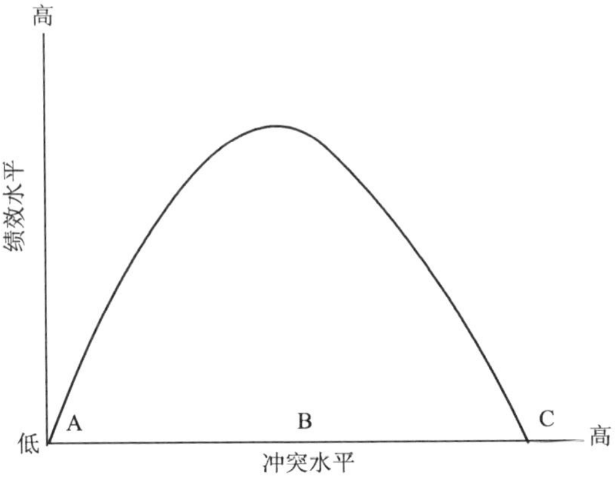

图 7-1 冲突与绩效的关系

资料来源:孙成志,孙天隽. 组织行为学[M]. 北京:中国金融出版社,2004:209.

图中 A 点表示团队内无冲突或冲突很少,大家齐心协力。此时,团队对变化反应迟钝,缺乏新观念和创造性。这种低水平的冲突是消极的,因此团队绩效差。B 点表示团队内有适度的积极冲突或不同思想的交锋。此时,团队充满活力,自我批评及不断更新的能力都很强,团队业绩也是最佳的。C 点表示团队内的冲突过多,且多为消极性的,因而团队绩效也很差。

基于相互作用的观念,不能认为所有的冲突都是好的或都是坏的,而应区别冲突的性质,辨别功能正常的冲突与功能失常的冲突,以便更好地管理团队和解决冲突问题。

(四)功能正常与功能失常的冲突

所谓功能正常的冲突,也称建设性冲突,是指让彼此间隐藏的不满和误解明朗化,说出来反而能够得以化解①。在冲突的过程中,双方目标一致,只是方法不同,但双方都关心共同的目标并努力实现该目标,且只对事不对人。功能正常的冲突可以增强团队内部的凝聚力,激发员工的积极性和创造性。这种冲突具有很大的积极意义。

所谓功能失常的冲突,也称破坏性冲突,是指双方由于目标不同,各自对自

① 黄培伦. 组织行为学[M]. 广州:华南理工大学出版社,2002:252.

己的观点深信不疑，坚持互不相让①。功能失常的冲突最终会导致非理性行为，冲突双方互相攻击诬蔑，直到合作关系破裂。在团队中，功能失常的冲突往往会使成员的努力偏离团队目标，造成组织的资源浪费及团队凝聚力的下降，因此，这种冲突的危害性是极大的。表7-1是对两种不同冲突的比较。

表7-1　两种不同冲突的比较

功能正常的冲突	功能失常的冲突
双方对实现共同的目标很关心	双方对赢得自己观点的胜利十分关心
乐于了解对方的观点、意见	不愿听取对方的观点、意见
大家以争议问题为中心	双方由问题的争论转变为人身攻击
互相交换的情况不断增加	互相交换的情况不断减少，以致完全停止

三、团队冲突的分类

团队冲突可以划分为角色冲突、人际冲突和团队冲突三类，每一类冲突均有各自独特的管理上的含义。

（一）角色冲突

角色冲突是指两人或更多的人之间由于所担负的角色不同而产生的不和谐。不同的角色依据其在团队中所处位置的不同，而承担不同的职责和任务。每一种角色总是与一组行为预期相联系。例如，工人被期望生产出更多、更好的产品，营销人员被期望开辟出新的市场空间。当某一团队成员被期望担负的角色与其实际所担负的角色不一致时，角色冲突就产生了。

（二）人际冲突

在存在两个或是更多人的情况下，各个个体之间也是有可能产生冲突的。

（三）团队冲突

团队冲突发生在不同的团队之间，其表现形式可能与人际冲突相似，但起因通常是不同的，即冲突原因更多的是来自团队的因素。由于团队冲突涉及的人更多，所以冲突的情形也更为复杂。

第二节　团队冲突的过程

团队冲突是一个动态的过程，是从冲突的相关主体的潜在矛盾映射为彼此的冲突意识，再酝酿成彼此的冲突行为意向，然后表现出彼此显性的冲突行为，

---

①　黄培伦．组织行为学[M]．广州：华南理工大学出版社，2002：253.

最终造成冲突的结果与影响的过程。这是一个逐步演进和变化的互动过程。

美国学者庞地将冲突的过程分为如图 7-2 所示的五个阶段。

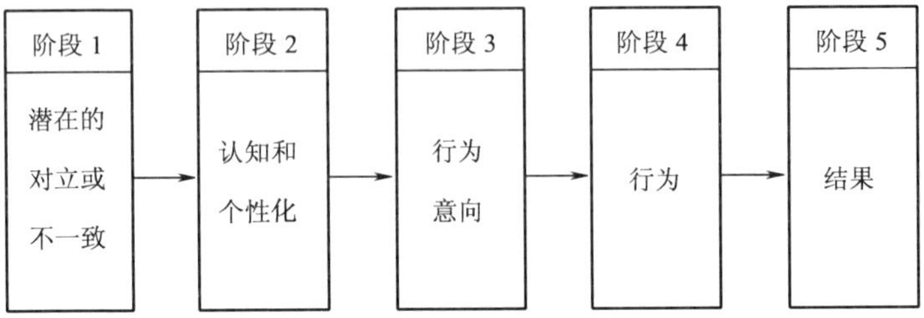

图 7-2　冲突过程的五个阶段

资料来源：谢默霍恩，亨特，奥斯本．组织行为学：第八版[M]．刘丽娟，杨月洁，等，译．北京：清华大学出版社，2004：329.

一、潜在的对立或不一致阶段

潜在的对立或不一致是因为团队中发生交互关系和互动过程的不同主体彼此之间存在能够引发冲突的一些必要条件。这些条件虽然不一定直接导致冲突，但往往都潜伏在冲突的背后，成为冲突产生的"导火索"。

例如，才到兴华技术公司工作几个月的小李就遇到了这样的问题。他在出色地完成了团队的任务后，本以为主管会对自己进行表扬，可是主管老刘却说："小李，你的工作方法是不是还有待改进？虽然按时完成了任务，但你的工作进度还是比其他部门慢。"小李听后真是怒火中烧。其实，这位领导本想鼓励小李继续工作，没想到由于自己的表达不当，导致了他们之间的冲突。而"表达不当"的问题不仅仅是语言问题，还有其潜在原因。引起团队冲突的潜在因素可以分为以下三类。

（一）个体间的差异因素①

每个人都有其独特的个性特点和行为习惯，世界上没有完全相同的两个人。在团队中，成员在个人因素方面存在的不同差异会导致各种各样的冲突。这种差异主要包括以下几个方面。

1.年龄的不同。不同年龄的人由于社会经历和社会知识的差异，出现了不同的定性反应，致使双方难以相互理解，因而酿成冲突。有些年轻人总感到年纪大的人思想保守、顽固，不能接受新事物。而年纪大的人往往认为年轻人浮躁、自傲。这些偏见是成员之间产生冲突的潜在因素。

2.职位的不同。在一个团队中，各个不同职位的人应当认真把守好自己的岗

① 胡丽芳，张焕强．团队管理实务[M]．深圳：海天出版社，2004：188-189.

位,尤其是领导团队。如果本位思想严重,就会使团体士气涣散进而导致冲突。例如,在有的企业中,经理自己处于组织行政指挥的“中心地位”,董事长则强调自己处于“核心地位”,他们遇事不是协同商量研究,而是互相争权拆台,争吵不休。

3.思维的不同。由于人们在知识、经验、态度、观点等方面存在差异,往往对同一事物有不同的认识,由此会产生一定的冲突。例如,在改革的步子上、用人的观念上、团队目标的设想上等,往往都会存在差异以致产生矛盾和发生冲突。

显然,前例中的老刘与小李在年龄(这也意味着工作资历)、职位以及思维方式上,都存在着一定的差异,当上述差异体现在工作任务和评价上时,就很可能会发生冲突。

(二)团队的结构因素

可以从以下几个方面来看团队的结构情况。

首先,从团队成员的构成来看。如果团队由具有不同利益或者不同价值观、人际风格的成员组成,成员对团队的认识肯定会不一致;同时,随着团队的发展,团队成员可能会改变,当一个新成员加入团队时,团队的稳定性被破坏,就可能引起冲突。

其次,从团队的规模来看。当团队规模越来越大,任务越来越专业化的时候,团队成员的分工就会越来越细致,都有明确的工作范围和界限,如果其他成员有所涉及或进行干预,发生冲突的可能性就会加大。

最后,任职的时间和冲突成反比。团队成员越年轻,在团队工作的时间越短,发生冲突的可能性就越大。

(三)沟通不良的因素

沟通不良是引起团队冲突的重要方面。团队成员之间彼此存在差异,如果能够顺利进行交流,相互理解,那么发生冲突的可能性就会大大减少。相反,如果沟通渠道不顺畅,沟通活动缺乏,冲突就会出现。

例如,某企业聘请了一位营销总监,而其下级营销员私下对这位总监多有抱怨:“陈总监和过去的总监不一样,总是变幻无常,很难沟通和交流。上一任总监可不是这样的!”而这种抱怨并没有被新来的陈总监所了解,这就会成为发生冲突的潜在因素,一旦暴露出来,冲突就有可能发生。

团队沟通不良可能引起的团队成员之间冲突的问题经常表现在以下几个方面:信息的差异、评价指标(如任务完成标准)的差异、倾听技巧的缺乏、语言理解的困难、沟通过程中的噪声(即干扰),以及团队成员之间的误解等。

二、认知和个性化阶段

冲突的认知是指当潜在的对立和不一致出现后,双方意识到冲突的出现,也就是说,在这一阶段客观存在的对立或不一致将被冲突的主体意识到,产生相应的知觉，开始推测和辨别是否会有冲突，以及是什么类型的冲突①。

意识到冲突并不代表着冲突已经个性化。对冲突的个性化处理将决定冲突的性质，因为此时个人的情感已经介入其中。双方面临冲突时会有不同的心理反应，他们对于冲突性质的界定在很大程度上影响着解决的方法。例如，团队决定给某位成员加薪，团队中的其他成员有的认为这与自己无关，从而淡化问题，这时冲突不会发生；而另外一些人可能会认为对别人的加薪就意味着自己工资的下降，这样就会使冲突发生甚至升级。

小案例

主管的选择

假如你是某质量团队的主管，团队成员小李和小高因对检验报告的递交程序有分歧而产生冲突。小李建议将检验结果交给负责样品生产部门的领班，而小高则要求将报告直接交给操作人员，以便尽快地加以纠正。他们俩都是出色的团队成员，而且非常喜欢竞争，就此问题，他们已经针锋相对地交换过意见，双方都有道理。

作为主管的你如何认识这一问题？将采取下列哪一种做法？

1.等着瞧会发生什么事情。

2.让个人按自己的方式处理报告。

3.建议两人把各自的想法结合起来，以便双方都能达到自己的目的。

4.独立地研究一下形势，确定谁是正确的，告诉他们执行决定。

5.要求他们制定出双方都能接受的解决方案，即让他们都做出让步。

三、行为意向阶段

冲突的第三个阶段是行为意向阶段，这一阶段的特点体现在团队成员意识到冲突后，要根据冲突的定义和自己对冲突的认识与判别，开始酝酿和确定自己在冲突中的行为策略和各种可能的冲突处理方式。行为意向的可能性包括以下几种②。

（一）回避

回避是一种团队成员不相互合作处理冲突的消极行为意向。这种行为意向

① 章义伍．如何打造高绩效团队[M]．北京：北京大学出版社，2005：135-136.

② 斯蒂芬·P 罗宾斯．组织行为学[M]．孙健敏，李原，译．北京：中国人民大学出版社，2012.

表现在对冲突采取的既不合作，也不维护自身利益，使其不了了之的做法上。此方法适用于解决起因于琐碎小事并无关宏旨的团队冲突。

（二）合作

合作是一种团队成员自我肯定并相互合作处理冲突的积极行为意向。这种行为意向旨在通过与对方一起寻求解决问题的方法，进行互惠互利的双赢谈判来解决冲突。此方法适用于解决成员之间共同利益较多和具有理解、沟通基础的团队冲突。

（三）妥协

妥协是一种团队成员的相互合作程度与自我肯定程度均处于中等水平的处理冲突的行为意向。妥协可以看作半积极的行为意向。具有这种行为意向的双方都会放弃一些应得的利益，以求事物的继续发展，双方也会共同承担后果。妥协在一定程度上类似于合作。在团队为处理复杂问题而寻求一个暂时的解决方案时常常会用到这种方法。

（四）竞争

竞争是一种团队成员自我肯定但不相互合作处理冲突的行为意向。这种行为意向旨在寻求自我利益的满足，而不考虑他人，它在团队中具有一定的对抗性。当团队需要在做出快速、重大的决策后采取重要的但不受欢迎的行动时往往会用到这种方法。

（五）迁就

迁就是一种团队成员自我不肯定并相互合作处理冲突的行为意向。这种行为意向旨在维持整体的友好共存关系，冲突一方做出让步，甚至愿意自我牺牲，以服从他人的观点。此方法适用于将团队工作的重点放在营造和谐、平静气氛条件下的冲突的解决。

四、冲突出现阶段

冲突出现阶段是指冲突公开表现的阶段，也称行为阶段。进入此阶段后，不同团队冲突的主体在自己冲突行为意向的引导或影响下，正式做出一定的冲突行为来贯彻自己的意志，试图阻止或影响对方的目标实现，努力实现自己的愿望。其形式往往是一方提出要求，另一方进行争辩，是一个相互的、动态的过程。

这一阶段的行为出现，体现在冲突双方进行的说明、活动和态度上，即一方采取行动来看另一方的反应。此时，冲突的行为往往带有刺激性和对立性，而且有时外显的行为会偏离原本的意图。

五、冲突结果阶段

冲突对团队可能造成两种截然相反的结果。

（一）积极的结果

导致积极结果的冲突是建设性的冲突。这种冲突对实现团队目标是有帮助的，可以增强团队内部的凝聚力和团结性，提高决策的质量，调动员工的积极性，提供问题公开解决的渠道等，尤其是激发改革与创新。一般来说，每个人都有一定的工作模式，只有当某人向我们的效率发出挑战，并在某种程度上发生冲突时，人们才会考虑新的工作方法，开始积极的改革和创新，这就是冲突的积极结果。

此外，研究表明，有益的冲突还有助于做出更好、更有创新性的决定，并提高团队的协作效率。如果团队的意见统一，绩效的提高程度可能反而较小。有时，建设性冲突还能决定一个公司的成败。

（二）消极的结果

导致消极结果的冲突是破坏性的冲突。这种冲突会给团队带来一些消极的影响，如凝聚力降低、成员的努力偏离目标方向、组织资源的流向与预期相反、团队的资源被浪费等。更严重的是，如果不解决这种冲突，团队的功能将会彻底瘫痪，甚至威胁到团队的生存。

例如，美国一家著名的律师事务公司倒闭，其原因只是因为80位合伙人不能和睦相处。一位法律顾问在解释时说："这家公司的合伙人之间有着原则性的差异，是不能调和的。这家公司没有经济上的问题，问题在于他们之间彼此相互憎恨。"可见，消极冲突的危害多么严重。

团队建设实例

希尔斯转轨零售业务

1925年，希尔斯公司建立零售商店，直接出售货物。这与以前希尔斯公司仅仅散发商品名册的方法有着明显的不同，正因如此，希尔斯公司的销售策略伴随着冲突。

希尔斯公司的组织结构是高度集中的，它绝对限制零售商店的决策权限，这与每家零售店为顾客服务的愿望发生了本质的冲突——零售店管理需要更多的自主权。

希尔斯公司为了解决这种冲突，在20世纪40年代早期建立起一套新的分权机构，成功地促进了希尔斯公司零售业务的发展。

第三节 冲突的处理

团队冲突是团队发展过程中的一种普遍现象。美国管理协会进行的一项针对中层和高层管理人员的调查表明,管理者平均要花费20%的时间来处理冲突,可见,有效解决团队中的冲突问题至关重要。当发生团队冲突时,首先要对冲突的性质进行全面而细致的分析。在实践过程中,人们常常会遇到各种各样的冲突:有的已形成现实,有的还是潜在的;有的水平过低,有的水平过高;有的是建设性的,有的是破坏性的。所以必须要分清各种各样的冲突,才能采取有效的技术,有针对性地解决问题。这里所说的处理团队冲突包括消除破坏性的冲突和激发建设性的冲突两个方面。

一、消除破坏性冲突的技术

消除破坏性冲突的技术有以下几种。

(一)问题解决

问题解决的技术又称“正视法”,即发生团队冲突的双方进行会晤,直面冲突的原因和实质,通过坦诚的讨论来确定并解决冲突①。在讨论过程中要注意沟通策略,不能针对人,只能针对事,因为这种技术是以互相信任与真诚合作为基础和前提的,其具体做法如下。

1.召开面对面的会议。这是指把问题摆在桌面上,以正式沟通的方式,列出导致团队冲突的主要分歧所在,不争胜负,只允许讨论消除分歧和妥善处理冲突的方法及措施。

2.角色互换。由于成员信息、认识、价值观等主观因素的不一致,常常会引发冲突。鉴于此,团队成员之间可以设身处地为对方着想,从而达到相互理解、解决冲突的目的。

(二)转移目标

转移目标的技术包括两个方面:一个是转移到外部,指双方可以寻找另一个共同的外部竞争者或一个能将冲突双方的注意力转向外部的目标,来降低团队内部的冲突;另一个是目标升级,指通过提出能扩大双方利益的高一级的目标,来减少双方现实的利益冲突。更高的目标往往由上一级提出。

在团队中转移目标和目标升级的过程可以使冲突双方暂时忽略彼此的分歧,从而使冲突逐渐化解。同时,由于目标的变化,双方共同合作的机会增加了,

---

① 盖伊·拉姆斯登,唐纳德·拉姆斯登.群体与团队沟通[M].冯云霞,等,译.北京:机械工业出版社,2003:143-144.

这有利于双方重新审视自己工作中的问题,从而加强成员间的共识与合作。

但此法知易行难,因为在实际操作中,冲突双方必须相互信任,而且共同目标的制定也不能太过于理想化而脱离实际,这对于团队管理者来说是很困难的。

（三）开发资源

如果冲突的发生是团队资源缺乏造成的,那么致力于资源的开发就可以产生双赢的效果;如果是由于缺乏人才,团队就可以通过外聘、内部培训来满足需要;如果是由于资金缺乏或费用紧张,则可以通过申请款项和贷款等方法来融通资金,以满足不同团队的需求,从而化解冲突。

（四）回避或抑制冲突

回避或抑制冲突是一种消极的解决冲突的技术,是一种试图将自己置身于冲突之外,或无视双方分歧的做法,以“难得糊涂”的心态来对待冲突。这种方法常适用于以下情形:在面临小事时;当认识到自己无法获益时;当付出的代价大于得到的报偿时;当其他人可以更有效地解决冲突时。当问题已经离题时,此方法可以避免冲突的扩大;当冲突主体相互依赖性很低时,这种方法还可以避免冲突或减少冲突的消极结果。

回避或抑制冲突的具体技术主要有:①忽略冲突并希望冲突消失;②控制言行来避免正面的冲突;③以缓和的程序和节奏来抑制冲突;④将问题束之高阁不予解决;⑤以组织的规则和政策作为解决冲突的原则。

（五）缓和

缓和法的思路是寻找共同的利益点,先解决次要的分歧点,搁置主要的分歧点,设法创造条件并拖延时间,使冲突降低其重要性和尖锐性,从而变得易于解决①。虽然此法只是解决部分的而非实质性的冲突,但却在一定程度上缓和了冲突,并为以后处理冲突赢得了时间。具体的方法如下。

第一,降低分歧的程度,强调各方的共同利益和共同做法,使大事化小,小事化了。

第二,相互让步,各有得失,令各方都能接受,即中庸之道,需要双方都做出让步才能取得大家都能接受的结果。应当注意的是,冲突很可能还会反复,因此要尽快实质性地解决问题。

（六）折中

折中实质上就是妥协,团队冲突的双方进行一种“交易”,各自都放弃某些东西而共同分享利益,适度地满足自己的关心点和满足他人的关心点,通过一系列的谈判和让步避免陷入僵局,冲突双方没有明显的赢家和输家。这是一种经常被人们所使用的处理矛盾的方法,一般有助于改善冲突双方的关系并使之保持和谐。

折中方法通常在以下场合运用:①当合作或竞争都未成功时;②由于时间有

---

① 胡丽芳,张焕强. 团队管理实务[M]. 深圳:海天出版社,2004:227.

限而采取的权宜之计；③当对方权利与自己相当时；④当为了使复杂的问题得到暂时的平息时；⑤尽管目标很重要，但不值得与对方闹翻时。

运用此方法时，要注意双方应当相互信任并保持灵活应变的态度，不能为了短期利益，牺牲了长远利益。

（七）上级命令

上级命令是指通过团队的上级管理层运用正式权威来解决冲突。当冲突双方通过协商不能解决冲突时，应按“下级服从上级”的团队原则，强迫冲突双方执行上级的决定或命令。

这种使用权威命令的方法一般是不能从本质上解决问题的，只有在紧急情况下才有其特殊的作用，不能滥用命令，发号施令，要注意上级裁决的公正性。

（八）改变人的因素

团队之间的冲突在很大程度上是由于人际交往技巧的缺乏造成的，因此，运用行为改变技术（如敏感性训练等）来提高团队成员的人际交往技能，有利于改变冲突双方的态度和行为。此外，通过对冲突较多的部门之间的人员进行互换，也有利于工作的协调和冲突的缓解。

（九）改变组织结构因素

通过重新设置岗位、进行工作再设计及调动团队小组成员等方式，可以因改变正式的组织结构、变化工作目标而减缓冲突，也可以协调双方相互作用的机制，还可以消除冲突根源。进行团队改组，重新设计团队现有的工作岗位和责权利关系，以确保职责无空白、无重叠，即基于新的任务组建新的团队，将有利于彻底地解决冲突。

二、激发建设性冲突的技术

缺乏建设性冲突而使公司蒙受损失是必然的。有些公司甚至只提升那些“和事佬”，这些人对公司忠诚到了极点，以至于从不对任何人说一个“不”字。由这样的人组成的团队和公司难道能够取得成功吗？这里介绍几种主要的激发建设性冲突的技术。

（一）运用沟通技术

沟通是缓解团队成员之间的压力及矛盾的一种最有利的方式，同样也是激发团队建设性冲突的技术。运用沟通技术主要分为以下两种情况。

1.上级向下属团队提倡新观念，鼓励成员创新，明确冲突的合法地位。对于冲突过程中出现的不同意见乃至一些未确认的“错误”，团队管理者不应轻易地进行批评、指责，而是要给予冷静的分析，对引发冲突的原因进行深入的思考。例如，惠普公司会对持不同意见的人进行奖励，不论其想法是否被企业采纳。又如，IBM 的员工可以评判和批评自己的上司，向上司提出质疑，而不会受到惩罚。这些都是运用沟通激发的有效冲突。

2.运用具有威胁性或模棱两可的信息促进人们积极思维,改进对事物漠然处之的态度,提高冲突的水平。例如,团队的领导者在任命重要职位的干部时,可以先把可能的人选信息通过非正式的渠道散布为“小道消息”,以试探和激发公众的不同反应与冲突。当引发的负面反应强烈,冲突水平过高时,则可以正式否认或消除信息源;若冲突水平适当,正面反应占主导地位时,则可发布正式任命。

(二)鼓励团队成员之间的适度竞争

鼓励竞争的方式包括开展生产竞赛、公告绩效记录、根据绩效提高报酬支付水平等。竞争能够提高团队成员的积极性。但是,必须注意对竞争加以严格控制,严防竞争过度和不公平竞争对团队造成的损害。

(三)引进新人

引进新人作为激励现有成员的作用机制,被人们称作“鲶鱼效应”。其机理在于通过从外界招聘或内部调动的方式引进背景、价值观、态度或管理风格与当前团队成员不相同的个体,来激发团队的新思维、新做法,造成与旧观念的碰撞、互动,从而形成团队成员之间的良性冲突①。此方法也是在鼓励竞争,而且,从外部进入的不同声音,还会让领导者“兼听则明”,做出正确的决策。

(四)重新构建团队

重新构建团队是指改变原有的团队关系和规章制度,变革团队和个人之间的相互依赖关系,重新组合成新的工作团队②。这种做法能打破原有的平衡和利益关系格局,从而提高冲突水平。重新构建团队与前面的“改变组织结构”是相似的,不同的是,这里的“构建新团队”的技术是主动的,而前面的“改变组织结构”的技术是被动的。

案例

空降兵与铁营盘

民营企业老板,普遍有一种想把事业做大,打造著名品牌企业的野心,所以他们通过各种途径,寻找能为自己事业带来跳跃性发展的高级管理人才,但同时他们也心存迷惑:该如何选择和引进职业经理人?

LQH 企业集团创建于 20 世纪 90 年代,最初的主要产品为男士正装,以设计、制作、销售中高档职业装为主。企业创始人董先生凭着丰富的市场经验、超

① 胡丽芳,张焕强. 团队管理实务[M]. 深圳:海天出版社,2004:228-229.
② 黄培伦. 组织行为学[M]. 广州:华南理工大学出版社,2002:257-258.

前的设计理念，使这家企业在短短几年内便发展成为国内知名的男装品牌，并连续几年在国内市场排名中名列前茅。今日的LQH企业集团有员工5 000多人，其中，30%的人员搞研发，40%的人员从事销售和服务，公司资产达20亿元，在全国主要大中型城市建有几百个销售网点，已成为国内著名的服装企业。

2005年以后，LQH集团进入高速发展期，随着全新品牌的推出以及业务范围的不断拓展，公司既有的管理人员出现了严重的瓶颈现象。LQH企业集团是一家传统的家族式企业，公司的管理人员很多都是公司当初创建时的元老，他们大多大权在握，掌管着公司的各项重大决策。然而，他们的管理理念和知识体系相对陈旧，明显阻碍了公司经营目标的实现。因此，LQH企业集团高层经过缜密的考虑，决定从外面引进一名CEO，希望可以借此给公司注入新鲜血液，使公司走出新路，再次腾飞。

2010年3月1日，张某正式空降LQH企业集团，出任该公司总经理。张某今年36岁，毕业于国内某名牌大学，而后又获得著名大学的MBA学历，曾在一家著名的跨国公司担任部门经理三年、总裁助理一年，可以称得上是年轻有为。LQH企业集团正是被张某这些耀眼夺目的条件所吸引。

鉴于职业经理人和企业大多一见钟情，随后又前赴后继的“离婚”现象，张某离开外企前查阅了大量资料，探出了“空降兵败走麦城”的重要原因：没有任免权，没有决策权，没有执行权。因此，张某面对LQH企业集团公司的邀请，谈的第一个条件不是薪水，而是其享有的权利：足够的决策权，在必要的时候，可以先斩后奏。LQH公司思考了一段时间后，点头应许。因此，张某的空降可谓是“有备而来”的。

一上任，张总就发现LQH企业集团管理上存在很多弊端，严重阻碍了他工作正常、顺利地开展。现有的高层几乎都是公司创建时的元老，而且他们都来自同一家族——董氏家族，利益联系紧密，公司几乎所有重要部门都由这些元老所掌控着。他们大权在握，不懂得如何授权，不善于听取下面员工的意见和建议，因此公司经营中的问题他们无法及时获知，从而经常导致决策的延误和迟缓，影响公司业绩。此外，公司并未制定一整套严格、完善的规章制度以备遵照执行，员工在工作时随意性较大，不受太多约束，这样便逐渐形成了一种我行我素的工作作风，不利于公司的进一步发展。

针对LQH企业集团存在的问题，张某在对其进行了深入了解和分析之后，决定采取一定的措施来改变目前这种状况。张某设计出一套改革方案，提交给集团董事会。

这套改革方案主要涉及“换人员”和“建制度”两个方面。

1.对现有人员结构进行相应调整

公司元老级人物虽然曾经对公司的发展功不可没，但他们的管理理念显得过于陈旧，显然不再适应公司现在的发展需要。因此建议公司可以让部分元老

提前退休，并给予他们一笔丰厚的养老金，希望他们能把更多的机会留给有能力的年轻人。同时，张某拟从企业外部引进一批优秀的中层管理人员，给企业带来新鲜的空气、先进的管理理念，为企业的发展注入新的动力。

2.建立一套完整的规章制度体系

公司有必要引进国外一些先进的管理制度，使其管理更加制度化、规范化，这对于公司长远的发展是至关重要的。张某自己也设计出一套管理制度，主要包括中层以上干部的责权利问题、企业实行双向沟通问题、公平有效的绩效考核问题和明确的奖惩制度问题，以此推动企业经营业绩的提高。

张总在工作中逐渐发现，自己多年在跨国公司所形成的工作作风以及自己的个性特征，与 LQH 企业集团的企业文化不太吻合。

张总身上具有跨国公司所倡导的强势的工作作风。在工作中，一旦认为自己是对的，张某都会据理力争，绝不示弱，不管对方是谁，有时说话的语气还很强硬，所以难免会出现比较尴尬的场面。但在张某看来，这一切都很正常，自己完全是就事论事，再说各抒己见可以使大家博采众长，取长补短，这对于公司决策的制定是有百利而无一害的，自己的"强势"绝不是冲着某人或对某人有意见而采取的一种报复方式。可在公司其他人看来，张某这种太过强势的态度是一种对他人的不尊重，尤其是在 LQH 企业集团这样一个有着浓厚的家族色彩的企业，公司领导层全是家族成员，张某在讨论问题时咄咄逼人的气势使他们觉得自己的威严受到了极大的挑战，心里极不舒服。另外，张某的这种强势的工作作风与 LQH 企业集团长期秉持的"人和"的企业文化相冲突，这两者之间的冲突使张某感觉到自己有力无处使，企业的这种企业文化限制了其才能的真正发挥。

张总这个人非常自信，对自己的工作方式总是深信不疑。民企老板大多学历不高，当他认为自己的某项决策对公司有利，而又极可能得不到公司高层的支持与理解时，他便采取先斩后奏的方式，毕竟公司当初赋予了他这种特权。张总的这种举措常常令公司高层措手不及。当然，如何与集团公司的其他主要高层负责人能够有好的关系、能够有一致的管理思路，以及能否融入这个"集体"的怀抱，也是张总在考虑、权衡的事情。

案例讨论题

1.如何看待民营企业和外资企业之间的文化差异与冲突？

2. 如何看待民营企业家和"空降兵"之间的信任问题？家族制企业中的"空降兵"应如何处理经营管理团队的建设及工作配合问题？

3."空降兵"刚登陆一家企业时，缺乏人脉，文化也往往有差异，使其工作难以顺利开展。针对此种情况，请谈谈你的看法。

4.管理团队与普通工作团队各存在哪些冲突？应如何处理好两类不同的冲突关系？

本章小结和应用意义

团队冲突理论主要研究的是团队内部不同形式的不和谐情况能否处理好的问题。团队冲突是团队管理工作中重要的课题，只有避免过多的团队冲突，才能充分发挥团队合作精神。

本章主要从团队冲突的特性分析入手，描述了团队冲突的过程，并重点讨论了消除破坏性冲突和激发建设性冲突的技术和策略。作为一个管理者，应对团队冲突有较明确、清楚的认知和理解，应了解冲突的现象、过程、产生原因并激发有益冲突。只有有效地解决了冲突问题，管理者才能打造一支高绩效的团队。

思考讨论题

1.什么是哈克曼的五种“绊索”？

2.简述冲突观念的发展。

3.辨析功能正常的冲突和功能失常的冲突。

4.简述冲突的过程。

5.激发建设性冲突有哪些策略？

团队训练游戏

团队游戏一：学习的团队

准备事项

1.准备三个需要讨论的小案例并将其复印若干份。

2.把所有的成员分为若干组，每组 4~6 人。

步骤

1.向你的团队说明案例与团队成员的关系。

2.解释活动的目的。

3.把案例资料发下去,要求每一组选出一名发言人陈述他们的意见,每个案例限时10分钟。

4.在各组发言的过程中,鼓励大家参与讨论,要求大家对每个团队的发言做出反馈。如果你觉得哪个团队对相关案例中难度较大的问题的解决不到位,可以进一步追问。

备选案例

案例一:在团队会议中偷走时间的人。

你们的会议正在进行中。看起来许多时间都在无关紧要的讨论中浪费掉了。

1.你需要立即做什么?

2.你今后应当怎么做?

案例二:优先安排哪个问题。

你是一个产品开发团队的兼职成员,该团队致力于开发一种非常重要的产品。不过,你还承担着一些你所在的部门正在进行的一些相关工作。

哪些问题有助于你安排多方面工作的先后次序?

案例三:关键的跨职能团队问题。

你注意到另外一名团队成员并没有与其他成员同心协力分担团队的任务。

1.如果你是团队的领导,你会怎么做?

2.如果你只是一名团队成员,你会怎么做?

活动目的

学习解决典型的团队问题的方法。

讨论

最后,让大家讨论:你从案例中学到了什么?以下是可以提出的问题。

1.案例中,哪些东西有助于一个团队解决所有的问题?

2.你从中了解到作为一个有效的团队成员应当具备什么素质?

3.这些情景与你所在的团队遇到的问题有什么不同?

4.作为这一活动的结果,你会在你的团队准则清单上加上什么样的新行为标准?

应用

1. 促进学员正确认识团队中的差异与冲突。

2. 提高学员解决团队中问题的能力。

团队游戏二:寻找你的美好

参与人数:2人一组　时间:30分钟

道具:记事本　场地:不限

规则和程序

1.向大家暗示,我们每个人都希望赢得别人的尊重。

2.让每个组写出 4~5 个他们所注意到的自己搭档身上的特点,诸如:

- 一个身体上的良好特征,如甜美的笑容、悦耳的嗓音等。
- 一种极其讨人喜欢的个性,如体贴他人、有耐心、整洁细心。
- 一种引人注目的才能或技巧,如良好的演讲技巧、打字异常准确。

3.所列出的各项都必须是积极的、正面的。

4.当他们写完后,每两个人之间展开自由讨论,每个人都要告诉对方自己所观察到的东西。

5.建议每个人把其搭档所做出的这些积极的反馈信息记录下来,在自己很沮丧的时候阅读。

讨论

1.你觉得这个游戏令你感到愉快吗?如果不是,为什么?(对于这些积极的反馈信息的接收者或施予者来说,这个游戏可能是个全新的体验。)

2.为什么对我们中的大多数人来说,赞扬别人是一件困难的事情?

3.我们如何才能更加轻松地给予别人积极的反馈信息?(首先发展相互之间密切的关系、提供确切的证据、选择适当的时间。)

4.让我们如何才能更加轻松地接受别人反馈的积极肯定的信息?(尝试去优雅地接受它;在对它进行质疑前,先好好地思考一下它的客观性,允许自己对它感觉良好。)

5.为什么有些人很快就给予别人负面的评价,而几乎从来不提别人的优点?

总结

1.这个游戏有很好的效果,尤其是当参与者已经相互认识了一段时间时,这个游戏可以帮助他们建立更深厚的友谊,也可以帮助每个人建立自信。其实,当一个培训课程开始后,这个班级就形成了一个新的集体,其中的每个学员都希望从中获得知识以外的东西,包括友谊和肯定。这个游戏可以满足学员这方面的要求。

2.做好这个游戏,会给每个学员留下美好的记忆。可以帮助他们度过以后的难关。当他们遇到挫折或者受人质疑时,他们可以回顾这段美好的回忆,能够找回自信。

3.如果学员是各个公司的管理者,应该让他们将这个游戏引进到自己公司的会议或培训里去,让每个员工都有机会从中受益。

应用

1. 帮助员工正确认识组织中的冲突,实现团队中有效地与员工沟通。

2. 鼓励员工相互给予正面的积极信息。

3. 用于对员工的组织激励。

第八章　团队绩效
——添柴送风旺火焰

学习目标

- ➤ 理解团队绩效管理的概念
- ➤ 掌握影响团队绩效的因素
- ➤ 掌握团队绩效测评体系的一般设计方法
- ➤ 了解团队绩效测评流程
- ➤ 了解如何根据团队绩效测评结果对团队整体和团队成员进行激励

引导案例

业绩考核是否正确和有用

DY集团是世界著名的跨国公司，在66个国家拥有20多万名员工和300多个办事机构，其业务范围涉及电子、机械、航空、通信、商业、化学、金融和汽车等领域。该公司在中国各地投资兴建了几十家生产和销售公司。由于各家公司投产的时间都不长，内部管理制度的建设还不完善，因此，其在业绩考核中采用的是设计和实施相对比较简单的“强制分配法”。各个公司的生产员工和管理人员都是每个月进行一次业绩考核，考核的结果对员工的奖金分配和日后的晋升都有重要的影响。不过，这家公司的最高管理层很快就发现这种业绩考核方法存在许多问题，但又无法确定问题的具体表现及其产生的原因，于是他们请北京的一家管理咨询公司对企业的员工业绩考核系统进行诊断和改进。

咨询公司的调查人员在实验性调查中发现，该外资企业在中国的各个分公司都要求在员工业绩考核中将员工划分为A，B，C，D，E五个等级，A代表最高水平,E代表最低水平。按照公司的规定,每次业绩考核都要保证员工总体的4%~5%得到A等评价,20%得到B等评价,4%~5%得到D或E等评价,余下的大多数员工得到C等评价。在员工业绩考核的依据中,"工作态度"占30%,"工作业绩"占40%~50%,遵纪守法和其他方面占20%~30%。被调查的员工认为,在业绩评价过程中存在着轮流坐庄的现象,且评价过程受员工与负责评价工作的主管的人际关系的影响,结果使评价过程与员工的工作业绩之间联系不够紧密,因此,业绩考核虽然有一定的激励作用,但是效果不太明显。而且,评价的对象强调员工个人,而不考虑各个部门之间业绩的差别。此外,在一个整体业绩一般的部门工作,工作能力一般的员工可以得到A或B;而在一个整体业绩好的部门,即使员工非常努力,也很难得到A甚至B。员工还指出,他们认为员工的绩效考核是一个非常重要的问题,这不仅是因为考核的结果将影响到自己的奖金数额,更主要的是,员工需要得到一个对自己工作成绩的客观公正的评价。员工认为,业绩评价的标准比较模糊,不明确。销售公司人员抱怨,销售业绩不理想在很多情况下都是由于市场不景气或自己所负责销售的产品在市场上的竞争力不高造成的,这些都是自己的能力和努力无法克服的,但是在评价中却被评为C甚至D,所以他们觉得目前这种业绩考核方法很不合理。

现在,咨询公司已经结束了实验性调查,下一步需要咨询公司向这家公司的管理总部提交一份工作报告,以指出公司业绩考核体系中存在的主要问题和今后的改进方向。

第一节　团队绩效概述

一、绩效与绩效管理

绩效管理是组织活动中最重要的环节之一。通过绩效管理,管理者能够及时、准确地把握员工和团队的真实绩效。而且,绩效管理的作用不仅在于为薪酬、奖惩、职位升降、培训等决策提供依据,更在于为员工和团队提供及时的绩效反馈,使之扬长避短,为其在下一步的绩效改进与提高中制订合理的计划,亦为做出正确的决策提供依据。

(一)绩效的定义

从现实的组织管理工作的角度来理解,"绩效"是指员工在完成组织的经济效益方面的成果与贡献的具体形态,包括数量和质量两方面的内容,如营销员完成商品的销售额、门诊医生看病的人数和治愈率等。"绩效"的英文为"performance",其直译的中文含义是"表现",是个体或群体的工作表现、直接成绩和最终效益的统一体。

进一步分析，对于绩效一词的理解，存在着“绩效是结果”“绩效是行为”“绩效是能力”三种不同含义的认识。“绩效是结果”的观点是经常采用的含义，该观点将绩效定义为“在特定的时间内，由特定的工作职能或活动产生的产出记录，工作绩效的总和相当于关键和必要工作职能中绩效的总和（或平均值）”。“绩效是行为”的观点将绩效定义为“一套与组织或个体所工作的组织单位的目标相关的行为”，主要是观察个体在完成某项工作过程中的相关角色行为。“绩效是能力”的观点则认为绩效评估的是个体所拥有的完成某项工作所具备的知识和能力，认为基于能力的判断是“向前看”的绩效管理方式，能力是造就这种绩效的个人素质前提。

（二）影响绩效的因素

管理学指出，绩效受多种因素的影响，是员工个人素质和工作环境共同作用的结果。这些因素包括技能、激励、机会和环境，可以用下面的公式来反映①：

$$P=f\ (s,m,o,e)$$

式中，P 为绩效；s 为技能；m 为激励；o 为机会；e 为环境；f 则表示上述各因素之间的函数关系。

1.技能（skill），是指员工本身的工作能力，是员工的基本素质。

2.激励（motivation），是指员工的工作态度，包括工作积极性和价值观等各种因素。

3.机会（occasion），是指可能性或机遇，主要由大环境所决定。

4.环境（environment），是指员工进行工作的客观条件，包括物质条件、制度条件、人际关系条件等。

其中，“技能”与“激励”两方面是主观方面的原因，是创造绩效的主观因素；“机会”与“环境”两方面是影响绩效的客观原因，是绩效状况的外部制约因素。

（三）绩效管理

人们对“绩效管理”一词，有着不同的理解。从绩效管理对象的角度看，可以将其分为三种观点。

1.绩效管理是对组织员工的绩效进行管理的体系。在组织对一个员工进行绩效考核以后，还要进行什么方面的管理工作？这就是绩效管理所要解决的问题，也是对绩效考核环节的扩大，一般要延伸到考核以后的奖惩措施以及培训和岗位调整等人事措施的制定。该观点更多地体现了绩效管理的技术层面。

2.绩效管理是对组织的整体绩效进行管理的体系。这是更新的看法，可以说是现代意义上的绩效管理观点。该观点更多地体现的是管理思路的层面——往往具有战略管理的特征。

3.绩效管理是把对组织绩效的管理和对员工的绩效管理两个方面结合在一

---

① 余凯成．人力资源开发与管理[M]．北京：经济管理出版社，1997：120.

起的体系。这是最全面的绩效管理观点。

从绩效管理活动的角度看,绩效管理是一个流程,具有许多方面的内容:从设定目标开始,继而进行工作分派、配置资源、建立规则、确定指标、工作运行、实时控制、结果验收、考核评价、反馈面谈、薪酬兑现、制定奖惩措施、制定人事措施、评价流程、调整目标等一系列的工作。

绩效管理与传统意义上考核有密切的联系。传统意义上考核的结果可以为组织的绩效管理提供大量有用的信息,其主要的应用范围包括:向员工反馈考核结果;帮助员工改进绩效;为任用、晋级、提薪、奖励等后续的人力资源管理措施的制定提供依据;检查组织管理的各项相关工作状况及组织政策,如检查企业在人员配置、员工培训等方面是否有成效等。

课堂讨论

绩效高就应该晋升吗?

自古以来,中国在人才选用上一直存在着一个习惯性的误区,那就是,在决定一个重要职位特别是管理职位的人选时,往往以候选人以往的绩效作为晋升的依据,认为谁以往的绩效高,谁就该获得晋升。从现代人力资源管理的角度看,这种选用人才的做法是不科学的。每一个职位对其任职者的素质都有相应的要求,不同的职位对其任职者素质的要求是不同的。某个人在某一级职位上绩效很高,不一定在其上一级职位上的绩效也很高。在判断某个人是否适合某个职位时,关键要看这个人的素质能否与这个职位对其任职者的要求相匹配,也就是说应以素质考评的结果作为晋升依据。候选人以往的绩效不能直接作为晋升的依据,而只能作为晋升的一种参考。如果候选人以往的绩效中充分反映了新职位所要求的那些素质特征,那么其以往的绩效就可以作为晋升的直接依据;相反,如果候选人以往的绩效中没有反映出新职位所要求的那些素质特征,那么其以往的绩效就根本不能作为晋升的依据,而应当对其进行科学、客观的素质考评,而后再做决断。《资治通鉴》上说,“夫以官赏功有二害,非才则废事,权重则难制”,与此是一个道理。

可是,对于绩效很高却落选了的候选人,我们该怎样保护他们的积极性呢?对于这个问题的解决,古人其实也有非常精彩的论述,即“任能以官,酬功以爵”。就是说,应把领导职位授给那些有领导能力的人;对那些有功之人,如果其没有领导能力,则可以给予其相应的地位、待遇或奖励。

思考

1.你同意上面的说法吗？你如何看待“功绩”与“升迁”的关系？

2.什么是人的绩效和贡献？如何界定？它们包括哪些内容？如何分类？

3.试提出对“有功未升迁”的团队员工的酬劳手段。

二、团队绩效[①]

本部分对团队绩效的定义及影响团队绩效的因素进行阐述。

（一）团队绩效的定义

什么是团队绩效？由于研究者的研究目的不同，对团队绩效概念的界定也不同。

1.广义的定义。广义的团队绩效是指团队实现预定目标的实际结果，主要包括三个方面：团队生产的产量（数量、质量、速度、顾客满意度等）；团队对其成员的影响（结果）；提高团队工作能力，以便将来更有效地工作。

2.常用的定义。较为流行的团队绩效定义主要包括三个方面：团队对组织既定目标的达成情况；团队成员的满意感；团队成员继续协作的能力。

（二）影响团队绩效的因素

影响团队绩效的因素通常有四种。

1.团队结构。团队结构包括团队规模、团队成员异质性、团队成员间的熟悉度等方面。对于团队结构与团队绩效的关系，目前还没有取得一致意见。

有研究认为，团队的规模和团队成员的异质性越大，团队成员获得信息的渠道越畅通，团队绩效就越容易得以提升。关于团队的合理规模，罗宾斯认为，好的工作团队规模一般较小，不多于 12 人[②]；王青认为，一个团队的适宜规模为 2~16 人[③]。一般认为，少于 16 人的团队规模与团队绩效成正比；超过 16 人后，团队规模的继续扩大将不利于团队绩效的增加。

异质性是个性、性别、态度、背景或经验因素的混合物。研究表明，异质性的组织更有可能获得成功。来自不同背景的员工若能在一起工作并向组织目标靠近，组织的绩效就会很高。但也不能一概而论。

对于团队成员间熟悉度的看法也不一致。一般认为，由相互熟悉的人们组成的团队要比由相互不熟悉的人们组成的团队更有效。但也有一些团队，在成立两年或三年后，群体资历和成员间的熟悉度的提高反而不利于团队绩效的提高。

---

① 蒋跃进，梁樑．团队绩效管理研究述评[J]．经济管理，2004(13)：46-49.

② 斯蒂芬·P 罗宾斯．组织行为学[M]．孙健敏，李原，译．北京：中国人民大学出版社，2012.

③ 王青．团队管理[M]．北京：企业管理出版社，2004：90.

小寓言

孩子，我找的就是你！

有一位贤明的、受人爱戴的国王老了，由于膝下无子无女，便决定在全国范围挑选一个孩子做义子，把王位传给他。

有一天，他给所有参与挑选的孩子每人发了一些花种子，并宣布谁如果用这些花种子培育出最美丽的花朵，就收谁为义子。

孩子们领回种子后，开始精心培育。他们从早到晚地给种子浇水、施肥、松土，谁都希望自己能够成为幸运者。

其中有一个男孩，也是整天精心培育着花种。但是，10天过去了，1个月过去了，花盆里的种子连芽都有没冒出来，更别说开花了。

这个男孩去请教母亲，母亲建议他把土换一换，但依然无效，母子俩束手无策。

国王定好的观花的日子到了，孩子们涌向街头，各自捧着盛开的花，等待着国王的巡视。

那个男孩无精打采地站在那样孩子中间，眼里含着泪花。国王把他叫到跟前问道：“你为什么端着空花盆呢？”

男孩把自己如何精心摆弄，但花种怎么也不发芽的经过说了一遍。还说自己曾在别人的花园里偷吃过一个苹果，花种不发芽肯定是报应。

国王听了男孩的话后，一把抱过他，说：“孩子，我找的就是你！”

国王见大家一脸疑惑，就解释道：“我发下的花种全部都是煮过的，根本就不可能发芽开花。”

捧着鲜花的孩子们都低下了头——他们全都将国王给的种子换成了别的种子。

启示：种瓜得瓜，种豆得豆；裁判是有尺度的。

2.团队成员的心理因素和性格特征。间接经验或示范和反馈影响团队绩效，在很大程度上是通过情感评价反应和可知觉的团队功效感来调节的。团队成员的团队功效感越高，其团队绩效也就越高。吉胡克等认为，“大五人格”[①]的各个方面因素，都对团队的绩效特别是技术开发团队的绩效有着重要的影响，它包括：为人谨慎，其内涵是责任心；性格外向；亲和力，也称宜人性；情绪稳定；良好的悟性，即开放性。

3.团队的激励。团队的管理方式可以看成是“委托—代理”关系，管理者希

① 大五人格是把人的个性人格特征划分为五大方面的一种心理学理论。

望成员为实现团队目标而努力工作、相互合作,而团队成员则从个人利益出发,投入到项目上的精力或努力的方向与管理者预期的往往不一致,因此,就产生了团队的激励问题。激励理论认为,组织成员之间的合作由于受目标不一致和信息不对称等因素的影响,经常被部分成员的机会主义行为所破坏,而建立适当的激励机制不仅能够减轻这种行为,而且能够提高团队绩效。

4.其他因素。除以上因素外,团队的目标、团队的领导、团队的氛围、团队的外部环境和组织特征等也会影响团队绩效。

三、对团队绩效的研究

目前,管理学界对团队绩效有很多新的研究成果,这些新的研究对搞好团队绩效管理有很重要的启迪作用,并能够为管理创新提供很好的借鉴。其主要内容如下。

(一)构造团队绩效生态模型

团队绩效生态模型注重的是对社会环境系统中的团队的研究,该模型引入生态学的观点,将团队与组织战略、组织文化、其他团队的互动影响等因素综合考虑。通过建立团队绩效生态模型,能够分析个体与团队、团队与团队、团队与组织之间的相互作用,是探索提高团队有效性的一种新途径。

(二)把团队绩效测评与组织绩效测评结合

组织绩效测评也称企业绩效测评,是站在一个单位整体的角度进行的测评,已经成为现代管理中有着丰富、详细内容的重要方法,如平衡计分卡。一些研究将团队的绩效评价与组织的绩效评价结合起来,以建立完善、系统的团队绩效测评体系。

(三)实现团队激励和个人激励的公平与公正

团队绩效理论研究的中心问题就是如何通过正确的管理和控制信息而使团队各成员的行动协调一致。结合“委托—代理”理论和现代激励理论,研究如何实现团队激励和个人激励的公平与公正问题是团队绩效理论研究的一个发展方向。

(四)研究新型团队的绩效

随着经济全球化的推进,现代社会中出现了许多新型团队,如跨组织动态联盟团队、虚拟团队等。新型团队与传统团队有着不同的运行规律和特点,对这些新型团队的绩效管理研究将是团队绩效理论研究的新课题。

团队建设案例

尊重个性的狼群

狼是一种社会性动物，狼不能离群索居。从两三只狼的小型群体到几十只狼的大型群体，狼会以各种方式聚集在一起。任何狼都无法单独过日子，无法不与别的狼发生直接和间接的接触。

但同时，狼又是一种极具个性的动物，你无法找出两只完全一样的狼，即使是孪生的狼也性格迥异。面对成员独特的个性和目标，我们怎么办呢？是压抑个体的特性，实现群体的高度统一？还是像狼一样，对所有成员的个性都给予尊重和鼓励？

对此，狼群已经给了我们最好的答案：只有鼓励成员发展个性，激发潜能，才能使组织具有永远的活力；只有尊重彼此的差异，异中求同，才能使团队变得更强大，成为一个不可侵犯的统一整体。事实上，个性与共性是同等重要的。狼群既讲究团队精神，又注重发挥单个狼的个性。可以说在狼身上体现了个性与共性的对立与统一。

一家公司恰似一条船，每个人都应该做好掌舵的准备。全体船员中没有哪个人会因为其个性突出的划桨而大受嘉奖。正是全部个体对集体的努力奉献，才使一个团队、一个组织、一个社会、一个国家得以运转。团队精神不是靠高谈阔论和深奥的推理得来的，而是将态度、共同的目标和各种制度、经验融于一体并付诸实践的结果。

每一个强大的公司品牌后面都有一个强大的团队，所有团队成员有着对事业的共同认识，彼此之间配合默契。但是每个团队成员都有自己的特点，每个成员都在扮演着别人无法取代的角色。正是由于团队成员之间默契配合，又不失各自图强的精神，才使团队的整体利益不断上升。

资料来源：特曼·托尔瑞．狼阵——团队合作之终极哲学[M]．北京：中国民航出版社，2005.

第二节　团队绩效测评的流程

一、设计团队绩效测评体系

在进行有效的团队绩效测评体系的设计过程中，特别需要考虑绩效测评的对象、数据来源、内容、操作过程、频度及道德风险等一系列的问题。

（一）绩效测评的对象

绩效测评的对象是个体成员还是整个团队？实践表明，如果仅仅测评团队的结果、行为或能力，由于没有认同个体的努力，则有可能造成社会懒散（Social Loafing）现象，即个体由于参与团队工作而使其在团队的工作效率比自己单独工作时的效率降低，也就是“吃大锅饭”的问题；而个体层面的绩效评估却很容易忽视优秀团队的互动和协同效应。团队绩效评估应给整个团队传达这样一个信息，即必须认识到团队里的问题以及团队成员共同开发团队的能力。团队绩效评估可以提高团队成员的自豪感和所有感，并不断地提高团队成员的认同感等①。

（二）绩效测评的数据来源

测评时的数据应该从哪里来？是否对所有类型的团队进行绩效测评时都要遵守同样的数据来源？例如，很多人认为，360°绩效测评所提供的信息最具有效性。据调查，在《财富》排出的全球1 000家大公司中，超过 90%的公司在职业开发和绩效测评过程中应用了 360°绩效测评系统。然而，自 20 世纪 90 年代以来，360°绩效测评却在不断地遭受来自不同方面的批评。

（三）绩效测评的内容

绩效测评大致经历了基于结果、基于行为以及基于能力的测评发展过程，随着团队工作和员工参与以及全面质量管理（TQM）等的引进，员工在工作中的角色也在进行着拓展。目前所经常强调的绩效测评的内容有：任务绩效（即关注任务的质量、数量等）、周边绩效（作为一个优秀的组织公民，其自身工作的外部——组织产生一定的任务之外的绩效）以及团队工作绩效（在问题解决和冲突处理过程中的相互配合、公开沟通、目标设定以及绩效测评中团队成员之间的合作等）。

员工的任务绩效主要是对组织的核心技术过程有贡献；而周边绩效和团队绩效则是对任务绩效的发生所处的组织的、社会的以及心理的背景有贡献。一般的绩效测评仅仅测评员工的任务绩效，而对员工的周边绩效和团队绩效关注得比较少。如果要使整个绩效测评具有战略性，仅进行结果的测评是不行的，还应该注重对行为和能力等的测评，并且要使对结果、行为和能力等的测评与组织战略和发展的方向一致。

（四）绩效测评的操作过程

绩效测评过程中谁执行测评、谁参与测评以及如何进行测评的问题，都会直接影响员工对绩效测评的公平感。

1.谁执行测评？一些企业在实施绩效测评时，采用了 360°绩效测评技术，但

---

① 刘帮成，唐宁玉．对团队绩效考核体系的战略性思考［J］．上海管理科学，2003（3）：59-60.

企业在选择测评者时往往走到了另一个极端,即各方面的测评者对每一个测评指标都要进行测评。其实,不同的测评者对不同的测评指标的了解程度是不同的,有的指标上级最了解,有的指标下级最清楚,还有的指标则是同级同事最有发言权。对某一具体的测评指标而言,让不了解该指标的测评者也参与对该指标的测评,其测评结果的有效性和可信度就会大打折扣。因此,不同的测评指标应由不同的测评者来进行测评,这样才是真正的360°绩效测评。同时,由于测评指标源于"岗位任务"和"岗位职责",与测评指标的内容相对应的那个关系主体就是该指标最有发言权的测评者①。

2.谁参与测评?由于涉及测评的公平性,就应该让员工参与对自己的测评过程,尤其是在对测评结果进行调整的过程中,更应该鼓励被测评人员的参与。

3.如何进行测评?系统的绩效测评的运作流程可以划分为以下五个步骤:①绩效测评标准体系的设计;②绩效测评的实施;③测评结果的分析和评定;④反馈测评结果及落实改进计划;⑤绩效测评结果的使用。这五个步骤是环环相扣的,其中任何一个环节出了问题都将直接导致绩效测评的失败②。

绩效测评应该依据《工作说明书》中的"岗位任务"和"岗位职责"的内容,为每个岗位建立起相应的《绩效测评标准表》,这就是目前先进的"一岗一书(工作说明书)一表(绩效测评标准表)制"。随着企业的不断发展,必须不断地对"绩效测评标准表"进行相应的调整。只有这样,我们的绩效测评才能保证企业从上到下的所有结果和行为始终都在支撑企业战略,从而使绩效测评的地位上升到企业的战略层面,成为企业战略的实施工具。

团队管理案例

山林公司的目标管理

山林公司经过几次考核方法的摸索与失败,形成了目前的绩效考核体系,包括每月的MBO(目标管理)评估(被评估人:全体员工)、季度优秀员工评选、年终考核(被评估人:中、高层管理人员)和年度优秀经理人评选(对象:部门经理)等。其中每月一次的MBO评估是基础。

每个员工每月都要与其直接经理沟通,共同确定自己下个月的工作目标并逐项量化,同时对上个月的完成情况进行打分。最后形成的这套一式三份的计

① 梁国新,索之津. 绩效考评中需澄清的N个问题[J]. 人才瞭望,2004(7):34-35.

② 梁国新,索之津. 绩效考评中需澄清的N个问题[J]. 人才瞭望,2004(7):34-35.

划书由员工本人、其直接经理和人力资源部各执一份。MBO 的评估结果与当月奖金直接挂钩。如果 MBO 所列的各项目标全部完成,该员工即可得到相当于其基本工资 40%的奖金。

山林公司实施目标管理的考核制度已经两年多了,一直在不断完善。2015 年度的 MBO 计划书只反映对每一项任务完成情况的打分,在打分过程中,员工肯定要和直接经理沟通,其直接经理知道他的具体情况,但是人力资源部可能就不清楚了。从 2018 年开始,公司要求员工对其当月 MBO 表中所列每个项目的完成情况做一个小结,附在其 MBO 计划书之后。这样,公司就能更具体地了解其做了什么,完成情况怎样,而不只是得到一个抽象的得分数字,这样也有利于高层经理和人力资源部横向地比较各部门的人员业绩。之前,在人力资源部,全体员工的 MBO 计划书是按月存放在一起的;今年,人力资源部给每个员工建了一个 MBO 档案,存放其每月的 MBO 计划书,这样更便于了解一个人的成长和其对公司的贡献。

人力资源经理介绍,刚开始实行 MBO 考核的时候,确实有一些阻力,之所以能一直贯彻下来是有原因的。首先,进行充分的沟通。山林的人力资源经理把全年的总目标、季度目标都向全体员工宣讲。每个部门也会把部门目标告诉员工。这样一来,每个员工都会有自己的理解,对自己应该做些什么会有一些大致的考虑。只有员工的认可度强了,整个工作才会得到很好的执行。其次,公司的目标管理考核指标具备可持续、可量化,以及通过努力才可以达到这三个特点。质量和超越是山林公司 MBO 的核心。最后,公司有一个价值体系去支持 MBO 系统。这个价值体系包括三点:第一是客户满意度,第二是团队精神,第三是结果导向。

讨论题

1.什么是绩效考核?绩效考核的哪些常用方法可以用在团队绩效的考核上?

2.什么是目标管理?它是一种什么性质的绩效考核方法?有哪些优点与不足?是否可以用于团队的绩效考核上?

3.为什么说目标管理需要团队精神?

4.试设计一个团队绩效考核的指标体系。

(五)绩效测评的频度

一般认为,企业的绩效测评就好比机器设备的自我检测反馈系统,测评的频度越高,就越能及早地发现和解决问题。由于员工每个月的工作表现是不同的,测评在很大程度上受测评者近因效应的影响,因此,测评的频度过低会影响测评结果的客观性和准确性。根据心理学的研究成果,激励讲究及时性,否则激励的效果会以指数关系递减,随着测评频度的降低,测评激励的效果也将迅速下降。

具体来说,绩效测评的频度取决于企业经营的具体状况和企业管理的实际水平。有观点认为,一般情况下,每月测评一次是最佳的,最低不能少于每季度测评一次。目前,已有很多企业实现了月度测评,有的甚至还做到每周测评、每日测评。

(六)绩效测评的道德风险问题

在整个绩效测评体系的设计中,应当高度重视“假公济私”之类的道德风险问题,因此,在测评实施中必须采取制度化的措施来预防和解决这类风险。这一类的道德风险通常包括在制定指标体系时或收集信息数据时,是否有作假行为;是否有侵犯他人隐私的行为;是否有向被测评人员做出的承诺没有兑现的情况等。

团队管理实例

海尔的“三工转换”绩效管理制度

“三工并存,动态转换”(简称“三工转换”)是指将全体员工分为优秀员工、合格员工、试用员工三类,即所谓的“三工”。三类人分别享受不同的待遇(包括工龄补贴、工种补贴、分房加分等),并根据工作业绩和贡献大小进行动态转换,全厂公布。公司内部有一套完善的绩效考核制度,业绩突出者进行三工上转,试用员工转为合格员工,合格员工转为优秀员工;不符合条件的进行三工下转,甚至退到劳务市场,在内部待岗。被退到劳务市场的人员无论原先是何工种均下转为试用员工,试用员工必须在单位内部的劳务市场接受三个月的培训后方可重新上岗。同时,每月由各部门提出符合转换条件的员工到本部门的人事部门,并填写三工转换建议表,然后由人事部门审核和最后公布。这样,员工逐步培养起“今天工作不努力,明天努力找工作”的职业意识,工作积极性被调动起来了,一部分员工三工上转,成为优秀员工,在一定程度上实现了自我价值。这个制度比较有效地解决了“铁饭碗”问题,增强了员工的危机感和进取精神,使企业不断焕发出新的活力。在“三工并存,动态转换”的用工制度中,员工的聘用全部采取公开招聘、公平竞争、择优聘用的方式。

资料来源:迈克尔·D 波顿:我眼中的中国第一首席执行官——挖掘张瑞敏的管理圣经[M]. 北京:民主与建设出版社,2002.

二、制订绩效计划

绩效计划是一个确定组织对员工的绩效期望并得到员工认可的过程。由于绩效包括结果绩效、行为绩效和能力绩效,因此,绩效计划必须清楚地说明期望员工达到的结果以及为达到该结果所期望员工表现出来的行为和技能,即确定工作目标和发展目标①。

（一）确定工作目标

工作目标的设计是一个自下而上的目标确定过程，这一过程将个人目标、团队目标与组织目标结合起来。工作目标的设计也是一个员工全面参与管理、明确自己的职责和任务的过程，是绩效管理的一个至关重要的环节。员工只有知道了组织或部门对自己的期望是什么，才有可能通过自己的努力达到期望的结果。

在团队的工作目标设计过程中，应注意以下几个方面。

1.个人目标应与团队目标保持一致。个人目标是团队或组织目标的细化，个人目标的实现应能促进团队或组织目标的实现。在这里，个人目标的设计应是从团队目标到个人目标的一个目标逐步分解的过程。在个人确定目标时，还应考虑团队或组织的战略目标、自己所在岗位的主要职责以及内部和外部客户的需求。

2.目标设计是成员与团队共同的任务。团队成员应自主设计自己的目标，并与团队的上级组织领导和团队内部的协调人的要求达成一致。在过去的绩效测评中，员工的目标设计往往是一个自上而下的过程，目标是强加给员工的，不管员工愿不愿意去做，也不关心员工能否实现。过去的一般做法是年初上级领导为员工设计目标，年终进行目标完成情况测评，没有任何中间过程。正是因为这种"强加性"和缺乏员工的全面参与，使这种绩效测评遭到越来越多的批评。团队的工作目标设计应当与此截然相反。

3.目标简洁明了。目标的设定和表述应当简洁明了，并要符合著名的目标管理（MBO）的 SMART 原则，即工作目标准确界定、工作目标可以测量等。

4.抓住核心业绩指标。应确定主要目标，一般为 5~7 个，每一个目标都应被赋予权重，并按重要程度进行排列，最重要的排在最前面。

5.所定标准应尽可能量化。每一个目标都应有可衡量的标准，应根据可量化的程度选择数量、质量、时间、成本等作为衡量指标。

（二）确定发展目标

工作目标的实现，离不开员工的实际工作行为表现，员工的行为表现应该保证主要工作目标的实现，因此，在确定工作目标的同时，还应该确定和认可相应的工作行为要求，即胜任特征（competency）②。设计工作目标时还必须考虑到员工的发展目标，这是与目前绩效管理系统所主张的"发展导向"相一致的。强调发展目标既可满足组织发展需要，也可为员工个人赢得利益。

确定发展目标时应注意以下几个方面：①领导与员工应就员工个人发展目

---

① 仲理峰，时勘．绩效管理的几个基本问题[J]．南开管理评论，2002（3）：15-19.

② competency，也译为"素质""胜任能力""核心能力"，本教材对此不做区分。

标达成一致;②员工有权利也有责任决定自己的发展目标;③培训和发展活动应支持所确定的工作目标的实现;④培训和发展活动应符合员工学习的风格。

根据SMART原则,个体所设计的工作目标应该是可达到但有挑战性的,也就是说,工作目标应略高于自己的实际能力。因此,为了保证顺利实现所确定的工作目标,员工必须有一个提高自己的胜任特征的过程。而且,通过提高自己的胜任特征,还可以促进员工完成更高的工作目标。在这里,可以根据前面所建立的胜任特征模型,编制工作行为评价问卷,并采用360°绩效测评方法确定员工实际具有的胜任特征与岗位要求的胜任特征的差距,即培训需求,然后,就可以确定员工的发展目标了。

自我测试

你能正确评价下属的工作吗

测试指导语

1.本测试的目的是测试你是否能够正确地评价下属的工作。

2.本测试由一系列陈述语句组成,请根据你的实际情况,选择最符合你自己特征的描述。

3.在选择时,请根据自己的第一印象回答,不要做过多的思考。

4.每道题目只有一项符合你实际情况的回答,请在符合你情况的答案前的字母上画"√"。

如果你已经明白这个测试的规则,请开始答题(见表8-1)。

表8-1 你能正确评价下属的工作吗?

问题	选择答案
1.你认为展开测评的主要目的是什么?	A.激励员工努力工作,更上一层楼
	B.促使员工反思自己以往的表现
	C.暴露员工的缺点与不足
2.你怎样安排与下属进行述职谈话?	A.先指出缺点再肯定优点
	B.开始和结束时都谈优点,中间穿插缺点
	C.首先肯定优点,然后再指出不足
3.你认为对员工的测评应该以什么为基础?	A.严格以实际成果为准
	B.以其知识水平、工作能力和工作态度为主,短期效益为辅
	C.综合考虑其能力与实际效益

续表

问　　题	选　择　答　案
4.你为部下写鉴定时最重要的借鉴资料是什么？	A.其实际表现
	B.其出勤记录与费用水平
	C.以其自己的总结和鉴定为主
5.你认为员工的测评工作应何时进行？	A.在其表现下降时
	B.在本人提出要求时
	C.定期进行，每年一次
6.在测评工作结束之际，你是否：	A.让员工阅读鉴定并写下其本人的意见
	B.不让员工阅读鉴定，但征求其本人的意见
	C.既不让员工阅读鉴定，也不征求其本人的意见
7.你在指出部下不足之后，是否：	A.为其指出克服缺点的方法
	B.警告他/她这些不足之处将会对其今后加薪与升职产生影响
	C.与其共同探讨今后努力的方向
8.如果员工在谈话时情绪激动，你是否：	A.耐心听其发表意见，暂不打断
	B.谴责其不能控制自己的情绪
	C.尽快结束谈话，让其恢复平静
9.如果某位部下的表现开始明显下降，与以往相比较差距甚大，你是否：	A.悄悄记下其过失，以便下次总结鉴定时提出来
	B.与其开诚布公地交换意见，找出其退步的原因，共同制定改进方案
	C.熟视无睹，期望其会自觉醒悟
10.你在什么场合宣布有关提薪问题事宜？	A.在述职谈话时
	B.在关于工资的特别谈话中
	C.写信通知

测试答案

题　号	选择 A	选择 B	选择 C
1	10	5	0
2	5	0	10
3	5	0	10
4	10	0	5
5	0	5	10
6	10	5	0
7	5	0	10
8	10	0	5
9	5	10	0
10	0	10	5

结果分析

分　值	测　评　结　果
80～100 分	你深知总结鉴定的策略与方法，能够客观地衡量部下的成绩与不足，让人心悦诚服
50～75 分	你真诚求实，只要注意些方式方法，便能成为一名一流的鉴定测评员。建议你参加一个现代管理培训班，更新、补充管理技巧
20～45 分	你有许多不足，必须立即改进，以免再犯错误，最好是征求一下有经验的同事或人事部门的意见，你需要从基础测评技巧学起
0～15 分	可能不会有人喜欢在你的手下做事

资料来源：孟汉青，郭小龙．团队建设操作实务[M]．郑州：河南人民出版社，2002：100.

三、不同类型团队的绩效测评体系

团队类型不同，绩效测评体系设计的要求也就不同。要根据不同类型团队的特点，设计不同的绩效测评体系。

（一）针对团队特点提出如何测评的问题

任何成功的团队都需要建立明确的、以结果为导向的绩效目标，但在如何针对绩效目标对团队进行绩效测评方面，却存在许多具体问题。例如，对不同类型的团队进行测评时可能要面临以下问题：团队绩效与组织绩效以及组织整体战略究竟是什么关系，应该由谁来负责测评，面向流程的绩效如何测评，对团队绩效数据应采用何种收集与反馈方法等①。

（二）基于上述问题建立绩效测评体系

在综合思考前面诸多重要问题的基础上，要结合不同类型团队的特征，进行战略性绩效测评体系设计。这里提供一个"工作/服务团队、项目团队和虚拟团队"三种类型团队的绩效测评体系设计范例（见表 8-2）。

表 8-2　三种类型团队的战略性绩效测评体系设计的方法和工作重点

			评什么			如何评		
团队类型	谁将被评	谁进行测评	结果	行为	能力	开发	测评	自我调整
工作／服务团队	团队成员	经理	√	√	√	√	√	
		其他团队成员		√	√	√		
		顾客		√		√		
		自我	√	√	√	√		√
	整个团队	经理	√	√	√	√	√	
		其他团队成员		√		√		
		顾客	√	√		√		
		自我	√	√	√	√		√

① 徐芳．团队绩效的有效测评[J]．中国人力资源开发，2002(5)：49-50.

续表

			评什么			如何评		
项目团队	团队成员	经理	√		√	√		
		项目经理		√	√	√		
		其他团队成员		√	√	√		
		顾客		√				
		自我	√	√	√	√		√
	整个团队	顾客	√	√			√	
		自我	√	√	√	√		√
虚拟团队	团队成员	经理		√	√	√	√	
		团队领导		√	√	√		
		合作者		√	√	√		
		其他团队成员		√	√	√		
		顾客		√	√	√		
		自我	√	√	√	√		√
	整个团队	顾客	√				√	

资料来源:Susanne G Scott,Walter O Einstein.Strategic performance appraisal in team-based organizations:One size does not fit all[M].Academy of Management Executive,2001.

第三节　团队绩效测评的内容

对团队绩效的测评可以遵循一个固定的流程:首先确定团队层面的绩效测评维度和个体层面的绩效测评维度;其次,划分团队和个体绩效所占的权重比例;再次,在测评维度的基础上,分解测评的关键要素;最后,考虑如何用具体的测评指标来衡量这些要素。

一、确定团队绩效测评维度

在分解具体的团队绩效测评标准前,应首先确定团队绩效的测评维度,如财务指标、客户满意度、员工队伍建设等几个方面。

确定团队绩效的测评维度,通常可以采用以下六种方法①。

① 徐芳. 团队绩效的有效测评[J]. 中国人力资源开发,2002(5):49~50.

（一）利用客户关系图确定团队绩效的测评维度

要描述团队的客户以及说明团队能为他们做什么，最好的方法就是画一张客户关系图。这张图能够显示出你的团队、提供服务的内外客户的类型以及客户需要从团队获得的产品和服务，也就是说，该图能够显示出团队及其客户之间的“连接”。

当团队的存在主要是为了满足客户的需求时，最理想的方法是采用客户关系图法。团队必须要考虑客户对团队的需求，客户的需求是团队绩效测评维度的一个主要来源。客户就是那些需要团队为其提供产品和服务并帮助他们工作的人，既可以是组织内部的同事，也可能是组织外部的顾客。

团队管理实例

MTL 公司大客户经理 KPI 体系的确定

MTL 公司是一家合资企业，创立于 1992 年。该公司主要生产紫外光固化树脂涂料（简称 UV 涂料），该产品能够对家电、摩托车、塑料、金属、纸张、竹木和精密电路等行业制品起保护作用，因此，公司 92%的利润来源于应用这些产品的企业，具有典型的大客户营销的特点，其客户分为潜在客户、不稳定客户和稳定客户三种类型。公司分别设立了中南、西南、西北、东北、华北、江苏、浙江、上海、广东 9 个分公司，分公司设大客户经理、会计、销售人员、技术服务人员等岗位。大客户经理的主要职责是完成营销计划任务，进行市场开拓调研与客户维护、商务谈判、团队管理、财务控制等。下面以该公司分公司大客户经理的客户关系图为例进行 KPI 的设计，图 8-1 中列出了分公司大客户经理的客户及客户所需要的产品和服务。

该公司利用客户关系图来确定大客户经理 KPI 体系的步骤为：

第一，绘制出客户关系图。大客户经理的外部客户包括家电、摩托车、塑料、金属、纸张、竹木和精密电路等制造企业，内部客户为营销公司本部、公司财务部和所辖团队成员。

第二，根据客户关系图确定客户所需要的产品和服务，如销售额、营销费用、营销利润、客户投诉、客户数据库建设、市场调研、团队管理、供货准确、服务支持、团队成员满意度等。

第三，将不同客户的相同或相似的需求项目进行归类，如对团队管理与团队成员满意度进行测评。

第四，确保每一个列出的项目都值得测评，分别从成本、数量、质量、时限这四个维度来进行归类识别。

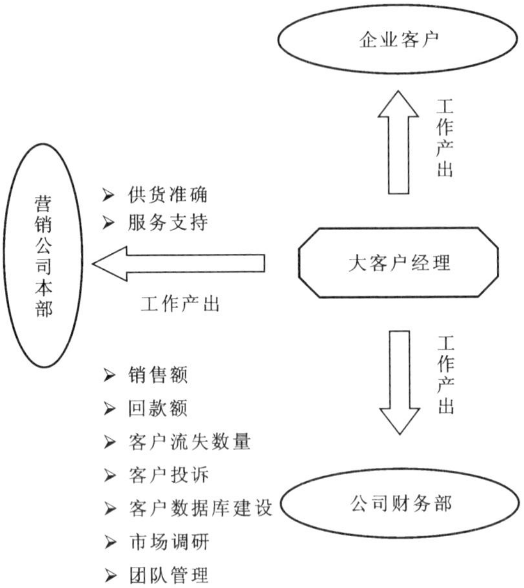

图 8-1　大客户经理客户关系图

第五，把客户关系图中所列的 KPI 重新进行命名，用尽可能精练、准确的词来描述。

第六，根据以上步骤，最终确定大客户经理的 KPI 指标，详见表 8-3。

表 8-3　MTL 公司的分公司 KPI 体系一览表

测评维度	KPI 指标名称
成本	营销费用
数量	销售额
	回款额
	营销利润
	客户流失数量
	开拓新客户数量
质量	客户投诉
	客户数据库建设
	市场调研
	团队管理
	服务支持
时限	供货准确

资料来源：阳利新，黄辉．采用客户关系图构建大客户经理的 KPI 体系［J］．企业技术开发，2005（6）：79-81.

（二）利用组织绩效目标确定团队绩效的测评维度

利用组织绩效目标确定团队绩效的测评维度，这一方法最适用于那些为帮助组织改进绩效目标而组建的团队。组织的绩效目标体现在压缩运转周期、降低生产成本、增加销售额、提高客户的忠诚度等方面。

通过以下步骤可以确定能够支持组织实现目标的团队业绩：①界定几项团队可以影响的组织绩效目标；②如果团队能够影响这些组织绩效目标，接下来就要回答这样一个问题："团队要做出什么样的业绩才能有助于组织达到其目标？"③把这些成果作为测评维度，并把它们添加到业绩测评表内。

（三）利用业绩金字塔确定团队绩效的测评维度

构筑业绩金字塔时要明确业绩的层次，组织必须创建组织整体的绩效维度，并选择团队目标的绩效指标。因此，把团队业绩和组织绩效紧密联系起来就能保证团队的成功有利于整个组织。

构筑一个有关工作成果的业绩金字塔，应当明确以下问题：①整个组织的宗旨或功能是什么？组织要达到什么样的业绩？②要选择什么样的业绩来产生组织绩效？③这些业绩中的哪几项是由团队负责创建的？

如果公司的业绩金字塔是为整个组织而建立的，那么，只有金字塔内的某些部分才是一个团队需要负责的。通过对金字塔的观察，团队可以确定它应当负责的成果有哪些。

（四）利用工作流程图确定团队绩效的测评维度

工作流程图是描述工作流程的示意图。工作流程贯穿于各个部门之间，是向客户提供产品或服务的一系列步骤，这里的客户既包括组织外部的顾客也包括组织内部的顾客。用工作流程图来计划工作流程，并把它作为确定团队绩效的测评维度的工具有以下几点好处：①把质量与流程改良计划和绩效管理联系起来；②那些有清晰工作流程的团队能够对它们在工作流程方面的有效性进行测评；③对工作流程进行计划可以确定简化和重新设计流程的机会，从而形成更好的工作流程。

那么，应该怎样使用工作流程图来确定团队绩效的测评维度呢？工作流程图内含有三个测评维度：向客户提供的最终产品；整个团队应负责的重要的工作移交；整个团队应负责的重要的工作步骤。

以上介绍了四种确定团队绩效的测评维度的方法，这四种方法各有其适用的情况：当客户满意度是团队的主要驱动力时，最常采用的方法是客户关系图法；当重要的组织绩效目标必须得到团队的支持时，最常采用的方法是支持组织绩效目标的团队绩效法；当团队和组织之间的联系很重要，但团队和组织之间的关系却不甚明了时，最常采用的方法是团队业绩金字塔法；当团队的工作具有清楚而明确的工作流程时，最常采用的方法是工作流程图法。

（五）利用关键业绩指标确定团队绩效的测评维度

关键业绩指标（Key Performance Indicators，KPI），是指企业宏观战略目标决策经过层层分解后产生的可操作性的战术目标。KPI 是宏观战略决策执行效果的检测指针，它通过目标层层分解的方法使各级目标（包括团队目标和个人目标）不会偏离组织的战略目标。KPI 也是一整套关键业绩指标体系，它不仅能够约束和指导员工行为，而且能够发挥战略导向的作用，有效地阐释与传播企业战略，成为企业战略实施的工具①。

在为团队选择 KPI 时，首先，要确定企业战略下团队的目标，据此确定团队整体绩效和团队成员个体绩效的测评维度，并对其分配不同的权重；其次，应进行各个维度下 KPI 的解析，确定每个维度的内容及目标实现的标准；最后，根据 SMART 原则来选择具体的关键业绩指标（见表 8-4）。

表 8-4　与团队绩效相关的测评矩阵

贡　献	行为绩效	结果绩效
团队层面：团队绩效	群体沟通，一致决策，召开会议	团队产品的客户满意度、完成时效性、市场状况
个体层面：个人绩效	参加例会，参与决策，承担相应角色责任，为其他成员提供帮助	为团队贡献的有效建议，个体任务完成时间

（六）利用平衡计分卡确定团队绩效的测评维度

平衡计分卡是一种使用比较普遍的战略性的绩效管理工具，它是由美国管理学家卡罗伯特·卡普兰和大卫·P 诺顿在总结多家在绩效管理方面处于领先地位公司经验的基础上，于 1992 年共同开发并推广的。目前，在被《财富》杂志列为世界 1 000 家的大企业中，有超过 50%的企业都在使用平衡计分卡的系统，并将其作为进行绩效管理和绩效测评的有效方法。

平衡计分卡系统认为，团队绩效应该从四个方面，即“顾客满意度”“内部运营”“财务状况”“学习与创新”来衡量，它通过合理地安排这些绩效指标的优先顺序，按其重要性给不同的指标配以不同的权重，从而为团队指出哪些因素是重要的。

二、建立团队绩效测评指标体系

建立团队绩效测评指标体系首先要分解团队绩效的测评维度，然后再建立包含个人绩效的团队绩效测评指标体系。

（一）分解团队绩效的测评维度

一般来讲，可以通过以下两种方法来分解团队绩效的测评维度。

① 张春霞．KPI 与团队绩效测评［J］．上海商业，2005（4）：43-45．

1.格利伯特(Glibert)的四维度法。根据格利伯特的四维度法,可将团队绩效的测评维度分为“质量”“数量”“成本”“时效性”四个方面,每个维度又可做进一步的分解①。

(1)质量测评标准。当顾客非常关注工作成果的质量时,该标准会显得更为重要。团队中经常采用精确性、优越性和创新性指标来作为质量测评的标准。精确性是指工作成果与理想标准模式的匹配程度;优越性是指比单纯的精确性更卓越的绩效,可以体现在“形式”“风格”“样式”“方法”等方面;创新性是指绩效表现中与众不同的、全新的和具有独特性的方面。

(2)数量测评标准。数量测评标准主要测量诸如“数量是多少”或“速度如何”等方面,该标准主要通过统计计算来完成。格利伯特曾对速度和数量做出如下区分:当标准对时间更为敏感时,通常使用速度标准,并以有时间限制的标准作为测评指标,如“每小时打包的数量”;在数量是重要的而对时间不敏感的情况下,则使用数量标准,如“你共销售了几套软件”。

(3)成本测评标准。成本包括劳动力成本、原材料成本和管理成本。劳动力成本包括工资、资金、福利等;原材料成本包括供应物品、工具、场地和能源等;管理成本是监督控制成本和借助外部咨询服务等方面的成本。

(4)时效性测评标准。时效性测评标准被用来衡量完成工作所需的时间,这是与顾客打交道时要注意的一个重要问题。团队的顾客既包括内部顾客也包括外部顾客,必须认真对待顾客对产品或服务的需求。顾客通常会要求在规定的时限内收到产品,因此,用于衡量顾客满意度的时效性测评标准就显得尤为重要。

2.团队成员的个体行为维度与个体成果维度法②。个体绩效测评的维度要从个体行为维度和个体成果维度两个角度出发。

(1)个体行为维度:主要考察个体参与团队活动的情况。重点考察团队成员参加团队会议的程度、主动承担团队项目的程度,以及和其他成员进行建设性交流的程度、为其他成员提供帮助的情况等。

(2)个体成果维度:主要考察个体完成团队任务的结果。重点考察个体完成分配任务的时间和质量、为团队提供有效建议的情况、提供给团队数据的精确程度等。

团队成员可以分为:提供建议者、发明革新者、开拓促进者、测评开发者、推进和组织者、总结和生产者、控制和检验者、支持和维护者等角色。由于每个角色所要求的个人知识和能力结构都不相同,对各个角色在分工上和绩效测评中的要求也就不同。例如,对提供建议者,其行为绩效就应当侧重于在例会中提供

---

① 彭剑锋,徐芳.团队绩效测评指标与标准如何建立?[J].CEO 总裁,2003(6):30-31.

② 张春霞.KPI 与团队绩效测评[J].上海商业,2005(4):43-45.

建议的多少、优劣以及与他人分享信息的情况，而反映在结果上可以表述为提供有效建议的数量等。

(二)确立包含个人绩效的团队绩效测评指标体系[1]

团队绩效的测评有两个重要的层面，即团队层面和个体层面，在进行团队绩效测评时若仅仅强调其中某一个层面而忽视另一个层面就会有一定的缺陷。传统的以个人绩效或以团队绩效为主的绩效管理实践表明，更重视个人绩效将会导致团队成员间的激烈竞争，而且有时会以牺牲团队利益为代价；更重视团队绩效将会导致团队"大锅饭"，导致团队成员的个人责任感下降。虽然注重个人绩效的测评有助于减少工作中的搭便车现象，却忽略了作为一个优秀团队的最本质部分：合作与协同。

所谓"包含个人绩效的团队绩效"的模式，就是指以团队绩效为主、个人绩效为辅，个人绩效为团队绩效服务，形成团队合力，提升团队业绩，打造团队优势，提高核心竞争力的模式。

每个团队成员，特别是能力较强、业绩较佳的成员，都渴望对自己的评价既要以团队为基础，也要以个人为基础，即不仅要对团队进行测评，还要对每个成员对团队所做的贡献进行测评。一方面，对个人绩效的测评可以提供事实和数据，为那些个人业绩佳的员工提供支持以及指导；另一方面，对个人绩效进行测评还可以提供数据来奖励那些业绩出色的成员，否则，他们可能会在一个"总体业绩佳"的团队里被人忽视。因此，确立绩效标准要将团队工作融入个人测评中，要将团队绩效测评与个人绩效测评有机地衔接起来(见表 8-5)。

表 8-5　团队绩效测评矩阵

测试层面	行为/过程的测评	结果的测评
个体层面：成员对团队的贡献	· 团队成员是否合作 · 在会上是否交流看法 · 是否参加团队决策过程 · 在以上所有活动中其表现如何	· 某成员是否同其他团队成员合作 · 书面报告的质量 · 完成个人业绩所需的时间 · 向团队所提建议的准确性 · 团队成员完成工作的情况
团队层面：团队的总体绩效	· 团队成员是否合作 · 团队召开会议是否讲究效果 · 团队全体交流看法是否听取各方意见 · 决策时是否意见一致 · 在以上所有活动中表现如何	· 团队成员是否合作 · 客户对团队工作业绩的满意度 · 积压工作减少的百分率 · 团队整体工作过程的运转周期

① 万奇．浅谈现代企业团队与个人绩效的管理[J]．管理科学文摘，2005(1)：31-32.

三、建立团队中的个人绩效测评指标体系

建立团队中的个人绩效测评指标体系有其必要性，并有其设计思路和架构。

（一）实施团队中的个人绩效测评的必要性

每一个团队都拥有共同的宗旨和绩效目标，具有灵活的组织形式，但团队内部的信息具有不对称的特点，因此，需要对团队成员个体进行绩效测评。

首先，过分强调团队的绩效而不对团队内的个人贡献进行确认，会引起团队成员的不公平感，最终会导致每个人的实际努力水平低于其潜在的水平，从而影响团队效率。

其次，对团队成员进行个人绩效测评是进行人事决策的基础。强调团队的整体绩效会导致诸如晋升、薪资调整等人事决策无所适从，缺少科学量化的参考依据。

最后，个人绩效测评是使团队工作保持高效运行的基础。

（二）设计个人绩效测评指标体系的思路

进行个人绩效测评指标体系设计要遵从以下思路。首先，进行个人绩效测评指标体系设计要遵循 SMART 这一基本原则。其次，在测评指标体系设计中要考虑成员所属团队的类型。团队类型不同，在对团队中的个人进行绩效测评时，所使用的指标以及指标体系建立的侧重点也就有所不同。在现行管理中，按团队的不同工作性质可将团队分为生产作业团队、营销团队、研发团队以及管理团队。最后，在设计指标体系时要考虑到团队成员的个人特点，让团队成员充分参与到绩效测评指标的设计过程中。

（三）个人绩效测评指标体系的架构

个人绩效测评指标体系可包括两个一级指标：综合素质和工作业绩。在一级指标下可再分解出若干二级指标项目。综合素质指标用于反映员工可以胜任某个岗位的基本素质；工作业绩指标用于反映员工过去和现在的业绩。

团队建设案例

GE 公司——造就优秀人才

发现优秀人才的渠道多种多样。我一直相信："你遇到的每一个人都是另一场面试。"我们造就了不起的人，然后，由他们造就了不起的产品和服务。在一家拥有 300 000 名员工和 4 000 名高级经理的大企业里，我们所需要的绝不仅仅是能感受到良好意愿，必须有一种合理的制度使员工们懂得游戏规则。这一过程

的核心是人力资源循环;4 月份在每一个主要公司的所在地进行的全天的 C 类会议(追踪);11 月份的C-2类会议,全面检查所确定的事项。这是正规的安排。在 GE 的每一天,我们还有一种非正规的暗示性的人事检查——在休息室里,在走廊中,以及在每一次公司会议上。对人的高度注意——在无数的环境下考验每一个人——形成了 GE 的管理理念。总之,这就是 GE。

我们对员工进行绩效管理和激励的方法可以用一个词概括:区分。

区分并不容易做到。如何将一家大公司的人区分开来,这是最难做的事情之一。多年来,我们使用了各种各样的钟形曲线和框图来区分人们的才能,这都是用来给人们的成绩和潜力划分等级(高、中、低)的图表。

我们还引导使用"360°测评",也就是把同级和下级员工的意见都考虑进来。在头几年里,它的确帮助我们找出了那些害群之马。不过,时间一长,这一办法就开始走过场了。人们相互之间开始说好话,因而每个人都能得到很好的评级,大家相安无事。现在,我们只有在特殊场合下才使用"360°测评"。

我们一直在寻找一套能更有效地评价组织的方法,最终我们发现了一种我们真正喜欢的方法,我们称之为活力曲线(见图 8-2)。

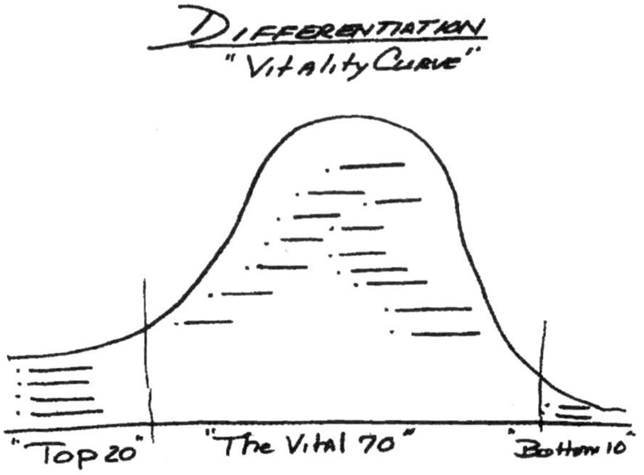

图 8-2 韦尔奇绘制的"活力曲线"图

每年,我们都要求每一家 GE 公司为它们所有的高层管理人员分类排序,其基本构想就是强迫我们每个公司的领导对他们领导的团队进行区分。他们必须区分出:在他们的组织中,他们认为哪些人属于最好的 20%,哪些人属于中间大头的 70%,哪些人属于最差的 10%。如果他们的管理团队有 20 个人,那么我们就想知道,20%最好的 4 个和 10%最差的 2 个人都是谁——包括姓名、职位和薪金待遇。表现最差的员工通常都必须走人。

做出这样的判断并不容易,而且并不总是准确无误的,但是你造就一支全明星团队的可能性却会大大提高。这就是如何建立一个伟大组织的全部秘密。

“区分”使门槛越来越高并提升了整个组织的层次。这是一个动态的过程,没有人敢相信自己能永远留在最好的一群人当中,他们必须不断地向别人表明:自己留在这个位置上的确是当之无愧的。

区分要求我们把人分为 A,B,C 三类。

A 类是这样一些人:他们激情满怀、勇于承担责任、思想开阔、富有远见。他们不仅自身充满活力,而且有能力带动自己周围的人。他们能提高企业的生产效率,同时还使企业经营充满激情。

他们拥有我们所说的“GE 领导能力的四个 E”:有很强的精力(Energy);能够激励(Energize)别人实现共同的目标;有决断力(Edge),能够对是与非的问题做出坚决的回答和处理;能坚持不懈地实施(Execute)并实现他们的承诺。在我们看来,四个 E 是与一个 P(Passion,激情) 相联系的。

这种激情也许是比任何其他因素都更为重要的因素。这种激情将 A 类员工与 B 类员工区分开来。B 类员工是公司的主体,也是业务经营成败的关键。我们投入了大量的精力来提高 B 类员工的水平。我们希望他们每天都能思考一下为什么他们没有成为 A 类,经理的工作就是帮助他们成为 A 类。

C 类员工是指那些不能胜任自己工作的人。他们更多的是打击别人,而不是激励;是使目标落空,而不是使目标实现。你不能在他们身上浪费时间,尽管我们要花费资源把他们安置到其他地方去。

活力曲线是我们区分 A 类、B 类和 C 类员工的动态方法,是 C 类会议所使用的最重要工具。将员工按照 20∶70∶10 的比例区分出来,逼迫着管理者不得不做出果断的决定。经理们如果不能对员工进行区分,那么很快,他们就会发现自己被划进了 C 类。

活力曲线需要奖励制度来支持:提高工资、股票期权以及职务晋升。

A 类员工得到的奖励应当是 B 类的两到三倍。对 B 类员工,每年也要确认他们的贡献,并提高其工资。至于 C 类,则什么奖励也得不到。每次评比之后,我们会给予 A 类员工大量的股票期权。大约 60%到 70%的 B 类员工也会得到股票期权,尽管并不是每一个 B 类员工都能得到这种奖励。

失去 A 类员工是一种罪过。一定要热爱他们,拥抱他们,亲吻他们,不要失去他们!每一次失去 A 类员工之后,我们都要进行事后检讨,并一定要找出这些损失的管理责任。我们的做法很有效。每年我们失去的 A 类员工不到 1%。

这种制度也有它的缺点。

拥有 A 类员工是一种管理业绩,每个人都喜欢做这种事。确认和奖励中间 70%的有价值的员工也没有什么困难。但是,处理底部的 10%却要艰难得多。

我们的活力曲线之所以能有效发挥作用,是因为我们花了 10 年的时间在我们的企业里建立起一种绩效文化。在这种绩效文化里,人们可以在任何层次上进行坦率的沟通和回馈。坦率和公开是这种文化的基石。我不会在一个并不具备这种文化基础的企业组织里强行使用活力曲线。

资料来源:杰克·韦尔奇,约翰·拜恩. 杰克·韦尔奇自传[M]. 曹彦博,孙立明,丁浩,译. 北京:中信出版社,2001:147.

讨论题

1.简要阐述 GE 公司是如何对员工进行绩效测评的。

2.对员工进行“区分”的真正意义是什么?

3.杰克·韦尔奇为什么说“失去 A 类员工是一种罪过”?

4. GE 公司运用活力曲线对员工进行区分所具备的条件是什么?

5.这种业绩管理方式在我国是否行得通? 为什么?

第四节 实行绩效奖励

制订团队激励薪酬计划,要将针对团队整体进行绩效测评放在第一位,以团队整体绩效的考察为主,兼顾团队成员的个人贡献,并体现对团队与对个人两次激励薪酬的合理分配①。

一、针对团队整体进行绩效测评

团队激励薪酬计划的制订必须首先建立在对团队整体进行绩效测评的基础上,团队成员通过共同努力取得团队绩效,组织根据一定的绩效测评标准对团队所取得的绩效进行合理测评,按其绩效支付团队整体薪酬,组织对团队的奖励反过来又在强化团队绩效水平的提高;团队根据恰当的分配标准再把组织对团队的激励薪酬在团队成员之间进行二次分配,使成员个人的满意度提高,从而又进一步促使团队成员为实现新的团队目标而共同努力。

二、兼顾团队成员的个人贡献

团队激励薪酬计划实际上是把组织赋予团队的目标与成员个人的目标恰当地结合在一起,首先关注的是团队整体的绩效,其次才是团队中各成员的不同的个人贡献。如果团队的整体绩效不能通过团队成员的共同努力得到有效的提高,团队目标没有实现,那么即使团队某个成员的个人贡献再大,也不能得到奖励。通过团队激励薪酬计划的有效实施,把团队与企业、团队成员与成员之间的利益关系理顺,能够使团队成员更紧密地团结在一起,与团队“荣辱与共”,从而达到成员个人与企业“双赢”的效果。

---

① 何叶,李鑫. 团队激励薪酬模式研究[J]. 软科学,2004(6):39-40.

三、体现对团队和对个人的二次激励薪酬分配

团队激励薪酬计划实施的关键在于其中的二次激励薪酬的分配过程，即组织根据对团队绩效的测评结果而实行的对团队的薪酬奖励，以及团队根据内部的绩效测评结果而将团队薪酬在团队内部进行的二次分配。这两个环节中的任何一个处理不好，都会影响团队激励计划的效果，进而影响到整个组织目标的实现。

图 8-3 为团队激励薪酬计划运行机制示意图。

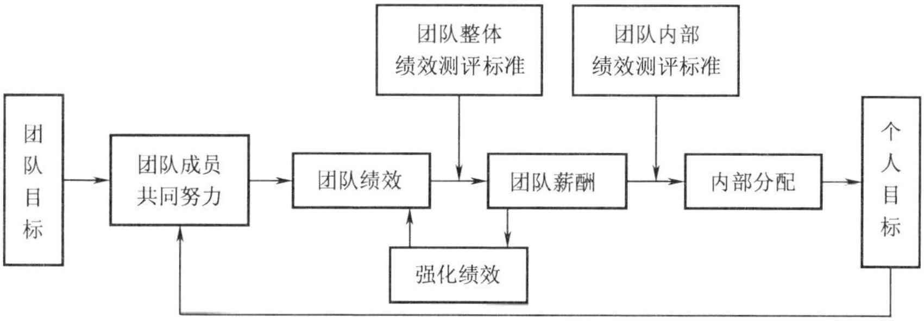

图 8-3 团队激励薪酬计划运行机制示意图

资料来源：何叶，李鑫．团队激励薪酬模式研究[J]．软科学，2004(6)：39-40.

资料库

团队中的五种薪酬方式

美国某研究机构将 100 人分为五组，用五种方法给付他们薪资。第一种是齐头式，即所有成员都获得相同的报酬；第二种是绩效工资，即每个成员的报酬依据个人表现而定；第三种是兼顾团队及个人表现，但以团队为出发点，即当团队的表现达到标准时，所有成员的报酬都会增加，但增幅依个人的表现而有所不同；第四种同样是兼顾式，但以个人为出发点，即当每个成员的表现都达到标准时，所有成员的报酬才会增加，但增幅仍然依据个人的表现而定；第五种还是兼顾式，但采取相对比较法，即报酬是根据个别成员的表现给予的，但团队中薪资最高者的报酬若高于最低者的 4 倍以上，公司会将最高薪者的部分报酬分配给其他成员，以减少团队内的薪资差距。

研究表明，兼顾团队及个人的薪酬方式，能够让团队有最好的表现，因为这

种方式一方面能够让个别成员有动机努力发挥，另一方面也能够让能力较高的成员愿意去帮助能力较低的成员，促使团队的整体表现提升。个人贡献不同，薪酬水平也不同，因为只有体现出差异性的薪酬才是公平的薪酬。

案例

从大公司到“小微”的海尔

著名的海尔公司是1984年在青岛成立的，在中国经济改革与发展的大潮中砥砺前行，从当年亏损147万元的小厂，发展到现在千亿规模的特大型企业集团公司，2015年至今连续登榜世界品牌百强，是全球白色家电第一品牌，塑造着信息智能时代智能家居的天地。

一、新的战略与探索

近年来，互联网的变迁对企业经营方式带来巨大冲击，同时，行业竞争也越来越激烈，这都迫使企业进行转型突破。为此，公司提出了网络化发展战略，从传统制造家电产品的企业转型为互联网企业，从以产品为导向转换为以用户为导向。

为了实现新的企业战略目标，海尔公司在模式上、组织上、机制上做了积极的探索。

1.研发模式

传统研发工作是串联的，完成自己分段的开发任务即可，只关注产品和技术，不关注市场。而转型后的模式，以用户为中心，用户参与，用户决策，开发过程是并联式的，开发人员参与并关注用户需求交互→产品转化设计→上市后市场效果验证的整个过程，通过持续产出创新产品，带给用户最佳体验。

2.研发组织

(1)自主运营的小微。经过多次的组织颠覆，将科层式组织打造成平台型组织，平台型组织的基本单元就是“小微”，小微是全流程的，能够直接创造用户资源、用户价值，能够自驱动、自优化、自演进，可以利用社会化的资源、社会化的资金进行创业。终极状态是完全市场化的自治公司。

对于研发的组织，则由传统的职能部门转变为多个自主经营的设计小微，设计小微作为一个网络节点，对外是一流设计资源引入的接口，对内是一流产品资源变现的接口，通过交付创新产品实现价值。

在小微组织的格局下，研发将由一个统一指令的大脑变为多个灵活自运行的小脑，这样做的优势是：其一，小微可以更贴近用户、快速响应需求；其二，多个小微在内部平台上形成的相对竞争关系，有利于快速创新。

(2)按单聚散的项目团队。项目立项时，项目经理组建团队进行项目开发；项目上市后，项目团队解散。设计小微即是由多个这样的项目开发团队组成的，以项目为中心，随聚随散(见图 8-4)。

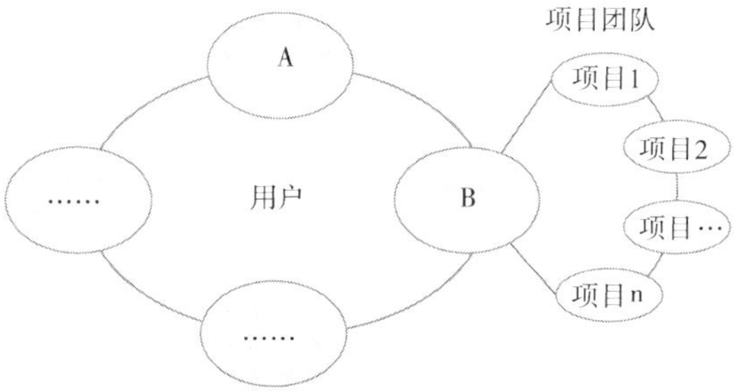

图 8-4　研发项目团队

3.研发人员

在新的模式下，员工不再是被动执行指令者，而成为主动创业者。

二、驱动机制

在管理变革中，薪酬制度作为驱动变革的重要激励杠杆，势必也要建立与企业战略相适应的模式。

1.基本模式——用户付薪

传统工资模式是企业雇用员工，员工听从组织安排，由企业“发”工资。而用户付薪则是员工通过创造用户价值“挣”工资，薪酬来自市场。突破传统的“职务酬”“级别酬”，由能上不能下的静态薪酬变为随价值变化的动态薪酬，员工通过创造更高价值，获取更高报酬，低价值则低薪酬。

2.薪酬依据——用户价值

传统价值理论下的薪酬模式，往往是基于人力资源所拥有的内在价值、过去价值定价付酬，促使员工更关注自身价值的提升，从而忽略市场、忽略用户。而以用户为中心的薪酬模式，则基于人力资源通过存量成本的消耗创造的价值，员工通过创造用户价值、对赌价值履约来获取报酬、通过额外创利贡献参与剩余价值分享。

3.薪酬组合——非线性薪酬

将薪酬与价值创造建立非线性联系，在不同的价值创造阶段，对应不同的薪酬。

三、团队与个体的薪酬分配

小微作为组织的基本单元，是激励分配的主体，对薪酬账户可自主分配，同时对经营结果负责，自挣自花。

1.自主分配

团队可以按照事前既定的规则在账户范围内自主分配，而不是统一分配，体现灵活性和经营性。可分为两种情景：

(1)基于综合绩效的分配——达成预算目标，获取预算薪酬：当成员达成目标价值后，就可以获取事先约定的薪酬，与在团队中的相对表现无关。

(2)基于相对绩效的分配——根据贡献大小，自主分配。在账户完成分配后仍有盈余的前提下，根据内部成员的相对贡献，对于相对表现突出的成员可以由团队负责人从账户盈余中支取一部分，分配给这部分成员，获取目标薪酬之外的额外激励薪酬。相当于在团队中引入锦标赛机制，防范有可能的成员合谋行为，引入内部竞争，惩罚低效者，奖励高效者。

2.自挣自花

个人分配总额不超过账户额度，$\sum 1\cdots n$ 团队成员分配薪酬≤团队薪酬账户余额。可分为三种情景：

(1)账户余额≥拟分配额，挣足，可足额分配。

(2)账户余额<拟分配额，未挣钱，最高只能分配账户余额。

(3)账户余额为零，未挣钱，原则上不可分配，可借款暂付后解散团队。

自挣自花使团队的资源空间与创造的价值动态联动，可释放组织活力、提升团队积极性；而自主分配则激发了员工愿意多干、抢高单的意愿，适应企业的小微组织，助力企业的转型变革。

案例讨论题

1.企业制定的绩效考核制度需要考虑哪些因素？

2.海尔公司研发人员的薪酬制度有哪些特点？有什么优缺点？如何处理团队与个人的薪酬关系？

3.海尔公司的绩效考评方法有什么特点？

4.你认为海尔公司的薪酬制度在处理团队与个人的关系方面有哪些特点？

5.海尔公司的“小微”指什么？其优点是什么？我们搞团队建设与管理，从中可以有哪些借鉴？

本章小结和应用意义

本章阐述了团队绩效和绩效管理的概念以及影响团队绩效的因素，分析了团队绩效测评体系设计需要考虑的问题，给出了不同类型团队的绩效测评体系

应用的范例，向读者全面介绍了团队绩效测评体系的一般设计方法和团队绩效测评流程。最后分析了如何根据团队绩效测评结果对团队整体和团队成员进行激励。

绩效测评是组织活动中最重要的环节之一。通过绩效测评，管理者能够及时、准确地把握员工和团队的真实绩效。而且，绩效测评的作用不仅在于为薪酬、奖惩、职位升降、培训等决策提供依据，更在于为员工和团队提供及时的绩效反馈，使之扬长避短，为在下一步的绩效改进与提高制订合理的计划，做出正确的决策提供依据。

团队绩效受团队结构、团队成员的心理因素和性格特征、团队激励机制等因素的影响。

为了使读者掌握团队绩效管理的具体方法，本章讲述了团队绩效测评体系的设计方法和团队绩效测评的流程。

要想根据团队绩效测评结果对团队及其成员进行激励，需要制订团队激励薪酬计划，要将针对团队整体进行绩效测评放在第一位，以团队整体绩效的考察为主，兼顾团队成员的个人贡献，并体现对团队和对个人二次激励薪酬的合理分配。

思考讨论题

1.如何设计团队绩效测评体系？
2.简述团队绩效测评流程。
3.如何根据团队绩效测评结果对团队及其成员进行激励？
4.理论结合实际，谈谈你所设计的团队绩效测评流程。

团队训练游戏

团队游戏一：新棋武士

目的

了解团队组建的要件，了解团队型领导，了解团队的工作风格。

程序

1.通过组建两个精英团队的竞争活动了解团队组建的过程及特点。

2.将学员分成两个精英团队(可以采取报数、抽号等方式)。

3.明确团队的目标(SMART 原则的运用)。

4.将学员领到游戏场地,培训师宣布两组成员开始“作战”(培训师不进行其他的提示)。

5.根据活动进行的情境,培训师提示要使团队成员开始协作必须要有团队的协调人(领导者),双方选举出各自的协调人(领导者)。

6.在双方有了各自的领导者之后,两方继续“作战”,培训师观察两组团队领导、团队资源分配(角色分工)、信任与沟通、信息与流通、决策、创新等情形(培训师不进行其他提示)。

7.根据双方“作战”的进展情况,培训师视时机推出标示牌,目的在于让所有成员随时都能明确地看到成员在棋盘中的位置(进展状况)。

8.在上一点的基础上继续游戏,直至决出胜负(培训师观察全过程,了解胜方制胜的关键点)。

9.进行活动分享。胜利者分享在团队组建方面的心得,总结团队资源、团队成员特长的发挥等;失败者分享在团队组建方面的心得。

10.活动统整。一同总结怎样认识团队;团队组建的诸多要素。

规则

领导人进行角色分工(学员只能担任象棋中的一个角色);小组成员根据象棋规则以象棋中的角色走动;领导人用象棋术语进行调度。

准备

1.活动场地的确定(面积 3 米×4 米)。

2.活动前一天根据场地状况制作好标准棋盘。

3.一卷包装带、透明胶布两卷。

4.根据学员人数制作好标示牌(“车”“马”“炮”等 32 张)。

注意事项

1.游戏前说明活动概念。

2.提醒成员进入象棋情景的角色,将自己视为“车”“马”“炮”等角色,充分发挥每个角色本身的特长。

3.要根据活动的真实情境抓住团队组建的关键点。

4.培训师做好时间的调控。

应用

1. 促进学员理解团队之间的竞争与团队绩效的意义。

2. 帮助学员参与和学习团队建设。

团队游戏二:短语接龙

程序

1.让学员站成一圈。围成圈的学员要把球投给另外一个人,与此同时说一句简单的、带有描述性的短语,如“平静的湖水”“小女孩”“美丽的城市轮廓”“令人害怕的灰熊”“柔软的球”等。

2.让学员一直保持这种一边传球一边说话的方式,直到确信每个人都有快速说出短语的能力(通常需要 5 分钟)。

3.当学员感觉已经进入这种状态的时候,等球下一次传到其手上时,停止这个游戏。

4.对他们非凡的口头表达能力大加赞赏,并让他们知道自己正在以惊人的速度朝着更高的水平前进。

5.再做一次游戏。这一次有一个规则:他们的短语一定要与前一个短语有联系。就是说,一个人一边抛出球一边说出一个短语,接到球的那个人接着这个短语说下去。

6.试着说一些类似的短语,如抛出球并说:“一头懒散的食人兽……”接到球的人必须说一些类似于“拔掉它的牙”的话。

7.以这种方式一直做下去,等到每个人在大部分情况下都对这种即席发言的方式习惯后,对他们表示赞赏,然后就座。

目的

应变能力、创造性训练。

讨论

1.在球抛向你时,你有什么想法? 如何对待团队工作链条中的某一环节?

2.在说那些短语时你感觉自然吗? 哪一轮的游戏对你来说比较简单?

应用

1. 带领学员参与团队的活动。

2. 促进学员理解工作的延续性和团队的绩效。

第九章　团队激励

——让这里众志成城

学习目标

- 了解激励的概念和动机性行为的过程
- 理解各种激励理论的内涵
- 认识各种激励理论的应用方向
- 掌握团队激励的一般方法
- 掌握对不同类型团队成员的激励方法

引导案例

成功的锣声

中国台湾地区有一家公司在自己公司的大厅里,放置了一个大铜锣,只要业绩突破新台币100万元的人,就可以去敲一响,突破200万元则敲两响,依次类推。该公司的办公室紧临着大厅,所以,只要这个铜锣被敲响,它的声音马上会传入办公室内,也等于是告知全办公室的人,有人的业绩突破了百万元大关了,所有人都会起立鼓掌,向敲锣者祝贺。该公司管理人员说,这种被大家鼓掌欢呼的场面,是一件很有面子的事。当然,谁都希望自己是下一个敲锣者,不过,想要敲响它,必须要把业绩做出来,这正是该公司放置这个大铜锣的目的。企业提升员工业绩的激励方法是没有标准模式的,只要它能发挥鼓舞士气的作用,就是一种好的激励方法,像中国台湾地区这家公司的这种敲锣做法,是不是很有创意呢?

第一节　激励概述

一、激励的基础

（一）激励的内涵

“激励”，是“激”与“励”的复合词，原为激发、鼓励。“激”就是让部下动起来，自愿去干；“励”就是让部下持续地去干，做得好还要再接再厉。换句话说，激励就是激发动机，鼓励行为，形成动力，实现组织目标。

管理中的激励，是指用各种方法刺激、诱导、激发员工产生满足某种需要的工作动机，调动积极性、主动性和创造性，努力去完成组织的任务、实现组织目标的过程。激励是一种组织满足员工的需要、引导和强化其行为的过程，因而对于团队工作来说是一项不可或缺的重要内容。

（二）人的行为过程及特点

人的行为可分为非动机性行为与动机性行为两种。人的行为是可以调节和激励的，激励理论就是讨论如何引导人的动机性工作行为。

1.非动机性行为。非动机性行为是人在无意识状态下无目的的活动。相信你也常有这样的经历，某些时候，我们都不知道自己在思考什么，我们并未进行有意识的思考，我们的身体知觉、我们的讲话内容、我们的行为都没有目的，这些都是非动机性行为。

2.动机性行为。

（1）动机性行为的内涵。动机性行为是人在理性意识支配下为达到一定目的的活动。动机性行为属于激励理论研究的范畴，是管理活动关注的重点，也是团队激励研究的焦点。美国管理学家贝雷尔森（Burleson）和斯坦尼尔（Steiner）认为，一切内心要争取的条件、希望、愿望、动力都构成了对人的激励。动机性行为在工作中比比皆是。例如，这个月你手头很拮据，想要多获得工资，就更可能会自愿加班；若你有创业的雄心壮志，那么你对于工作就会更加积极热情，因为你希望能看到自己的进步和成长；若你的朋友很在乎人际和谐，那么他一定会更愿意帮助同事，甚至无偿地做分外的工作。

（2）动机性行为的特点。根据对工作、生活中动机性行为的反视，我们不难发现，动机性行为具有三个特点：首先，动机性行为是在人的理性意识支配下的活动，具有一定的目的性、方向性和预见性。其次，该行为与一定的客体相联系，作用于一定的对象，其结果与行为的动机、目的有一定的内在联系。最后，该行为会受到环境的影响，人的内在因素和外在环境因素会相互作用。

(3)动机性行为的过程。动机性行为是一个“刺激—需要—动机—行为—目标—满足(受挫)”循环往复的过程(见图 9-1)。例如,你口渴时,大脑会受到刺激,它会提醒你身体需要补水,那么你就会产生寻找水源的行为。当你喝下一瓶水后,缓解口渴的目标得以实现,你得到了满足,原有的寻水的需求和动机也就消失了。因此,激励过程就是从未能得到满足的需要开始,以需要得到满足而告终。依据这一过程,团队管理者可以对团队成员未满足的需求展开刺激,强化员工的动机,引导员工的行为目标,进而促使员工产生团队期望的积极行为。

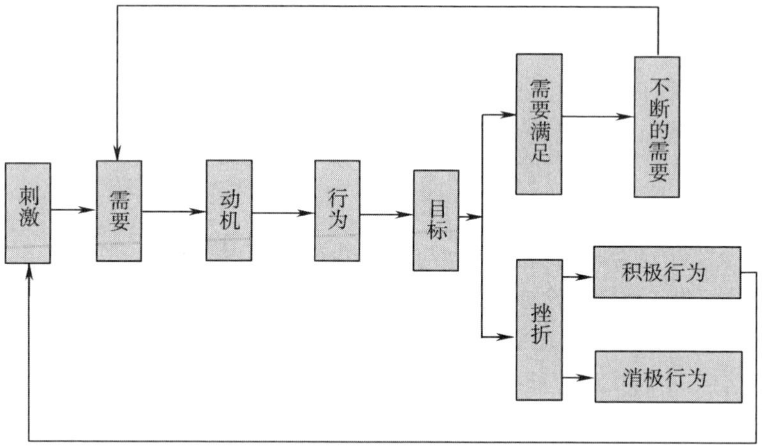

图 9-1　动机性行为的过程

二、团队激励的理论基础

激励理论是现代管理学的重要内容和最基本理论之一,内容包括:需要层次理论、X 理论和 Y 理论、双因素理论、成就需要理论、公平理论、期望理论、行为强化理论等,反映激励各环节、各角度的侧重点不同,构成了团队建设与管理的激励基础。在团队管理实践中,孤立地看待和应用它们都是错误的做法。因此,团队管理者在依据激励理论处理激励实务时,应该结合团队的特点和员工的需求,灵活地运用各种激励理论。

(一)需要层次理论

在激励理论中,最著名的是美国心理学家马斯洛(Abraham Maslow)的需要层次论。该理论认为,人的需要分为五个层次,后来马斯洛又将该理论扩展为更加完善的七层次论。

1.生理需要。这是指对维持生命所需要的食物、御寒、住所、性等方面的需要。

2.安全需要。这是指希望得到安全保障,以免遭受生理和心理危险、伤害的需要,如职业安全、人身安全、社会保障、劳动保护等。

3.社交需要。这是指归属感,即希望得到伙伴、友谊、爱情以及归属于某一组织的需要。

4.尊重需要。可分为内部和外部两个方面:内部尊重因素如自尊、自主和成就;外部尊重因素即希望他人尊重自己的需要,如地位、认可和关注。

5.求知需要。这是指好奇心、求知欲、探索心理以及对事物的认知和理解的需要。

6.审美需要。这是指由对匀称、整齐、和谐、鲜艳、美丽等事物的追求而引起的心理上满足的需要。

7.自我实现需要。这是指希望施展个人抱负和有所成就的需要,包括能够获得个人发展和发挥自己的潜能。

想一想

员工需要什么样的激励

根据马斯洛需求理论,人在不同的成长环境、发展阶段、职位层次、管理环境下有多样化的需要,这就是激励的根源。大学刚毕业的年轻人,有梦想、有追求,就得多用个人成长去激励他们;人到中年,需要养家糊口,因此对物质的需求更为强烈,就得多拿现实利益去激励他们。而对那些上市公司的职业经理人,除了高额的年薪外,你还得用荣誉和使命感等去激励他们。只有做好员工激励工作,才能最大限度地调动他们的积极性和主动性,使其发挥潜力来为企业创造更大的价值。

马斯洛认为,当某一层次的需要得到满足以后,下一层次的需要就会产生,而已经得到满足的需要也就不再成为行为的诱因了。英国管理学家兰伯格将马斯洛的需要七层次论进一步划分为自我关注、对团队贡献(外部需要)和对自我贡献(内部需要)三大方面,并分析了其被否定以后的状态。这一学说具有一定的实用性,详见图 9-2。

需求强度 ↓　　　　拥有成熟 ↑

定　义	需　要	否定该需要的结果
内部需要——对自我贡献的需要		
自我实现	● 要求不断地全面发展，这对独立的个人来说是很重要的	● 感到无用、苦涩、被疏远、浪费机会，处于墨守成规、无助的状态 ● 抑郁或神经焦虑
认知的自主性	● 要求积极地了解周围环境，并积极采取行动 ● 勇于承担责任，不愿受到操纵或强制，希望可以把握自己的生活与工作	● 感到被剥削，有挫折感，怨恨没有机会发泄 ● 长期不断加重的忧虑和绝望
审美的自主性	● 要求创造并在心理上拥有某种美和独特性 ● 做出显著贡献，为后人乘凉而种树	● 关心工作之外的活动，不合群 ● 挫折感和在工作中茫然不知所措的感觉日益加重
外部需要——对团队贡献的需要		
尊重与地位	● 要求得到承认和尊重，有自尊感，意识到自身的价值	● 缺乏自信，导致自我怀疑，害羞，自我感觉不佳，感觉自己是不被重视的牺牲品
社会性	● 要求成为群体中有价值的一员，确认取得了他人的认同	● 感到孤独，不合群，缺乏安全感，低估自身价值，有时不愿抛头露面
安全感	● 要求知道我们的世界是安定和可预测的，相信获得的收益可以保值	● 感到紧张、焦虑、害怕、恐慌、自私自利
加强了自我专注		
生理	● 对自我保健和身体健康的需要	● 感到疼痛，有不适感，受疾病甚至死亡的困扰

图 9-2　马斯洛需要层次理论模型的详细解释

资料来源：汤姆·兰伯特．核心管理模式[M]．原毅军，译．大连：大连理工大学出版社，1999：76.

团队建设实操

员工需求问卷

“需求是一切行为的最初原动力。”“需求是人类一切行为的出发点和最终归宿。”当团队成员加入这个组织时，其工作需求的重要性排序各不相同，有人看重报酬、有人看重人际、有人看重公司发展、有人看重自我提升……因此，团队管理者要知道该怎样有针对性地激励员工，就首先要了解员工的工作需求，员工的需求是激励的起点。需求调查的方法很多，有观察法、提问法、座谈法、问卷法等。问卷法主要有两大类：一是开放式的问卷，就是直截了当地问员工有哪些需求；二是封闭式的问卷，是把主要的需求列出来，让员工在其中选择。

以下是一个封闭式调查问卷，有 20 个需求，目的是看员工前 5 个需求是什么，请团队成员做出选择，并请在所选择的 5 个项目后面的横线上按重要性排出第 1 至第 5 的顺序。

①工作纪律：＿＿＿＿＿＿

②完成任务的成就感：＿＿＿＿＿＿

③参与：＿＿＿＿＿＿

④保障：＿＿＿＿＿＿

⑤高薪：＿＿＿＿＿＿

⑥主管对员工以心换心：＿＿＿＿＿＿

⑦工作兴趣：＿＿＿＿＿＿

⑧晋升：＿＿＿＿＿＿

⑨承诺：＿＿＿＿＿＿

⑩尊重：＿＿＿＿＿＿

⑪理解：＿＿＿＿＿＿

⑫对工作的认可：＿＿＿＿＿＿

⑬个人的发展前景：＿＿＿＿＿＿

⑭公司老总的人品与能力：＿＿＿＿＿＿

⑮直接上司的人品与能力：＿＿＿＿＿＿

⑯公司的产品情况：＿＿＿＿＿＿

⑰人际关系氛围：＿＿＿＿＿＿

⑱公司的社会形象：＿＿＿＿＿＿

⑲好的工作环境：＿＿＿＿＿＿

⑳公司的发展前景：＿＿＿＿＿＿

（二）人性假设理论

从一定意义上可以说，“如何激励往往取决于如何看待人”，因此，管理学家对员工的人性假设不同，提出的激励方法也不同，其中有代表性的有：X 理论（经济人假设）、社会人假设、Y 理论（自我实现人假设）、超 Y 理论（复杂人假设），管理者应基于不同的人性假设来探讨激励员工的管理方法。

1. X 理论（经济人假设）。美国心理学家麦格雷戈提出了两种截然不同的人性假设理论：X 理论和 Y 理论。X 理论把人看作“经济人”，认为人是追求个人利益最大化的。

该理论的内容如下：①多数人十分懒惰，他们总是想方设法逃避工作；②多数人没有雄心大志，不愿担负任何责任，而心甘情愿地被别人支配；③多数人的个人目标都是与组织目标相矛盾的，必须用强制、惩罚的方法，以迫使他们为达到组织的目标而工作；④多数人工作是为了满足基本的需要，只有金钱和地位才能激励他们工作；⑤人大致可以划分为两类，多数人都是符合上述前四种假设的人，只有少数人才能够自己鼓励自己，才能够克制感情冲动，这些人应当承担管理的责任。

2. 社会人假设。美国管理学家梅奥由霍桑实验发现：人是有思想、有感情、有人格的活生生的社会人，不是机器和动物。作为一个复杂的社会成员，金钱和物质虽然对其积极性的产生具有重大影响，但是起决定作用的不是物质报酬，而是其在工作中发展起来的人际关系。据此，他提出了社会人假设，认为人不仅具有经济性的需求，更具有社会性的需求，人的思想和行动更多地受到感情而不是理性的引导，因此人与人之间的关系和组织的归属感比经济报酬更能激励人的行为。

该假设的基本观点包括四个方面：①员工是由社会需求而引起工作的动机，并且通过与同事的关系而获得认同感的；②工业革命使工作本身失去了意义，因此员工只能从工作中的社会关系中寻求工作的意义；③员工与同事的关系，比对管理者所给予的经济诱惑更强；④员工的工作效率随上司能满足他们社会需求的程度而改变。

3.Y 理论（自我实现人假设）。麦格雷戈的 Y 理论把人看作“自我实现人”，认为人具有发挥潜能，追求自我完美的需要。

该理论的内容如下：①大多数人都是勤奋的，只要环境允许，人是乐于工作的；②控制和惩罚不是实现组织目标的唯一方法，人在执行任务的过程中能够自我指导和自我控制；③在正常情况下，大多数人不仅会接受任务，而且会主动寻求责任，逃避责任、缺乏抱负以及强调安全感通常是经验的结果，而不是人的本性；④大多数人都具有相当程度的想象力、智谋和创造力，在不为外界因素所指使和控制的情况下，可以得到正常发挥；⑤人体之中蕴藏着极大的潜力，但在现实条件下，一般人只能发挥少部分潜力；⑥员工个人自我实现倾向与组织所要求的行为之间并无冲突，如果有可能，员工会自动地把自己的目标与组织的目标相结合，通过实现组织目标而获得个人自我实现需求的满足。

将马斯洛的需要层次理论与麦格雷戈的人性假设理论相对比，可以看出，X 理论对应的是员工的较低级层次的需要，Y 理论对应的是员工的较高级层次的需要。

4.超 Y 理论（复杂人假设）。美国学者艾德佳·沙因认为，经济人假设、社会人假设和自我实现人假设只是部分正确，因为人的需要和潜在愿望是多种多样的，而且这些需要和潜在愿望会随着人的年龄、在社会中所扮演的角色、所处境遇和人际关系的变化而不断发生变化。人既不是单纯的经济人，也不是完全的社会人，更不是纯粹的自我实现人，而是复杂人。从复杂人假设出发，美国管理心理学家莫尔斯和洛什提出了超Y理论。该理论的基本观点包括四个方面。

（1）主体需要的差异性。不同的人是怀着不同的需要而参加工作的，有的人需要正规化的机构和条例，不需要决策和承担责任；有的人则需要自治，需要创造性机会，需要实现胜任感。

（2）组织方式的相异性。管理应当使工作性质和人的需求相结合，和人的素质相协调，采取适当的组织形式和领导方式，以提高员工的工作效率。

（3）控制程度的应变性。组织机构和管理层次的划分、员工的培训和工作的分配、工资报酬和控制程度的安排，都要从工作性质、工作目标、员工素质角度加以考虑，不能强求统一。

（4）目标确立的递进性。当一个目标达成后，就可以激发人的胜任感，使之为达到新的更高目标而努力。

（三）双因素理论

双因素理论是由美国行为学家弗雷德里克·赫兹伯格（Frederick Herzberg）提出的。他根据调查研究发现，影响人的积极性的需要因素主要可以划分为“保健”和“激励”两大部分，因而该理论也被称为“激励—保健因素理论”，简称“双因素理论”。

1. 保健因素。所谓保健因素，是指让人们从不满意状态转化到消除不满意状态的过程。在工作过程中，保健因素必不可少，通常包括：公司政策管理、监督、工资、同事关系、工作条件等。这些因素如果得到满足，就可以消除员工的不满意，减少冲突。赫兹伯格强调，尽管这些因素不能直接起到激励员工的作用，但如果它们不能得到满足，则会使员工产生较大的不满。因此，提供充足的保健因素，是进行团队建设与管理的必要前提。

2. 激励因素。所谓激励因素，是指员工的工作富有挑战性和自主性，员工具有责任感和成就感，其工作成绩能够得到认可和弘扬，在工作中能够得到个人的发展等方面的因素。激励因素的增加会使人们的工作积极性增强和工作业绩增加，而且其增加的本身就是工作与生活质量的提高。激励因素如果得到满足，将会极大地激发员工的工作热情，而且具有持久性和稳定性。显然，激励因素对单个团队成员乃至整个团队的发展都具有重大影响，因此，激励理论也应成为团队建设与管理的重点内容。

赫兹伯格的双因素理论与马斯洛的需要层次理论有一定的对应关系，其保健理论基本上对应马斯洛需要七层次中的下面三个层次，其激励理论则基本上对应着马斯洛需要七层次中的上面五个层次（注：“尊重层次”同时具有保健和激励的性质）。双因素理论如图9-3所示。

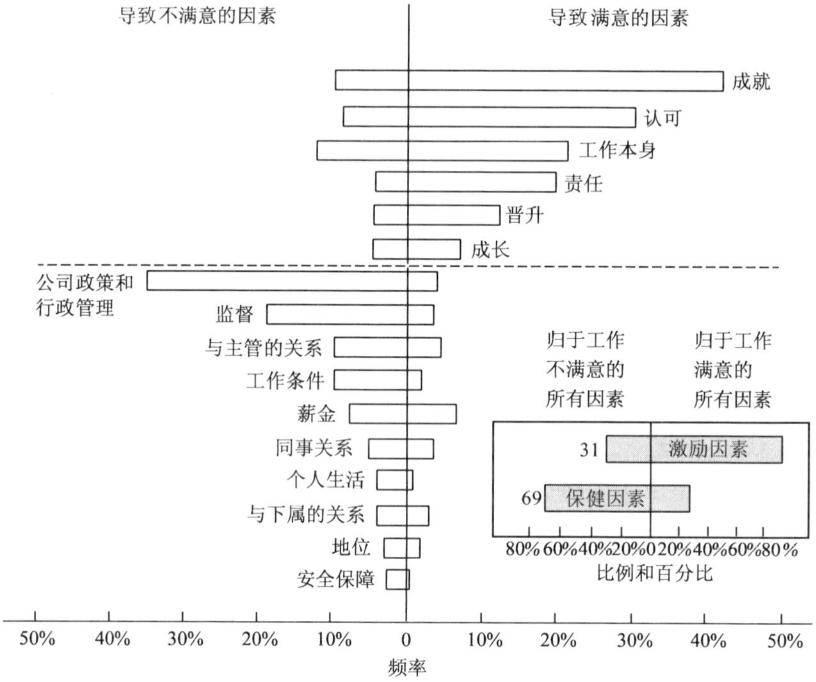

图 9-3　满意因素与不满意因素比较

资料来源：斯蒂芬·P 罗宾斯．组织行为学[M]．孙健敏，李原，译．北京：中国人民大学出版社，1997：169.

小案例

星巴克的双因素激励

星巴克现已是全球最大的咖啡连锁店，在全球范围内已经有近 12 000 家分店，遍布北美洲、南美洲、欧洲、中东及太平洋地区。星巴克的员工激励一直是各行业学习的典范。星巴克员工的双因素激励内容包括：

首先，对于保健因素，星巴克是个“第三空间”，工作环境情调浪漫，本身有种让人身心放松、心情愉悦的工作氛围，员工当然没有不满意。另外，员工的薪酬待遇比同行优厚，额外福利也较为优渥，另外还有“豆股票”的股票期权激励，保健因素的措施总的来说实施得非常不错，几乎没有令员工不满意的地方。

其次，对于激励因素，星巴克鼓励员工献计献策，哪怕微小主意，认真对待员工建议，且允许员工在公司内部公开论坛上向高管直接提问。这一方面可以体现对员工的尊重，增强员工的主人翁意识，提高公司的凝聚力；另一方面对改进公司服务起到或大或小的作用，最后可以增强员工的成就感，可谓一举三得。

资料来源：国立南方企业设计．星巴克的员工激励机制[EB/OL]．搜狐网，2019-02-15.

（四）成就需要理论

美国行为科学家戴维·麦克利兰提出了一种以人的成就需要为中心的理论。这种理论的主要观点如下。

1. 人的三种高层次需要。在人的生理需要基本得到满足的条件下，人们还有三种高层次需要，分别为成就需要、权力需要和亲和需要，其中：①成就需要是争取成功、希望做得最好的需要；②权力需要是影响或控制他人且不受他人控制的需要；③亲和需要是建立友好亲密的人际关系的需要。

2.高成就需求者的主要特征。高成就需求者的主要特征包括：①事业心强、敢于负责、敢于寻求解决问题的途径；②喜欢设立具有适度挑战性的目标，不喜欢凭运气获得的成功，不喜欢接受那些在他们看来特别容易或特别困难的工作任务；③密切注意自己的处境，要求不断得到反馈信息，喜欢多少能立即给予反馈的任务；④重成就、轻报酬，报酬对高成就需求者来说，只是衡量进步和成就的工具。

麦克利兰的成就需要是一种更内化的需要，是为了满足自身的成就需求感，它的高低对一个人、一个组织以至一个国家的成长和发展都起着特别重要的作用。但是，成就需要不是天生的，而更多的是受环境、教育、实践综合作用的结果。麦克利兰强调通过教育和培训可以造就出具有高成就需要的个体。对于团队管理者来说，可以多开展员工的培训教育，积极培训团队成员的成就需要。明确三种高层次需要，而不仅仅停留在薪酬的激励上，对于团队管理者全方面、高层次地进行团队激励有重要价值，更能调动员工的工作积极性和主动性。但不可回避的是，成就需要理论过于强调个体高层次需要的重要性，而忽视了满足个体低层次需要的意义，团队管理者在管理实践中应注意这一点。

（五）公平理论

美国行为科学家亚当斯（S.Adamas）提出了著名的公平理论，系统地分析了员工的报酬与劳动积极性之间的关系。该理论提出：员工对于自己得到的公正报酬是否满意，不仅看绝对的数额，而且还要看相对的水平。这种“相对”又包括两个方面：其一是个人将自己目前的“报酬与贡献比率”与自己过去的这种水平进行纵向的比较 ，其二是与别人的“报酬与贡献比率”进行横向比较。当两者的比值相等时，个人就会感到公平满意；如果比值小于自己过去的情况，就会产生不公平的感觉；或者在同等工作的情况下，自己的报酬少于他人的报酬，不公平感就更为明显。当个体感到公平之时，员工就会心情舒畅，努力工作，否则就会影响工作情绪。

根据公平理论，团队的管理人员必须对员工的各种投入给予恰如其分的承认，并通过与之匹配的劳动报酬体现出来。否则，员工会由于对报酬不满意，而失去工作动力和积极性，并可能产生一系列不良后果（见图 9-4）。

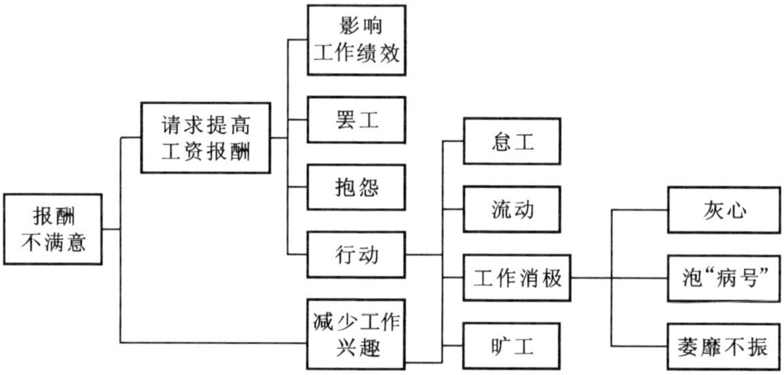

图 9-4　对报酬不满意的后果

资料来源：袁方．劳动社会学[M]．北京：中国劳动社会保障出版社，2003.

（六）期望理论

人是生活在希望中的，有了希望才有动力。期望理论是由美国心理学家维克托·弗鲁姆提出来的一种激励理论。该理论认为，目标对人们吸引力的大小和人们对实现该目标信心的强弱不同，人们产生的激励力就不同。其激励力公式为：

激励力（M）＝目标的价值（V）×实现目标的信心（E）

从上述公式可见，目标价值与激励力之间成正比，目标的价值越大，产生的激励动力就会越大；实现目标的信心与激励力之间也成正比，实现目标的信心越大，产生的激励动力也会越大。目标价值与实现目标的可能性产生乘数效应。其乘积有如下四种结果：

第一种结果：M（低）＝V（低）×E（低）

第二种结果：M（低）＝V（低）×E（高）

第三种结果：M（低）＝V（高）×E（低）

第四种结果：M（高）＝V（高）×E（高）

只有当目标价值高，实现目标的信心也高时，激励力才会高。期望理论被认为是激励理论的重要发展。期望理论论证了人们会在多种可能性中做出对自身效用最大的选择，即人们的现实行为往往会选择对他们激励力最大的那个目标并为之努力。

期望理论给团队管理带来了许多有益的启示，其中，最重要的启示是团队的管理者只有处理好努力与绩效、绩效与奖励、奖励与满足需要这三方面的关系，才能发挥激励的良好效果。

1.努力与绩效的关系。团队成员总是希望通过一定的努力达到预期的目标。如果团队成员主观认为通过自身努力达成目标的概率较高，就会产生信心；反之，就会失去努力的动力。

首先，团队管理者为员工设置工作目标时，要设置对员工具有一定吸引力的目标，使员工想要去实现该目标的动机足够强，这时目标的价值才会较大。

其次，团队管理者的目标设置要恰当，既不能设置得太低，也不能设置得太高。目标设置得太低，员工不费吹灰之力就能实现目标，也就不需要激励了。反过来，目标设置得太高，员工会怀疑尽管自己竭尽全力，可能也是竹篮打水一场空，此时实现目标的信心很低甚至为零，也起不到激励的效果。恰当的目标是要让团队成员“跳一跳就能够得着”的目标。此时，他们对实现目标的信心较强，激励能起到的作用也较好。

2.绩效与奖励的关系。团队成员总是希望在达到目标后得到奖励。如果团队成员认为达到目标后能获得合理的奖励，就会产生工作的热情；反之，就会丧失工作的积极性。如果团队管理者想要激励员工达到更高的业绩目标，就不要舍不得给员工奖励，更不能先制定了奖励规则，却在员工达到目标时下调奖金或者找理由不兑现奖励政策，这会极大地伤害员工的工作积极性，失去团队成员对团队管理者的信任，造成无可挽回的严重后果。

3.奖励与满足需要的关系。团队成员总是希望自己获得的奖励能满足自己某方面的需要。团队成员在年龄、性别、资历、社会地位和经济条件等方面的不同，他们对各种需要得到满足的程度就不同。因此，在团队管理过程中，要采用不同的奖励办法，满足不同程度的需要，激发出不同的工作动力。

想一想

当市长与当村主任

假设你是一个村的村主任，但现在有人跟你说，你有可能担任市长，你听了一定会激动不已。这个目标太诱人了，意味着连升无数级！你会瞬间产生拼命达成目标的动力。但实际上你会达到这个目标吗？现实中往往是你努力了不到一分钟，就发现实现目标的可能性几乎等于零，于是你会丧失努力的动力，默默对自己说：还是别白日做梦了，先把村主任当好再说吧。

由于实现目标的可能性等于零，所以目标价值再大也没有用——零乘以任何数都等于零！所以，不管是领导与管理者为部下设置职业生涯目标，还是员工自己设置职业生涯目标，既要有先进性，还要有可能性，最好是分阶段设置和实施。通过努力，实现目标的可能性越大，离目标越近，就越有积极性；反之，就会失去信心和积极性。

（七）行为强化理论

美国心理学家斯金纳提出了行为强化激励理论。强化，就是对某一行为进行肯定或否定。该理论认为，人们产生某种动机后，就会采取一定的行为，继而产生该行为的结果。当此结果对人们有利，也就是受到肯定时，这种行为就会在以后重复出现；反之，当这种行为的结果对人们不利时，也就是受到否定时，这种行为就会减少或消失。因此，该理论被广泛应用于组织对员工工作行为的修正和改造中。

1.强化的分类。

（1）按强化目的的不同。按强化的目的不同，强化可分为正强化、负强化、惩罚和自然消退四种类型。

第一，正强化。正强化是指通过出现积极的、令人愉快的结果而使某种行为得到肯定，所以这种行为会得到增强或保持。例如，员工的业绩非常优秀，团队授予其“最佳团队标兵”的称号，这就是正强化，员工很可能继续保持兢兢业业的工作态度，取得更高的业绩，以继续获得此殊荣。团队管理者在使用正强化时，要注意应与其他强化方式配合，使用频率也不能过于频繁。

第二，负强化。负强化是指预先告知某种不符合要求的行为可能引起的后果，引导员工按要求行事，以此来避免令人不愉快的处境。例如，在团队的规章制度中规定，如果员工连续三个月业绩不达标，就会被通报批评，这就是负强化，员工为了避免这种不愉快的情景出现，对待工作就会更认真努力。团队管理者要注意，使用负强化的前提是事先告知员工不利的后果，与正强化不同，负强化的使用应以连续负强化为主。

第三，惩罚。惩罚是指对令人不快或不希望的行为给予处罚，以减少或削弱该行为。例如，某员工的本月业绩不佳，团队惩罚其无偿打扫办公室，这就是惩罚，员工很可能努力提高业绩，以避免再次被罚。

第四，自然消退。自然消退是一种冷处理，指通过对于不希望发生的行为采取置之不理的态度，使其逐渐减少或不再出现。例如，员工喜欢邀功请赏，上司却对此置若罔闻，渐渐的，这位员工的行为就逐渐消失了，这就属于自然消退。

（2）按强化的方式不同。按强化的方式不同，强化可分为连续强化和间断强化。

第一,连续强化。连续强化是指对每次行为都给予强化。例如,员工每次迟到,都予以通报批评。连续强化会给员工以深刻的印象,强化的效果比较明显。但团队管理者如果对员工的积极表现每次都给予强化,那么激励效果反而会大打折扣。

第二,间断强化。间断强化是指并非对所有行为都进行强化,可分为固定比率的强化(如营业提成)、可变比率的强化(如彩票得奖)、固定时间间隔的强化(如计时工资的定时发放)、可变时间间隔的强化等(如随时进行的奖励)。

2.应用强化的原则。强化理论为团队管理者提供了多种强化激励方式的选择,但团队管理者在使用强化理论进行团队成员工作行为的修正和改造时,要注意因人制宜、明确具体、及时反馈的原则。

(1)因人制宜。强化应因人制宜,强化对象不同,采取的强化措施应不同。团队管理者要明白,同样的强化措施,可能对一些员工的强化是有效的,对另一些员工则不一定有效。如果一味采取同样的强化措施,则会起到相反的效果。

(2)明确具体。团队管理者对团队成员所期望取得的工作业绩要明确地表述出来,只有行为规范明确且具体,团队成员才知道哪些行为是被肯定的,哪些是被否定的。此外,只有在团队的行为规范明确而具体的前提下,团队才能根据员工的行为表现进行强化并给付报酬。

(3)及时反馈。团队一定要通过各种形式和途径,对员工的工作结果予以及时反馈和强化。及时的强化反馈能更好地修正团队成员不良的工作状态,也能使团队成员明晰自己改进的方向,减少行为人的异议。

第二节 团队激励的方法

在激励实务中,团队常用的激励方法主要有三类,分别为工作激励、成果激励和综合激励。工作激励是指通过合理设计与适当分配工作任务来激发员工内在的工作热情。成果激励是指在正确评估员工工作产出的基础上给员工合理的奖励,以保证员工工作行为的良性循环。综合激励是指除工作激励、成果激励以外的其他辅助性激励方法。

一、工作激励

团队员工在工作中存在多种需要和追求,当代员工普遍希望自己的工作有意义、有挑战性、有一定的自主权,且这些需求日益强烈。在这种背景下,重新让工作本身焕发出对员工的激励作用就显得十分重要了。当员工能从事其喜欢的工作,享受工作过程带来的乐趣时,其就能产生工作的激情。因此,团队领导应该了解员工的特长和爱好,把其个人的兴趣和职业结合起来,这样,员工就会把工作当成事业来做,就会全身心地投入,这是其个人价值得以实现的途径,所以用工作本身来激励员工是最有效果的一种激励方式。总之,工作激励方式能够将团队的目标与个人目标、自我发展有机地结合起来。

通过工作进行激励的措施,或者说寻找工作激励点的方法主要有:工作扩大法、工作丰富法和岗位轮换法。

(一)工作扩大法

工作扩大法是指通过扩大工作岗位的范围、增加工作岗位的职责,消除员工因从事单调乏味的工作而产生的枯燥厌倦情绪,提高员工的劳动效率。工作扩大法包括横向扩大工作和纵向扩大工作两种。

1.横向扩大工作。横向扩大工作是指让员工承担同一层级的更多种类的工作。比如,团队将同类别分工很细的工作合并,由一人负责一个工作部分改为几个人共同负责几个工作部分。

2.纵向扩大工作。纵向扩大工作是指将员工的工作范围进行垂直扩展。比如,团队管理人员的部分职能转由团队普通员工承担,让普通员工参与计划制订,自行决定工作目标、作业程序等。

小案例

自我支配的工作时间

很多人需要金钱,或需要职务,或需要奖励,或需要灵活的工作时间。每个人的差异性决定了每个人的需要也是不同的,激励方式也应该因人而异。很多时候,管理者们最容易想到的激励方法是金钱,但是让他们苦恼的是,有的时候,金钱的激励也常常失效。谷歌是全球最大的搜索引擎公司,其正式员工超过10万人,其中很大一部分员工毕业于斯坦福大学、卡耐基梅隆大学等名校,对于这样的员工,谷歌的独特激励方式就是给员工每周20%自由支配时间。在这段时间里,谷歌的员工完成了他们的梦想,而这些梦想的成果也极大地推动了谷歌产品的丰富,以及利润的提升。

(二)工作丰富法

工作丰富法是通过增加工作的技术和技能含量,使工作内容更具挑战性和自主性,以满足员工更高层次的心理需求。工作丰富法具体包括:培养团队成员掌握多种技能和技术；使员工了解本岗位所承担的任务与单位的总任务、总目标、总过程的关系；团队通过各种形式使员工有参加管理与决策的机会；使员工能经常得到团队或领导对其工作结果、工作表现的评价信息，让员工看到自己工作的意义和价值。

（三）岗位轮换法

岗位轮换法是让员工在一定时期内变换工作岗位，使其获得不同岗位的工作经验的激励方法。该方法不仅能丰富员工的工作经验，使员工明确自己的长处和短处，找到适合自己的位置，而且可以增加员工对团队整体工作的了解，改善部门间的合作关系。针对不同的员工，团队岗位轮换法主要包括以下几种形式。

1.新员工的轮换。团队新员工的轮换可以确定工作岗位。团队新员工在就职培训结束后，会被分配到不同的部门去工作。新员工在适合新员工的每一岗位轮换结束后，其工作表现都应被考评。通过这种方式，团队就可以对新员工的工作适应情况有所了解，也可以更好地帮助团队成员确定适合他们的正式工作岗位。

2.老员工的轮换。团队老员工的轮换可以培养多面手。现代组织的经营环境日益复杂，对于小巧灵活的团队来说，更要求其成员具有较强的适应能力。所以，团队必须有意识地安排老员工做不同的工作，使其具备多种工作技能，开发老员工的潜力，培养适应复杂环境的多面手。

3.管理人员的轮换。团队管理人员的轮换可以培养经营骨干。对于团队的高层管理人员来说，应当全面了解团队的工作，把控全局。团队管理人员在不同部门间进行工作轮换，可以增强他们对团队各部门间关系的感知，也可以帮助他们对团队建立更全面、系统的认识。

二、成果激励

成果激励是指团队成员有什么样的工作业绩，就要给予其相应的物质奖励和精神奖励。成果激励的方式多种多样，团队管理者要根据员工的需求灵活地选择激励方式。总的来说，常见的成果激励主要包括两类：物质激励和精神激励。

（一）物质激励

团队的物质激励是从满足团队成员的物质需要出发，从而激发员工工作积极性的激励方式。由于物质激励关系到员工的切身利益，因而具有较大的激励效用，是当前组织中最普遍且不可或缺的激励手段。在团队管理中，最困难的是如何设计合理的物质激励制度和采用恰当的物质激励方式。物质奖励要恰到好处，过于频繁或者给予大于应得，就有可能适得其反。物质激励按形式划分，主要包括工资、福利、利润分享等。

1.工资。团队成员的工资直接与其工作行为和业绩挂钩,是团队定期直接支付给员工的劳动报酬,主要由计时工资、基础工资、职务工资、计件工资、奖金、津贴和补贴,以及加班工资等组成。基薪是以工作职位为基础支付的,并根据员工的绩效、工龄以及物价水平进行定期或不定期的调整,但员工之间的调整额度差别不大,因此基薪通常不具有激励作用。所以加薪才是一种较普遍的激励方式。应当将基本工资、津贴、奖金结合起来,为团队提供一个有竞争力、公平、健全的总体激励制度。

加薪分为两种形式:一种是加奖金、津贴,这主要针对的是一段时间内的表现优秀者;另一种是提升基本工资,以奖励稳定的杰出贡献者、努力工作者或服务到一定年限的员工。要注意,如果领导者不管成员有何“功绩”,一律严格控制其加薪,或者奖励过于主观,工资上限似乎太“大方”,都会产生负面效应,即会导致团队成员灰心丧气,精神不振,甚至会发生人员流失。

小案例

食言的代价

小李在大学毕业后进入一家民营物流供应链公司上班,当时公司给他的月薪是 3 000 元。小李的学习能力和业务能力都很强,很快就做出了业绩。一年后,他向公司提出加薪的申请。经理承诺,只要他在年底达成业绩目标,就给他加薪 50%。于是小李干劲十足,连续加班加点,生病了还坚持工作,在年底超额完成了任务。

但到了该兑现承诺时,老板却食言了,仅仅给小李加薪 200 元,小李觉得这简直就是欺骗,于是就跳槽去了另一家同行业公司。在那家公司,小李的起薪就是 8 000 元。在他离职之后,他原来公司的经理又花 6 000 元招了一个新人,结果新人对业务不熟练,还得培训,导致公司流失了好几单业务,那个经理的肠子都悔青了……

杰克·韦尔奇曾说:工资最高的时候成本最低。许多管理者都不理解这句话的核心思想,觉得多发薪水的话组织的成本就高了,殊不知低薪会导致员工丧失积极性,把现在的工作当成跳板,随时准备起跳。

2.福利。团队成员的福利是团队根据劳动合同以及国家规定,定期为员工支付或缴纳的保险福利费用,例如,基本养老保险费和补充养老保险费、医疗保险费、失业保险费、工伤保险费、生育保险费、员工教育经费、员工住房基金以及其他费用等。

3.利润分享。利润分享是根据团队生产所获利润的大小，按照一定比例分配给团队成员作为薪酬的激励方式。比如，员工持股就是一种特殊的物质激励，通过让员工持有股票，使员工参与利润分享和经营决策。在团队中建立员工持股计划，可以很好地吸引、保留和激励团队成员。一是因为利润分享能够增加员工的收入。工作所创造的价值并不局限于工资和奖金，也许更多会来自二次分配得到的利润分享。二是因为利润分享能够增加员工的归属感。此时的团队成员不再只是一个被雇用者，而是团队的所有者，分担组织的盈亏，公司的兴衰与自身利益紧密捆绑在一起，这自然会有效激发员工的工作热情。要提醒团队管理者的是，股权激励的激励动力充足，但容易出现的问题和弊端也较多，使用时一定要建立完善的制度加以保障。

小案例

华为的全员持股

华为是中国最优秀的企业之一，2019年，面对美国的抵制，华为不仅没有受到重创，反而实现了2019年上半年销售收入同比增长23.2%的华丽转身！这离不开华为人倾其青春和热情的奋斗，也离不开华为以员工持股为核心的薪酬激励机制。华为对每位员工的才能、责任、贡献和工作态度进行评定，给员工定配股额，让员工可以拥有公司股份。所以作为华为的一员，其收入除工资和奖金外，股票分红收入占了相当大的比重。这种全员持股的薪酬激励机制将保障薪酬与风险薪酬结合起来，使激励效果翻倍。

（二）精神激励

精神激励满足的是员工在精神方面的需求，是一种有别于物质激励的无形激励。精神激励不仅成本较低，而且常常能取得物质激励难以达到的效果，是调动员工积极性、主动性和创造性的有效方式。按形式划分，精神激励主要包括情感激励、荣誉激励、信任激励等。

1.情感激励。情感激励是团队管理者与员工间进行感情联系的激励方式。情感激励不仅可以充分体现出团队浓浓的人情味，而且可以很好地满足员工渴望关怀、爱护和尊重的需要。团队管理者可以通过多种途径来增进与员工之间的情感互动,如团队成员共进午餐、排忧解难、慰问家访、交往娱乐、感情交流、互帮互助等。

2.荣誉激励。荣誉激励是以激发员工追求良好声誉为手段的激励方式。荣誉激励是一种象征性激励,是团队对优秀员工自身价值的认同与肯定,不仅可以提升员工的自信心,而且可以有效满足员工对尊重和自我实现的需要,如领导者亲自表扬和感谢、在内部刊物上发布公开表扬文章,授予团队荣誉称号、以员工的名字命名某项事物等。不管是成为明星个人的荣誉,还是成为明星团队的荣誉,都非常令人振奋和鼓舞,可以起到激励团队成员的作用。

3.信任激励。信任激励是建立在上级对下级的理解和信任基础上的激励方式。信任激励体现了团队对员工的信赖和尊重,可以有效激发员工"士为知己者死"的工作斗志和热情。常见的措施有:授予实权、委以重任、允许犯错等。

三、综合激励

除了上述工作激励和成果激励方法以外,管理实践中还有一些辅助性激励方法,如榜样激励、危机激励、环境激励、晋升激励、培训和学习激励、休假和旅游激励等。

(一)榜样激励

榜样激励是指团队选择先进、成绩突出的个人或集体加以肯定和表扬,让团队成员向其学习,激励全体成员积极向上的方法。团队成员在与榜样的接触中,榜样会给他们带来潜移默化且不可思议的推动力量,赋予他们工作的热情。

(二)危机激励

危机激励是指团队通过不断地向员工灌输危机观念,让员工明白生存环境的艰难,以及由此可能对员工工作、生活带来的不利影响,进而激发员工自发努力工作的激励方法。团队管理者对危机的感受是深刻的,但一般员工并不一定能感受到这些危机。很多员工容易滋生享乐思想,他们认为自己收入稳定,高枕无忧,工作热情日渐衰退。因此,团队管理者有必要向员工灌输危机观念,树立危机意识,重燃员工的工作激情。要告诉员工,团队取得的成绩都只是历史,在竞争激烈的市场中,我们随时都有被淘汰的危险,团队的危机和员工的危机是连在一起的,如果"今天工作不努力,明天就得努力找工作"。

团队建设案例

华为的危机激励

在华为，危机激励无处不在。

1987年，华为成立，最开始只是一家交换机销售代理公司。

2001年，华为开始在行业中崭露头角，首登全国电子百强首位。任正非发表《华为的冬天》，他这样说道："十年来我天天思考的都是失败，对成功视而不见，也没有什么荣誉感、自豪感，而是危机感。"

2019年，华为成长为全球最大的电信设备制造商，除北美市场没有完全进入外，华为已经与全球50家顶级运营商中的45家建立了合作伙伴关系，服务着全球40%的人口。4月18日，美国《时代》杂志发布了"2019年度全球百位最具影响力人物榜单"，华为公司创始人任正非与马克·扎克伯格上榜业界泰斗名录，任正非已多次登上该榜单，然而华为并未自满，回复了一张"二战"时浑身弹痕累累的轰炸机正空中艰难飞行的照片，并标注"我们还在痛苦中，不知道能不能活下来"。

黑天鹅飞来了！2019年5月16日凌晨，美国总统特朗普签署行政令，以"科技网络安全"为由，将华为公司及其70家附属公司列入出口管制"实体名单"！一旦被列为实体名单，就意味着华为无法再使用美国软硬件，不仅仅是芯片，包括Windows，Android等系统，这对华为无疑是一个致命的打击！

《左传》里说：居安思危。思则有备，有备而无患。这句话用在当今深陷四面楚歌，仍面不改色，行而不乱的华为身上，再贴切不过了。2019年5月17日，在华为面临着"制裁""断供"的严峻形势下，华为海思总裁何庭波凌晨2点发表的一封公开信让人振奋不已。信中称：公司多年前做出了极限生存的假设，预计有一天，美国的所有先进芯片和技术将不可获得，而为了这个以为永远不会发生的假设，数千海思儿女，走上了科技史上最为悲壮的长征，为公司的生存打造"备胎"。今天，是历史的选择，所有我们曾经打造的备胎，一夜之间全部"转正"！多年来的心血和努力，已经连成一片，挽狂澜于既倒！

这就是华为！作为中国企业的脊梁之一，华为人从来没有因为成功而沾沾自喜。他们时刻保持着足够的警惕性，时刻保持着居安思危的心态，正视缺点、不断创新。当华为面对惨淡血腥的封杀，面对美国接二连三的打压、制裁和"围剿"，面对手机软硬件的全面瘫痪时，华为人，却交出了更完美的答卷！这些，在很大程度上都得益于华为对员工的危机激励。华为把危机意识纳入企业的核心竞争力中,把危机意识和压力传递给每一个员工,使内部机制永远处于激活状态。

危机激励的结果是,华为的5G迅速推出,让开始站队美国、禁用5G的不少国家重新决策,不顾美国的施压,接受了利国利民的5G。尽管华为5G登上了科技高峰,然而,这也引发了差距巨大的大公司的“酸葡萄效应”(苹果公司说“5G太超前,很多问题没有解决”)。

为世界科学技术做出了巨大贡献、处于科技巅峰“无人区”的华为又做出了惊天动地之举:准备向西方公司出售华为的5G技术,“塑造一个能在5G上与华为竞争的对手”!这是又一次危机激励,又一次攀登人类科技高峰的出征动员令!

(三)环境激励

环境激励是指团队通过改善政治环境、工作环境、生活环境和人际环境,而使员工在工作过程中心情舒畅、精神饱满的激励方法。团队应给成员创造一个舒适、自然、轻松、方便团队成员合作和交流的环境。比如,在办公区,白板、记号笔、剪刀及时供应,方便团队成员高效率办公;在休闲区,设置沙发和水果点心,让员工可以小憩、交流和补充能量。

(四)晋升激励

晋升激励是指团队将员工从低一级的职位提升到新的更高的职位上,同时赋予与新职务一致的权、责、利的激励方法。晋升可以在帮助团队选拔优秀人才的同时,达到激励现有员工工作积极性的效果,对员工或对团队发展都有重要意义。团队的晋升激励应把对大多数员工的“阶梯晋升”和对特殊之才“破格提拔”相结合,但要注意晋升激励会在团队成员之间产生竞争,这对团队合作可能会产生不利的影响,团队管理者应尽量将这种激励方式带来的负面影响降到最低。

小案例

晋升和薪酬

某广告设计团队在创业初期只有2个科室,经过5年的发展,团队迅速扩张,组建了12个部门、30个科室。在这5年的时间中,团队良好的发展空间和行业前景吸引了一大批年富力强的成员,团队也为员工施展个人才华提供了一个大舞台，涌现出一大批能力出众的员工。员工的薪资与创业初期相比，也翻了很多倍，远高出市场平均水平。而就在团队快速发展上升、外界赞誉不绝的时候，团队的激励问题却逐渐浮出水面——团队今年有35%的员工跳槽到了竞争对手那里。

其原因主要是经过5年的发展，组织的结构已相对稳定，各部门、各科室的职务都没有什么空缺，员工也已经没有什么发展空间了；而竞争对手能给他们提供良好的升迁机会，所以他们都选择了跳槽。就影响员工的最基本的激励因素——薪资来讲，团队给每位员工开出的薪资都是较优厚的，高于同业也高于市场，这是基于团队良好的发展给每位员工工作最实际的肯定。但对于员工而言，他们会因此受到很大的激励吗？员工可能会想：虽然大家薪资都比较高，但人人都在想如果我的工资比"他/她"高一截我就满意了，哪怕只高一小部分。因此，员工很希望通过职位的晋升来提高自己薪资的档次，取得较高的个人成就感。这就是典型的因为职位晋升不足引发的员工流失问题。

资料来源：周三多，贾良定．管理学（第四版）习题与案例[M]．北京：高等教育出版社，2015：273.

（五）培训和学习激励

培训激励是指团队通过为员工提供定期或不定期的培训和教育，以满足员工渴望学习、渴望成长的需要的激励方法。挑选优秀的团队成员参加同行的专业或学术研讨会，可以使员工扩大知识范围，学习新的技能，并拓展与同行之间的交往，提高能力、增长知识，并获得与职业相关的更多信息。此外，安排员工进行培训或攻读学位能够使员工承担更大的责任和接受更具挑战性的工作，并为其提升到更重要的岗位创造条件。

（六）休假和旅游激励

休假和旅游激励是团队给员工安排时间进行旅游休闲或休假来作为奖励的激励方式。团队成员在利用休假和旅游放松自己的同时，还可以使自己的生活、工作的质量得以提高，所以这种方式广受团队成员欢迎，在现代团队中的使用频率也越来越高，对团队成员有很好的激励作用。

第三节　团队激励的应用

在团队中有不同类型的成员，在需要进行激励时，应当对不同类型的成员采取不同的方式进行激励。具体来说，主要分为团队一般成员和团队管理者的激励应用。

一、团队一般成员的激励应用

一般成员是团队构成的主体，在对团队一般成员进行激励实践时，要注意以绩效为中心进行激励、采取弹性奖励进行激励，以及对不同团队成员进行权变激励。

（一）以绩效为中心的激励

要把工作绩效以及对组织的其他贡献与团队成员的报酬收入紧密结合起来。例如，在实行岗位责任制和劳动合同制的基础上实行结构工资制，将员工的实际收入与岗位责任、工作的数量和质量挂钩，体现能者多劳、多劳多得、优质优酬的原则。一般来说，在结构工资中，岗位职务工资是工资构成中的不变部分，其比例应当在70%以下；业绩工资为工资构成中的可变部分，应当占30%以上。许继电气公司董事长王纪年提出，当一家企业的活工资低于15%时，就到了“死亡线”。实际上，美国企业的工资“死活”比例为30∶70；日本企业的工资“死活”比例为50∶50；许继电气公司的工资“死活”比例为40∶60，其激励性是比较大的。此外，企业还可从利润中提取一部分作为奖励基金，奖励为企业做出突出贡献的员工。

（二）采取弹性奖励的激励手段

弹性奖励是指根据员工的需要，有针对性地选择奖励的时间和地点。这是因为，有的人可能希望得到奖金，有的人可能需要休假的时间长一点，有的人则渴望得到晋升，还有的人更珍惜进修学习的机会。以弹性奖励办法代替固化的奖励办法，会起到较好的激励作用。

（三）对不同团队成员的权变激励

根据团队成员的不同特点，可以把其分为四类，并相应地采用不同的奖励办法。

第一类员工，是善于听命执行的守成者。他们负责任，守纪律，但不愿冒险。对于这种特质的员工，要定期表扬，侧重于有形奖励。

第二类员工，是喜欢迎接挑战的叛逆者。他们喜欢行动，不重理论，追求自由。对于这类员工，要把新任务交给他们，奖励办法是让他们去学习和组建新的团队。

第三类员工，是有远见卓识的策略者。他们善于思考和分析复杂问题，不仅看眼前，也重视未来。更多授权或实行弹性工作时间，对这类员工很有激励作用。

第四类员工，是追求环境和谐的尊重人者。他们重视和谐的人际关系，追求公平，因而结合他们的优点，公开表扬他们与同事的情谊与其在工作中的合作精神，会起到一定的激励效果。

小方法

积极的心理暗示

美国著名心理学家罗森塔尔曾做过这样一个实验，他来到一所普通中学，在学生名单上随机圈了几个名字，告诉老师这几个学生的智商很高。一段时间后，奇迹发生了，这几个随机选出来的学生真的成为班上的佼佼者。

人会被自己喜欢、钦佩的人所影响和暗示。如果常受到信任、赞美等积极暗示，人们会由此获得向上的动力，尽力使自己达到对方的期待。团队管理者一定要相信下属的能力，给他们支持、鼓励和温暖的氛围。比如，在你给他们交办任务时，不妨说："我相信你一定能办好""困难是有，不过你肯定会有办法的"……这样一来，团队成员就会朝着你期待的方向发展。反之，如果你总是对团队成员大吼"笨蛋""这么简单的事都做不好"之类的话，那他就真可能变成"笨蛋"了。

（四）达到激励的公平

公平，是激励的基本原则。在中国这样一个讲求集体主义、追求公平的国家里，更应当注意如何做才能够达到真正的公平。拉开奖励的档次是打破大锅饭、增加激励力度的重要措施，但这可能会使不少员工在心理上感到不平衡。最好的办法是提高员工对薪酬决策的参与度，增加分配的透明度，让员工相信分配是公平的、差距是合理的，否则，组织付出再多的奖励也没有效果。

小案例

智猪博弈

在博弈论中，"智猪博弈"是一个著名的纳什均衡的例子。说的是猪圈里有两头猪，一头大猪，一头小猪。猪圈的一头有猪食槽，另一头安装着控制猪食供应的按钮，按一下按钮会有 10 个单位的猪食进槽，但是谁按按钮就会首先付出两个单位的成本，若大猪先到槽边，大猪吃 9 个单位，小猪只能吃 1 个单位；若两头猪同时到，则大猪吃 7 个单位，小猪吃 3 个单位；若小猪先到，则大猪吃 6 个单位，小猪吃 4 个单位。所以，无论大猪是选择行动还是等待，小猪的选择都将是等待，即等待是小猪的理性优势策略。

在团队管理中，若我们把大猪和小猪看成是猪圈这个"团队"里的员工，大猪好比团队中任劳任怨、主动承担责任的团队领袖或是优秀员工,小猪好比随波逐流、做一天和尚撞一天钟的懒散员工,按按钮的行为就是员工的工作,食物投入是组织为了获得产出而投入的人力成本,收益就是员工工作所获得的报酬,则“智猪模型”就很好地反映了现在团队管理中存在的困惑——明明投入很高的成本,为什么还是不能很好地激励团队的成员?为什么总是有人觉得分配不公?为什么优秀的员工会频频跳槽?

谈谈“智猪模型”对团队激励有何的启发?

资料来源:曹辉.从“智猪模型”看团队激励机制[J].太原城市职业技术学院学报,2015(7):156.

二、团队管理者的激励应用

高素质的管理者是团队成功不可或缺的条件。要建立和完善团队激励制度,就应该对团队管理者实施有效的激励。在对团队管理者进行激励实践时,要注意引入竞争机制、适度授权、运用薪酬杠杆、强调精神激励。

(一)引入竞争机制

团队管理者是组织的经营决策者,是联系团队成员的桥梁,是上情下达和下情上达的主要沟通渠道,是能动地发挥人力资源价值的一个重要环节。建立开放、流动的用人机制,实行管理岗位竞争上岗,使能者上、庸者下甚至平者下,形成能升能降的制度,有利于选拔优秀人才和保证组织经营管理决策的顺利实施。一些企业实行的“末位淘汰制”,是一种有效的竞争激励措施。

团队建设实操

团队的小竞赛

团队的激励方式多种多样,可以多借用小竞赛的方式进行。比如说,发布“优秀员工榜”,对优秀的员工进行月评和季评,将其照片粘贴在醒目的位置,这对员工本身来说是一个很大的精神激励。但要注意优秀员工榜绝不是“轮流坐庄”,否则就达不到预期的效果了。再比如说,设立全团队的“业绩排行榜”,每月或每季度将成员的销售业绩或生产业绩进行排名,对排名第一的给予奖励。也可以设“榜主奖”,对连续三个月都名列第一的给予重奖。类似的竞赛方式还有销售额比赛、质量比赛、利润比赛、明星大赛等。还有,职位竞选也是许多团队在内部实行的一种激励方式。通过让成员进行职位竞选演讲,让所有成员对心目中的最佳人选进行投票,从而确定团队中最能胜任此项工作的成员。以上这些竞赛方式，都可以很好地起到激励团队成员的作用。

（二）适度授权

授权可以增强各层次管理人员的工作责任感和积极性，能提高其管理能力，使管理者获得相应的培训和发展机会，也有利于组织中的团队成员成长为未来的领导者。此外，授权还有利于组织打破严格等级观念，让更多的中低层管理者参与组织的经营决策，有利于集思广益，提高决策的科学性和有效性。

授权是一种很好的激励方式，它既能够满足管理者的权力需要，也可以使管理者真正有效地从事工作。但必须注意适度授权，有效监督，防止滥用职权，防止组织的管理者凭借权力在招聘、解聘、任命、奖惩等方面有不当的行为。因此，在授权的情况下，还应当建立团队成员意见申诉和监督处理机制，使授权沿着合理的轨道运行。

（三）运用薪酬杠杆

确定合理的薪资水平，将管理者的个人报酬与其工作业绩直接挂钩，这有利于激励的实现。实行目标管理是运用薪酬杠杆进行激励的一种有效手段。从现代管理学角度看，对高层管理人员常用的物质奖励方式是年薪制和期权制，这两种方式的优点是，将企业经营业绩与经营者个人收入直接挂钩。经营者与产权所有者以签订合同的方式，把个人收入与企业的经济效益直接联系起来。这既有利于从经济利益方面对经营者进行激励，也有利于对其进行有效的约束。

我国在改革的形势下，已经在不小的范围实行了年薪制和期权制，但目前许多实行年薪制的单位存在着非常严重的不规范问题，亟待解决。例如，有的上市公司亏损额高达数千万，乃至上亿元，但经营者每年却依然有数百万、上千万元的收入。因此，建立合理的薪酬管理制度和采取正确方法进行团队管理者的薪资计算，是一个既重要又复杂，而且十分紧迫的问题。

（四）强调精神激励

在市场经济条件下，精神激励并不过时。需要理论告诉我们，高层次人员往往有着更高层次的需要，他们要求发挥自己的聪明才干，追求自我价值的实现，而且往往具有很强的自我实现欲望。反映在管理工作中，即他们具有最大限度地发挥自己的才能与利用组织资源的需要。突出他们的经营思想、创新精神，承认他们的工作努力和绩效，往往比物质鼓励更具有效果。

对于团队管理者的精神激励，要注意针对性，不能停留在“发奖状、开表彰会”上，而要为他们提供良好的管理工作环境，使他们有充分施展才能的空间，让他们从工作中获得最大的心理满足，体验在领导团队的工作中的乐趣和获得的成就。

小案例

总经理的赞美

某公司一名清洁工，本来是一个最容易被人忽视的角色，却在一天晚上公司保险箱被窃时，与小偷进行了殊死搏斗。事后，有人问他这样做的原因，他的答案却出人意料。

他说："总经理从我身旁经过时，总会称赞我扫得真干净。"

应当强调的是，作为精神激励，积极的心理暗示能够起到画龙点睛的作用，但这只是对个体而言的。一个团队成员要完成工作任务，可不是孤立的和无计划的，而是要建立在团队管理者有足够的掌控力、团队成员的能力和努力程度上。因此，组织要注重对团队管理者的素质提升、资源支持和与团队总体工作状况的互动（如实行目标管理）。

团队能力测试

你善于运用激励手段吗？

根据以下从"完全不同意"到"完全同意"的四个得分标准，对下面20个问题分别打分，该分数一定要最符合你的看法。

完全不同意0　有点不同意1　有点同意2　完全同意3

1.团队成员的工作做得非常好，其工资应立即增加。（　）

2.好的工作写实很有价值，它使团队成员知道该做什么工作。（工作写实：详细写明一个团队成员所承担的职务和责任及主要的工作方法）（　）

3.团队成员要记住：他们是否继续工作下去，要看公司能否进行有效的竞争。（　）

4.管理人员应关心团队成员的工作条件。（　）

5.管理人员应在团队成员当中尽力营造友好的气氛。（　）

6.工作绩效高于标准的团队成员，应予以表扬。（　）

7.在管理上对人漠不关心，会伤害人的感情。（　）

8.要使团队成员感到,他们的技能和力量都在工作中发挥出来了。(   )

9.退休金与补贴的合理发放和团队成员子女的工作安排是使成员安心工作的重要因素。(   )

10.几乎每种工作都具有激发性和挑战性。(   )

11.许多团队成员都想在工作上干得非常出色。(   )

12.领导者在业余时间安排社交活动,这表明其对团队成员的关心。(   )

13.一个人对工作感到自豪,就是一种重要的报酬。(   )

14.团队成员希望在工作上能称得上是“佼佼者”。(   )

15.非正式群体中的良好关系是十分重要的。(   )

16.个人奖励会改进团队成员的工作绩效。(   )

17.团队成员要能和高层管理人员接触。(   )

18.团队成员一般喜欢自己安排工作,自主决定,不需要太多的监督。(   )

19.团队成员的工作要有保障。(   )

20.团队成员要有良好的设备进行工作。(   )

评分标准

将你所选的各个选项的分数相加,得出测试的总分。

1.41~60 分,表明你十分了解激励对于管理的重要性,并且运用得很好。

2.21~40 分,表明你知道激励对于管理的重要性,但是做得还不够。

3.0~20 分,十分遗憾,你不知道如何激励团队成员,这是十分危险的。

案例

海底捞的激励与热情服务

全国最大的火锅连锁店海底捞已赴港上市,2018 年上市估值 150 亿美元。截至 2018 年年底,海底捞餐厅数量达 466 家,究竟是什么能让 24 年前的一家仅仅拥有四张火锅桌的火锅店发展到如此大的规模?有人说是因为海底捞的服务很“变态”,用户体验好。那么为什么别的餐饮企业做不到这点呢?其秘诀在于——海底捞对员工无处不在的激励。

海底捞员工的薪酬在行业里处于中上水平,82.9%的参与调查的海底捞员工对薪酬感到满意。员工薪酬明确根据实际工作量来计算,例如,服务客人的数量,清洗餐具数量以及送达的菜品数量。海底捞所有员工每年享有 12 天的带薪年假,公司为其提供回家往返的火车票。海底捞会为优秀员工配股,一级以上员工享受纯利率为35%的红利。

海底捞为员工制定了很完善的晋升机制,这是留住员工的关键所在。海底捞的员工晋升机制公开透明,大多数管理人员包括店长、经理都是从内部提拔上来的。海底捞致力于发现并培养有潜力的员工进入人才候选库,成为后备店长甚至晋升为店长。海底捞一般不从外部聘请管理人员,并不是外面的管理人员不好,而是海底捞想把好的职位都留给从基层一级级往上走的员工。

要想员工将顾客服务好,企业就要把自己的员工服务好,海底捞把员工当成自己的兄弟姐妹。比如,新员工做错事了,同事会及时指出、纠正,并对其说:没关系的,我们以前也犯过这样的错;天气冷了,会有人熬姜汤;过生日,会有人第一时间想着为你祝福……在北京,海底捞的员工住的都是城里最好的小区,每人的居住面积不小于6平方米,里面有空调和暖气,有专人负责保洁,换洗床单被套。不仅如此,公司考虑到服务员工作时间长,需要有充足的睡眠,宿舍的选址还必须保证员工最多步行20分钟就可到达工作地点。公司每月会给优秀员工的父母寄几百元钱,这些员工家里都很普通,每个月能收到几百元钱非常高兴,因而会嘱咐自己的孩子在海底捞好好干。此外,在海底捞工作满一年的员工,若一年累计三次被评为先进个人,该员工的父母就可来店免费探亲一次,往返车票公司全部报销,其子女还有3天的陪同假,其父母可享受在店免费就餐一次。为了给员工更多关怀,公司出资在简阳专门建立了寄宿学校,员工的孩子可免费在学校上学。公司还设立了专项基金,每年拨款100万元用于治疗员工和直系亲属的重大疾病。这样的福利和员工激励制度让海底捞的利润率缩水很多,但这些举措让员工更加卖力地为海底捞付出,因此顾客才能享受到海底捞员工热情的服务。

案例讨论题

1. 请说说海底捞都用了哪些激励方式?
2. 结合本案例,谈谈对一般员工应当进行哪些激励?
3. 结合本案例,谈谈对管理者应当进行哪些激励?
4. 如果你是海底捞的人力资源总监,请再设计三种激励方法。

本章小结和应用意义

激励是一种通过满足员工的某些需要,引导和强化其行为的过程,它对团队建设与管理而言是不可或缺的必要条件。激励也是团队管理的一个重要组成部分。要根据激励的原理,采用具体的激励方法,来提高团队成员乃至整个团队的工作效率。

本章简述了激励的含义、动机行为的过程和团队一般激励理论,包括需要层次理论、X 理论和 Y 理论、双因素理论、成就需要理论、公平理论、期望理论、行为强化理论;介绍了团队激励中常用的工作激励、成果激励和综合激励法;最后,本章从实际出发,说明了在对团队一般人员和管理者进行激励时,可借鉴的方式方法。

思考讨论题

1.团队激励的理论有哪些? X 理论和 Y 理论对团队激励的实践意义是什么?

2.团队激励的方式有哪些? 你能举出它们在组织中运用的小案例吗?

3 你认为对团队一般人员和管理人员进行激励,其方式方法有何不同?

4.激励发生作用的机制是什么?

团队训练游戏

团队游戏一:褒奖不褒奖

程序

1.把比较熟悉的两个人分为一组,强调每个人都渴望他人的认同和赞扬。

2.每位学员对同组的组员进行以下几方面的评价。

(1)一个或两个特别令人欣赏的性格特征。

(2)一个或两个特别的才能。

3. 每位学员对同组学员的工作行为和赞许什么、奖励什么的管理态度进行评价。

4. 每位学员仔细记录对同组成员的感受、想法、反应。

5. 同组的学员互相交流。

附:应当奖励什么行为

管理学家米切尔·拉伯夫经过多年研究发现,有些管理者常常在奖励不合理的工作行为。针对这些常犯的错误,他归结出“应当奖励”和“不应奖励”的 10

个方面的工作行为。

1.奖励彻底解决问题,而不是只图眼前利益的行为。

2.奖励承担风险,而不是回避风险的行为。

3.奖励善用创造力,而不是愚蠢的盲从行为。

4.奖励果断的行动,而不是犹豫不决、光说不练的行为。

5.奖励多动脑筋,而不是一味苦干。

6.奖励使事情简化,而不是使事情不必要地复杂化。

7.奖励沉默而有效率的人,而不是喋喋不休者。

8.奖励有质量的工作,而不是匆忙草率的工作。

9.奖励忠诚者,而不是跳槽者。

10.奖励团结合作,而不是互相对抗。

目的

1. 让学员学习关注他人的优点和思考如何发掘别人的优点。

2. 让学员练习向他人讲赞美的话,和用语言与他人分享良好品质。

3. 使学员了解正确的激励行为是什么?团队中的激励工作应当怎么做?

小组讨论和全班讨论

1.为什么对于大多数人来说,给予他人赞扬是困难的?

2.为什么人们总是会很快给出负面评价,而正面赞扬却少之又少?

3.正确的“奖励行为”是什么?在团队活动中与团队管理行为中应当主要注意哪些方面?

应用

1. 培训学员的正能量和积极心态。

2. 帮助学员理解正确的激励是什么。

团队游戏二:魔鬼信函,灰色负面

时间:30 分钟　场地:空地

道具:魔鬼信函、魔鬼面具

程序

1.选择×位成员扮演魔鬼(根据学员人数确定),并带上魔鬼面具,在面具里藏一封或几封培训师准备好的关于团队的魔鬼信函。

2.魔鬼在成员中出没(来回走动),尽量抓住其中 1/×的成员,使全体成员分成×组。

3.小组成员摘下魔鬼面具,取出魔鬼信函。

4.各小组成员分别将魔鬼信函所示情境分析解剖。

5.小组成员说明魔鬼信函的内容,并共同将团队中的非理性想法改成团队中的理性想法。

6.各小组将魔鬼信函进行解析与转换，与全体学员分享，成员是否了解什么是团队中非理性的想法及其影响。

目的

1.找出影响团队进步的负面情绪。在一个团队中，不可能总是存在正面情绪，总是会有一些灰色消极的因素影响其中的某些人，进而影响整个团队的效率。这个游戏可以帮助管理者及时发现影响团队进步的负面情绪，找出不利于团队发展的诸多因素，打击和消灭妨碍团队协作的“魔鬼”。

2.激励参与成员。对于一个团队的主管来说，应该随时对自己的下属保持足够的关注，通过此游戏察觉他们的负面情绪并及时处理，尽可能地激励他们重新变得积极自信、创造力非凡。

讨论

1.这个游戏带给你什么样的感受？

2.团队成员常有的非理性想法有哪些？

3.理性想法应是什么？理性想法隐含的公式是什么？

附件：魔鬼信函，魔鬼信函解析表

材料一：魔鬼信函1

我希望我的人际关系很好，我很想得到别人的喜爱，我应该得到每个人的喜爱和赞美。但昨天总经理说我的桌子太乱，我觉得一切都白费了，我根本就不受重视，他一定不喜欢我。

魔鬼信函解析与转换表

情境事件是什么？

你对此事件有什么想法？有哪些非理性的想法？

这一事件所引起的情绪结果是什么？

理性的想法是什么？

解析与转换

昨天，总经理说我桌子太乱。

我应该得到每个人的喜爱和赞美。

我不受重视，我觉得好失望（自卑的）。

一切努力都白费了（没有信心）。

他一定不喜欢我，我没有价值（否定自己）。

转换：我喜欢得到每个人的喜爱和赞美。

我有时能得到别人的喜爱和赞美，比如……（以事实为基础）。

有时我无法得到别人的喜爱和赞美（防止情绪困扰产生）。

材料二：魔鬼信函2

我是一个主管。我必须很能干、很完美，并且在各个方面都取得很好的成就。可是，上一次开会的时候，我太累了，做结论时，我讲错了一句话，他们在底下嘲笑我。哎！身为主管竟然犯下这样的错误，真是太丢脸、太有失身份了。讲话都讲不好的人，一定不会得到尊重，我真没用。

解析与转换

上次，作结论时我说错了一句话。

我必须很能干、很完美、永远不犯错误。

太丢脸了，太失身份了，我觉得很懊恼。

转换：我希望我能表现得很好，做一个称职的主管（合理的公式）。

若是时间充裕、准备周详、精神饱满、信心十足，我可能表现得令自己满意。

一次行为不能代表我整个人（以事实为基础）。

不一定每个人都在嘲笑我（防止情绪困扰）。

应用

1. 帮助学员发现影响团队的负面情绪，以克服之。
2. 提高学员作为团队主管的领导能力和激励技能。

第十章 团队与领导
——工作与团队的CEO

学习目标

- 了解领导理论及其发展
- 了解领导力建设的内容
- 掌握团队组建和运转过程中的领导艺术
- 了解构建高效合理的高层领导团队的方法
- 掌握各梯队团队领导接班人的培养方法

引导案例

关键的少数制约重要的多数

在海尔的人力资源管理中，张瑞敏特别强调：要先管理好管理人员，切实提高其素质，只有素质高的管理人员才能带出素质高的员工，才能推动海尔的全面发展。

张瑞敏认为，领导者素质的优化是现代企业发展的关键。现代企业要生存就必须领先，要领先就先要在观念上领先，而观念的领先和实施的成功与否取决于领导者的素质。

张瑞敏说："80/20原则在管理观念上是一个重要的原则，即关键的少数制约重要的多数，干部对出现的问题，肯定要负主要的管理责任。有些领导者在出了问题时只会责怪下属，可下属根本就不明白领导者为什么指挥其这么干，那么处理下属对解决问题又有何益处呢？在一家企业中，一把手就是旗帜，就是方向，如果自己不先认真起来，不能把一件事一抓到底，抓出结果，没有通过自己的工作树起一种工作作风,又怎能要求下属认真起来呢!

“海尔向现代企业迈进,需要我们的管理人员尤其是各单位的主要管理人员在两个方面领先:一是奉献精神;二是决策能力,也就是说,管理人员不仅要有一种对事业执着追求和创业的冲动,给部下以鼓舞和力量,而且要能够在错综复杂的竞争中运筹帷幄,指挥若定。商战如兵战,关键是要比竞争对手高,处于领先地位,正如周瑜号称‘一步三计’,却总失算于孔明的‘一计三步’一样,计不在多而在精。”

第一节　领导与领导者概述

一、领导的基本范畴

(一)领导的含义

在现实的经济管理活动中,人们经常运用“领导”一词。所谓领导,可解释为率领、带领、引导、指导等。领导是一个多义词,可以是名词,也可以是动词。作为名词,“领导”是指在人类特有的社会活动中,在整体和全局意义上担负统筹、组织、控制、协调任务的人,是领导者的代称;作为动词,“领导”是指领导者统率一个组织的成员实现共同目标的行动过程,是领导活动的代称。

(二)领导者的角色

一般来说,凡是有许多人进行协作的劳动,其过程的连续性和统一性都必然要表现在一个指挥的意志上,领导者,就是在社会组织和工作团体中身居高位、肩负重担、总揽全局、运筹帷幄的特殊成员。

从领导者的工作性质和担负任务的角度观察,领导者在社会组织中的指挥职能,使领导者成为政策的制定者、规划的决定者、工作的控制者、任务的分派者、冲突的仲裁者、赏罚的实施者、关系的协调者、集体的代表者、价值的规范者、信念的依据者。从领导者所处位置和发挥作用的角度观察,领导者在工作团体中的指挥职能,常使领导者成为群众的首领、组织的代表、集体的替身、行动的榜样、团体的象征、责任的化身、权力的体现、奖惩的对象。

(三)领导者的功能

领导者在一个组织中发挥的功能,可归为以下三大类。

第一类是指为了建立和达到组织目标而发挥的功能。它包括以下内容:①确定组织的总体目标并通过组织的行政工作付诸实施,包括上级下达的目标、组织内部形成的目标、领导者确定的目标;②拟订组织活动的方针、政策、制度和规范;③制订组织活动的总体计划,作为达到目标的手段。

第二类是指为具体实现组织目标而发挥的领导功能。它包括以下内容:

①作为熟知组织活动内容的专家,指导下属的活动;②作为权力人物,控制组织内部各个部门的活动;③直接帮助下属完成任务,以推动组织工作的进展;④掌握行政权力,可对下属进行奖励或惩罚,以保证和促进组织目标的实现;⑤作为仲裁者,调停解决组织内部的矛盾冲突,以维系组织的和谐;⑥对外作为本组织的代表者。

第三类是指作为组织的形象而发挥的功能。它包括以下内容:①作为组织的象征和成员的中心;②作为组织的规范人物,以身作则、为人表率;③是组织的意识代表,成为组织的信仰、价值、规范的来源;④作为成员认同的理想对象;⑤组织活动失败时,成为责任的承担者。

二、领导者的基本范畴

这里对领导者素质的内容和领导者的影响力进行阐述。

(一)领导者素质的内容[①]

领导者的素质会直接影响领导效能,影响团队整体效能和团队成员个人素质的发挥。领导者素质可以体现为领导者的德、才、学、识、坚的整合。

1.德,即品德。它主要涉及政治立场和道德情操两个方面。领导者首要的职业道德,就是以正确的态度来行使自己的权力,即从组织的利益出发来使用自己手中的权力。

2.才,即才能。从一般的角度看,人的才能主要体现为智力,其智力水平的高低既受先天素质的影响,又取决于后天的学习和锻炼。对于一个组织的领导者来说,最重要的能力是长期预见能力、决策能力和用人能力。

3.学,即知识。领导者应具有广博的知识与合理的知识结构。领导者应具备领导与管理知识以及所处行业的主要学科知识、运营知识。

4.识,即见识。它主要涉及以下四个方面:①能识别时代前进的方向,以使自己的目标和群体的目标迅速适应环境(包括社会环境与所在行业环境)的变化;②能辨别新事物、新经验,这可用于决策和组织变革、流程再造;③能抓准本人所从事的业务领域内的关键问题;④有敏锐的评价真、善、美和组织效益的能力。领导者的"识",可以说是一种"悟性"。

5.坚,即意志坚强,这是领导者的重要心理特征。意志坚强的人才能克服困难,达到既定的目的。对于领导者来说,意志修养具有极为重要的意义,因为这不仅涉及其个人的管理成效,而且涉及其所领导的团队的兴衰[②]。

(二)领导者的影响力

领导从本质上说是一种影响力,即对一个组织为制定目标和实现目标所进

---

① 对领导者素质进行较早研究的赵履宽和姚裕群认为,领导者的素养是素质和修养的综合。

② 赵履宽．现代领导知识要览[M]．杭州:浙江人民出版社，1989:25-26.

行的活动施加影响的过程。影响力构成了领导者的权威。那么,领导者影响力的基础是什么? 事实上,领导者在领导的过程中影响他人的基础是权力。

权力是一个人(设为 A)用以影响另一个人(设为 B)的能力,这种影响使 B 能够做其在其他情况下不可能做的事。权力可以分为两大类,一类是职位权力(合法权力、奖励权力、强制权力),另一类是非职位权力(感召权力、专家权力、信息权力、说服权力、超凡魅力),具体如表 10-1 所示。

表 10-1　权力的类型

职位权力	非职位权力
· 合法权力:来源于个人所处的组织地位 · 奖励权力:来源于能够控制组织资源与奖励的权力,如决定薪酬与奖金 · 强制权力:来源于惩罚与制裁的权力,如申诉或终止权	· 感召权力:来源于下属的喜爱和尊敬 · 专家权力:来源于某人对在某特殊领域所具有的专长与技术的认识 · 信息权力:来源于对信息的控制和组织中的信息传播 · 说服权力:来源于具有使他人信服并采取特别行动与决定的能力 · 超凡魅力:来源于个人魅力、传播动力感,使别人喜欢与其合作并帮助他达到目标

资料来源:尼基·海斯. 成功的团队管理[M]. 杨蓓,译. 北京:清华大学出版社,2002.

团队建设实例

修、齐、治、平打造团队

一种不期而至的缘分让她与 ACCA① 结缘,年纪轻轻便被委以重任,在 ACCA 大中华区事务总监的位置上一干就是 12 年。她就是叶慧俐。记者在 ACCA 于华南地区举办的毕业典礼上见到并采访了她,采访的话题是从团队管理谈起的。

带领团队关键在于"尊重"

说到管理风格,叶慧俐认为,每个领导人的管理风格很可能千差万别:有些

① ACCA 是指英国特许公认会计师公会(The Association of Chartered Certified Accountants)。该组织成立于 1904 年,是目前世界上领先的专业会计师团体,也是国际上海外学员最多、学员规模发展最快的专业会计师组织。

采取“高压”政策，有些则很民主。她认为管理者不一定要照搬这些管理风格，而应结合自己团队的实际情况加以借鉴。关于这一点，她说自己的老上司——英国ACCA前任行政总裁罗施雅对她的影响最大。她与罗施雅共事11年，从这位上司身上，她学到很多东西。罗施雅善于带领团队，非常尊重下属。叶慧俐认为，对管理者来说，“尊重”二字非常重要，不管是尊重下属，还是让下属尊重自己。

叶慧俐认为，管理者一定要有自己的威严，要得到下属的尊重。这种威严的树立最好是下属发自内心地因为你的才能而尊重你，而不是因为怕你而尊重你。叶慧俐说：“我的管理之道是让下属佩服我的工作能力、处事方法，而不是因为今天我坐在老板位置上所以怕我。当然，要做到这一点，就要靠自己本身的修养、眼光，而修养则包括学识、做人等。正如中国一句古话所说：修身、齐家、治国、平天下。”

选择与团队理念相近的下属

叶慧俐认为，对于管理者来说，团队人员的构成是很重要的。首先，组建团队时选择与团队理念相近的人非常重要。因为每个人的想法都不一样。以ACCA为例，由于ACCA是一个会员组织，是为公众服务的，因此，找到一些与ACCA拥有相同理念，并愿意为公众服务的员工至关重要。当然，前提是他要有能力胜任这份工作。其次，要有一套好的管理机制。因为上司是领袖，所以要发挥自己的领导才能，使员工保持旺盛的士气，并愿意为一个共同的目标去奋斗。

“公正”二字值千金

叶慧俐说，要做到公正，对一个管理者来说值千金。也许每个人都会有自己特别喜欢和不喜欢的人，这是人之常情。就像老师对学生一样，有些学生老师会特别喜欢，这或许是一种缘分，没办法解释。但作为管理者，即使心里不喜欢某个同事，也一定要公平对待，不要因为你喜欢的下属做错事，就不按照既定的规则处理，也不要因为你不喜欢的同事工作做得好，就不按照既定的规则进行奖励。

时刻相信1+1>2

叶慧俐说，我们面对的是一个群体社会，因此，团队精神对一个团队发展来说是很重要的。特别是在中国香港地区，ACCA经常要举办大型活动，要想利用有限的人手办好大型活动，就需要发挥团队精神。“作为管理者，我很重视团队的合作精神，并会努力营造一种团队的共同合作精神，一定要确保大家为了共同的目标共进退。”叶慧俐说：“我常说开会时大家可以有不同意见，但要永远记得我们是一个团队,要相信1+1要比2大得多。我也经常跟我们四个办事处的负责人强调团队精神。要确保大家一条心,有共同的理想:如何把ACCA做得更好?如何服务我们的会员?要允许下属提一些不同的意见,不要让他们害怕发出不同声音。”

资料来源:参见商人网,www.bizman.cn,2005-01-17。

三、领导与团队

(一)领导与团队的关系

从团队建设与管理的基本原理的角度看,在一个团队之中往往只有地位基本平等的协调人,而不是与其他成员存在权力等级差距和指挥关系的领导。但在团队建设与管理的实践中,领导范畴则得到了大量运用,这主要体现在以下三个方面:

第一,团队的协调人从事一定的领导工作,应当具备优秀的领导才能。

第二,所有的团队活动都与团队的上级领导发生着各种各样的、大量的关系。

第三,团队成员每人各有分工,各司其职,他们在自己的岗位上都是配置资源、推动工作的领导。

当然,对团队的各个成员而言,应当在能够领导别人之前,学会当“跟班”。但当一个好的“跟班”,绝不仅仅意味着消极地服从,领导说什么就做什么。团队成员接受命令后,要积极主动地去执行,克服各种障碍,解决遇到的问题,创造性地思考,寻找到可用资源,并且不折不扣,直到达成最终目的。从这个意义上看,没有人是绝对的、唯一的领导,团队是一个“全员领导”的组织。领导和追随者之间的界线已经模糊甚至消失了。21世纪复杂多样的组织结构,要求个人能够很自然地从组织中的一个角色转变到另一个角色,从领导转变为“跟班”,周而复始①。

(二)领导学说在团队中的应用

传统领导理论和现代领导理论在团队中都有所运用,不同特质的领导和不同性质的团队需要依据不同的领导理论,采用不同的领导方式。团队领导和团队成员之间有时并没有严格的界限,“领导也可以是跟班”,“不是上司,照样领导”②。例如,“雁群领导”方式:雁群以“V”字形编队飞行,领航权时有更替,不同的雁轮流掌握领航权;不论飞往何处,每只雁都能负责行动中的某一部分,依情势所需而变换角色,随时可能是带头者或者跟随者;当任务转换时,雁群即调整整个任务结构以适应新的情况③。

---

① 美国领导交流协会.领导也可以是跟班[J].领导文萃,2005(6):51-53.

② Roger Fisher,Alan Sharp,连青松.不是上司,照样领导[J].经理人,2005(1):70-72.

③ 王东风.企业绩效源于企业团队,企业团队成于团队领导[J].辽宁经济管理干部学院学报,2000(3):21-23.

团队的成败,最终取决于这个团队的领导。对领导者而言,需要遵循以下领导原则。

第一,把工作责任的归属权转移给那些实际执行者。团队成员中谁是实际的执行者、协调人,谁就拥有最大的权力。

第二,创造一个使团队每个成员都能恪尽职守的环境,共享责任归属权,也就是说,谁掌握全局,谁就负责成败。

第三,指导团队成员开发个人能力。将团队成员的自我期望提升到足以鼓励他们会在今天创造非凡的成就,甚至会在明天创造出更好业绩的高度。

第四,自我鞭策,加紧学习,并且鼓励团队中的其他人一起求进步。《学习的革命》一书中有这样一句话:人的一生就是学习的一生。担任领导本身就意味着担负着学习的职责,领导者要以身作则,保持不断学习的精神和行动,才能占尽先机,取得成功。

第二节　团队的领导艺术

学者们认为,"管理"与"领导"作为一对常见的范畴,前者主要突出"科学",后者更突出"艺术",或者说,领导既是科学,也是艺术,而且更强调艺术。所谓领导艺术,是强调对没有规则可循,没有公式可套用的问题,依靠领导者的自身能力与经验进行有效处理,或对常见的问题进行更出色的和创新性的处理。

提高团队领导艺术,领导者首先要提高自身的领导力,其次要提高团队领导行为的艺术水平,包括团队组建方面的领导艺术水平和团队运行过程中的领导艺术水平。下面对这三个方面的团队领导艺术进行阐述。

一、领导力

关于"领导力",有两种不同的理念,一种是全面的领导对象的领导力建设理念,即针对组织之中各个层次的员工;一种是针对组织高层领导团队的领导力建设理念。这里主要就后者进行分析。

就组织的高层领导团队的领导力建设而言,应更多地关注高层经营管理团队,发掘出一组能够表现出高层领导所需技巧和能力的"高潜力"人才。例如,摩托罗拉公司针对组织的高层领导者设计了专门的领导力培养的"五力"模型,它包括高层领导团队需要主要培养的五种能力:眼力(Envision)、魅力(Energize)、魄力(Edge)、能力(Execute)、约束力(Ethics)[①]。

---

① 彭剑锋. 培育领导力与领导团队[J]. 中国电力企业管理,2005(5):32-33.

（一）眼力

领导者能否为组织决策并设计、建立一个合理有效的发展目标和战略规划，直接关系到组织的发展命运。作为一个领导者，首先要有眼光，要有境界，要有追求，也就是要有战略思维。瓦伦·本灵斯研究了90位美国最杰出和最成功的领导者，发现他们具有四种共有的能力：令人折服的远见和目标意识；能清晰表达组织目标，使团队成员明确理解；对这一目标的追求和全身心的投入；了解自己的实力并以此作为资本。可见，洞察机会与确立目标的能力对于领导者极其重要。

在组织目标的确立过程中，领导者的洞察力起到关键作用。观察同行业的发展趋向，发现竞争的突破口，形成独树一帜的组织风格，确立产品和服务范围，建立本组织在市场中的核心竞争力——每一方面的运作都意味着对领导者洞察力的检验。实践说明，高瞻远瞩是成功领导的必要条件。

小寓言

奇怪的贷款："1美元"还是"50万美元"？

一位西装革履、满身名牌的犹太人走进纽约一家银行，以总价值为50万美元的股票和国债作抵押办理了一笔贷款，而贷款的总额只有1美元。

"年息为6%，只要你付出6%的利息，一年后归还，我们就可以把这些股票退还给您。"贷款部经理疑惑地看着眼前这个怪人并等着对方反悔——要知道以50万美元作抵押，即使想借30万美元、40万美元甚至50万美元，银行也会很乐意的。

所有的人都觉得他吃了大亏，只有他一个人高高兴兴的。他打电话给他的妻子："萨丽，你知道吗？我用咱们的股票和债券作抵押贷出了1美元。这样，寄存这些东西一年只需花6美分，而如果租金库保险箱的话，租金可能是成本的1万倍。"

启示：世上99%的人占小便宜吃大亏，1%的人吃小亏占大便宜，这1%的人才是最有智慧的人。

（二）魅力

所谓有魅力，就是要有热情，能够激励下属对组织目标的热情，创造一个人人都满怀工作激情，有机会为组织做出贡献的环境。

领导者正确确立组织目标尽管重要，但对于组织的发展还是远远不够的，更重要的是要使这一目标成为组织成员共同的信仰与追求，在组织内形成共有的价值观。只有组织成员共同拥有能使其真心投入或遵从的群体目标，才能产生群体行动,并激发起他们的责任感和创新精神,从而使目标产生激励作用。成功的领导者还需要依靠其个人魅力,倾听、征询、尊重、说服组织成员,将个人目标转化为群体目标。

(三)魄力

魄力,就是果断力。摩托罗拉公司认为,所谓魄力或果断力,就是一针见血地切中问题的要害,做出大胆和及时的决定,坚持用更高的标准要求本组织,以实事求是的方式表示善意的不满。当业务或个人表现不佳时,要对其给予警告。

领导者魄力的七个标准是:①在进行判断时要以事实为基础,在决策过程中应采用严格的方法;②督促个人和本组织充分发挥潜力,制定有发挥余地的目标;③要使人们承担义务,在他们的业绩未达到期待值时采取行动;④当某个人、职能单位、创意或系统表现不佳时,要对其给予警告,领导者要不断提示下面各个系统、各个单位及时发现隐藏的重大问题,并及时进行调整;⑤保持对首要工作的重视,不分散注意力,懂得分清主次;⑥要有挺身而出的勇气,敢于提出敏感问题或发表与众不同的意见;⑦要为本组织出现的问题承担责任。

(四)能力

我们这里所说的能力,是指执行能力。目标不能永远停留在纸上或口头上,必须转变成现实的行动和成果。领导者必须能够依靠自身和组织成员的行动,采用可行、有效的管理实践,实现其所设定的目标。

领导者能力的七个标准是:①要能够按期完成工作,遵守对顾客和组织内部成员的承诺,即领导者首先要守信。②要通过适当的紧迫感将全团队的注意力集中到执行计划并取得成果上,也就是见利见效上,这里,领导者首先要懂得哪些工作是见利见效的。③要能够了解需要参与运营的细节。这并不是说领导者要事无巨细,但一定要贴近运营,懂得应当在什么时候介入运营的细节。④能够采用创新性的方法,改进工作和工作流程。⑤在保证质量的前提下,按时间和预算规定对项目进行管理。⑥能够录用和选拔来自各种背景的,其才能可以满足业务需要的优秀人才。⑦要鼓励团队成员之间的合作,鼓励团队与团队之间的合作。

(五)约束力

所谓约束力,即自律能力,是指领导者要有道德,要随时随地以道德的方式开展业务,尊重所有的人和文化,不让个人的志向和情绪反应干扰工作。领导者特殊的地位和权力使其行为能够对企业及其成员的利益带来决定性的影响,而由于信息不对称、约束机制不完善等原因,个人的自律意义与职业道德就成为领导者的重要素质之一。

领导者约束力的十个标准是:①作为高层领导者,要首先将公司的利益放在个人志向之前,要确保个人的目标和利益服从组织的目标和利益;对于高层领导者,尤其是领导班子成员,要以德为先,也就是要提高忠诚度。②要公平对待、尊重所有的人和文化，即领导者要有一种公平感，要尊重人性，要尊重大多数人在合法条件下对利益的追求。③要克制，即要控制自己的情绪反应，也就是要注意培养和开发高层领导者的情商和逆境商，培养其在关键时刻，在真正艰难困苦的过程中的一种自控能力。④要表现出敬业的精神，对于基层领导者，就是要勤奋；对于中层领导者，是要用心工作，即不仅要勤奋，还要动脑子；对于高层领导者，是要保持自己的激情和敬业精神，真正把工作作为自己生命、生活的重要组成部分。⑤要建立个人信誉，获得他人的信任。⑥当个人目标和团队目标发生冲突时，要选择对组织最为有利的行动。⑦与人打交道时要有礼貌，要周到、有涵养。⑧制定决策时要考虑到员工的个人条件，也就是要个性化，要发挥员工的优势，调动每个人内在的潜能。⑨要言行一致，如果领导者知行不合一，就无法建立信誉。⑩要以道德的方式开展业务，遵守《员工操行守则》、公司的政策、职业道德规范、本国和国际法律，同时要保证团队成员也能做到这一点。

就领导力的概念来讲，不同的组织有不同的理解。这也与各组织的文化和管理现状有关。对大多数中国企业来讲，一方面要强调员工的自我开发与管理；另一方面要加强培养高层经营管理团队，通过制度化、系统化的建设来提升领导者领导团队的能力，只有这样，才能推动企业的整体管理能力。

二、团队组建的领导艺术

在团队组建的过程中，要掌握以下领导艺术。

（一）理解“组织程序”

让团队所有成员的力量凝聚在一起以及处理一群人在互动时可能产生的问题并非易事。不仅任务本身的需求应当得到平衡，而且团队及每个个体的需要也应当得到平衡。团队会受到许多不同因素的影响。但是，作为团队的领导者，不论是在团队内部进行领导还是在外部进行领导，都需要懂得以下“组织程序”。

1.参与。参与的一种形式是口头参与。领导者所要了解的事就是团队成员的参与程度，并且对其参与程度高低的原因进行分析。

2.影响。影响和参与是不同的。领导者可能是个参与程度很高的人，但却没有什么影响力。影响可能是积极的，也可能是消极的；可能是催人奋进的，也可能是让人不愉快的。领导者如何产生影响与其能否成功进行领导关系重大。

3.决策。领导者常常在未曾考虑对所有人的影响时就做出决定，这是不妥当的，必须重视决策主题的游移和通过的方式。

4.团队氛围。当团队成员一起工作时，团队会产生一种氛围，这种氛围反映了一种整体面貌，团队领导者对此应保持敏感。不同的人可能会喜欢不同的工作氛围，领导者若能经常听听团队成员如何描述团队的氛围，会对团队有进一步的了解。

5.成员身份。成员身份是团队成员在被团队接纳或与团队融合的程度方面最关心的问题。不同的互动模式会形成对成员身份的不同暗示。

6.感受。因为感受很少被提及，所以领导者要根据语气、表情、手势或其他非口头的暗示，对他人可能的感受加以揣摩，同时也要注意团队成员是否在尽力压制自己的感受。

7.规范。规范是领导者和团队共同制定的基本规则，通常反映了大多数团队成员对于什么行为可做，什么行为不可做的看法或理念。有些规范可能会促进团队的进步，有些规范可能会起妨碍作用。

（二）明智地授权

致力于推动"授权运动"的罗沙白·默丝·坎特指出，授权于他人并不会削弱领导者的权力，相反，却会增加领导者的权力。实践证明，授权于人可以节省开支，创造新的工作方法或开拓新的市场。

彼得·布涪克建议，领导者可以通过给团队成员做"教练"和给团队成员提供帮助，以帮助他们达到目标，完成工作。

作为领导者，授权需要掌握合理的度，要考虑到下属的实际心愿，领导者只能为团队成员提供获得授权的条件和机会，因为并非每个成员都想获得授权，有些成员实际上更愿意听从别人的指挥而不是"要权力"。

（三）把握决策层次

领导者的决策风格或决策行为方式对于创造一个人人有发展机会的团队来说，是最为关键的因素。决策是领导者与团队开展工作的核心程序之一，团队领导者要认识到在决策中有不同层次的参与程度，各个不同层次的参与程度适合于不同的情境（见表 10-2）。

表 10-2　不同决策层次的行为方式

决策层次	领导者的行为方式	团队成员的行为方式
第五层次：授权	解释决策必须达到的标准	承担决策的责任
第四层次：参与	参与并认可双方达成一致的过程	就决策进行调整直到没有任何问题，忠实地执行决定
第三层次：咨询	听取并建设性地探讨团队成员的意见，然后再做决策	积极参与，发表意见，支持团队的最终决定
第二层次：推销	听取意见，再做决策	在被问及时发表看法
第一层次：告知	直接发出指令	在接到命令后，敏感而富于建设性地执行

资料来源：王伟．艺术地领导团队[J]．人才资源开发，2005(5)：87.

以上层次的划分可以让领导者了解何时使用何种行为方式最为恰当。例如,在最低的决策层次(即第一层次)上使用“指示”风格,领导者要意识到指示对团队成员的承诺和动力都有影响。在第五层次,在大家共同决策亦即领导者把决策权授予团队时,领导者应当确保随时告知团队成员所决策任务的进展情况。一般来说,人们越是参与决策,就越是乐于使之成为现实。就团队决策而言,虽然参与决策花的时间会长些,但是最后的决定可能会更具创造性;决策中会考虑到更多的信息,会更加机动灵活;而且,由于各个成员能在讨论中更多地了解项目情况,他们会以更好的姿态来处理意外的问题和后果,而不至于因为困惑或麻木而陷入被动。

三、团队运转的领导艺术

团队的成长主要体现在领导者如何全程维护团队的成长,如何选择合适的领导风格并将不同的领导风格与不同的团队工作风格相匹配,如何激励团队成员,如何处理团队冲突,如何进行团队精神建设等,以达成团队共同的目标。

(一)维护团队健康成长

一个团队的发展是周而复始的,发展中的团队在不同的阶段有不同的挑战,过不了上一阶段的关则无法迈向下一阶段。在这几个阶段中,领导者可以通过以下几种方式维护团队,使团队成员能够很投入地工作,并且在工作中有好的表现:①领导者应该将团队的表现作为最高的表现,而不是强调个人英雄主义;②鼓励团队成员之间充分沟通;③让每个人都产生互相依赖的感觉,发展一种良好的关系;④如果出现问题,应该将其列为专案,立即处理;⑤要求员工有随时做简报和口头报告的能力;⑥为团队提供资源和协助,帮助全体成员成长;⑦领导者应清楚自己的角色定位,不要高高在上;⑧针对每个人对目标的承诺进行监控,但不要采用传统的管制方式;⑨通过工作的挑战、定期训练和职业生涯的发展激发成员共同成长。

(二)选择合适的领导风格

团队领导者的领导方式会影响该团队所执行任务的成败。管理四方格理论告诉我们,领导者的管理工作主要考虑两方面的因素,即所面临的工作与完成这项工作的团队成员间的关系,对这两方面因素的不同态度与倾向形成了四种不同类型的领导风格(见图 10-1)。

1.委托型:不注重工作任务本身也不注重人际关系。这种风格的领导者对工作任务和与成员间的关系都不甚关心。他们相信团队成员有解决问题的能力,因此只为成员指出大致方向和目标。这种做法给团队成员留有宽松的选择余地,由他们自主决定如何完成目标。

2.激励型:不注重工作任务本身而注重人际关系。这种风格的领导者会花大

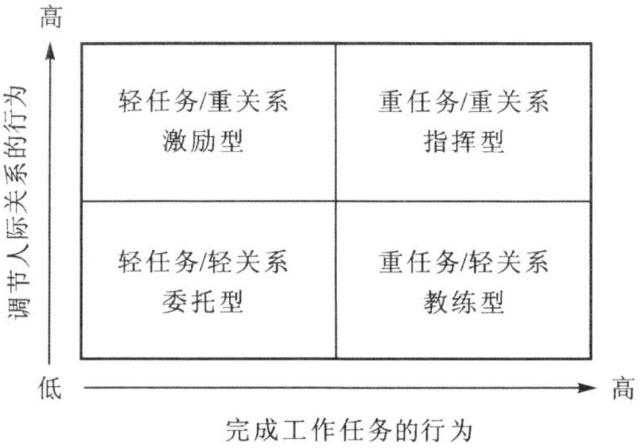

图 10-1 领导风格四种类型

量的时间和心血构筑其与团队成员间的关系。对他们来说，组织中人的因素居于实现目标的各项因素之首。他们通常只提出大致的工作目标，而致力于细致入微地做人的思想动员工作。他们认为只要能调动起团队成员的工作劲头，就能完成工作任务。

3.指挥型：注重工作任务本身也注重人际关系。这种管理风格是“X 理论”的典型。领导者认为，团队成员没有足够的能力和动机完成任务，因此，领导者事必躬亲，详尽地监督指挥团队成员采取行动，并且控制团队成员如何行动甚至如何思考。

4.教练型：注重工作任务本身而不注重人际关系。这种风格的领导者相信团队成员有完成任务的动机，但缺乏必要的能力。他们不断地教团队成员如何去做某项具体的工作，而不太考虑错综复杂的人际关系。

领导者的领导方式通常是上述四种类型的领导风格的混合，但很多领导者会使用最为便利的一种，从而使他们所偏好的工作风格与工作任务的价值及对人际关系的态度倾向相协调。

团队领导究竟采用哪种领导模式，与一个团队成员的人性假设相关。管理学界曾有过“经济人假设”“社会人假设”“自我实现人假设”“复杂人假设”等不同假设，不能武断地说哪一种人性假设理论比另外一种更好。上述四种团队领导模式分别基于特定的人性假设。指挥型和教练型领导往往认为下属缺乏积极性、创造性和主动性，不愿或不敢承担责任，需要领导为其提供相应的方法指导；激励型和委托型领导往往认为下属具有非常强烈的创造欲和成就欲，勇于或敢于承担责任，并能接受有挑战性的任务。进入 21 世纪以来，组织结构的扁平化和知识更新的加速化倾向日益明显，激励型和委托型领导应当成为优选模式，这样可以培养下属，鼓励和支持下属承担更为艰巨的任务[①]。

（三）领导风格与团队工作风格的匹配和博弈

下面对领导风格与团队工作风格的匹配及博弈问题进行阐述。

1.领导风格与团队工作风格的匹配。有两种因素影响团队的表现状态：一是团队的技术熟练程度，即团队的业务能力；二是团队在完成任务时所表现出来的工作干劲，即成就动机。把这两种因素合在一起，就可以得出以下四种类型的团队工作风格（见图 10-2）。

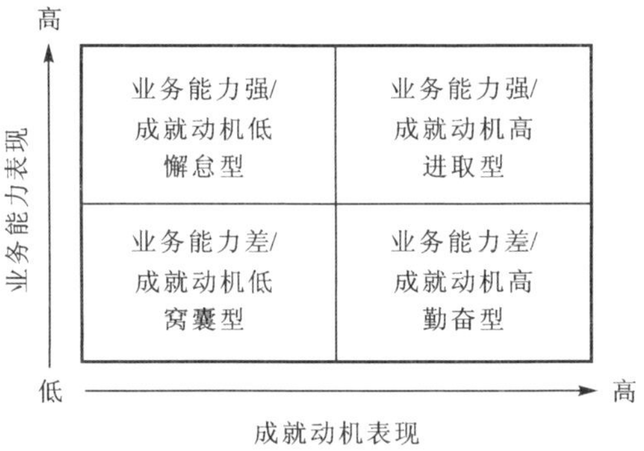

图 10-2　团队工作风格四种类型

（1）进取型团队：业务能力强且成就动机高。这种团队希望在工作中取得成功，他们知道做什么，而且有十足的动力去做。

（2）勤奋型团队：业务能力差但成就动机高。这种团队的成员想干出出色的成绩，但缺乏必要的能力。

（3）窝囊型团队：业务能力差且成就动机低。他们不知道如何去做工作，而且也不想做这份工作。这与其说是完成任务，不如说是应付差事。

（4）懈怠型团队：业务能力强但成就动机低。这种团队的成员知道做什么，但却不愿采取必要的行动。

领导风格与团队工作风格的成功配合有赖于领导者与团队成员间的配合。如果管理风格正合团队所需，那双方将珠联璧合，相得益彰，创出最佳绩效。

委托型领导与进取型团队即是很好的配合。例如，一支业务精湛、富于创新的团队在委托型领导者的领导下会如鱼得水，最大限度地发挥自己的积极性。激励型领导与懈怠型团队也可以很好地配合，领导者所长正是团队所需。指挥型领导和窝囊型团队进行配合则很恰当，这就好比军队里的队列操练一样：排长要教士兵们做什么、怎么做、怎么想，士兵要绝对服从。而教练型领导者有教授

① 陈忠卫．团队管理理论述评[J]．经济学动态，1999（8）：64-67.

示范能力,他和勤奋型团队配合,会使团队的工作大有起色。相反,糟糕的配合将会使工作一团糟。一个放任自流的委托型领导和一支不能胜任工作,既没有较强业务能力,又无成就动机的窝囊型团队相配合,很可能什么事也做不成。

把图 10-1 和图 10-2 相结合,就可以得出领导风格和团队工作风格的配合。最理想的情况就是两者相配合正好能扬长避短、优势互补。然而形成最佳搭配的机会可能不太多,通常需要进行一些有效的调整。

2.两种风格的博弈——领导风格与团队工作风格谁适应谁?两种风格的博弈,明显有两种可能的调整方向:要么是领导者改变自己的管理风格来适应团队,要么是团队改变自己的工作风格来适应领导者。

要知道,改变团队的工作风格所存在的问题需要时间,需要进行人员培训和进行长期约束。如果选择这一途径,生产就会立即受损,尤其是对一位新上任的领导者来说,影响是很不好的。因此,改变领导者的领导风格来适应团队工作风格应当是最有效的途径。领导者必须认识到这一点。如果没有现成的、完美的配合,领导者就应改变自身的一贯作风来适应团队。这种状况迫使他们担任不是他们初衷和所长的角色,这对领导者施加了更大的压力。因此,在接受一份领导工作之前,对自己的管理风格和将要领导的团队的工作风格等因素都应予以考虑。如果事先进行了这些分析,就会有备无患,不至于被动。

此外,领导者还有激励团队成员、处理团队冲突和塑造团队精神的任务,领导者要学会艺术地处理这些问题。

自我测试

你是一位优秀的团队领导吗

测试指导语

1. 领导艺术是经营管理技能的一个重要方面,它直接影响着团队领导的管理行为及管理效应。请做下列试题,自测一下。假如题中所出现的情况对你来说尚未发生过,则按你将来会处理那些问题时的方法去选择。

2. 本测试由一系列陈述语句组成,请根据你的实际情况,选择最符合自己特征的描述。

3. 在选择时请根据自己的第一印象回答,不要做过多的思考。

4. 每道题目只回答一项符合你实际情况的,请在答案前的字母上画"√"。

如果你对这个测试的规则已经明白,请开始答题(见表 10-3)。

表 10-3　你是一位优秀的团队领导吗？

问　　题	选　择　答　案
1.在右边的三种职业中，你喜欢哪一种？	A. 做某种组织的发言人 B. 做某个团队的领导 C. 做某支军队的指挥官
2.你认为权力下放有何益处？	A. 有利于提高个人能力 B. 可以让上级领导集中精力于高层管理 C. 减轻上级领导的工作负担
3.当你做出某项与下属的工作密切相关的决定时，你是否会事先征求他们的意见？	A.是的，因为我一贯重视下属的意见 B.我不认为管理者有权做决定 C.不一定，要看我是否有时间
4.你授予下属多大的权限？是否希望他们：	A. 先斩后奏 B. 每次做出重要决定时都征求你的意见 C. 自行决定是否征求你的意见
5.你希望下属参与制订工作计划吗？	A. 不，因为他们只会劝告我把指标降低 B. 是的，因为这样才能使他们发扬奉献精神，努力完成任务 C. 有时候会，但重大项目除外
6.如果某位部下在完成一项艰巨任务的过程中表现出色，你是否会：	A. 立即向他祝贺 B. 不加评论，避免他趁机要求加薪 C. 在遇到他时顺便赞扬几句
7.如果某位一向表现不错的员工突然开始走下坡路，你是否会：	A. 尽快与其促膝谈心，找出问题所在 B. 态度强硬地威胁他，逼他改正 C. 上报人事部门，请他们去调查
8.如果你将向全体部下宣布一项重要的新措施，你是否会：	A. 发一份简报，将新措施方案刊载在其中 B. 安排一位助手去向大家解释 C. 召开一次会议，向每位下属解释新方案
9.如果某位下属因未获得晋升而情绪低落，你是否会：	A. 告诉他那个职位本来就不适合他 B. 教他有改进的方法，以便在下次有晋升机会时脱颖而出 C. 劝他别伤心，谁都会有挫折
10.如果你对某位下属提出的过激方案不感兴趣，你是否会：	A. 指出这个方案的缺陷，同时鼓励他重新考虑新方案 B. 告诉他这个方案不合适，成本太高，不实用 C. 表示你将认真考虑他的意见，随后却将方案丢进档案柜中

测试答案

1.选择 A 得 0 分,B 得 10 分,C 得 5 分。

2.选择 A 得 0 分,B 得 5 分,C 得 10 分。

3.选择 A 得 10 分,B 得 0 分,C 得 5 分。

4.选择 A 得 5 分,B 得 0 分,C 得 10 分。

5.选择 A 得 0 分,B 得 10 分,C 得 5 分。

6.选择 A 得 10 分,B 得 0 分,C 得 5 分。

7.选择 A 得 10 分,B 得 0 分,C 得 5 分。

8.选择 A 得 5 分,B 得 0 分,C 得 10 分。

9.选择 A 得 0 分,B 得 10 分,C 得 5 分。

10.选择 A 得 10 分,B 得 5 分,C 得 0 分。

结果分析

80~100 分:你是一位出色的领导,很善于调动下属的积极性,使他们发挥自己的最大潜力;你领导的团队一定气氛融洽,每一位团队成员都富有朝气和干劲。

55~75 分:你能正确认识经营管理的职责,不过有时还不够大胆,不能充分相信群众。

25~50 分:你的保守束缚着下属的发展;你不仅需要增强自信心,也需要增强别人的自信心。

0~20 分:你的经营管理素质还需要大幅度地提高。

资料来源:孟汉青,郭小龙. 团队建设操作实务[M]. 郑州:河南人民出版社,2002:121.

四、新型领导——教练式团队领导者

杰克·韦尔奇说过:“作为一个领导者,不可挡在员工的路上,而是要栽培他们,让他们有机会赢,并且在适当的时候奖赏他们。”今天的领导者,不仅要会指挥和控制团队成员,更需要培育和引导团队成员。我们不能无视自己的育人职责,而单纯地指责培训部门的过失。好的领导者应该是一个出色的教练,并且有能力影响和推动企业的整体育人工程。

新型领导是一种教练式的领导。教练式的领导者不仅自身应该具有卓越的能力,而且还能够有效地开发团队成员的潜能,用正确的观念引导人们去实现自身的价值并完成组织的目标。正如彼得·圣吉在《第五项修炼》一书中所言:“领导是教师,不断帮助人们看清事实,促进每个人学习。”教练式的领导不再功利性地利用他人来达成组织的目标,不再只是强制性地改变团队成员,而是在团队成员自觉自愿的基础上开发其潜能,让他们在实现工作目标的同时,也能够享受到自我成长的乐趣。

教练式的团队领导者有以下三个特点。

（一）充满爱心和热情

教练式领导会像爱自己的亲人一样去关爱自己的团队成员。只有无私的爱，才会令领导者充满耐心并全身心地投入到对团队成员的培训中去。很多世界冠军在谈到自己的教练时，都会以得到父爱和母爱般的情怀来形容。正如孟子所说的那样："爱人者，人恒爱之；敬人者，人恒敬之。"

（二）指导而非命令

一位优秀的团队领导者，一定不会以超然的领导者自居而一味地命令团队成员，相反，他应是一个高度关注执行过程、切实指导着执行方法的"指导者"。指导看起来很难，但如果按照一定的流程来适当地处理，你会发现这是一个有意义的、变危机为生机的过程。指导有助于团队成员工作态度的改善和士气的提升，并能有效地保留团队成员。

（三）信任团队成员并表现公平

优秀的教练式的领导首先应当充满自信，这种自信体现在每一次示范上，体现在令人信服的语气上。同时，他还应当创造一种互相信任的氛围，信任会拉近彼此的距离，有了信任，就不会有沟通的障碍；有了信任，就不会产生猜疑；有了信任，就会大大减少学习过程中的焦虑和紧张。信任本身就是一种激励，它将鼓励团队成员充满自信地去克服工作中的障碍。另外，教练式的领导者不应该对团队成员带有任何偏见或成见，不能因团队成员的个性和聪明程度而有所偏向。但公平也绝不是指因为某人弱而降低标准，不是指给所有的人同样的指导，而是要根据环境和团队成员的具体情况具体分析而定。

知识库

组织效率与参与

一项参与式管理计划包括四个基本要素：权力、信息、报酬和知识。理想情况是，所有这些要素都转移给基层员工。应尽量使组织中的多数人感受到这项计划的影响。如果实施范围过窄，受影响的人太少，参与式管理计划就很难实现，因为巨大的压力会促使人们步调一致。

决定组织效率的五个主要因素是：激励、满足、接受变革、解决问题和沟通。参与式管理能影响所有这五个方面，因此也可以直接影响组织效率。参与目标的制定有助于改善对下属的激励，能影响人们完成工作的方式，从而帮助人们了解和改善报酬与绩效联系的方式。如果员工对控制、参与、实现自我和自尊要求有强烈愿望，那么参与式管理就可以提高员工的满足感。人员的高旷工率和流动率可能是由缺少参与机会造成的。

参与也有助于平息人们抵制变革的情绪。如果人们在策划变革中发挥了作用,变革的推动当然就易为人接受。如果员工参与制定了解决问题的方案,问题就会很快地得以解决。参与可以加深人们对更高效率组织的整体认识,从而达到更好的沟通和协调效果。

要有效实行参与式管理,就必须重视组织的各个方面。一项参与式管理计划的效率可以用它将权力、信息、报酬和知识向基层转移的程度来衡量。

第三节　高层领导团队

高层领导团队通常是指企业层面的高层管理者团队,也被称为高层管理团队或简称“高管团队”。高层领导团队是在关键性经营决策与重大行动中经常性地发挥效用的管理者团队,包括董事会主席和副主席、首席执行官、首席作业(经营)主管、总裁、资深副总裁和执行副总裁等一席人物。培养高层领导团队对企业的持续发展至关重要。一般来说,高层领导的工作应由一个团队而不是由一个人来担当。许多国际大公司已经通过制度化的体系实现了接班人的产生、选拔、培养和更替,这样做不仅能够产生领袖人物,而且能够产生一个领导团队。

一、高层领导团队的一般特征

一个合理有效的高层领导团队应具备以下特征。

(一)成员的年龄结构合理

一般来说,年轻人反应敏捷,想象丰富,争强好胜,敢作敢为,可以攻坚突击、冲锋陷阵;中年人年富力强,精力充沛,锐意进取,勇于开拓,可以担当大任;老年人阅历丰富,视野广阔,谋虑周密,处世稳健,可以定乾坤。所以,成长型企业应选择年轻高层主管占较高比例的团队结构,保持高层领导团队整体的旺盛精力和冒险精神;成熟稳定型企业则应保持年长高层主管居多的团队结构;衰退企业的团队结构中则应增加中年高层主管。

(二)任期相对稳定

高层领导团队的任期应当保持相对稳定,在一般或正常的经营状况下,这种稳定有利于高层领导团队进行有效沟通,容忍冲突,积极谋求和谐和目标一致,以便完成组织的经营任务。

(三)成员具有良好的教育背景

高层领导团队的成员应具有良好的教育背景,因为良好的教育背景可以为管理人员提供更加广阔的社会视野、更前沿的社会动态、更丰富的社会关系资源和更良好的内外互动氛围。

（四）成员具有多样化知识技能结构

实践表明，合理的知识技能结构有利于企业高层合作和高效完成组织的战略决策工作。在现实的管理运行中，担任高层领导团队领导角色的往往是技能较全面的成员，这也说明了多样化知识技能结构的重要性。

（五）具有合理的决策规模

目前，企业高层领导团队的规模普遍为5~10人，随着企业信息化程度的加深，这个集体决策团队的人数有增加的趋势。

（六）具有集体决策机制

高层领导团队具有规范的团队集体决策的流程和机制，能够将个人负责与集体决策有机地组合起来。

二、高层领导团队的构建

我们可以从高层领导团队成员的共性特质和团队制度建设这两方面来探讨高层领导团队的构建。

（一）提升高层领导团队成员的共性特质

提升高层领导团队成员的共性特质有助于构建有效的高层领导团队，提高其抵御内外部环境压力的能力。

1.有助于构建有效的高层领导团队。学者在对领导者特质的研究中发现了一些与高层领导者高度相关的特质，如进取心、领导意愿、正直与诚实、自信、智慧、与工作相关的知识，以及个体是否是高自我监控者等。提升高层领导团队成员的这些共性特质，无疑有助于构建有效的高层领导团队。

2.提高抵御内外部环境压力的能力。高层管理者在对企业进行经营管理的过程中，其人格特征还受到企业内外部环境压力的影响，导致其身体、心理、本能欲望、品德等方面处在弱性状态（即不健全、差、非正常状态等特性的综合反映），从而导致企业经营决策的不良后果，具体表现在屈从压力、能力失色和品德非正常状态①。要保证高层领导团队成员素质和品质的稳定和提升，选拔与培养是重要环节，但更重要的是，高层管理者应自觉抽出时间来进行学习以提高自身修养，增强抗压能力和素质，防止品质波动和修养退化。

（二）注重高层领导团队制度建设

尽管企业高层领导班子的任务和目标不像一般工作团队的任务和目标那样具体、形象，不利于团队成员之间的明晰沟通和建设性碰撞，但依然可以通过一系列正式的和非正式的制度和机制来实现高层领导团队价值的提升。

1.设计和确立任务、目标导向机制。这要求高层领导团队成员共同参与企业愿景和一系列较具体的任务、目标的设计和确认，这一系列任务和目标应涵盖所

① 姜绪荣．高层管理者弱性与企业能动风险控制［M］．天津：天津人民出版社，2001.

有团队成员以至整个企业的利益和文化基础。这是增强高层领导团队乃至整个企业凝聚力的首选途径。

2.改善高层领导团队成员的自控和制衡机制。这是确保高层领导团队成员在正确方向上维持认知和行动一致性的有效方法。经过初始的正确决策与目标定位,团队内部成员之间应不断地相互帮助、相互监察,并不断自我检讨、自动纠偏,使团队战略安排始终处在正确的路线上。

3.形成有效的学习制度和机制。构建学习型的领导团队是高层领导团队应对动荡、复杂、不确定环境的必然选择。为此,高层领导团队应建立一套团队信息、知识共享的制度和机制及相应的辅助安排(如学习秘书制度),建立基于信息技术的网络学习模式,实现高层领导团队成员动态的信息和知识深化。

4.培育高层领导团队成员的系统性思维。高层领导团队成员的这种系统性思维的培育,有助于企业催生高层领导者的“公心”意识和团队责任感,克服高层领导班子的分裂倾向,减少和避免相互干扰的内耗,也有助于高层决策的贯彻落实和企业管理效率的提高,并增强高层决策的系统保障属性。

5.完成好高层领导团队的构建。一个由高层领导者构建的团队,要历经一个组建、激荡、规范、执行和休整的周期。总之,构建一个高效合理的高层领导团队,既要注重高层领导者的个人修炼,强化个人学习动机,又要注重团队修炼,探索高层领导团队的机制设计和制度建设,培育学习型团队;不仅要动态地保持高层领导团队的一般性特征,更要考虑它自身历经的周期①。

三、高层领导团队的人员交接

要组建高效领导团队,培养和选择好团队的领导层以及各个梯队的团队领导接班人,必须妥善地解决团队领导的更替问题。从企业层面来说,企业家可以被看作企业级的团队领导,而新老更替是自然法则,没有一个企业家可以永久地掌握经营权杖。美国兰德公司对全球500家大企业的CEO进行调查统计的资料表明,一个持续发展的百年企业起码需要五代企业家的共同努力。要想保证企业健康、持续地发展,不因企业CEO的更替而使企业受损,并就此衰落下去,培养和选择好企业接班人至关重要。

(一)解决现任领导者的感情和理性的两难境地

作为企业级的团队领导,现任企业领导人在确定接班人的问题上几乎注定要陷入两难境地之中。就感情而言,他喜欢那些追随他的人或者自己的子女及亲属,希望让能领会其精神及战略的人继任,以便沿着他的路线走下去。而在理性上,他又已经意识到企业和环境的变化,以及这种变化给企业带来的新的挑战,意识到企业需要一个不同于自己的人来领导,以便解决自己遗留下来的或是

---

① 焦长勇,项保华.企业高层管理团队特性及构建研究[J].自然辩证法通讯,2003(2):57-63.

自己无力解决的问题，从而使企业得以永续发展①。但这在某种程度上意味着自我否定，并很可能会导致个人原有的“光环”失色。没有人愿意否定自己，尤其是在对自己一生的核心事业进行评价时，更不愿听到“不”字。

企业领导人的个人责任、智慧和胸怀对其顺利走出“交棒”时的困境有重要的影响，企业领导人只有以打造“百年企业”的信念和理想为指南，以企业利益为重，以个人一时得失为轻，才能在这一问题上保持清醒的头脑，并做出明智的选择。事实上，历史是公正的，它不会永远掩盖一个人的过失，也不会长久遮挡一个人的功绩。

（二）选择企业领导者更替的合适模式

企业的权力交接大体有三种基本模式：子承父业（私营企业）、内部提升和外部进入（即“空降兵”）。这三种模式虽然没有绝对意义上的好坏之分，但在具体的维度上还是可以分出优劣的。领导人才的选拔有两个重要的维度，即忠诚度和能力，企业接班人的问题，说到底是如何找到忠诚度高，能力又强的人。

划分以上三种交接班模式，更多的是为了活跃对接班人问题的思考。我们在现实当中的非此即彼的思维方式是解决接班人问题的最大障碍。其实，这三种模式只能在思维层面上去区分，以便于我们进行深度的思考；在现实生活中，它们是不可分割的，是相互交融、相互渗透的。

1.从纵向历程看，不同阶段需要不同的交接模式。创业阶段如发生必要的交接问题，民营企业可能大多会选择子承父业的模式。如果企业的发展是线性的，且又有比较健全的继任者计划，内部提升的模式可能较“空降兵”模式为优，这种模式会大大降低选拔成本而提高选人的准确性。如果一家企业的发展需要非线性的、超常规的变革，且内部又没有健全的继任者计划，人选范围过窄带来的弊端会十分突出，企业往往会转向“空降兵”模式，也就是说，在企业发展多元化运作、跳跃式变革的阶段，“空降兵”模式是一个可行的选择。

2.从内部结构看，三种模式可以同时并存。在组织的中低层岗位，可能不时有“空降兵”出现，在高层岗位则更多地采用内部提升的模式。在同一个管理团队中，既可以有内部提升的人员，也可以有“空降兵”，还可以有“子承父业”者。一种非此即彼的模式，很难克服单一模式固有的缺陷，多种模式兼容，才有可能弥补各自的短处。经验丰富的领导者，能灵活运用三种模式，在选用一种主导模式时，会做出巧妙的制度安排，使相关模式能够作为辅助模式而发挥作用。

（三）培养各个梯队的团队领导接班人

企业的发展是许多人共同努力的结果，所以团队领导接班人的选拔也应该体现层次性。对于一个组织来说，为了培养各个梯队的团队领导接班人，最好建

---

① 张鼎昆．企业“交棒”之困[J]．中国中小企业，2005(6)：18-19.

立自己的人才库。许多世界知名企业都设立有人才库,这些企业的人才库体现了以下特点。

1.吸纳企业需要的各类人才信息。这些知名企业的人才库都吸纳了成千上万的各类人才信息,且来自世界各国。例如,阿尔卡特公司的人才库存着 4 000 人的资料,其中包括领导人和潜在的接班人。

2.对每个人进行评估分析。人才库的资料不是简单的信息储存,而是对每个人进行评估分析的结果,对管理人员还要进行虚拟环境下的素质测试。

3.制订关键职位接班人计划。先进的企业人才库会为一些关键性职位制订接班人计划,以避免不必要的损失。

4.摆脱对猎头公司的依赖。现在,越来越多的大公司会在自己的人才库里寻找适当的候选人,而不再依赖猎头公司的信息。这些大公司甚至将目光锁定在企业内部,认为"十室之邑,必有忠信;十步之内,必有芳草"。

5.发现和培养企业内部人才。在许多企业中,60%~90%的领导岗位都是由内部晋升的人员担任的。这些企业认为,企业内的干部经过培训和工作锻炼而不断积累经验,会越来越有能力,从而能够为企业的发展做出更大的贡献。

四、高层领导团队的分工与合作

一个高层领导团队要有效地开展工作就必须满足一些严格的条件。

(一)主要责任者拥有问题的决定权

要使一个高层领导团队结成"联盟",发挥作用,就不能允许下级就高层领导团队中的某个成员的决定向另一个成员去申诉。团队工作要有分工,每一方面工作的主要责任者必须拥有问题的决定权,否则,会导致成员玩弄权术,破坏整个高层领导团队的威信,给其造成巨大的内耗,以致分崩离析。

任何成员都无权对不是由其主要负责的事务做出决定。即使这类事务提交到了他那里,也应该将其转到对之负主要责任的同事那里去。

(二)团队成员间的正确关系

高层领导团队的成员不一定要互相喜欢,甚至不一定要互相尊重,但他们决不应该互相干扰。在公众场合,即在高层领导的会议室之外,他们不应该互相讲述对对方的不满,不应该互相批评、贬低对方。其实,也不应当互相赞誉对方,否则容易造成下级对高层领导团队的误解。从总体上看,高层领导团队的成员之间的个人关系,应当达到"君子之交"的境界,并保持一种互相信任、互相尊重、寻求共识、真正合作的状态。

(三)选好高层领导团队的协调人

高层领导团队作为一个团队,就需要一位"班长"。在一般情况下,他是协调人;在危急时刻,他必须愿意而且能够拥有法定权力,以便接管整个事务。这样的班长不是"老板",而是领导者。

（四）高层领导团队本身有最后的决策权

一般来讲，高层领导团队的成员在其负责的领域内有做出决定的权力。但有一些重大的决策则应“保留”给整个团队来做，或者至少要同团队其他成员讨论后再做决定。

（五）达到充分的信息交流

高层领导团队的任务决定了团队的各个成员相互之间必须进行系统而频繁的信息交流。高层领导团队的每一项举措对整个组织的前途都有着重大的影响，每一个成员都应该在其分工的领域内有最大限度的自主权，而其要能做到这一点，就必须尽最大的努力把自己领域内的情况充分地告知其团队中的其他同事。这要通过一个系统化的工作程序、技术手段和管理制度来加以保证。

案例

刘总的对调术

杭州市丽馨公司近一个季度业绩出现了明显下滑。三个月前，公司推出了新款化妆品，公司全体员工本以为这款产品能够热卖，但是业绩却不太令满意。公司的各个部门由此发生了内讧，都认为是其他部门的责任。

公司的生产部门认为是销售部的销售策略存在很大的问题，产品推广工作做得不到位，并且认为销售部员工在销售产品的时候不用心，侧重售卖老款产品，而忽视了售卖新款产品。同时，生产部认为销售员的客户反馈工作也没做到位。该公司有个传统，客户在购买新产品后会填写一个客户售后调研表，目的就是让客户对新产品进行售后反馈。然后生产部会根据反馈建议，解决产品出现的问题。

然而，销售部却对生产部的指责不以为然，销售部认为，生产部平日里做事非常不配合，给生产部提供建议，生产部向来不做出明确的回应，即使回应，行动上也依旧我行我素。客户提出的售后服务问题，生产部解决得并不到位，从而导致投诉率上升。

丽馨公司的刘总认为，两个部门互相指责的原因就是两个部门之间缺少沟通。于是，他安排生产部的部分员工到销售部工作一天，安排销售部员工到生产部工作一天。经过一天的换岗工作，双方发现对方部门并没有出现自己认为的问题。之后，刘总组织全体员工开了一次研讨会，讨论了这次新品推广过程中出现的问题。两个部门的负责人提出了很多中肯的意见，反思了自己部门工作中存在的问题。在那次研讨会上，两个部门的同事敞开心扉聊了好久。

案例讨论题

1.刘总安排生产部、销售部对换工作岗位，增进了相互理解，还应当做哪些协调两团队的工作？

2. 管理两个及以上团队的领导，应当具备什么样的领导素质？

3. 刘总与生产部长、销售部长三人，能否构成一个管理团队？为什么？三人之间应当做什么？

本章小结和应用意义

本章从领导与团队的关系、领导力建设、团队组建和运转过程中的领导艺术以及团队领导的接班人培养的角度，系统论述了团队领导建设的主要内容，并通过团队领导建设的案例分析，使所提出的相关措施具有很强的时代性和可操作性。

具体来说，本章对领导与领导者进行概述，介绍了领导与领导者的基本范畴。通过领导理论在团队中的运用，分析了领导与团队的“雁群领导”方式。

接下来，本章讲述了团队的领导艺术。首先以摩托罗拉公司的领导力培养计划为例，分析了领导力建设的内容；然后从团队组建的领导艺术和团队运转的领导艺术这两方面，对如何提高团队的领导艺术进行了论述。

最后，本章论述了高层领导团队的建设与培养。分析了高效合理的高层领导团队构建的一般特征，给出了从高层领导团队成员共性特质和团队制度建设这两方面构建高效合理的高层领导团队的一般方法。就领导团队的培养而言，比较分析了领导者更替的三种模式，论述了高层领导团队接班人的培养方法。

思考讨论题

1.谈谈你对领导及领导理论的认识。

2.如何提高领导者的素质？

3.分析领导力建设的内容。

4.如何提高团队的领导艺术？

5.试比较不同的团队领导艺术的适用性。

6.如何构建高效合理的高层领导团队?

7.如何培养高层领导团队的接班人?

团队训练游戏

团队游戏一:一栋新房子

程序

1.将学员分为4~6人一组,给每位学员发一份材料,材料内容如下。

(1) 一对夫妇花16万美元在市区买了一栋房子。

(2) 不久,他们就以17万美元的价格把房子售出,搬出了市区。

(3) 几个月后,他们又用18万美元买回了那栋房子,搬回了市区。

(4) 很快,他们就厌倦了这栋房子,再次卖出,价格为19万美元。问题:这对夫妇在房屋买卖过程中赚了或赔了多少钱(或者是不赔不赚)?

2.请学员在2分钟内得出答案。

3.再把学员分为2人一组,模拟夫妇,对此房子再加价买卖一次。夫妇对买卖理由及谁拍板讨论争辩。3分钟得出答案,一方得胜。

目的

分析能力和工作方法与技巧训练。

讨论

1. 是什么因素妨碍我们正确地解答这个问题?

2. 团队领导应当有哪些能力?

应用

1. 促进学员积极思考问题。

2. 帮助学员提升分析能力与决策能力。

团队游戏二:彩圈飞舞

目的

让学员通过游戏体验:在三个不同的团队活动中由于反馈激励方法不同,而产生的不同工作效果。

准备

1. 90个铁丝圈。

2. 三个玻璃杯。

3. 三名组长的角色说明书。

附：参考角色说明书。

角色1——正面激励的领导：你是一个提倡正面激励的领导，在游戏的过程中，你始终鼓励你的小组成员。

角色2——无反馈的领导：你是一个不给予成员任何反馈的领导，不管你的小组成员取得了什么样的成绩，你都是面无表情，不说话。

角色3——负面激励的领导：你是一个不断打击成员的领导，在游戏过程中，你要不断地打击成员的积极性。

规则

1. 学员不可越线扔圈。

2. 学员必须一个一个扔圈。

3. 每次命中后，学员如选择继续扔圈，多次命中，选择命中率最高一次为该学员成绩。

4. 最后成绩取小组的平均命中率。

5. 游戏大约为30分钟。

程序

1. 把学员分成三个小组，三个组长分别扮演“正面激励者”“负面激励者”“无反馈者”三个角色。

2. 每个组每个学员发30个铁丝圈，在规定的距离（2米），扔套玻璃杯。记录套中率，即扔若干圈的命中率。每个学员套中后，可选择是否扔完铁丝圈。

3. 游戏成绩统计表（见表10–5）。

表10–5　游戏成绩统计表

组别	总圈数	个人命中率记录	小组平均命中率

注意事项

1. 培训师必须指导三个组长忠实执行角色要求。

2. 每个组长必须正确记录每个学员的扔圈成绩。

3. 游戏完成后，首先公布三个组的成绩；其次请三个小组的成员代表各自谈游戏感受；再次请三个组长说明自己事先受命扮演的不同角色以及自己的感受；最后培训师道出游戏的目的：三种不同的反馈激励模式产生不同的团队工作效果。

集体讨论：

1. 你认为这三个部门经理各采取的是什么领导方式？这些模式建立在什么假设的基础上？试预测这些模式各将产生什么结果。

2. 这三种领导方式是否都有效？为什么？

应用

1. 帮助学员理解领导与团队的关系。

2. 促进学员思考不同领导风格的效果与试用范围。

团队游戏三：他的授权方式

形式：8 人一组为最佳　　时间：30 分钟

材料：眼罩 4 个，20 米长的绳子一条　适用对象：参加团队建设及领导力训练的学员

程序

1.由培训师选出一位“总经理”、一位“总经理秘书”、一位“部门经理”，一位“部门经理秘书”和 6 名“操作人员”。

2.培训师把“总经理”及“总经理秘书”带到一个看不见“操作人员”的角落后，向他们说明游戏规则。具体如下。

(1) 要让“总经理秘书”给“部门经理”传达一项任务，该任务是由“操作人员”在戴眼罩的情况下，把一条 20 米长的绳子做成一个正方形，绳子要用尽(见图 10-3)。

图 10-3　“他的授权方式”操作指导图形

（2）在游戏的全过程，“总经理”不得直接指挥，一定通过“总经理秘书”传达指令给“部门经理”，由“部门经理”指挥“操作人员”完成任务。

（3）“部门经理”有不明白的地方可以通过“部门经理秘书”请示“总经理”。

（4）“部门经理”在指挥的过程中要与“操作人员”保持5米的距离。

目的

1.理解领导的艺术，任务传达的技巧，领导授权的方式及利弊。

2.认识工作过程中沟通的重要性。

3.体会领导分派工作时常犯的错误，研讨发出信息的方法。

讨论

1.作为“操作人员”，你会怎样评价你的“部门经理”？如果你是“部门经理”，你会怎样分派任务？

2.作为“部门经理”，你对“总经理”的看法如何？对“操作人员”在执行过程中的看法又如何？你认为还有什么改进方法？

3.作为“总经理”，你对这项任务的感觉如何？你认为哪些方面是可以改善的？

应用

1. 帮助学员认识和理解高层领导与基层团队的关系。

2. 促进学员认识和培养领导团队的工作能力。

第十一章　团队创新

——让思想冲破牢笼

学习目标

- 了解创新的基本概念、特性与类型
- 理解创新的过程
- 了解创造力以及创造型人才
- 了解管理创新及其特征和作用
- 学习团队创新的方法

引导案例

砍断他们该死的腿

有一家大型的电话公司开发了一个为电话运营商管理人员提供培训的优秀教育项目，参加该教育项目的毕业生在此领域中的水平绝对是一流的，这个项目本身也获得了无数赞誉。但是存在一个问题：它所培养的毕业生太优秀了，其中的大多数人一毕业就被其他公司挖走了。电话公司尝试了各种方法来留住毕业生，包括加薪，发荣誉榜，额外的假期，所有这些都徒劳无功。电话公司为解决这个问题召开了多次会议，在一次会议上，一名管理人员怒吼道：“我要砍断他们的腿——这样他们就哪儿也不能去了。”每个人都笑了，只有一个人没笑，他说道：“没错，就这么办。”他建议说：“我们这个教育项目以后只招坐轮椅的残疾人，我们重新设计所有的通道、电梯和洗手间……”他们就这样做了，其他公司再也不从这家公司挖人了，因为那样的话就必须重新改造所有的通道、电梯、洗手间等。而这一切都源于某人的建议“砍断他们该死的腿”——一个非常不具有逻辑性的解决办法。

资料来源：杰克·福斯特. 每个人都有创意——培养员工和团队创新素质的思维训练[M]. 北京：新华出版社，2004.

第一节 创新概述

一、创新基本分析

（一）创新的概念

创新是时代的热点问题，不仅大量存在于团队建设和管理之中，有时还是一些团队存在和组建的原因。

创新起源于拉丁语的“innovate”，意思是“更新”“制造新的东西”或“改变”。创新的思想可以追溯到西方古典经济学家的著作里面，创新被认为是在不确定的环境下组合、利用资源的能力。这一时期对创新的讨论比较狭隘，认识也比较肤浅，没有提出“创新”的词语，更没有形成一种创新理论。

随着资本主义经济尤其是工业资本主义的蓬勃发展，西方学者对创新在经济发展中的作用进行了有意义的探索。古典经济学的集大成者马歇尔，在《经济学原理》中不止一次地提到在经济生活中的组织和创业对于经济社会发展的作用，然而，他仍然没有提出系统的“创新”概念。最早提出“创新”概念和建立系统“创新理论”的是奥地利经济学家熊彼特。1912 年，熊彼特在出版的德文版著作《经济发展理论》中首次提出“创新”的概念。按照熊彼特的阐述，“创新”就是“建立一种新的生产函数”，是把一种从来没有过的关于生产要素和生产条件的“新组合”引入生产体系。

（二）熊彼特的创新学说

熊彼特所说的“创新”和“新组合”包括以下五种情况：①引进一种新产品，也就是消费者还不熟悉的产品，或者已有产品的一种新的特性；②引用一种新技术，即新的生产方法，也就是在有关的制造部门中尚未经过经验验定的方法，这种新的方法不一定非要建立在科学新发现的基础之上，它还可以是以新的商业方式处理某种产品；③开辟一个新市场，也就是有关国家的某一制造部门以前不曾进入的市场，不管这个市场以前是否存在过；④控制原材料的新供应来源，即取得或控制原材料或半制成品的一种新的供给来源，不论这种来源是已经存在的还是第一次创造出来的；⑤实现企业的新组织，实现任何一种新的产业组织方式或企业重组，如造成一种垄断地位，或打破一种垄断地位。

按照熊彼特的看法，“创新”是一个“内在的因素”。

熊彼特的创新理论，具有三个特点。

第一,熊彼特非常强调生产技术的革新和生产方法的变革在资本主义经济发展过程中的至高无上的作用,并把这种"创新"或生产要素的"新组合"看成是资本主义最根本的特征,因而认为没有"创新"就没有资本主义——没有资本主义的产生,更没有资本主义的发展。

第二,在分析中熊彼特极力强调"变动"和"发展"的观点,强调并采用了历史的方法;同时认为"创新"是一个"内在的因素","经济发展"也是"来自内部自身创造性"的一种变动,从而又强调了社会经济制度"内在因素"的作用。

第三,熊彼特还非常强调和重视"企业家"在资本主义经济发展过程中的独特作用,把"企业家"看作资本主义的"灵魂",是"创新"、生产要素"新组合"以及"经济发展"的主要组织者和推动者。

熊彼特是西方经济学界第一位运用"创新"理论,解释和阐述资本主义的产生和发展的经济学家。在熊彼特以后,西方经济学家对创新思想和创新理论进行了深入的研究,形成了许多创新理论和流派。然而,熊彼特所说的创新,过于强调了经济学层面的意义。如果从创新管理和商业意义上看,上述定义过于严格,以致忽视了商业上与初始创新至少具有同等经济价值的渐进性创新。管理学大师彼得·德鲁克把创新定义为"创造了新的绩效深度的变化"。另一位管理学教授吉姆·阿特贝克则认为,"创新是一个概念首先使用或销售的总括"。根据所强调方面的不同,对创新有各种不同定义。有的事物之所以被称为创新,是因为它改善了我们的生活质量,或者提高了工作效率、巩固了企业的竞争地位;有的事物被称为创新,是因为它对经济具有根本性影响。但创新并不一定是全新的事物,旧的事物以新的形式出现或以新的方式结合也是创新。

(三)创新的特性

同所有的流程一样,要想产生成功的创新,必须把握住创新的一些深层特性。创新主要包括四个特性。

1. 不确定性。任何创新都有不确定性,创新的实现与扩散过程,也就是创新的不确定性逐步消除的过程。任何人都不可能了解所有关于既定创新的全面信息,例如,无法准确地预测既定创新的资源投入,无法把握创新产品市场的完全信息,无法确定既定创新所采用技术的性质和效能等。这些不确定性可以被概括为投入和产出的不确定性,这种不确定性使创新成为一个团队或一个组织进行的最无法预测和最难以捉摸的活动。

2. 风险性。创新的风险性表现为创新所带来的效果具有建设性与破坏性。建设性是指创新使创业能够提高现有能力、技能的价值和可用性,从而推动企业发展。例如,产品上的突破能带来企业销售额的增长、规模的扩大等。在破坏性一端,创新则起着相反的作用。创新有可能耗尽企业资源,使企业面临失败的巨大风险,也可使企业放弃已有产品与市场,而新产品又得不到客户的认同。创新的破坏性还有另一层含义,即某一企业的一项创新产品对整个行业来说是一种威胁,它带来的破坏作用将使行业内其他企业的技术过时,使其产品只能低劣地满足市场的需要。熊彼特称这种破坏性为“创造性破坏”,认为它可以通过重铸竞争优势实现。索尼公司创始人盛田昭夫认为,最好的创新来自一个看上去像撞车比赛的过程。

3. 压力性。创新的压力性来源于创新的不确定性和风险性,任何创新都需要勇气和决心。“创新恐惧”就是对创新压力的描述,米勒称之为“企业家病”。创新压力除了本能驱使的压力,还有情感和心理的压力。当我们在未知领域工作时,由于可能面临既得利益的丧失和既有工作生活惯性的改变,最原始的情感和反射开始启动,以至于对一些人来说,行为和相互作用发生了激烈变化。

4. 知识性。创新意味着解决以前不存在的问题,可能意味着提供新的产品、服务,形成新的技术、制度和管理范式,甚至意味着开发新的资源。而这些活动都需要创新者在创新领域掌握丰富的知识,要求创新者在创新活动中既运用直觉,又运用分析能力。

小知识

什么是创造力

创造力是指一个人产生新奇独特的、有社会价值的产品的能力或特性。“新奇独特”意味着能别出心裁地做前人未曾做过的事,“有社会价值”意味着创造的结果或产品具有实用价值、学术价值、道德价值、审美价值等。

创造性有两种表现形式:一是发明;二是发现。创造性以创造性思维为核心,创造性思维又以发散思维为核心。根据影响创造性的因素,可以从环境制度和个性培养两个方面提升学生的创造性。

理解创造力要把握四点。

(1)创造力是一种有别于智力的能力,创造力测验的内容与智力测验的内容不同,创造力是一种智力测验测不出来的能力。

(2)创造力指在各种创造性活动中的能力,既有科学创造活动,又有技术创造和艺术创造活动,还有其他方面的创造活动。

(3)新颖独特是指前所未有、与众不同,这是创造力的根本特征。

(4)创造的产品(包括物质的和精神的)有社会或个人价值。

人的创造力在思维方面的体现是变通性、流畅性和独特性。变通性即思维能随机应变,举一反三,不易受功能固着等心理定式的干扰,因此能产生超常的构想,提出新观念。流畅性即反应既快又多,能够在较短的时间内表达出较多的观念。独特性即对事物具有不寻常的独特见解。一个人的聚合思维与聚合思维相辅相成。

另外,创造力与人格特征也有密切的关系,综合多人研究的结果表明,高创造力者往往具有如下人格特征:兴趣广泛,语言流畅,具有幽默感,反应敏捷,思维严密,善于记忆,工作效率高,从众行为少,好独立行事,自信,喜欢研究抽象问题,生活范围较大,社交能力强,有较大的抱负,态度直率、坦白,感情开放,不拘小节,给人以浪漫的印象。

二、创新的内容

从全面的角度看,创新包括:产品创新、技术创新、管理创新、组织创新、制度创新、知识创新、思想创新和理论创新八个方面的内容。

(一)产品创新

产品创新是直观的结果性创新,有了产品创新,才有丰富多彩的物质世界。产品创新依靠设计的创新、技术工艺的创新、营销的创新、管理的创新、机制的创新;又源于消费的创新、市场的创新。产品创新不仅是经济社会发展的反映,也是经济社会发展的动力。诺基亚个性化手机、麒麟牌新概念轿车、三电一体化的金长城电脑等实物产品,还有瓜果采摘式旅游产品、电视商城式贸易产品等,都是现实生活中可见的产品创新的例子。

(二)技术创新

技术创新是基本的动力性创新,有了技术创新,才有高度发达的现代文明。技术创新,首先体现在物质商品生产的设备和工艺的创新上,进一步体现在方法、思路的“软技术”上。机械化、电气化技术提高了劳动生产率,计算机、机器人等自动化技术在生产中的广泛应用,使产品的数量和质量都有了进一步的提高,产生了巨大的效益,进一步发展形成办公、生产、家庭,以及电子商务、社会管理等方面的网络化,从而更大幅度地改变着社会面貌。随着技术影响的扩大,技术创新的含义也在扩大。比尔·盖茨提出了“网络工人”的概念,反映了创新不仅体现在生产、技术、硬件等方面,而且也影响到了个体本身。

(三)管理创新

管理创新是行为效益的手段性创新,有了管理创新,才有各种组织及各种事业不断前进的技术保障。正确把握自身的条件与特点,根据环境的变化进行管理理念、管理方法、管理手段和管理体制的创新,是组织的生存之道,是事业的发展之道。我国国家级管理成果创新奖获得者、著名企业许继集团公司董事长兼总经理王纪年,根据管理实践提出了国有企业运行要远离“人事用工的流动和淘汰率低于2%”“收入分配活的部分低于15%”“人才比例低于10%”这“三条死亡线”并付诸实践,其自身实际的数据达到人员流动与淘汰率为5%~8%、“活工资”占收入定额的60%,专业技术人才比例为44%,这是一个成功的管理创新案例。

(四)组织创新

组织创新是微观结构的体制性创新,有了组织创新,才有各种组织在竞争中可持续发展的自身目标。组织创新,实际上也是管理创新的一个方面。从世界的角度看,当今各类组织呈现出扁平化、小型化、弹性化、柔性化、网络化、哑铃化、倒金字塔化等格局,出现了可塑性组织、变色龙组织、虚拟组织、学习型组织以及内部市场、战略联盟、无边界组织等形式。

(五)制度创新

制度是一个社会运行的"规矩",制度创新是宏观环境的运作性创新,有了制度创新,才有社会蓬勃发展的创新动力。把生产要素的新组合引入生产体系的创新就是制度创新,进一步说,制度创新要扭转现行的公众心态,改变现行的利益格局,趋向合理的社会环境,达到先进的、公平的、理性的、效益的、人本的目标。例如,我国现在对企业经营者实行年薪制和期权制,就是要解决经营者的贡献与利益挂钩的一种制度创新。

(六)知识创新

作为对现有信息的制造和改造,知识创新是基本的起点性创新,有了知识创新,才有一系列其他创新的延伸和出现。知识是人类对于自然界、人类社会和人本身(包括思维)的认识和经验的总结。戴维·温伯格提出,知识包含三个层面:①知识是不同信息或者信息片段(pieces of information)之间的联系,是对一般的信息予以提升、有一定抽象性的看法,存在于知识库、数据库中。②知识是方法(know-how),是人们可以从身边的人那里得到的。③知识是主意或想法(idea),这种主意或想法需要进一步判断其是否合理。笔者认为,第一个层面的内容是通常意义上的知识,包含一般知识和上升为理论的更加系统的知识,也包含上述"知识内容"中的操作知识;第二个层面的内容,是一种复杂的"软知识",是建立在"硬知识"基础之上、对于硬知识的筛选和运用,也包含一定的经验;第三个层面的内容,是知识的创造性运用,它不仅是知识本身,而且是知识的制造工具,其产物是新的、未定的知识。

(七)思想创新

思想创新是人的知识、智力的输出性创新,有了思想创新,才会有不竭的创新成果。思想创新,是新思想的出现,要求有知识的积累、较高的智力水平和创造性心理品质,并与家庭、单位、国家的氛围与"社会需要"有着密切的联系。爱因斯坦的相对论,魏格纳的大陆漂移说,孙冶方的利润挂帅论,我国近年来出现的众筹和PPP模式,等等,都是思想创新的反映。思想创新的结果,会形成理论创新和制度创新,其自身的巅峰,则是观念的创新。"鼓励消费"是观念创新;重视人的因素,把人看作资源,也是现代经济学、现代管理学的观念创新。

(八)理论创新

理论是知识、学说、思想的系统化结构。理论创新是对原有理论的否定、突破、变异,是在寻找新的观点、学说和新的体系。有了理论创新,才有人们对于自然世界、人类社会认识的飞跃和更加自觉、理性、有效的把握。理论创新,不仅是对上述各方面创新的反映、提高和促进,是其先导,而且在一定条件下可以对技术、经济、社会、政治的变革起到巨大的推动作用。哥白尼的日心说、达尔文的进化论、爱因斯坦的相对论等重要的理论创新,都对社会的进步和人类的福利起到积极的作用。英国经济学家凯恩斯面对传统经济学的问题,提出了创新性的"有效需求"学说,缔造了宏观经济理论,导致"刺激需求、国家干预、公共工程、赤字开支"等经济政策的产生,其理论的影响遍及各国、延续至今。邓小平的改革开放决策,"社会主义市场经济"的发展道路选择,"摸着石头过河"的方法论,都有理论创新的功效,带来了中国经济的腾飞。

看一看

齐白石与牛顿:老树开不开新花

齐白石年轻时是个木匠,靠着自学,成为画家,荣获世界和平奖。然而,面对已经取得的成功,他并不满足,而是不断汲取历代名画家的长处,改变自己作品的风格。他60岁以后的画,明显不同于60岁以前。70岁以后,他的画风又变了一次。80岁以后,他作画的风格再度变化。据说,齐白石的一生,曾五易画风。正因为齐白石老人在成功后仍然马不停蹄,所以他晚年的作品比早期的作品更为成熟,形成独特的流派与风格。

牛顿是世界上伟大的科学家之一,他对科学的贡献是史无前例的。牛顿的一生有许多伟大的发现:力学三定律、万有引力、光学环、光微粒说、冷却定律以及微积分。然而,到了晚年,牛顿趋于保守,他的研究陷入了亚里士多德的柏拉图学说的范围而不能自拔。

他花了十年的时间研究上帝的存在,结果自然毫无所得。即使是一个伟大的学者,一旦落入陈旧的范畴,就谈不上有丝毫的成就。

多年之后,25岁的爱因斯坦敢于冲破权威圣圈,大胆突进,他赞赏普朗克假设并将其向纵深引申,提出了光量子理论,奠定了量子力学的基础。随后又锐意破坏了牛顿的绝对时间和空间的理论,创立了震惊世界的相对论,一举成名,成了一个更伟大的权威。

三、创新的过程

创新的过程,即创造性思维的过程。从一般意义上说,人们解决某种问题时，有着一定的思维顺序，这种顺序包括：发现问题、提出问题、分析研究问题、提出假设、检验假设几个方面。这几个方面构成了“解决问题”的全过程。

创造性思维是一种高级的思维过程，在思维过程中同时伴随着创造性活动。特别是在思维过程“提出假设”的步骤，科学理论的产生、科技发明、人类认识中质的飞跃，都是创造性思维的功劳。创造性活动的完成（即创造成果的取得，创造性产物的形成）一般包括四个阶段：准备期、酝酿期、豁朗期和验证期。创造性思维的过程也要经历这四个阶段。

（一）准备期

人们在从事创造活动之前，要进行充分的准备，即要有一个相当长的准备期。人们在准备时期，应搜集必要的知识、资料，研究前人在此方面的经验教训，准备和筹集从事创造所需的人力、物力条件等。

（二）酝酿期

在充分准备以后，对于所要解决的难题需进行周密、全面、反复的思考。这一时期，会有大量新的思想产生，但是这些新思想有的可能是谬误，有的可能难于形成创造性产物，有的在解决问题方面实际价值又不大。因此，人们往往要经过相当长的酝酿期。人们可能会在这一时期付出相当多的劳动，但是仍然百思不得其解，处于停滞状态。

（三）豁朗期

在经过长期、充分的酝酿后，人们会就某一难题重新进行思考，或者暂时把它放下，直到在进行别的活动时受到某种启示，使人的头脑豁然开朗（有的人甚至会在梦中产生新的念头），一举攻破百思不解的难题。豁朗期的到来，也可以说是一种科学意义的灵感和直觉作用的结果。

（四）验证期

关键问题在豁朗期的解决、创新思想的产生，使创造性产物初步形成，此后还需要“乘胜追击”，将创造性成果加以展开、挖掘、加工扬弃、发展提高，进而形成完整的创造成果。

团队建设实例

跨出组织的创新团队

佳能、索尼和丰田都是日本的世界级知名公司。它们都善于创新，而且有着共同的创新思路——从公司外的基础资源获得创新发明能力：佳能致力于获得专业技能，与科罗拉多大学、东京大学等进行科研合作，成立合作团队。索尼通过大学和战略伙伴的全球网络建立起不断获得先进技术的途径,同时建立了与国内外大型企业的研发合作伙伴关系,这些伙伴包括苹果公司、惠普公司、微软公司、西门子、三星等国外大型企业和富士通、日立、三菱、三洋等国内大型企业。丰田与世界最优秀的研发机构建立联盟。丰田有与大学合作的老传统,在海外建立了许多研发中心。凌志车就是由加州的 Calty 设计研究所与欧洲和日本的设计中心合作设计的。

讨论题

(1)佳能、索尼和丰田三家公司的创新经验是什么?

(2)佳能、索尼和丰田三家公司的创新有什么特点?

(3)这个案例带给我们什么启示?

资料来源:汪佑安,雷涯邻. 激励首都科技人才自主创新的理论与策略[M]. 北京:地质出版社,2008.

第二节 创造力与创造型人才

一、创造力

创新,就是人们运用智力创造出前所未有之物的活动。对于"创造"问题,国内心理学以及教育学、管理学等人士进行了大量研究。心理学家指出,创造性产物是首创性、适宜性的产物,即前所未有、经过探索创新出现的并能够存在的劳动成果。而创造力则是使人能够经常取得创造性产物的素质,是一种比智力复杂的、难度更大的、高级层次的心理特质。一般来说,具有创造力的人必须具备高智力,而有高智力的人则不一定有创造力。这说明,创造力比智力还要复杂,难度还要大,内容也要丰富得多。

从创造力结构的角度看,可以分为知识、能力、精神、方法四个方面。知识是创造力的基础;能力,特别是其中的智力,是创造力的核心;精神包括目的、信念、坚韧性等优秀的思想品质(体现为高"情商"),是创造力发挥的条件;方法是指思维的技能(有的学者称之为认知风格),是创造力得以实现的途径。

美国心理学家吉尔福特认为,创造力包括五个方面:①对问题的敏感性,是使人们能够及时抓住可供创造的素材;②思维的流畅性,是使人容易迅速地产生新念头;③思维的灵活性,是使人对某一事物有多种思考和处理方式;④发挥创见的能力,是使人对某一事物有独创、新异的反应;⑤对问题的重新认识的能力,是使人能打破传统、权威性观点,重新看待事物。

另一位心理学家艾文·泰勒则认为,创造力有五个不同的层次:①表达创造力:一种没有受过训练的自然的创造力;②生产创造力:具有此种创造力的人,已经受到相当条件制约；③发明创造力：具有某种程度的能力，将不相关的事件或东西联系起来；④创新创造力：对某一原理或问题的理解达到一个更高的水平，能行进在不可预见的拓展进程中；⑤原创进化创造力：这种创造力处于最高水平，此时个人或团队可以创造出全新的原理或原创性概念。

二、创造型人才

具有创造力的人，被称为创造型人才。显然，科学家、发明家、研究人员、管理者等属于创造型人才，他们具有多方面的特质。国外有的学者对“科技领域活动必需的能力和心理特点”的现代正统标准做了全面归纳，认为其包括 27 项：突出的干劲、热情、勇气；沉着；诚实、正直；搜集、整理的能力；毅力、专心致志的能力；协作的能力；主动性、直率；交际能力；独创性、勤奋（机智）；直觉；弄清事实的渴望；弄清规律的渴望；做实验的能力；迅速吸收知识的能力；克服旧思想习惯的能力；韧性、适应新事物的能力；扬弃非本质东西的能力；从整体上看问题的能力；分析能力；联合能力；综合能力；独立性、怀疑精神；创见；不修边幅；得到发展、获得再生的渴望；对发挥自己才能的渴望；发现问题的能力。这些标准可以说将科技活动之外其他类型的创造力也囊括了。

美国心理学家吉尔福特则通过对富于创造性者的分析，认为他们有下述八个方面的特点：①有高度的自主性与独立性，不肯与人雷同；②有旺盛的求知欲和刻苦的钻研精神；③有强烈的好奇心，对事物运转的原理与原因勤于探索；④知识面广，善于观察，一般有较强的记忆力，唯独对日常琐事漫不经心；⑤工作中讲求条理性、准确性与严格性；⑥有丰富的想象力与直觉能力，喜好抽象思维，对智力活动和游戏有广泛兴趣；⑦富有幽默感，多数爱好文艺；⑧面对疑难情况，能轻松自如，摆脱一切外来干扰，全神贯注于感兴趣的某个问题。

创造型人才的特点，不仅是他们自身的特点，也与艰巨的、价值极大的创造活动相联系。最大程度地利用创造型人才的能力，是实现团队创新的关键，因为那些需要创造的新产品、新服务，形成新技术、新制度和新的管理范式，开发新资源等创新活动，只有通过包含不同种类创新型人才的、协调一致的高效团队，才能成功地实现。

小案例

重新思考

历史上很多具有创造力的人思考的方式是千奇百怪的。

为了研究无限这个概念,数学家希尔伯特想象出一个拥有无数房间,且都住满人的旅馆,然后他想象一个新来的客人想要一间房。旅馆主人把1号房间的客人移到2号房间,2号房间的客人移到3号房间,3号房间的客人移到4号房间,依此类推直至无限,这样就可以把1号房间腾出来给客人了。

弗洛伊德通过观察一副由两部分组成的卡通画,想到了"本能升华"这个概念,在画的第一部分,一个小女孩正用一根棍子"放牧"一群小鹅;在第二部分中,她已经长大,成了一名家庭教师,正在用一把伞"放牧"一群年轻小姐。

牛顿在灵光一现时突然看到,月亮就像苹果一样——它也和苹果一样"坠落"。

爱因斯坦说,他很少用语言思考,他脑海中最先出现的总是一幅图画,然后才试着用语言和公式把它们表达出来。

资料来源:杰克·福斯特. 每个人都有创意——培养员工和团队创新素质的思维训练[M]. 宋苗,译. 北京:新华出版社,2004.

第三节 技术创新

一、技术创新的基本分析

(一)技术创新的含义

从科技演化的角度来讲,技术创新应该从两个层面来考虑:一方面,从创新的演变来看,技术创新应该包括科学发现、技术发明等原创性创新;另一方面,技术创新应该涉及对国外引进技术和国内现有技术的改良革新。所以,技术创新是指技术创新人员或团队的科学发现、技术发明和对现有国内外技术的组合或重新利用等改良革新的一系列创造性活动。

(二)技术创新的类型

根据技术创新的定义,技术创新可以分为原创性技术发明和对现有技术的革新。

1.原创性技术发明。原创性技术发明是一种全新的技术思想,开辟一个全新的技术领域的发明,在用途、性能、特征、属性等方面与现有技术相比是完全不同的,如古代的活字印刷术,现代的集成电路、计算机等。此外,原创性技术发明还包括自主进行研发,形成原创性的新产品和新工艺。技术发明的出现孕育着更多的技术创新。

2.对现有技术的革新。技术创新的另一种类型就是对现有技术的革新,包括对现有技术的改良,如在已有技术发明和创新产品的基础上提出新技术方案和发明构想,或者做出优于现有技术和产品的发明成果,同时还包括对现有技术的组合和重新利用，如将已有技术、知识产权系统化组合成一个新的创造性方案的研发行为或技术创新活动（如知识集成、技术集成、产品集成等）。此外，搬“他方之石”加以“重雕”萃化，即引进外部先进技术的基础上，予以学习、分析、借鉴和发行，进行创新活动，由此而形成有别于原技术的，甚至有巨大提升和本质性改变的技术，也是对现有技术的革新。

二、技术创新模型

由于各种因素如创新动力的不同，会导致创新过程的大思路不同，从而使创新模型有所不同。目前国际上比较流行的五种创新模型如下。

（一）技术推动的创新过程模型

技术推动的创新过程模型是一种早期的模型，它认为一项新发现会引发一系列事件，最终，发明将得到应用，模型如图 11-1 所示。

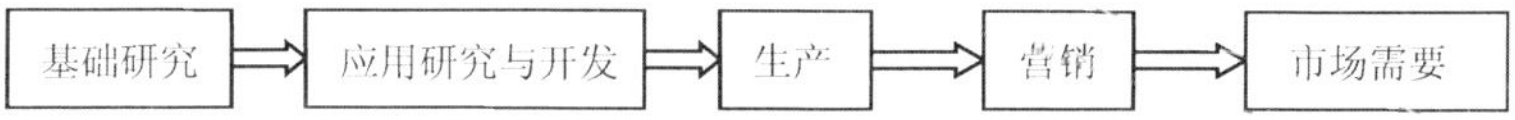

图 11-1　技术推动的创新模型

早期持这种观点的人认为，技术创新或多或少是一种线性过程，这一过程起始于工业研究开发，经历工程和制造活动，最后形成推向市场的产品与工艺。市场只是被动地接受这一过程的研究开发成果。显然，这种模型在市场经济下的今天存在致命的缺陷，即不顾市场导向而一味地去研究开发，是注定要失败的。

（二）需求拉动的创新过程模型

20 世纪 60 年代以来，市场的需求被逐步重视，这就使需求拉动的创新过程模型流行起来（见图 11-2）。

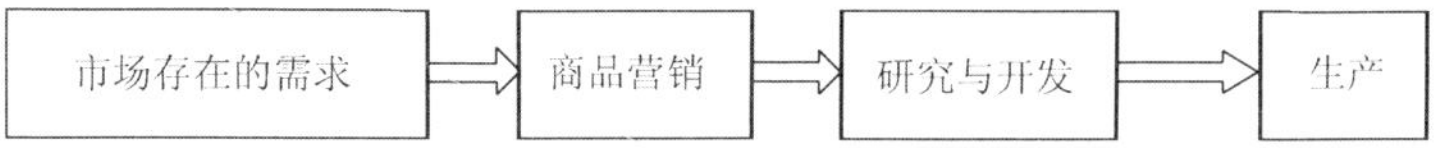

图 11-2　需求拉动的创新模型

按照这种模型，创新是由被企业感受到的且常常是能够清楚地表达的市场需求所引发的。在这种模型中，市场需求为产品创新创造了机会，刺激了研究开发。从理论上讲，这种方法能让创新适应特定市场的需求，使其能够在某一领域取得成功。但是，将企业的全部资源投向一个来自市场需求的项目而放弃潜在的技术机会，成本也未免过大了。

在测度消费者需求时，往往会因其动态性而无法做出精确的描述，同时对于根本性创新来说，这种测度是不必要的。根本性创新追求的是消费者行为态度的重大改变。

（三）创新过程的交互作用模型

20世纪七八十年代，人们越来越接受这样一个观点：如果不能在创新过程早期将营销过程与创新联结，就难以预料消费者会不会对产品引入做出正向反应，这常常会严重影响产品进入市场后的命运。因此，技术与市场的因素应联系在一起考虑。于是出现了交互作用模型（见图11-3）。

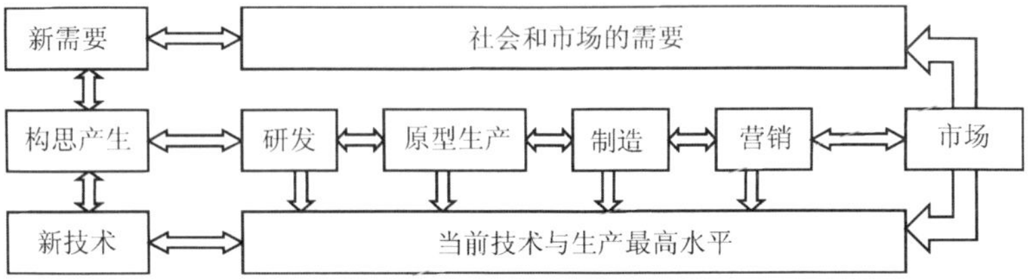

图11-3　交互作用模型

国际著名创新经济学家罗斯韦尔（Roy Rothwell）把这一模型分成一系列职能各不相同，但相互作用、相互独立的阶段，这些阶段在逻辑上具有继起性。创新过程的总体格局，可以被看成是一个复杂的组织内外沟通交流的网络，这一网络将不同的内部职能部门联结在一起，使企业可以更广泛地与外部联系。创新的交互作用模型，加强了技术推动和需求拉动模型中营销与技术的联结，它意味着创新管理就是将市场需要和新技术相匹配的过程。

（四）一体化模型

20世纪80年代后期出现了第四代创新模型——一体化模型，标志着观念的转变。80年代，创新管理活动转为强调R&D和制造界面的交融以及企业与供应商和导引用户之间的密切合作。这些发展，主要源于日本制造商的生产经验及精品生产的概念。同时横向合作剧增，也为创新过程增添了新的内容。一体化模型是概念化与实践的融合，是各种创新投入的交融。

（五）系统集成和网络模型

当前出现的第五代创新过程模型（SIN）是一体化模型的理想发展，同时又为其增添了一些别的特征，如合作企业间战略联结得更为紧密。SIN最显著的特征是它代表了创新的电子化和信息化过程，它更多地使用专家系统来辅助开发，仿真模型技术部分替代了实物原型。SIN将供应商和用户之间的计算机辅助设计系统作为新产品合作开发过程的一部分，强调电子化产品设计与制造之间的密切联系。SIN不仅将创新看成是交叉职能的联结过程，还把它看作多机构网络的联结过程。从某种意义上来说，SIN代表了由概念生成导致创新实践结果的创新模式的未来发展趋势。目前，只有少数企业能够采用这一模型。

三、团队进行技术创新的方法

（一）根据要解决问题的不同分类

根据要解决问题的不同，创新方法可分为结构性创新和空缺式创新。

1.结构性创新。如果一项新技术能够创造产品、市场、企业和用户之间新的联结方式，营造一种新的市场形态，我们就说它们实现了结构性创新。例如，互联网的出现开创了人类的“网络时代”。它的兴盛，直接导致人们信息获取方式的改变，并带来综合社会效应。

结构性创新有三个突出的特点：首先，它打破了以前产业对新技术的结构性控制与支配；其次，这种创新所产生的设计概念将在产业领域内占据主导地位；最后，这种创新具有科学的作用。

结构性创新冲破了现有产业的束缚。它不仅影响了技术的发展，而且为企业产品、市场和用户之间的联结找到了新的可能性。

2.空缺式创新。使用现有技术打开市场，我们就说是实现了空缺式创新，如VCD技术在实现MPEG解码的内容突破后实行大规模市场化。

一般来说，空缺式创新只涉及个体产品的变化，它对整个系统和技术知识的影响是渐进性的，它往往能开创新的市场，或使市场进一步细分从而达到厄特拜克所谓的“销售最大化”，有时它也能导致重大新产品的引入，甚至导致技术的变迁。

虽然空缺式创新很重要，甚至它对创新企业的生存具有实质性影响，但实践表明，单有这一类创新不足以建立长久的竞争优势，如果创新易于模仿，它的竞争作用就会大大降低。

（二）根据创新演进方式的不同分类

根据创新演进方式，创新又可分为渐进式创新与根本性创新。

1.渐进式创新。渐进式创新所涉及的变化是建立在现有技术、生产能力上的变化和现有市场与顾客的变化之上的。这种变化几乎是不可见的，但它积累的结果往往会导致较大的变革。

渐进式创新较容易受到经济因素的驱动。以福特汽车为例，从1908年至1921年，福特汽车的价格从1 200美元降至290美元，而劳动生产率和资本生产率却得到了显著提高，这期间的工艺改进次数，就连福特本人也不清楚有多少。

渐进式创新能显著提高产品特性，强化企业的生产能力，同时，也能强化企业、顾客、市场三者之间的联结，而且这种效果能持续相当长的时间。因此，企业必坚决支持技术改进，不管它的程度多么轻微，因为渐进式创新对竞争影响的累积效果与初始创新一样引人注目，有时甚至能使企业获得很大的优势。工艺技术的渐进式变革往往能同时提高劳动生产率与企业资本率，在一定程度上支持规模经济与范围经济。

2.根本性创新。根本性创新是指企业首次向市场引入能对经济产生重大影响的创新产品或技术。根本性产品创新包括生产全新的产品或采用与原产品根本不同的技术的产品创造。

根本性创新常常能创造一个产业，从而彻底改变竞争性质和管理基础。由于它改变了产品的基本特征，因而往往可以决定竞争格局和技术创新格局。例如，北大方正的排版系统抛弃了铅与火，直接进入光与电时代，它所占印刷排版市场的份额迅速攀升至最大，使其处于绝对的垄断地位。

团队建设实例

诺基亚中国研发团队

无论是用户还是竞争对手，都会惊讶于诺基亚产品推陈出新的飞快速度。诺基亚的产品很强大，从类别到推出速度，竞争优势都非常明显。诺基亚中国研发团队为此做出了巨大的贡献，它已经成为诺基亚全球研发的重要团队和中心之一。可以说，诺基亚成功地建设了一个优秀的研发团队，他们的成功经验主要有以下几条：①自下而上开发领导力。在诺基亚，并非只有研发团队负责人、项目经理等领导才需要具备领导能力，领导能力是每个团队成员通过日常工作和生活经验的培养积累而得的。目的是让每个人都成为主动者，成为自己的领导。诺基亚的领导特色体现在实施鼓励平民化沟通政策上，相互尊重使得团队每个成员都感觉到自己对团队的重要性。②鼓励创新。给团队每个成员成长的空间，让他们敢于尝试，并允许他们犯错误。③以企业文化塑造团队精神。诺基亚研发团队的团队精神就是企业的文化精神：客户第一，尊重个人，成就感，不断学习。研发团队建设完全以企业文化为中心。④将团队表现作为考核标准。在招聘阶段，诺基亚除了考核专业技能外，还看团队表现，将团队精神作为考核指标的重要项目，从而保证未来员工一开始就能接受公司团队合作的精神。

讨论题

(1)诺基亚产品赢得竞争优势的关键是什么？

(2)诺基亚研发团队建设的特点是什么？

(3)诺基亚研发团队建设的成功给我们什么启示？

资料来源：汪佑安，雷涯邻．激励首都科技人才自主创新的理论与策略[M].北京：地质出版社，2008.

第四节　管理创新

一、管理创新概论

（一）管理创新的含义

管理创新是团队创新的重要组成部分，是团队创新的基础，没有团队的管理创新，就不可能有组织的各种创新。因此，重视团队的管理创新，是实现组织战略的要求和重要内容。

顾名思义，管理创新是管理与创新的有机结合。要想全面而准确地理解管理创新的含义，必须从管理和创新两个角度加以分析，从管理和创新任一方面来理解管理创新，都不可能把握管理创新的科学含义。

国内许多学者对管理创新进行了不同的界定：

常修泽等认为，管理创新是指一种更有效而尚未被企业采用的新的管理方式或方法的引入，是组织创新在企业经营层次上的辐射。

芮明杰认为，管理创新是指创造一种新的更有效的资源整合范式，这种资源范式既可以是新的有效整合资源以达到企业目标和责任的全过程式管理，也可以是新的具体资源整合及目标制定等方面的细节管理。

杨洁认为，管理创新是指根据市场经济条件下企业生产经营的客观规律和现代科学技术的发展态势，对传统的管理模式及相应的管理方式和方法，进行改进、改革和创造，创建起新的管理模式、方式和方法。

王建等认为，管理创新是指将新的管理要素或要素组合，列入企业管理系统，使之具有新的功能，以达到提高企业整体管理水平的目的，包括在管理机制、管理思想、管理方法、管理手段等方面进行一系列创新。

从以上学者对管理创新的界定可以看出，管理创新的内涵十分广泛，不同学者定义的着重点是不一样的，但是他们的定义都有一个共同之处，即从管理和创新两个方面来进行定义。因此，管理创新实质上是管理和创新的有机结合，是管理者根据内外环境的变化，利用、整合或开发新的资源，实现管理模式、管理理念、管理方法等在内的整个管理系统的创新，以达到既定的目标。

（二）管理创新的特征

由于管理创新是管理活动和创新活动的有机结合，那么管理创新活动就兼有管理活动和创新活动的特征。概括起来，管理创新具有以下三个特征。

1.管理创新的不确定性。管理创新的不确定性主要是指管理创新投入产出的不确定性和过程的不确定性。

首先，管理创新需要投入大量的资源，包括物质资源、人力资源和社会资源等,这些资源的投入带有很大的不确定性,而这些投入能否顺利地实现预期的产出目标,受到各种因素的影响,这些因素涉及广泛,可能包括管理、制度、经济、社会、政治、环境等方面,由于涉及的因素本身可能带有很大的不确定性,所以导致管理创新的产出也会带有极大的不确定性。

其次,由于管理创新活动涉及物质资源、人力资源、社会资源,所以管理创新活动的过程不但要处理好人与人之间的关系,还要处理好人与物之间的关系;不但要处理好内部关系,还要处理好外部关系。正是因为管理创新活动涉及众多相关环节和利益因素,所以管理创新过程才具有不确定性。

实际上,管理创新投入产出的不确定性和过程的不确定性是相互影响、相互制约的。投入的不确定性会导致过程的不确定性,过程的不确定性又会影响产出的不确定性。

2.管理创新的风险性。管理创新既具有建设性,也具有破坏性,即管理创新既有积极的一面,又有消极的一面,管理创新的这种两面性导致管理创新充满了风险性。积极的建设性管理创新能够通过对生产要素的新的组合和开发实现产出的质的提高和量的增长。然而,消极的破坏性的管理创新却有可能导致团队现有能力和资源的毁坏,甚至可能导致团队的覆灭。

3.管理创新的系统性。管理创新涉及管理的许多功能和环节,它覆盖于团队活动的各个方面和领域,而不是一个环节或一个方面和领域。所以管理创新是一项系统工程,它要求在创新的过程中,实现管理各个功能和环节的有机结合,既要注重局部管理,单个管理方式、方法的创新,更要注重整体管理、系统管理的创新和协调,只有实现整个管理系统的优化和创新,才能真正发挥管理创新的功能和作用。

管理思维

张弛有度

为了增强人们的创造力和革新意识,变革型的领导者需要把权力交给组织内的全体人员,以便他们在精神上荣辱与共,从而努力创新并持续上进。张弛有度会促使人们开展广泛的研究并提出创新的观点,还可允许私人企业在一定程度上拥有自己的活动空间。这种自主权必须与长期的金融支持紧密结合,并且要互相配合,以便创新活动迅速发展。这种情况恰好与推动许多组织运转的机制体系截然相反。通常,许多组织对开展的新项目,要求收到立竿见影之效,而且要经过层层批准。

在通用电气公司,一直采取成立内部董事会的办法,来处理张弛有度这一难题,并由内部董事会总管大量业务工作。这样,内部董事会可通过提供自主权和进行控制这把"双刃剑"来达到张弛有度的目的。

二、管理创新的用途

一个组织的管理创新,主要可以应用在以下三个方面。

(一)提高资源的使用效率

管理创新的本质是通过对资源的重新组合,或开发新的资源,来实现既定的目标。无论是对旧有资源的重新组合,还是对新资源的开发利用,管理创新谋求的是在利用手段和方式上的创新和节约,以求以最小的投入赢得最大的产出,可以说,管理创新的基本出发点就是要求提高一个组织所具有的资源的利用效率,从而使自身在变化的经济形势中立于不败之地。

(二)构建核心竞争力

核心竞争力来源于一个企业和一个团队的核心能力,核心能力正是一家企业和一个团队赢得竞争优势的源泉。管理创新的一个主要功能就是对资源的整合和发掘,包括对物质资源、人力资源和社会资源的重新组合,这种组合谋求的是形成企业和团队的核心能力,一旦这种核心能力形成,它将是别的企业和团队所无法模仿和复制的,最终将成为企业和团队的核心竞争力,赢得竞争优势。由此可见,管理创新相对于一般的创新而言,其真正的价值在于构建起企业和团队的核心能力。

(三)组织变革

一家企业的经营管理要进行较大的改变,可能会对组织本身产生较大的影响,以至组织本身在一定的情况下,或主动,或被动地进行一定的变革。

三、管理创新的影响因素

影响团队管理创新的因素是多方面的,既有来自团队内部的,又有来自团队外部的。正确把握和处理这些因素,也是搞好团队管理创新的重要内容。

总体来说,影响团队创新的因素主要有以下几个方面。

(一)经济因素

影响管理创新的经济因素主要包括经济社会的生产力状况、经济法律、法规、政策和制度。管理创新的直接目的是通过对资源的组合和开发,促进和发展经济社会的生产力水平,但是经济社会的生产力水平同时也制约着管理创新的水平。此外,管理创新将促进经济社会的法律、法规、政策和制度设计的完善和健全,与此同时,现有法律、法规、政策和制度将制约团队管理创新活动的进行,如对资源的组合、利用和开发。

(二)技术水平因素

从经济发展的历史眼光看,科学技术的发展对宏观经济和微观企业的生死存亡、对微观企业的发展战略,都有着重大的影响,也为管理创新提供了各种手段、方法和方式，特别是在今天的知识经济时代，无论是企业还是团队，要进行管理创新活动，必然要面对如何把握科学技术发展趋势，如何利用科学技术成果的问题。只有把握科学技术发展趋势，充分利用人类科学技术的先进成果，管理创新活动才可能在管理创新方法、手段和条件方面实现飞跃。

（三）社会文化因素

社会文化能够影响团队成员的价值观、人生观，影响一个团队的核心价值，对创新主体的创新意识、价值观念以及行为准则产生深远的影响。社会文化因素间接地影响着管理创新活动的建设性和破坏性。一方面，社会文化因素通过道德、舆论将影响创新活动的范围和手段；另一方面，管理创新活动也会通过创新活动对现有的社会文化造成冲击。实际上，管理创新活动是在创新主体与社会文化相互作用的过程中实现的。

团队建设实例

求新创异，以人为本的索尼“DNA”

在公司愿景和核心价值观的指引下，索尼形成了求新创异、以人为本的组织文化。索尼的组织文化具体包含5个方面的特征——索尼“DNA”（见图11-4）：交流、好奇心、创造力、专业化和全球化。

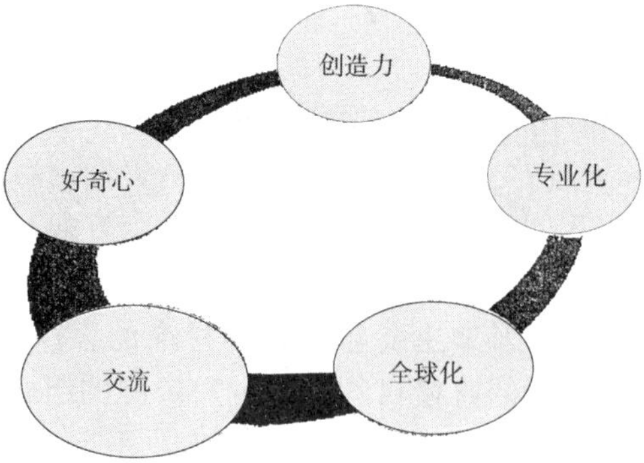

图11-4　索尼的“DNA”

- 交流：索尼重视内部的交流与合作，具有不同兴趣和特长的员工可以毫无阻碍地互相沟通和学习，形成共同的文化和价值观体系。
- 好奇心：索尼是实现梦想的地方，发现和创造新事物的喜悦让我们充满好奇心，好奇心能够激发我们开拓美好的未来，引导着索尼不断成长。

• 创造力：创造力是改变旧的思维模式、产生创造性思想的源泉，索尼鼓励创新，依靠富有创造力的员工为人们提供全新的产品和服务。

• 专业化：创新要有专业思想作为支撑，专业思想是指人们能够不断更新自己的知识，反应迅速，并对自己的工作拥有极大的兴趣；索尼鼓励员工以极大的热情投入工作，为了梦想积极进取，为最终实现梦想不懈努力。

• 全球化："索尼"这个名字来自盛田昭夫全球化的思维，索尼也必将成为世界的索尼，不仅索尼的产品是全球化的，索尼的员工和管理人员也是全球化的。

四、团队进行管理创新的方法

（一）头脑风暴法

头脑风暴法是当今最负盛名、最实用的一种集体式创造性解决问题的方法。头脑风暴式会议简单地说就是一种创造性会议。在会上，会有一连串想法产生出来。每当一个人抛出一个新的想法时，这个人所激发的不光是他的想象力，与会的其他人的想象力也将受到激发。头脑风暴法会在每个人的大脑中产生震动，它会激起一系列联想性反应。在这个过程中，每一个体都倾向于设想更多的新观念。一个人在会议中想出的新想法之多，往往是其单独冥想所不及的。这就是群体动力学的效果。在头脑风暴法的背后，隐含着这样一个基本原理：应推迟对观点做出批判性评价，而且，小组中任何人都有权利自由表达其思想；即使是即兴的想法，也允许其当众表达。这样的过程可用来促进发散性思维，从而催生许多新的想法。

（二）集体研究制

集体研究制是这样一种过程：小组成员以一种古怪的方式来分析和解决问题。这种方法重在突出思想中的非理性成分。通过发挥非理性的作用，以期获得对问题的独创性的和刺激性的看法。集体研究制既会使用类比的手段，也会使用暗喻的方法，并以此来分析问题、寻求问题的可能解。对类比和暗喻的利用可对那些乍看起来与问题毫无瓜葛的想法起到鼓励作用。对此，有两种操作性技术。其一是使陌生者看似熟悉，并对其加以巧妙设计，以使运用者以新的方法审视问题，并获得深入的理解。其二是使熟悉者看似陌生。这样做的目的是让问题的解决者离开问题，使其不要深陷其中不能自拔，以致无论如何都绕不出去；而通过让其远离问题，反倒可获得对问题更具创造性的解法。

（三）鱼骨图法

这一方法的技巧颇似鱼骨架的形状，故称为"鱼骨图解法"。其过程是从把正考虑的问题放置在一个盒子里开始的。这个盒子呈鱼头的形状。在鱼骨的两极，以及在沿鱼骨 45 度角的地方，列出所有可能造成问题的原因。然后再把诸原因分解，并将分解了的诸原因列于 45 度分支线上。

一旦完成了图解，小组成员就可以将其用作讨论的工具了。考察诸观点的习惯性顺序是先易后难,即先从最简单的关系着手。

鱼骨图解法鼓励使用者去研究问题的各个侧面,它有助于了解问题各部分之间的关系,揭示出各部分的相对重要性。此外,这种方法还有助于建立一套以系统的方法来处理问题的逻辑序列,同时,它还能使人养成从整体的情境审视全局的思维习惯。

(四)辐射法

以"核心思想"开头,由此扩展开去,获得一系列环绕其周转的辐射状尖端。在中央,核心观念被八根辐条包围起来。而每根辐条又是其他一组八根辐条的核心。每一种核心思想都起着观念激发器的作用,由它来激发次级的八种核心思想。

例如:假设核心思想是"在组织中存在着什么样的沟通问题?"

通过头脑风暴法围绕这一核心思想的八根辐条是:①公司管理层级太多;②员工的团队意识不强;③组织竞争空气浓烈;④缺乏相应的上下通气制度;⑤常年没有公司舞会或聚餐;⑥管理层强调权威;⑦决策体制不民主;⑧缺乏对举报者的保护。

依次将这些想法作为核心思想,然后以此为中心,利用头脑风暴再根据每种想法开发出新一层次的八种观念。例如,由"决策体制不民主"可引发出如下的观念:①需要对最高管理者强调民主决策;②建立权力监管机制;③发动全员参与运动;④列举以前由于决策不民主造成的损失;⑤重新划分权力结构;等。

案例

把握创新的方向与重点产品

一、信息化时代的"三波论"与"三目标"

"企业级服务平台化是市场趋势,各 To B 企业切入点与其能力背景相关,互联网背景的偏向 IM[1] 与 OA[2],传统行业背景的则偏向 CMR[3] 与 HR[4] 财务。"理

① IM(Instant Messaging)指即时通信,是指能够即时发送和接收互联网消息等的业务,是一种集电子邮件、博客、音乐、电视、游戏和搜索等多种功能于一体的最为流行的通信方式。

② OA(Office Automation)指办公自动化,是将现代化办公和计算机技术结合起来的一种新型的办公方式。

③ CRM(Customer Relationship Management)即客户关系管理,企业用 CRM 技术来管理与客户之间的关系,是一种用计算机自动化分析销售、市场营销、客户服务以及应用等流程的软件系统。

④ HR(Human Resource)指人力资源,这里主要指基于先进的信息和互联网技术的全新人力资源管理模式,它可以达到降低成本、提高效率、改进员工服务模式的目的。

才网董事长陈谏在接受采访时曾如此表示。与上述直接从平台切入的项目不同，理才网是一个从细分的HR应用拓展至企业管理的平台。陈谏认为，企业信息化主要分三波，第一波是解决效率的问题；第二波是解决管理的问题；第三波是解决智能的问题。而解决智能问题的核心在于“平台”。

2005年，著名的美国信息产业公司宏道（BroadVision）中国公司短时间内在互联网平台开发出新产品，给了时任人力资源总经理的陈谏很大的触动。在这个全球科技产业迅速发展的时期，陈谏选择了创业的道路，成立了北京理才网信息技术有限公司，开始研发中国第一款SaaS软件——HR SaaS，并构建起该产品的“互联网+应用平台”。

但做得早不如做得巧，当时不具备能够支持该产品的硬件、软件条件，客户量一大，系统便会卡顿，项目就此停滞。一直到2014年，在4G、智能手机开始并普及，大数据、云服务技术日渐成熟的背景下，深圳理才网才得以成立。

“理才网成立后，最先开发的就是平台，包括用户中心、流程、运营中心、服务平台等，在2014年发布dayHR产品时，平台架构已经搭好了”。2015年，理才网正式发布daydao平台。daydao平台是基于移动互联、云计算和PaaS服务的一体化业务运作平台，以数据互联互通为基础，打造了集“工具应用、平台发展和生态合作”于一体的企业级管理云应用服务生态圈，构建起用户心中最喜欢使用的“一站式智慧管理云平台”，消除信息孤岛。

这个平台主要覆盖了三大块业务：

A. 水平应用：企业云应用解决方案，包含人力资源管理（dayHR）、客户关系管理（dayCRM）、协同办公（dayOA）、财务管理（dayFI）、招聘管理（dayJOB）、供应链（daySCM）等。

B. 垂直应用：行业云应用解决方案，包含day舆情监控（中周舆情）、day建筑（中康建筑）、day交通（智慧畅行）、day餐饮（赢食通）、day投资（优投信息）、day物业等。

C. 云智囊及平台增值服务：主要包括云咨询、云培训、大数据、理论研究、书籍出版、员工福利商城、劳务派遣、金融产品等服务。

既然是走平台化服务的路线，那么理才网是如何定义其服务目标的呢？陈谏表示，daydao未来要实现三大目标：第一，成为创新创业服务第一平台，帮助企业茁壮成长。第二，成为传统企业转型升级的好帮手，帮助打造人机物互联的智慧企业。第三，做行业生态连接器，赋能核心企业搭建智能管理云平台。

二、第四代企业级应用管理云平台

dayHR是第四代的企业级应用管理云平台。

有着近20年互联网、ERP领域实战经验的理才网主创团队，对理财网的业务拓展起到了关键性作用，尤其是在以HR为切入口的产品研发和市场拓展方面，显得驾轻就熟。2014年9月，理才网正式推出了人才资本管理云平台

dayHR，并在北京召开了盛大的发布仪式。dayHR 融合云计算、大数据、移动互联网等先进科技，同时实现 PC 端、移动端办公的一体化，功能建设和产品个性化应用皆有重大突破，因此被视为第四代企业级应用的拓荒者。

2015—2017 年，在 dayHR 平台用户量突破千万级别之际，理才网接二连三地推出了客户关系管理系统——dayCRM 爱尚理客、办公协同系统——dayOA、财务管理系统——dayFI，day 舆情——中周信息、day 交通——智慧畅行、day 投资——优投信息、day 物业等垂直化应用系统。

dayHR 自发布上线到 2014 年年底，用户量不足 30 万户，其中包括产品发布前积累的种子用户。到 2015 年年中，平台用户量已突破 100 万户。再到 2017 年年底，daydao 入驻企业超过 50 万家，平台用户数突破 5 000 万户。对比 QQ、微信动辄过亿的用户量，千万级别真不算多，但请注意，企业应用不比个人娱乐社交活动，抖音、YY 等软件会用过一次后三个月都不再打开；而 dayHR 的千万级数量用户，不是极端自由的“人头”个数，而是法人，是称为“单位”的非常严格、稳定和长期“光顾”的企事业组织。

在发布 daydao 后，同样的 PaaS 平台定位与多种应用功能集合，daydao 与钉钉所提供的服务越来越相似。然而，陈谏认为，两者也存在明显不同：钉钉的开放平台类似很多 B 端商家入驻的天猫，而 daydao 则类似以售卖自营商品为主的京东。

三、提升组织管理的胜任力与任职资格测评

“21 世纪最宝贵的是人才。”众多企事业单位怎么才能更好地配置和使用人才呢？判断人才至关重要。理才网陈董事长指出，在人才评测及 OA，CRM 等领域，还有足够大的空间，理才网把“胜任力定制测评”与“任职资格对标测评”作为攻关方向之一。

2017 年 8 月 27 日，理才网发布了人才测评产品 day 测评。day 测评由“胜任力定制测评”“任职资格对标测评”两大模块组成，涵盖各种测评场景，同时支持个人用户按需选测。day 测评会从企业的业务战略开始进行战略地图的分解，在进行岗位分析之后，打造出这个岗位的任职资格体系，通过任职资格体系，反过来看这些指标需要通过什么样的测评工具来完成，以获取个人指标。

目前市场上流行的有 30 多种测评工具，day 测评把这 30 多种工具全部打散，以任职资格体系作为底层基因，将题库、运算逻辑进行重组，重新构建测评体系，把员工和岗位进行匹配，并在岗位中为员工未来的发展方向和轨迹进行规划。

day 测评经过 200 余次信度检测，信度在 0.75 以上，可以为企业定制胜任力词典与测评模型，并快速生成简单明了的任职资格测评报告。

据悉，day 测评采用年费制，单位时间内可无限次使用。陈谏表示，理才网以低价策略进行 day 测评的销售，通过覆盖更多的公司来降低边际成本。

案例讨论题

1.谈谈对企业信息化“三波论”的理解与“三目标”的创新所在。

2.结合 daydao 的三个目标,你认为该如何制定企业的战略目标?战略目标制定的标准和流程是怎样的?

3. 结合理才网的经营管理实践,谈谈组织应当怎样进行经营创新、管理创新?

4. 结合“胜任力定制测评”“任职资格对标测评”两大 HR 测评工具的研发,谈谈某项组织管理工作或者工具的改革与创新问题。

本章小结和应用意义

本章首先阐述了创新的基本概念、著名的熊彼特创新学说与创新的特质,进而详细阐述了创新的八项内容和创新活动的思维过程。而后,对创造力的概念、结构与层次和创造型人才的个性心理特征进行了阐述。在此基础上,分两节对“技术创新”与“管理创新”的范畴、原理和方法进行了详细阐述与说明。

创新是经济社会发展的动力,是时代的重要命题,也是组织和团队工作的内容与追求。“团队”是现代组织的结构形式和现代组织活动的方式,是当代管理的最重要环节之一,通过创新,可以使团队成员的能力得到极大的释放和发挥,可以使团队的任务较好地完成,从而可以使团队的绩效大大提高。此外,创新还是一种文化,它在平等、协力的团队氛围中使团队成员能够生存和受到鼓励,它也可以使团队成员之间更加和谐。

思考讨论题

1.什么是创新?它对组织建设和运行有哪些积极作用?

2.创新的内容包括什么?结合实际,分析你能够在某个组织和团队中进行哪些创新?

3.创新需要什么样的素质?如何培养?

4.什么是创新型人才?除了技术研发(R&D)团队要由创新型人才构成外,其他团队也需要创新型人才吗?

5.什么是技术创新？它对团队建设有哪些作用？

6.什么是管理创新？它对团队建设有哪些作用？

7.团队创新的方法有哪些？选择两项试进行应用。

团队训练游戏

团队游戏一：迷失丛林

程序

1.培训师把“迷失丛林”工作表发给每位学员，而后讲下面一段故事：

你是一名飞行员，但你驾驶的飞机在飞越非洲丛林上空时突然失事，这时你必须跳伞。与你们一起在非洲丛林中的有14样物品（见后面明细表），这时你必须为了生存做出决定。

2.先以个人形式把14样物品以重要顺序排列出来，把答案写在第一栏。

3.当大家都完成排序以后，培训师把全班学员分为5人一组，让他们开始进行讨论，以小组形式把14样物品重新按重要顺序再排列，把答案写在表的第二栏，讨论时间为20分钟。

4.当小组完成讨论之后，培训师把专家选择表发给每个小组，小组成员把专家选择填入第三栏。

5.用第三栏减第一栏，取绝对值得出第四栏，用第三栏减第二栏得出第五栏，把第四栏累加起来得出个人得分，第五栏累加起来得出小组得分。

6.培训师把每个小组的分数情况记录在统计表上，用于分析。

统计表

小组	全组个人得分					团队得分	平均分
1							
2							
3							
4							

7.培训师在分析时主要掌握两个关键的地方：

（1）找出团队得分低于平均分的小组进行分析，说明团队工作的效果。

（2）找出个人得分最接近团队得分的小组及个人，说明个人的意见对小组的影响。

8.分析步骤：

第一步：个人

第二步：小组

第三步：专家

第四步：个人和专家的差值绝对值

第五步：小组与专家的差值绝对值

第六步：计算个人得分（第四步总和）

第七步：计算团队得分（第五步总和）

第八步：统计小组中最低个人得分

第九步：计算个人得分低于团队得分的总和

第十步：计算个人得分的平均数

目的

通过具体活动来说明，团队智慧高于个人智慧的平均组合，只要学会运用团队工作方法，就可以达到更好的效果。

讨论

1.为什么要引入专家组，专家选择表起到了什么作用？

2.你对团队工作方法有什么进一步的认识？

3.大家在“生存和找出路”上有什么新颖的思路和方法？

4.你所在的小组是以什么方式达成共识的？

附表

排列顺序表

物品清单	个人顺序	小组顺序	专家排列	个人与专家对比	小组与专家对比
1. 药箱					
2. 手提收音机					
3. 打火机					
4. 三支高尔夫球杆					
5. 七个大的绿垃圾袋					
6. 指南针					
7. 蜡烛					
8. 手枪					
9. 药箱、一瓶驱虫剂					
10. 大砍刀					
11. 蛇咬药箱					
12. 一盒轻便食物					
13. 一张防水毛毯					
14. 一个热水瓶					

专家选择表

药箱 6	指南针(罗盘)14	蛇咬药箱 10
手提收音机 13	蜡烛 3	一盒轻便食物 8
打火机 2	手枪 12	一张防水毛毯 4
三支高尔夫球杆 11	一瓶驱虫剂 5	一个热水瓶 9
七个大绿色垃圾袋 7	大砍刀 1	

应用

1. 理解团队的智慧与力量。

2. 推动学员的创新积极性。

团队游戏之二:玩圆球

游戏人数:60 人　游戏时间:25 分钟

游戏道具:圆球一个　游戏场地:室内

概述

这是一个要求员工不断寻求创新、挑战自己的游戏。

步骤

1.培训师将员工分成四个小组,每个小组 15 人,每个小组配 1,2,3,4 号球。

2.要求员工将圆球按照 1,2,3,4 号的顺序传递,每个小组的所有员工都必须摸到球,传递圆球最快的小组就算胜利。

3.如果圆球掉到地上,则从第一个人开始重新传球。

4.第一轮游戏结束后,培训师将各组成绩记录下来。然后,让所有员工围成一个圆圈,开始进行第二轮比赛,然后培训师将各组成绩记录下来。

5.第二轮游戏结束后,培训师将比赛成绩告诉员工,让员工记录自己的比赛成绩,然后给员工 5 分钟时间思考哪些方式可以加快传球的速度。

6.培训师要不断启发员工否定上一轮成绩,寻找新方法。

思考

1.培训师应该如何启发员工否定上一轮游戏的成绩呢?

2.最快的传球方式是什么?

总结

培训师需要在每轮游戏结束后将员工的传球成绩公布出来,目的就是通过成绩刺激员工,从而激发员工想到更多的提速方法。这个游戏就是让员工明白一个道理:有很多人在面对一件事的时候,会不自觉地表现出抗拒心理,认为自己的能力不行;而当真正完成某事时,员工可能会沾沾自喜,觉得是最好的成绩了。因此，培训师要不断启发员工找到最好的方法，突破现在的自己。

应用

1. 培养学员的团队意识。
2. 推动学员在协作中创新。

参 考 文 献

[1] 斯蒂芬·P 罗宾斯.组织行为学:第 14 版[M].孙健敏,李原,译．北京:中国人民大学出版社,2012.

[2] 谢默霍恩,亨特,奥斯本.组织行为学[M].北京:清华大学出版社,2005.

[3] 刘秀英.组织行为学理论与实务[M].北京:人民出版社,2003.

[4] 黄培伦.组织行为学[M].广州:华南理工大学出版社,2002.

[5] 谭志远.团队游戏:创建高效团队的 110 种游戏[M].北京:中华工商联合出版社,2005.

[6] 袁和平.团队管理[M].深圳:海天出版社,2002.

[7] 胡丽芳,张焕强.团队管理实务[M].深圳:海天出版社,2004.

[8] 龚剑.如何进行团队建设[M].北京:北京大学出版社,2005.

[9] 孟汉青,郭小龙.团队建设操作实务[M].郑州:河南人民出版社,2002.

[10] 特曼·托尔瑞.狼阵——团队合作之终极哲学[M].汪峻,编译．北京:中国民航出版社, 2005.

[11] 章义伍.如何打造高绩效团队[M].北京:北京大学出版社,2005.

[12] 劳伦斯·霍普.管理团队[M].林涛,译．北京:企业管理出版社,2001.

[13] 盖伊·拉姆斯登,唐纳德·拉姆斯登.群体与团队沟通[M].冯云霞,等,译．北京:机械工业出版社,2003.

[14] 汤姆·兰伯特.核心管理模式[M].原毅军,译．大连:大连理工大学出版社,1999.

[15] 彼得·德鲁克.21 世纪管理挑战[M].朱雁斌,译．北京:机械工业出版社,2006.

[16] 邓靖松.团队信任与管理[M].北京:清华大学出版社,2012.

[17] 罗长海.企业文化学[M].北京:中国人民大学出版社,2001.

[18] James A Bnckley,Clifford W Smith,Jerold L Zimmerman.管理经济学与组织架构[M].张志强,王春香,译．北京:华夏出版社,2001.

[19] 姚裕群,孔冬.团队管理[M].长沙:湖南师范大学出版社,2007.

[20]安德鲁·卡卡巴德斯,约翰·班克,苏珊·维克姆.在团队中工作[M].金涛,孔谧,译．天津:天津人民出版社,2009.

[21] 朱晓杰.一生必知的 101 个管理寓言[M].北京:中国商业出版社,2004.

[22] 迈克尔·D 波顿.首席执行官——挖掘张瑞敏的管理圣经[M].文岗,

译．北京：民主与建设出版社，2002.
[23] 众行管理资讯研发中心.管理培训游戏全案[M].广州：广东经济出版社，2003.
[24] 贾砚林，颜寒松.团队精神[M].上海：上海财经大学出版社，1999.
[25] 陈龙海，韩庭卫.团队建设游戏[M].深圳：海天出版社，2007.
[26] 伊莱恩·比奇.团队建设 49 件经典工具[M].管新潮，译．上海：上海科学技术出版社，2006.
[27] 克里斯·哈里斯.构建创新团队——培养与整合绩效创新团队的战略及方法[M].陈兹勇，译．北京：经济管理出版社，2005.
[28] 汪安佑，雷涯邻.激励首都科技人才自主创新的理论与策略[M].北京：地质出版社，2008.
[29] 王今舜，庄菁.组织文化[M].长沙：湖南师范大学出版社，2007.
[30] 夏雄武．发现团队的力量[M].北京：人民邮电出版社，2017.
[31] 周高华，咸玺．互联网+小米：如何站在风口之上[M]．北京：人民邮电出版社，2016.
[32] 陆丰．团队管理缺少这 9 种核心文化怎么行？[M].北京：机械工业出版社，2017.